PLATON

•

DEVLET

PLATON
DEVLET

TDK 1974 • Çeviri Ödülü

Çeviren
HÜSEYİN DEMİRHAN

PALME YAYINCILIK
Ankara, 2007

PALME YAYINLARI: 442

DEVLET, Platon • *Çeviren:* Hüseyin Demirhan

Yayın Koordinatörü: H. İbrahim Somyürek

Eser Yönetmeni: A. Cevat Paloğlu

Grafik: Ahmet Akay

Baskı Hazırlık: Palme Dizgi-Grafik ve Tasarım Birimi

Baskı: Özkan Matbaacılık Gazetecilik San. Tic. Ltd. Şti.
Tel: (0 312) 395 48 91-92

1. Baskı: 1973 (Hürriyet Yayınları)
2. Baskı: 2002 (Sosyal Yayınlar)

ISBN: 978-9944-341-45-5

PALME

YAYIN, DAĞITIM, PAZARLAMA, İÇ VE DIŞ TİCARET LTD. ŞTİ.

Merkez: A. Adnan Saygun Cad. No: 10/A Sıhhiye-ANKARA

Tel: 0.312-433 37 57 • Fax: 0.312-433 52 72

e-mail: palmeyayin@superonline.com • http://www.palmeyayinevi.com

Ankara Şubesi : Olgunlar Sok. No: 4/5 Bakanlıklar/ANKARA Tel: 0.312-417 95 28 Faks: 0312-419 69 64

Beytepe Şubesi: Hacettepe Üniv. Beytepe Alışveriş Mrk. No: 8 Beytepe/ANKARA Tel: 0.312-299 21 11/7379 Faks: 0312-299 21 12

Antalya Şubesi : Meltem Mah. Dumlupınar Blv. Başkent Sit. No: 4 ANTALYA Tel: 0.242-238 32 09 Faks: 0.242-238 45 02

İÇİNDEKİLER

GİRİŞ

Platon, **Devlet**'te ideal bir toplum yönetiminin; doğru ve adaletli bir devletin nasıl olması gerektiğini açıklar. Böyle bir sosyal yapının hangi sınıflardan oluşacağını, bu sınıflar arasındaki ilişkileri ve özellikle yöneticiler safında bulunan yurttaşların nasıl yetiştirilmesi ve ne gibi erdemlere sahip olması gerektiğini ayrıntılarıyla göz önüne serer. Başka bir deyişle, **Devlet**'in konusu, ideal toplum yönetimi ve kusursuz devlettir. Düşünce tarihinde, ideal devlet sorununu, **Devlet**'ten önce işleyen bir başka esere rastlamıyoruz. Bundan ötürü, **Devlet**'in ilk ütopya olduğunu söyleyebiliriz.

Bununla birlikte, Platon, ideal bir devlet tasarlarken (yani «olan» değil de «olması gereken» bir yönetim yapısını belirlerken), bütün öteki düşünürler gibi, çağının tarihî, sosyal ve siyasi şartlarının etkisinde kalmış; ütopyasını, gerçekleri göz önünde tutarak kurmuştur. Platon İ.Ö. beşinci yüzyılın sonunda ve dördüncü yüzyılın ilk yarısında yaşamıştı. Doğduğu sırada, Perikles çağının göz kamaştırıcı Atina demokrasisi sona eriyordu. Öldüğü tarihten hemen on yıl sonra ise Makedonyalı Philippos, bütün Yunan dünyası üzerinde egemenlik kurmuştu. Platon, Yunanistan'ın büyük şehir-devlet, yani site uygarlığının yıkılmaya başlamasına tanık oldu. İçinde yaşadığı çağ, köklü değişmelerin, değer karışıklıklarının ve tartışmaların çağıydı. Savaşlar, bunalımlar, açlık ve sıkıntılar birbirini kovalıyordu. Bu kargaşa, felsefenin, tabiata ilişkin sorulardan çok insana ilişkin sorulara yönelmesine ve bu arada adaletli ve sağlıklı bir devletin nasıl olması gerektiği üzerinde durulmasına yol açtı. Nitekim **Devlet**'te, mevcut yönetim ve devlet çeşitlerinin incelenip tartışıldığı; ideal bir yönetimin, yani **olması gereken** kusursuz toplum yapısının da bunun yanı sıra açıklandığı görülür[1]. Platon, insanların üzerinde anlaşabileceği, akla uygun bir yönetim bulunabileceğine ve uygulanabileceğine inanıyordu. Bu genel felsefi görüşünün yanı sıra, çağındaki Atina demokrasisinin yozlaşması ve Sokrates'in bu yönetim tarafından ölüme mahkûm edilmesi de Platon üzerinde büyük bir etki yapmıştı. **Devlet**'te, aristokratik ve totaliter bir yönetimin en adaletli ve kusursuz yönetim olarak ileri sürülmesinin nedenlerinden birini, bu sonuncu olaylarda aramak gerekir. Soylu bir ailenin çocuğu olması da, filozofun devlet felsefesi üzerinde etki yapmış olmalıdır.

Platon, **Devlet**'te ele aldığı ve tanımlamaya çalıştığı **adalet** ya da **doğruluk** kavramından ne anlıyordu? Her şeyden önce, bu kavramın, çağdaş düşüncedeki genel eğilime aykırı düştüğünü; bugün **adalet** denince hayli farklı bir kavramın düşünüldüğünü kabul etmek gerekir. Gerçekten de, çağdaş düşünce **adalet**'i, **eşitlik**'ten ve bir ölçüye kadar da **özgürlük**'ten ayrı olarak ele almaz. Oysa, Platon'un adaletli ve doğru devleti, totaliter bir devlettir ve eşitlik kavramına dayanmaz. Bu devlette, çeşitli sınıflar iktidar bakımından eşit haklara sahip olmadıkları hâlde, Platon'a göre **adaletsizlik** söz konusu değildir. Platon'un adalet'ten anladığı şey, Yunan düşüncesinde felsefenin ortaya çıkışından önce de varolagelen çok önemli bir kavramdır[2]. Ev-

1 **The Works of Plato,** s. XVI, The Modern Library, 1956; **The Republic,** s. 6, Living Library, 1946; **Platon'un Devlet Görüşü,** s.3-5; Mehmet Karasan; Millî Eğitim Basımevi, 1947.

2 **History of Western Philosophy,** s. 134, 135; Bertrand Russell; 16. baskı, New York.

ren hakkındaki bu dinî ve ahlakî anlayışa göre, herkesin ve her şeyin belirlenmiş bir yeri; belirlenmiş bir görevi ve fonksiyonu vardır. Başka bir deyişle, evrende, bütün varlıkları (tanrılar da dahil) kapsayan bir alınyazısı ya da yasa geçerlidir. Ama güç ve enerji taşıyan varlıklar, bu alınyazısının ve yasanın kendileri için çizmiş olduğu sınırların dışına çıkabilirler. O zaman çatışma başlar. Ne var ki, üstün bir yasa bu **haddini bilmeyen; doğru davranmayan** varlıkları cezalandırarak ezelî düzeni yeniden kurar. Bu görüş, felsefeyi de etkilemiş ve hem tabiatta hem de insanda ve insan hayatında geçerli bir yasanın mevcut olduğu inancına kaynaklık etmiştir: Platon'un işleyerek geliştirdiği **adalet** kavramının temelinde de bu felsefe-öncesi görüş yatmaktadır. Demek ki, adalet ve doğruluk, herkesin kendi yerinde bulunması, kendi sınırlarını aşmaması, kendi görevini yerine getirmesidir. Nitekim, **Devlet**'in IV. Kitabında belirtildiği gibi, herkesin ve her sınıfın kendi işini yapması ve başkasına karışmaması, adaletli ve doğru bir devletin temel özelliğidir. Adaletli ve doğru insan için de durum aynıdır. Platon, tek insan yani birey ile devlet arasında sıkı bir paralellik görür. Tek insanın erdemli ve ahlaklı olabilmesi için ruhu meydana getiren kesimlerin (duyular, irade, akıl), kendi işlerini yapması; kendi görevlerini yerine getirmesi ve başkalarına karışmaması gereklidir. Bu paralellik, Platon'un, ahlak felsefesi ile devlet felsefesi arasında sıkı bir ilişki kurulmasına yol açar. Ahlaklı, erdemli ve doğru kişide, ruhun aşağı kesimleri (duyumlar, istekler, tutkular), daha yüksek ve tanrısal olan kesimin yani aklın buyruklarına uymalıdır, insanı insan kılan akıl egemen olmadıkça, doğruluktan, erdemden ve mutluluktan söz edilemez. Tıpkı bunun gibi, doğru, adaletli ve mutlu devlette de, yönetilenler (halk), yöneticilerin (koruyucular ve yardımcıları) buyruğuna baş eğmelidir. Ayrıca, Platon'a göre, erdemli ve ahlaklı kişiler, ancak adaletli ve doğru bir toplumda ortaya çıkabilirler. Bu görüş, Platon'un sosyal bir ahlakı yani ahlakın, erdemin ve kişi mutluluğunun, ancak, adaletli bir devlette gerçekleşebileceğini savunması bakımından ayrıca ilgi çekicidir.

Adalet ve **doğruluk** kavramının, herkesin, her sınıfın önceden belirlenmiş bir yeri ve görevi olduğu görüşüne dayandırılması, Platon'un totaliter ve aristokratik bir ideal devlet tasarlamasına yol açan nedenlerden biridir. Kişiler ve sınıflar arasındaki yer ve görev farkının uyum içinde bulunabilmesi için genel bir düzene ve buyruğa uyulması zorunludur. Devlet bir bütündür. Bundan ötürü, bireysel menfaatlerin şart tanımayan bir egemenlik demek olan devlete feda edilmesi gerekir. Kusursuz devletin hayatı, tek bir insanın hayatını andırmalıdır; onunki gibi yekpare ve tüm olmalıdır. Bundan ötürü; mülkiyet, aile, eğitim, meslek seçimi, bilimler ve sanatlar, devletin mutlak denetimine bağlanmalıdır. Bu noktadan hareket eden Platon; beden eğitimi ve müzik (edebiyat ve dans da «müzik» kavramı içinde yer alır), matematik ve felsefe öğrenimi, hangi telli çalgıların ve nazım şekillerinin yararlı olduğu, kadınların ne gibi beden eğitimi yapmaları ve askerlik bakımından nasıl yetiştirilmesi gerektiği, evlenme düzeni, diyalektiğin hangi yaşta öğretilmesinin doğru olduğu, hangi yaşta evlenmek ve çocuk yapma izninin verileceği gibi konularda ayrıntılı açıklamalar yapar. Platon'un gözünde devlet, büyük bir eğitim kurumu ve bir kütle ailesidir. İdeal devlette, insanları yumuşatan, güçsüz düşüren ya da yanıltan sanat biçimleri yasaklanmıştır. Yapı bakımından kusurlu ve sağlıksız çocuklar ölüme terk edilecek; hastalarla meşgul olunmayacaktır[3]. Yukarda da belirtildiği gibi, bu görüşler, çağdaş düşüncedeki demokratik ve özgürlükçü eğilime aykırıdır.

Üstün yetenekli, iyi yetiştirilmiş seçkin bir azınlığın bir kral önderliğinde halkı yönetmesi; bu azınlığa, yani koruyuculara ve yardımcılarına (iyinin, doğrunun, bilgeliğin ne oldu-

---

3 **History of Philosopy**, s. 120-122; Schwegler; New York, 1899.

ğunu bilen filozoflar ve devleti savunan savaşçılar) özel haklar tanınması; buna karşılık yönetilenlerin-yani halkın maddi ihtiyaçların karşılanmasıyla görevlendirilmesi, Platon'un devletinin aristokratik bir kuruluş olduğunu gösterir. Bu da, çağdaş siyasi düşüncenin ağır basan eğilimleriyle uzlaşmayan bir özelliktir.

Yukardaki açıklamalar, okurun zihninde, Platon'un **Devlet**'ini günümüzün düşüncesi bakımından pek de olumlu sayılmayacak bir eser olarak gördüğümüz izlenimini doğurabilir. Oysa, **Devlet**'in, çağdaş düşüncedeki, genel demokratik ve eşitlikçi eğilimlerle uzlaşmadığını belirtmek isteyişimizin asıl amacı bu değildir. Amacımız, **Devlet**'in totaliter ve aristokratik bir yönetim biçimini savunduğunu ileri sürerek eleştirmeye çalışanların, bu eserdeki gerçek ve derin insanî anlamı ve çabayı göremediklerini belirtmektir. Gerçekten de, Platon, devlet teorisinde, özgürlüğü ve bireyi genel bir düzene, aklın buyruğuna, tümelliğe feda eden bir filozof olarak ele alınmış ve eleştirilmiştir. Bu eleştirmelerin haklı olduğunu yukarda belirttik. Ama İ.Ö. 427 yılında, Yunanistan'ın belirli tarihî, sosyal ve siyasi şartları içinde doğmuş bir filozofun, bugünkü düşüncelerle uygunluk hâlinde olmasını istemek her hâlde haklı bir talep değildir. Önemli olan nokta, vardığı sonuçlar günümüzün düşüncesindeki eğilimlere tamamen uymasa da, filozofun, soruna yaklaşma bakımından bugün de geçerli olan bir tutum benimseyip benimsememiş olmasıdır. Bu açıdan ele alınca, Platon'un, genel felsefe sorunlarında olduğu gibi, özel bir konuda, yani devlet felsefesinde ve ideal yönetim tarzı görüşünde de hâlâ ilgi çeken canlı bir yöntem ve çaba ortaya koyduğunu savunmak güç değildir.

Platon, düşünce tarihinde, ele alınan herhangi bir konuyu ya da sorunu, aklın süzgecinden geçirerek, ileri sürdüğü çözümleri **akılla temellendirerek** ve **meşrulaştırarak** ortaya koyan ilk düşünürdür ve bundan ötürü, bugünkü anlamıyla felsefenin yaratıcısı olarak kabul edilmelidir[4]. Öteki felsefe sorunlarında olduğu gibi, devlet felsefesinde de, Platon, konuya **akılsallık** (rasyonalite) açısından yaklaşır. Önemli olan ve bugün bizi hâlâ etkileyen özellik; insanı mutlu ve erdemli bir hayata kavuşturacak ideal devletin, bilgi ve hakikatle beslenen aklın çabasıyla kurulabileceğinin ileri sürülmüş olmasıdır. Demek ki, Platon'un gözünde, insanoğlu, aklı ve akla uygun eylemiyle; adaletli, doğru, erdemli ve mutlu bir toplum, bir devlet, bir yönetim tarzı kurabilir. Demek ki, akıl, sadece varolanı açıklamakla kalmaz; bu varolana dayanarak varolması gerekeni de açıklayabilir; tabii bir düzen sanılan toplumu, süzgecinden geçirir ve ona, belirli bir şekil verebilir; insanî bir anlam kazandırabilir. Çağdaş devletin, belirli yönetim modüleri, ekonomi ve eğitim planlamalarıyla, hemen her uygar ülkede aynı çabayı (farklı amaçlar için de olsa) gerçekleştirmeye yönelmiş olduğunu hatırlarsak, Platon'un yüzyıllarca önce ideal devlet sorununa yaklaşırken benimsediği düşünce tarzının önemini kolayca kavrar ve yukarda ileri sürülen eleştirmelerin yüzeyde kaldığını anlarız[5].

Devlet'te, ideal yönetimle dolaylı olarak ilgisi bulunan ama hem bu bakımdan hem de Platon'un felsefesinin tümü bakımından çok büyük önem taşıyan bir görüş de ileri sürülmüş ve açıklanmıştır. Bu, Platon'un ünlü **İdealar Teorisi**'dir. **VII. Kitap**'ta, bu teorinin bir benzetmeyle; felsefe tarihlerinde sık sık adı geçen **Mağara Benzetmesi** ile açıklandığını görüyoruz. Platon'a göre, duyularımızla algıladığımız varlıklar, aslında, birer gölge ve kopyadır. Bu kopyaların asılları ya da örnekleri vardır. Kopyalar, bulanık, belirsiz, geçici ve ölümlü olduğu hâlde; bu ana örnekler ya da tipler, değişime uğramaz, ölümsüzdür ve açık seçik olarak kavranabilir. Bunlar hakkında kesin ve sağlam

4 **Platon I, Genel Giriş,** s. 7-22; S. Hilâv; Hürriyet Yayınları, Büyük Klasikler, Yunan Klasikleri I.

5 **Platon; Introduction, Chapitre Cinquième, Conclusion;** François Chatelet; Gallimard, 1965.

bilgi edinebiliriz. Demek ki, Platon'a göre bu dünyada gördüklerimizin altında, bunların kaynağı olan ölümsüz örnekler ve asıllar vardır. Platon, her varlığın, manevi değerlerin bile bir idea'sı olduğunu söylemiştir. Böylece, bilgimizi tümel ve sağlam bir temele oturtmak istemiş; geçici varlıklar hakkında bilgi edinemeyeceğimizi ama bunların **idea**'larına bakarak kesin ve sağlam bilgi edinebileceğimizi ileri sürmek istemiştir. Bütün idea'ların en üstünde yer alan; tüm varlıkların ve bilginin kaynağı olan **idea** ise, iyi **ideası**'dır[6]. İyi ve güzel olan her şey, bu **idea**'dan türer, **iyi idea**'sı güneşe benzer. Duyular dünyasında her şeyi güneş sayesinde gördüğümüz gibi, akıl dünyasında yani anlama ve kavrama dünyasında da **iyi ideası** sayesinde görür ve bilgi ediniriz. Devletin de bir **idea**sı vardır ve bu değişmez, ölümsüz, kusursuz örneği, yeryüzünde gerçekleştirmek söz konusudur. **İyi ideası**, bütün öteki varlıklar gibi devlete de belli bir görev ve güç yüklemiştir (yukarda başka bir açıdan ele alarak açıklamaya çalıştığımız alınyazısı ve yasa fikri). Karmaşık bir yapı olan devlet, bu göreve uygun olmalı; belli bir sınır ve ölçü içinde bulunmalıdır. Ayrıca, bu karmaşık yapıda, bölümler ve kesimler arasında bir uyum da bulunmalıdır. Böylece, devlet kendi kendine yeten, kusursuz bir varlık olur. İşte devletin, bütün bu özellikleri taşıyarak gerçekleşmesi ve varolmaya devam etmesi için adaletin ya da doğruluğun sağlanması zorunludur. Yukarda da belirttiğimiz gibi, adalet ya da doğruluk, herkesin ve her şeyin kendi görevini yerine getirmesi, belli bir düzen ve buyruğa boyun eğmesi; belirli bir uyumun sağlanmasıdır. Ama, **iyi ideası**'nı ve devletin ana örneğini, ancak bilgelik ve felsefeyi edinmiş, gerektiği gibi yetiştirilmiş filozoflar kavrayabilir. Bundan ötürü Platon, adaletli bir toplumun ancak filozoflar yönetici olduğu zaman gerçekleşebileceğini ileri sürer.

Platon'un ideal devletindeki bir başka özellik, genel olarak büyük bir ilgi çekmiş ve filozofun bir çeşit **komünizm**'den

6 Bkz: 4. not.

yana olduğu ileri sürülmüştür. Kelimeleri gerektiği gibi ve kesin anlamları içinde kullanmak gerekirse, Platon'un böyle bir görüş ileri sürdüğü söylenemez. Çünkü filozof, mal-mülkte ve kadında ortaklığı, sadece yönetici sınıflar için kabul etmektedir. Ayrıca çağdaş komünizm teorisinin temeli olan üretim araçlarının kamu mülkiyetine verilmesi, Platon için söz konusu değildir. Yurttaşların eşitlik içinde devlet yönetimine katılması ve bundan yararlanması da söz konusu değildir. Platon, «herkesten yeteneklerine göre almak ve herkese ihtiyaçlarına göre vermek» ilkesini aklından bile geçirmemiştir. Platon'un toplum hayatında yapmak istediği köklü değişiklik, sosyal ve ekonomik olmaktan çok politik ve ahlaki bir amaç güder. Nitekim, ortaçağ Hıristiyanlığında; papalık, kilise ve rahiplik kurumlarında, Platon'un etkisi büyük olmuştur[7]. Demek ki, Platon'un mal-mülk ve kadınların özel mülkiyet konusu olmaması gerektiğini ileri sürmesi ile çağdaş komünizm teorisi arasında tutarlı bir ilişki bulmak zordur. Platon'un düşüncesi, sadece politik-ahlaki amaçlara yönelmiş sınırlı ve **ilkel bir ortaklaşacalık** olarak tanımlanabilir.

Devlet'in, ne ölçüde uygulanabileceği de ilgi çekici bir sorundur. Platon, şüphesiz ki, gerçekleştirilebileceğini düşündüğü bir ideal devlet tasarlamıştı. Bu devletin, bugün bize asla gerçekleşmeyecek gibi görünen bazı özellikleri daha önceden İsparta'da uygulanmış ve kabullenmiş bulunuyordu. Filozofların yönetici ve kral olmalı kuralı ise Pythagorasçılar tarafından uygulanmak istenmişti. Platon, ideal devletini gerçekleştirme denemeleri yapmak için Syrakusa'ya gittiği zaman, Pythagorascı Arkhytas, Taras'ta (bugünkü Taranto) politik bakımdan güçlü durumda bulunuyordu. O çağlarda, sitelerin, kanunlar yapmaları için bilgeleri ve filozofları yardıma çağırmaları olağan bir işti. Solon Atina için, Protagoras da Thurii için aynı

7 **Platon'un Devlet Görüşü,** s. 11-31; Mehmet Karasan; Milli Eğitim Basımevi, 1947.

şeyi yapmışlardı. Ama Platon, aynı işi gerçekleştirmek için, Syrakusa'ya gitmişti. Oysa bu büyük ticaret şehri, Kartacalılarla sonu gelmez ve umutsuz savaşlara tutuşmuş bulunuyordu. Russel'a göre, Platon ve öğrencileri, İspanya ya da Galya kıyılarında ideal devletlerini uygulamak imkânını bulabilirlerdi[8].

Son olarak, **Devlet**'in İslam felsefesi üzerindeki etkisinden de söz etmek gerekiyor. Bilindiği gibi, **Devlet**, İslam düşüncesinde, Aristoteles'in **Politika**'sının yerine geçmiş ve derin etki yapmıştır. Bu etki özellikle Fârâbî'de görülür. **Arai Ehli Medinet-ül Fazıla** ve **Essiyaset-ül-Medeniye** adlı eserlerinde, Fârâbî, Aristoteles'in de etkisinde kalmakla birlikte, devlet felsefesinde, genellikle, Platon'u izler, islam filozofunun amacı, Devlet'teki görüşleri, Müslümanlığın temel ilkeleriyle uzlaştırmaktır. Toplumun kurulması, sınıfların ve zümrelerin özel görevleri; ideal devletin görevi, uyum ve yardımlaşma, toplum içinde insanın mutlu hayatı, belli bir düzene uyma ve buyruk altında bulunma, yöneticinin (kralın) özellikleri ve yetişme tarzı; kötü devlet ve erdemli devlet arasındaki farklar konusunda, Platon'un, Fârâbî üzerinde kesin bir etki yaptığını görüyoruz[9]. Fârâbî'nin, gerçek toplumu göz önünde tutan bir ütopya kurduğunu ve üstelik şehir-devlet sınırlarını ve ulus fikrini aşan geniş kapsamlı insancıl bir ideal devlet tasarladığını görüyoruz. «Onun mükemmel devleti, insanlığı kuşatan dünya devletidir.»[10]. Prof. Ülken, bu geniş insancıl görüşün, Fârâbî'nin, metafiziği ve psikolojisi için bir temel olduğunu; İslam filozofunun, bu açıdan Yunan filozoflarını aştığım ve bu görüşün kaynağını, kast'lı site toplumu yerine, ümmet toplumunun kurulmasında aramak gerektiğini de haklı olarak belirtiyor.

SELÂHATTİN HİLÂV

---

8 **History of Western Philosophy**, s. 139.

9 **Fârâbî Tetkikleri I, Fârâbî'nin Cemiyet ve Hukuk Felsefesi;** Prof. Abdülhak Kemal Yörük: İstanbul, 1950.

10 **İslam Düşüncesi,** s. 242, 243; Prof. Hilmi Ziya Ülken; İstanbul. 1946.

DEVLET

Konuşmalar

SOKRATES

GLAUKON

POLEMARKHOS

KEPHALOS

THRASYMAKHOS

KLETOPHON

ADEIMANTOS[11]

11 Glaukon ve Adeimantos: Platon'un küçük kardeşleri, Sokrates'in öğrencileri. Polemarkhos: Sokrates'in öğrencisi ve Platon'un dostu. Kephalos: Polemarkhos'un babası, zengin silah tüccarı. Kleitophon: Sonradan Thrasymakhos'a bağlanan, Sokrates'in eski öğrencilerinden biri. Platon'un **Kleitophon** adında bir diyalogu vardır.

I. KİTAP

Sokrates anlatıyor:

Dün, hem tanrıçaya[12] dua edeyim, hem de onun adına 327
ilk kez yapılan bayram nasıl olacak bir göreyim diye,
Ariston'un oğlu Glaukon'la Pire'ye inmiştim. Pire'lilerin geçir-
diği alayı beğendim, ama Trak'larınkinin de ondan aşağı kalır b
yeri yoktu. Dualarımızı edip töreni seyrettikten sonra, tam kente dönüyorduk ki, Kephalos'un oğlu Polemarkhos yola çıktığımızı uzaktan görmüş, bekleyelim diye küçük kölesini ardımızdan koşturmuş. Çocuk arkamdan eteğime yapışarak «Polemarkhos kendisini beklemenizi rica ediyor,» dedi. Dönüp, «Efendin nerede?» diye sordum, «işte arkadan geliyor, bekleyin,» dedi. Glaukon da, «Tabii, bekleriz,» dedi.

Az sonra Polemakhos bize yetişti. Yanında Claukon'un c
kardeşi Adeimantos'la Nikias'ın oğlu Nikeratos ve bayramdan dönen birkaç kişi daha vardı.

Polemarkhos, «Sokrates,» dedi, «bakıyorum da kente doğru yollanmışsınız bile, hemen kaçıyorsunuz anlaşılan.»

---

12 Pire'deki Traklârın etkisiyle Atina'da tanınan ve Arthemis'le benzerliği olan tanrıça. Bendis.

«Eh, pek yanlış anlamamışsın,» dedim.

«Ya!» dedi, «bak biz kaç kişiyiz, görüyor musun?»

«Görmez olur muyum?»

«Öyleyse, buyrun, gücünüz yetiyorsa gidin; yoksa bir yere kıpırdayamazsınız,» dedi.

«Peki, başka bir yolu yok mu bunun? Gitmemiz gerektiğine inandırsak, yine de bırakmaz mısınız bizi?»

«Peki, söyleyeceklerinizi dinlemek istemezsek, bizi inandırabilir misiniz?»

Glaukon, «Elbette inandıramayız,» dedi.

«İşte biz de dinlemiyoruz sizi, bunu iyice kafanıza koyun.»

328 O zaman Adeimantos da, «Bu akşam Tanrıçanın şerefine bir atlı meşale koşusu yapılacağını duymadınız mı siz?» diye sordu.

«Atlı mı?» dedim, «Bu da yeni çıkmış. Yani koşucular meşaleleri at üstünde yarışarak elden ele geçirecekler, öyle mi?»

Polemarkhos, «Evet öyle,» dedi, «üstelik bir de gece şenliği olacak, görülmeye değer. Yemekten sonra çıkar, şenliği seyrederiz.
b Gençlerle de buluşur, konuşuruz. Haydi kalın canım, nazlanmayın.»

Glaukon «Anlaşıldı, kalmaktan başka çare yok,» dedi.

«Eh, madem öyle, kalalım bakalım.» dedim.

Bunun üzerine hep birlikte Polemarkhos'un evine gittik. Polemarkhos'un kardeşleri Lysias'la Euthydemos'tan[13] başka, Khalkedon'lu Thrasymakhos'u[14], Paiania'lı Kharmantides'i, Aristonymos'un oğlu Kleitophon'u da orada bulduk. Polemarkhos'un babası Kephalos da evdeydi. Onu çoktandır
c görmediğimden, pek yaşlanmış buldum. Üzerine yastık kon-

13 Lysias: Ünlü hatip. Euthydemos: Polemarkhos'un en küçük kardeşi. Platon'un bu adı taşıyan bir diyalogu vardır.

14 Bugünkü Kadıköylü ünlü sofist ve güzel konuşma ustası.

muş bir iskemlede oturuyordu. Az önce avluda kurban kesip geldiğinden, çelengi başında duruyordu. Yanına gidip, odada çepeçevre dizilmiş duran iskemlelere oturduk.

Kephalos beni görünce hemen selâmlayıp, «Sokrates,» dedi, «Pire'ye bizi görmeye gelmez oldun. Gelmeliydin doğrusu. Benim kente kolayca çıkacak gücüm kalmadı, eski hâlim olsaydı, senin buraya gelmene gerek kalmaz, biz kalkar, sana gelirdik. Ama şimdi buraya daha sık gelmek sana düşer. Şunu d
diyeyim sana: bende beden zevkleri azaldıkça, konuşma zevki ve isteği artar oldu. Hatırımı kırma, bu gençlerle yine buluş, sık sık uğra bize; bizi candan dostların, burayı da evin belle.»

«Kephalos,» dedim, «ben de yaşlılarla konuşmayı severim. e
Çünkü bence onlar, bir gün belki bizim de geçeceğimiz bir yolu bizden önce yürümüş yolculardır; o yolun nasıl olduğunu; çetin ve sarp mı, yoksa rahat ve düz mü olduğunu onlardan öğreniriz, işte sen de ozanların 'ihtiyarlığın eşiği'[15] dedikleri çağa gelmişsin. O çağ üzerindeki düşünceni öğrenmek isterdim. Ömrün zor bir dönemi mi bu? Yoksa sen başka türlü mü görüyorsun?»

«Zeus hakkı için, sana bu çağı nasıl gördüğümü söyleye- 329
yim Sokrates,» dedi. «Hani o eski atasözünün belirttiği gibi, biz yaşlılar ara sıra bir araya gelir, konuşuruz ya; içimizden çoğu ah vah eder, gençlik zevklerinin uçup gittiğine yanar yakılır, sevişmenin, şarabın, güzelim yemeklerin, şunun bunun tadını anar durur da, sanki büyük şeyler yitirmişler gibi dövünürler, 'o zamanlar ne güzel yaşıyorduk, şimdikisi yaşamak bile değil' diye sızlanırlar. Bazıları da, elden ayaktan düştükleri için ya- b
kınlarının kendilerine reva gördüğü hor davranışlardan yakınır, çektikleri bunca kahrın suçunu ihtiyarlığa yükler, dırlanır dururlar. Ama bence Sokrates, işin gerçek nedenine dokundukları yok onların. Çünkü suç ihtiyarlıkta olsaydı, aynı üzüntüleri ben de duyardım; benim yaşıma gelmiş herkes de. Oysa hiç de

15 Homeros, **İlyada**, XXII, 60 ve XXIV, 487 (Azra Erhat - A. Kadir çevirisi, Sander Kitabevi, İstanbul, 1967); Hesiodos, **İşler ve Günler**, 331.

böylesi üzüntüler duymayan ihtiyarlar tanımışımdır. Hele bir
gün, hiç unutmam, ozan Sophokles'in yanındaydım. Birisi, 'Aşk
c Tanrıçasıyla aran nasıl Sophokles? 'Erkeklik gücün hâlâ yerinde
mi?' diye sordu. O da 'Aman sus arkadaş' dedi, 'o işten yakamı
sıyırdığıma nasıl seviniyorum bilemezsin! Sanki azgın, amansız
bir efendinin elinden kurtulmuş gibiyim'. O zaman, ne güzel
söyledi demiştim, bugün de öyle düşünüyorum. Gerçekten de,
bu işlerde ihtiyarlık büyük bir durulma, büyük bir kurtuluş ge-
tiriyor. Çünkü istekler, tutkular yatışıp gerginliklerini yitirince,
d tam Sophokles'in dediği oluyor; bir sürü azgın deli despottan
kurtuluyoruz. O ah vahlara, evdekilerden dert yanmalara gelin-
ce, bunların bir tek nedeni var Sokrates, o da yaşlılık değil, in-
sanın kendi huyu. İnsan ölçülü ve yumuşak başlı ise, ihtiyarlık
pek zor gelmez ona. Değilse, yaşlılığı da berbat geçer, gençliği
de.»

Kephalos'un bu sözleri hoşuma gittiğinden, daha da ko-
e nuşsun istedim, onu kışkırtmak için dedim ki: «Kephalos,
korkarım, böyle konuştuğunu duyanların çoğu sözlerine katıl-
mazlar, senin ihtiyarlığa kolayca katlanabilmeni, kendi huyuna
değil de, çok varlıklı oluşuna verirler. 'Eli bol olanın gönlü de
bol olur,' derler.»

«Haklısın, katılmazlar bu sözlerime,» dedi. «Hani pek de
haksız sayılmazlar, ama sandıkları kadar değil. Themistokles'e,
330 'Sen adını sanını kendine değil, yurduna borçlusun,' diye sa-
taşmaya kalkan Seriphos' lu birine Themistokles bak ne güzel
karşılık vermiş: 'Evet, ben Seriphos'lu olsaydım, adım sanım ol-
mazdı, ama sen Atina'lı da olsaydın, adın sanın olmazdı'. Aynı
söz varlıklı olmayıp ihtiyarlığa zor katlanan kimselerin hâline
de uyar; çünkü, ne bilge kişi yoksulluk içindeki ihtiyarlığa öyle
rahatça katlanabilir, ne de akılsız kişi zenginleyince iç huzuru-
na kavuşabilir. »

«Peki Kephalos,» dedim, «varlığının çoğu sana miras mı
kaldı, yoksa kendin mi kazandın?»

«Ne kadarını kendim kazandım, onu mu öğrenmek istiyorsun Sokrates? Servetçe ben dedemle babam arasında gelirim. Adını taşıdığım dedem, şimdi benim elimdeki servete denk bir mirasa konmuş, bunu birkaç katına çıkarmış; ama babam Lysanias şimdikinin de altına düşürmüş. Bense şu oğullarıma, bana kalandan eksiğini değil de, biraz fazlasını bıraksam yeter bana; gözüm açık gitmez.» b

«Sana bu soruyu neden sordum biliyor musun?» dedim. «Pek para canlısı görünmüyorsun da ondan. Parayı kendileri kazanmamış olanlar çokluk böyle olurlar. Kendileri kazanmış olanlarsa parayı iki kat fazla severler. Hani ozanlar şiirlerinin, babalar çocuklarının üzerine titrerler ya, tıpkı onun gibi. İşadamları da servetlerinin üzerine titrerler. Paraya, hem kendi eserleri gibi sarılırlar, hem de yararlı oluşundan ötürü herkes gibi düşkün olurlar. Bu yüzden çekilmez insanlardır; paraya övgü düzmekten başka laf bilmezler.» c

«Doğru,» dedi.

«Hem de çok doğru,» dedim. «Ama bana şunu da söyle bakalım: Böyle zengin oluşunun sana sağladığı en büyük iyilik sence nedir?» d

«Ne olduğunu söylersem, belki çokları kolayca inanmaz. Ama şunu bilesin ki Sokrates, insan ölümü düşünmeye başlayınca, eskiden kafasını hiç de kurcalamayan şeylerin korkusu ve kaygısı sarar içini. Hades üzerine anlatılanlara, bu dünyada eğrilik eden öbür dünyada cezasını çeker falan diye söylenenlere o güne kadar masal diye gülüp geçerken, bu kez, ya bunlar doğruysa diye içini bir korku kemirmeye başlar. Ya yaşlılığın verdiği güçsüzlükten, ya da öbür dünya islerine daha yakın e
olup onları daha iyi seçtiğinden, insanın zihni kuşku ve korku ile dolar, düşüncelere dalar; acaba birine eğrilik ettim mi diye gelmişini, geçmişini yoklamaya koyulur. Hayatında birçok kötülük bulan kimse, geceleri çocuklar gibi uykularının ortasında sık sık sıçrayarak uyanır ve kötü bir bekleyiş içinde yaşar. Ama

içine bakıp kendini tertemiz görenin başucunda hep tatlı bir
331 umut bekler durur. Pindaros'un 'ihtiyarlığı besleyen dadı' dediği o iyi umut. Bak, doğru ve sofu bir ömür süren insan için bu ozan ne güzel söylemiş Sokrates:

Umut tatlı tatlı okşar yüreğini,
İhtiyar yıllarının dadısı, can yoldaşı,
Umuttur dümen tutan insanoğlunun
Durmadan yalpalayan ruhuna.

«Çok güzel, çok yerinde bir söz doğrusu, İşte bu bakımdan
b ben varlıklı olmayı, her insan için değil ama, bilge ve dengeli kişi için çok önemli sayıyorum. Çünkü para, başı dara düşüp bir kimseyi aldatmaktan ya da yalan söylemekten; bir tanrıya kurban adağı ya da bir insana para borcu kalıp da öbür dünyaya korku içinde yollanmaktan bir hayli kurtarır insanı. Paranın başka yararları da vardır. Ama hepsini bir bir karşılaştırıp tartarsak, ben yine derim ki Sokrates, aklı başında bir insan için paranın en büyük yararı buradadır.»

c «Güzel söyledin Kephalos,» dedim. «Ama o sözünü ettiğin doğruluk[16] nedir dersin? Sadece doğruyu söylemek ve birinden

16 Platon'un Yunanca «dikaiosyne» kelimesiyle anlatmak istediği, Türkçede «adalet» ile tam karşılanamıyor. Fransızca ve ingilizce çevirilerdeki «justice» kelimesinin bile bu kavramı bütün genişliğiyle verdiği söylenemez. Shorey çevirisi de zaman zaman «righteousness» kelimesini kullanmak gereğini duymuş. Yunancada bu kavram, adalet, haklılık, dürüstlük, namusluluk, hatta doğru sözlülük, yalan söylememe anlamlarını içine alıyor. Bu yüzden, şimdiye kadar Platon çevirilerinde kullanılagelen doğruluk, eğrilik, doğru adam, eğri adam kelimeleri bize yine en uygunu, en geniş kapsamlısı göründü. Adalet ya da karşılığı olarak haktanırlık, hakseverlik gibi kelimeleri kullanmanın birçok hâllerde yerine oturmadığına en açık örnek, yine buradaki çıldırmış adam misalinde görülüyor. Her hâlde, 2400 yıl önce, insanların şimdikinden çok daha somut düşünüp konuştukları bir çağda, Yunancada da, bizim halk dilimizdeki gibi, doğru adam denince bir tek dürüst, adil insan tipi akla geliyordu; adalet, sonradan geliştirilen kavram incelikleriyle çağımızdaki kadar soyutlanmış, ayrı ve özel bir anlamla bir bakıma halk yaşayışından koparılmış değildi.

alınan şeyi geri vermek mi, yoksa böyle davranmak bazen doğru, bazen eğri mi olur? Bunu bir örnekle açıklayayım: Bir adam aklı yerinde bir dostundan silahını iğreti almış olsa, sonradan çıldıran bu dostu silahını geri istese, herkes kabul eder ki, o adam silahı geri vermemelidir; verirse, doğru adam değildir; çıldırmış bir insana doğruyu olduğu gibi söylemeye kalkan da doğru adam değildir.»

«Haklısın,» dedi. d

«Demek ki doğruluk, yalnız doğruyu söylemek ve alınan şeyi geri vermek diye tanımlanamaz.»

O anda Polemarkhos, «Nasıl tanımlanamaz Sokrates,» dedi, «Simonides öyle dememiş mi?»

Kephalos, «Peki, konuşmayı size bırakıyorum,» dedi, «benim gidip kurban işlerine bakmam gerek.»

«Senin mirasçın şimdi Polemarkhos mu oluyor Kephalos?» dedim.

Gülerek «Öyle, öyle» dedi ve kalkıp kurbanlarına gitti.

«Söyle bakalım sözün mirasçısı,» dedim, «doğruluk üzeri- e
ne Simonides ne demiş, hani sen de beğenmişsin?»

«Doğruluk herkese borç olanı geri vermektir demiş; bence iyi de söylemiş,» dedi.

«Doğrusu,» dedim, Simonides'e; «inanmamak kolay kolay elden gelmez; gerçekten bilge ve tanrısal bir adamdır o. Ne var ki, demek istediğini sen belki anlıyorsun, ama ben anlamıyorum Polemarkhos. Çünkü belli ki, onun söylemek istediği, bizim demin sözünü ettiğimiz şey değil; yani aklını kaçırmış biri emanetini geri isterse, vermeli demek istemiyor o. Ama gene
de birinden emanet alınan şey, ödenmesi gereken bir borçtur, 332
değil mi?»

«Evet.»

«Ama emanetini isteyen sağlam akıllı biri değilse, o emanet ne olursa olsun geri verilmemesi de gerekir, değil mi?»

«Evet.»

«O hâlde Simonides, 'Borç olan şeyi geri vermek doğruluktur' derken, her hâlde başka bir şey söylemek istiyor.»

«Zeus hakkı için, elbet başka bir şey söylemek istiyor,» dedi. «Onun düşündüğü şu: insan dostlarına iyilik borçludur, kötülük değil.»

b «Anlıyorum,» dedim, «bir şeyi geri vermek, alana zararlı oluyorsa, geri verenle alan da dost iseler, emanet alınmış bir altını sahibine geri vermek, hiç de borç olanı geri vermek sayılmaz. Simonides sence böyle demek istiyor, değil mi?»

«Tam böyle.»

«Ya peki, düşmanlarımıza da bir şey borçlu olsak, yine ödemeli miyiz?»

«Elbette,» dedi, «ama ne borçluysak onu. Düşmana da bence düşmanca bir borç ödenir: Ona yaraşan kötülük borcu.»[17]

c «Anlaşılan Simonides, doğruluğu, ozanlara özgü biçimde bilmece söyler gibi anlatmış,» dedim, «Çünkü öyle görünüyor ki, onca doğruluk herkese yaraşanı vermektir; buna da borç olan demiş.»

«İyi ya işte! Başka ne olsun?»

«Zeus aşkına!» dedim. «Biri çıkıp da Simonides'e 'Hekimlik denen sanat, ister borç olan, ister yaraşan olarak, neye ne verir?' diye sorsa, nasıl karşılık verirdi dersin?»

«Şüphesiz, 'Bedenlere ilaç, yiyecek, içecek verir' derdi.»

«Ya aşçılık denen sanat neye ne verir?»

d «Yemeklere tat, tuz verir.»

---

17 Simonides, İsa'dan önce 556-468 yılları arasında yaşamış, ahlak konularında sözüne değer verilen bir ozandı. Dosta iyilik, düşmana kötülük etmek gerektiği sözü, yalnız onun düşüncesini değil, o çağın geleneksel ahlakındaki temel erdem anlayışını yansıtır: Yunanlı için dünya, yurttaşla yabancı (barbar), dostla düşman diye ikiye ayrılmıştı; insan olan, özgür doğan da yalnız Yunanlı idi.

«Peki. Ya doğruluk diyebileceğimiz sanat kime ne verir?»

«Deminki sözlerimize uymamız gerekirse, Sokrates, dostlara yarar, düşmanlara zarar verir.»

«O hâlde, Simonides, doğruluktan, dostlara iyilik, düşmanlara kötülük etmeyi anlıyor, öyle mi?»

«Bence öyle.»

«Peki hastalıklar söz konusu olunca dostlarına iyilik, düşmanlarına kötülük etmeye en çok kimin gücü yeter?»

«Hekimin.»

«Ya deniz yolculuklarında tehlike baş gösterince, kimin?» e

«Kaptanın.»

«Peki, ya doğru adam için ne diyeceğiz? Onun hangi işlerde dostlarına yarar, düşmanlarına zarar vermeye gücü yeter?»

«Bence savaşta düşmanlarla dövüşmede, dostlarla birleşmede.»

«Peki ama, sevgili Polemarkhos, hasta olmayanlara hekimin bir yararı olur mu?»

«Olmaz.»

«Deniz yolculuğuna çıkmayanlara kaptanın?»

«Olmaz.»

«Peki savaşmayanlara da doğru adamın yararı olmaz, öyle mi?»

«Olmaz olur mu?»

«Öyleyse doğruluk barışta da yararlıdır?» 333

«Evet.»

«Çiftçilik de öyle değil mi?»

«Evet.»

«Ürünümüzü sağlar da ondan, değil mi?»

«Evet.»

«Kunduracılık da yararlıdır!»

«Evet.»

«Ona da kunduramızı sağlar dersin!»

«Elbet.»

«Peki, ya doğruluğa ne dersin? Barışta hangi işimize, neyi elde etmemize yarar?»

«İş anlaşmalarında yarar Sokrates.»

«İş anlaşmalarından ortaklığı mı anlıyorsun, yoksa başka bir şeyi mi?»

«Ortaklığı tabii.»

b «Peki, tavla oyununda iyi ve yararlı ortak, doğru adam mıdır, yoksa usta oyuncu mu?»

«Usta oyuncu.»

«Ya duvar örme işinde, doğru adam mı daha yararlı ve iyi ortaktır, duvarcı mı?»

«Elbette duvarcı.»

«Peki, kitaracı da kitara çalmada elbet doğru adamdan daha iyi ortak olacağına göre, doğru adam hangi işte kitaracıdan daha iyi ortaktır?»

«Sanırım para işlerinde.»

«Orası öyle ama, Polemarkhos, parayı kullanma işinde pek
c öyle olmasa gerek, örneğin, parayla ortaklaşa bir at almak ya da satmak gerektiğinde, herhâlde iyi ortak doğru adam değil, attan anlayan adamdır. Öyle değil mi?»

«Öyle.»

«Peki, bir gemi satımında iyi ortak gemi yapan usta ya da kaptandır, değil mi?»

«Öyle.»

«O hâlde, gümüş ya da altın paranın ortaklaşa kullanılmasını gerektiren bu işlerde doğru adam ne zaman başkalarından yararlı bir ortaktır?»

«Paranın güvenilir elde saklanmasını istediğimiz zaman Sokrates.»

«Yani parayı hiç kullanmayıp bomboş tuttuğumuz zaman, demek istiyorsun?»

«Evet öyle.»

«Demek para yararsız durduğu zaman, doğruluk para işle- d
rinde yararlı oluyor, öyle mi?»

«Korkarım öyle.»

«Peki, bir bağ bıçağını saklamak gerekince, gerek kamu, gerek kişi açısından doğruluk yararlı oluyor, ama onu kullanmak gerekince bağcılık yararlı oluyor, öyle mi?»

«Öyle olacak.»

«O hâlde, bir kalkanı ve çalgıyı kullanmayıp saklamak gerekince doğruluğun yararlı olduğunu, ama kullanmak gerekince askerlik sanatının ve müziğin yararlı olduğunu da söyleyeceksin.»

«Öyle oluyor.»

«Bütün başka şeylerde de doğruluk, bir şey iş gördüğü zaman o şeye yararsız, iş görmediği zamansa yararlı oluyor, değil mi?»

«Korkarım öyle.»

«Öyleyse dostum, doğruluk, sadece yararsız şeylerde kulla- e
nılıyorsa; pek önemli bir şey olmasa gerek. Şimdi şunu inceleyelim: Bir kavgada, yumruk dövüşünde ya da başka bir dövüşte vurmasını bilen, korunmasını da bilir, değil mi?»

«Şüphe yok.»

«Peki hastalıktan korunmasını bilen, onu başkalarına gizlice aşılamasını da bilmez mi?»

«Bilir herhâlde,»

«Peki, düşmanın bütün tasarılarını, planlarını, sırlarını çal- 334
masını beceren kimse, böylece bir orduyu iyi korumuş olmaz mı?»

«Elbette.»

«Öyleyse, bir şeyin usta koruyucusu, aynı zamanda o şeyin usta hırsızıdır.»

«Öyle görünüyor.»

«O hâlde, doğru adam parayı korumakta becerikli ise, çalmakta da beceriklidir.»

«Eh, sonuç öyle çıkıyor.»

«Görüyor musun, doğru adam sonunda bir çeşit hırsız olup çıktı karşımıza! Sen bu doğru adam tanımını Homeros'tan
b öğrenmişe benzersin. Çünkü Homeros, Odysseus'un ana tarafından dedesi Autolykos'a bayılır, 'Hırsızlıkta, yalan yere yemin etmede üstüne yoktu' der onun için. Bu yüzden, sana göre de, Homeros'a göre de, Simonides'e göre de doğruluk bir çalma sanatı oluyor; yeter ki dosta yararlı, düşmana zararlı olsun. Doğruluktan senin anladığın buydu, değil mi Polemarkhos?»

«Zeus hakkı için değil! Ama artık demin ne söylediğimi bilmiyorum. Yalnız gene de bildiğim, inandığım şu ki doğruluk dosta yarar, düşmana zarar vermektir.»

c «Ama dost diye kime diyorsun sen? İnsanlara iyi görünene mi, yoksa iyi görünmese de iyi olana mı? Düşman dediklerimiz için de aynı şey söz konusu değil mi?»

«İnsan iyi bellediği kimseleri sever, kötü bellediklerini de sevmez, doğal bir şey bu,» dedi.

«Ama insan bunda aldanmaz mı, yani kötü olan birçok kişi ona iyi, iyi olan da kötü görünmez mi?»

«Görünür.»

«Öyleyse, onun için iyiler düşman, kötüler dosttur, değil mi?»

«Şüphesiz.»

«Peki bu durumda, onun için kötülere yararlı, iyilere yarar-
d lı olmak doğruluk olmuyor mu?»

«Öyle oluyor.»

«Ama iyiler doğru insanlardır, eğrilik ellerinden gelmez, değil mi?»

«Evet.»

«Demek senin düşünüşüne göre, hiç eğrilik etmeyenlere kötülük etmek doğruluktur.»

«Nasıl olur Sokrates?» dedi, «Anlaşılan yanlış bu düşünüş.»

«O hâlde, dedim, eğrilere zararlı, doğrulara yararlı olmak doğruluktur.»

«Bu düşünce bence öncekinden güzel.»

«O zaman da Polemarkhis,» dedim, «insanları yanlış tanı- e
yan birçokları için dostlarına zararlı, düşmanlarına yararlı olmak doğruluk olacaktır; çünkü bunlar kötüleri dost tutmuşlar, iyileri düşman bellemişlerdir. Böylece Simonides'e yakıştırdığımız sözün tam tersini söylüyoruz şimdi.»

«Şüphe yok, öyle oluyor,» dedi. «Ama düzeltelim. Korkarım, dostu, düşmanı iyi tanımlayamadık.»

«Nasıl tanımlamıştık Polemarkhos?»

«İyi görünen kişi dosttur demiştik.»

«Peki şimdi nasıl düzeltelim?»

«Hem iyi görünen, hem iyi olan kişi dosttur; iyi görünen,
ama iyi olmayan kişi, dost değildir diyelim. Düşmanı da böyle 335
tanımlamak gerek.»

«O hâlde, bu düşünüşe göre, iyi insan dost, kötü insan düşman oluyor.»

«Evet.»

«Öyleyse, doğruluk üzerine önce söylediğimize; yani dosta iyilik, düşmana kötülük etmek doğruluktur sözüne bir şey katalım istiyorsun, iyi olan dosta iyilik, kötü olan düşmana kötülük etmek doğruluktur dememiz gerekiyor, öyle mi?»

b «Tastamam öyle,» dedi. «Böylesi bence çok güzel oldu.»

«Demek doğru adam herhangi bir insana kötülük eder, öyle mi?»

«Elbette,» dedi, «düşmanımız olan kötülere kötülük etmek gerekir.»

«Ama atlara kötülük edilirse, daha mı iyi olurlar, daha mı kötü?»

«Daha kötü olurlar.»

«At olarak mı erdemleri[18] eksilir, yoksa köpek olarak mı?»

«At olarak.»

«Ya köpeklere kötülük edilirse, onların da at olarak değil, köpek olarak erdemleri eksilir, değil mi?»

«Elbet.»

«Peki ama dostum, insanlar için de aynı şey söylenemez mi? Kötülük görürlerse, onların da insan olarak erdemleri eksilmez mı?»

«Şüphesiz.»

«Peki, doğruluk insana özgü bir erdem değil midir? »

«Elbet öyle.»

«O hâlde dostum, kötülük gören insanlar da zorunlu ola-
c rak daha eğri olurlar.»

«Öyle görünüyor.»

«Peki, müzik sanatıyla uğraşanlar, sanatlarıyla başkalarını müziğe kapalı hâle getirebilirler mi?»

«Getiremezler.»

18 Buradaki «erdem» kelimesinin de kapsamı geniştir: Yalnız insandaki erdemi, iyiliği değil, canlı ve cansız varlıklardaki iyi niteliği, meziyeti, değeri, düzgünlüğü içine alıyor; karşıtı da kötülük, eksiklik, kusur, bozukluk oluyor, insanın erdemi nasıl iyi insan olmaksa, atın erdemi iyi at olmak, gözün erdemi iyi göz olmak, yani görmektir.

«Ya biniciler sanatlarıyla başkalarını ata binemez hâle getirebilirler mi?»

«Bu da olmaz.»

«Öyleyse, doğru adam da doğrulukla başkalarını eğri hâle getirebilir mi; ya da, sözün kısası, iyiler iyi oluşlarıyla başkalarını kötü kılabilirler mi?» d

«Olamaz.»

«Çünkü bence soğutmak sıcağın değil, karşıtının harcıdır.»

«Evet.»

«Islatmak da kurunun değil, karşıtının harcıdır. »

«Şüphesiz.»

«Zarar vermek de iyi insanın değil, karşıtının harcıdır.»

«Öyle oluyor.»

«Peki, doğru adam iyi midir?»

«Şüphe yok.»

«O hâlde Polemarkhos; dostuna da, başka birine de zarar vermek, doğru adamın değil, karşıtının, yani eğri adamın harcıdır.»

«Doğrusu, söylediğin pek yerinde Sokrates.» e

«O hâlde, biri çıkıp da, doğruluk herkese borç olanı vermektir, derse ve bu sözü, doğru adam düşmanlarına zarar, dostlarına yarar borçludur anlamına söylerse; o kimse hiç de bilge bir kişi sayılamaz ve gerçeğe aykırı konuşmuş olur. Çünkü, bir kimseye kötülük etmenin hiç bir hâlde doğruluk olmadığını açıkça gördük.»

«Dediğine katılıyorum.»

«Öyleyse, kim böyle bir sözü Simonides'e, Bias'a, Pittakos'a[19], ya da onlar gibi bilge ve kutlu kişilerden birine yakıştırmaya kalkarsa, ona karşı ikimiz bir olup savaşırız, değil mi?»

---

19 Priene'li Bias ve Midilli'li Pittakos "Yedi Bilgeler"dendir.

«Ben senin yanında savaşa katılmaya hazırım» dedi.

«Bak,» dedim, «dostlara yarar, düşmanlara zarar vermek
336 doğruluktur diyen kim olsa gerek, biliyor musun?»

«Kim olsa gerek?»

«Bence ya Periandros, ya Perdikkas, ya Kserkses, ya Thebai'li Ismenias[20], ya da kendini pek güçlü sanan zenginin biri.»

«Çok doğru,» dedi.

«Peki,» dedim, «doğruluğun da, doğru adamın da böyle olmadığı bizce anlaşıldığına göre, bunları başka türlü nasıl tanımlayabiliriz?»

b Biz böyle konuşup dururken, Thrasymakhos daha önce birkaç kere söze karışmaya kalkışmıştı. Ama yanında oturanlar, konuşmayı sonuna kadar dinlemek istediklerinden; kendisini durdurmuşlardı. Ben sözümü bitirip konuşmaya ara verir vermez, artık kendini tutamadı; yırtıcı bir hayvan gibi toparlanıp parçalayacakmış gibi üzerimize atıldı.

Polemarkhos'la ben korkudan irkildik. O ise herkesin or-
c tasında sesini yükselterek, «Nedir bu ettiğiniz gevezelikler Sokrates?» dedi. «Deminden beri bir sürü alıkça sözlerle birbirinize temenna çakıp duruyorsunuz. Doğruluğun ne olduğunu gerçekten öğrenmek istiyorsan, yalnız soru sormakla kalma, verilen cevabı çürütmeyi marifet sanıp yiğitlik taslayacağına, kendin cevap ver. Soru sormanın cevap vermekten kolay oldu-
d ğunu bal gibi bilirsin. Haydi kendin söyle bakalım, doğruluk neymiş? Ama sakın, doğruluk borç olanmış, yararlı olanmış, yok kazançlı, kârlı olanmış, yok işe yarayanmış falan demeye kalkma bana. Demek istediğini açık açık, kesinlikle söyle. Çünkü benim böyle saçma sapan laflara karnım tok.»

---

20 Periandros: Korinthos tiran'ı. Perdikkas: Atinalılara ihanet eden Makedonya kralı. Kserkses: Pers kralı, İsmenias: Pers kralından rüşven alan, kötülüğüyle tanınmış Thebai'li zengin.

Bu sözleri duyunca şaşırıp kaldım. Yüzüne bakınca, bayağı korkuya kapıldım; iyi ki o bana bakmadan önce ben ona bakmışım; yoksa korkudan dilim tutulurdu[21]. Ama, tam konuşmamız kafasını kızdırmaya başladığı anda, önce ben ona e
bakmışım da. Onun için kendimde cevap verecek güç bulabildim. Hafifçe titriyerek, «Thrasymakhos,» dedim, «bize kızma, şu genç dostumla ben araştırmamızda bir yanlışa düşmüşsek, bil ki istemeden olmuştur. Hani yerde altın arıyor olsaydık, hiç de böyle iki kat olup birbirimize buyur etmeye kalkmaz, altını bulma şansını yitirmeye razı olmazdık. Ama etek dolusu som altından daha değerli olan doğruluğu ararken, bütün çabamızı onu bulup çıkarmaya harcayacağımız yerde, birtakım salakça kibarlıklarla vakit geçiriyoruz sanma. Hayır dostum, inan ki bütün çabamızı harcıyoruz. Ama anlaşılan, bu iş gücümüzü aşıyor bizim. Onun için, sizin gibi üstün kişilerin bize çıkışması 337
değil, acıması daha yerinde olur.»

Bu sözlerim üzerine alaylı bir kahkaha koyuverdi: «Yetiş Herakles!» dedi. «İşte Sokrates'in o ünlü bilmezlikten gelmesi[22] yine karşımıza çıktı! Ben biliyordum senin böyle yapacağını Sokrates.

Önceden şu gençlere de söylemiştim cevap vermeye yanaşmayacağını; işi bilmezliğe vuracağını, sorulana ne yapıp yapıp yan çizeceğim biliyordum!»

«Sen çok akıllı adamsın Thrasymakhos,» dedim, «bilmez olur musun hiç? Bilmez olur musun ki, birine 'Kaç kere kaç on iki eder?' diye sorsan, ondan sonra 'Ama bak arkadaş, bana b
iki kere altıymış, üç kere dörtmüş, altı kere ikiymiş, dört kere

---

21 Bir kurtla karşılaşıp da kurt kendisine bakmadan önce kurda bakmayan insanın dilinin tutulacağı eski Yunanlılarda yaygın bir halk inanışı idi.

22 Yunanca aslı «sorguya çekme» anlamına gelen Sokrates'in ünlü yöntemine karşılık olarak, bize Fransızcadaki «ironie» kelimesinden geçmiş «istihza» veya «alay» yerine bu deyimin kullanılmasını daha uygun gördük.

üçmüş falan demek yok, böyle saçma sapan cevaplar istemem ben!» diye de adamı bağlasan; böyle bir soruya yalnız o değil, her hâlde kimse cevap veremez. Ama o adam kalkıp da sana 'Ne demek bu Thrasymakhos? Yasakladığın cevaplardan hiç birini vermeyecek miyim yani? Amma tuhaf adamsın! Ya doğru cevap bunlardan biriyse, doğruyu söylemeyeceğim de başka bir
c şey mi bulacağım? Yoksa başka bir şey mi demek istiyorsun? dese, ne cevap verirsin?»

«Bak hele!» dedi. «Bu ona benzer mi?»

«Niçin benzemesin?» dedim. «Peki tutalım ki benzemiyor, ama o adama öyle geldi. Biz yasak etsek de, etmesek de, adam doğru bildiği cevabı vermekten kaçınacak mı sanırsın?»

«Demek sen de öyle yapacaksın ha,» dedi. «Yasak ettiğim cevaplardan birini vereceksin?»

«Bakarsın veririm,» dedim, «araştırıp, düşünüp tarttıktan sonra o cevabı doğru bulursam, neden vermeyeyim?»

d «Peki, ya ben doğruluk üzerine hepsinden başka, hepsinden üstün bir cevap bulursam! O zaman cezalardan ceza beğen. Söyle bakalım, hangisini seçersin?»[23]

«Benim gibi bir şey bilmeyene yaraşan cezadan başka ne olsun ki?» dedim. «Bilmeyenin cezası ise bilenden öğrenmektir. Ben de bu cezayı seçerim.»

«Oh ne iyi, sevsinler!» dedi. «Öyle ucuza kurtuluş yok, öğrenmenin üstüne bir de para cezası vereceksin! »

«Param olunca, onu da veririm,» dedim.

Glaukon, «Para buluruz,» dedi. «Haydi Thrasymakhos, iş paraya kaldıysa, konuş bakalım. Hepimiz Sokrates için para veririz.»

e «Haa,» dedi, «anlaşılıyor sizin niyetiniz. Öyle ya, Sokrates her zaman ettiğini etsin, kendi cevap vermesin, başkasını

---

23 İlkçağ Yunan mahkemelerinde suçu sabit görülen bir kimse, bazı hâllerde, kendine lâyık gördüğü bir cezayı kendisi isteyebiliyordu.

sıygaya çeksin, sonra da adamcağızın ağzından cevabını kapıp düşüncesini çürütsün. Derdiniz bu!»

«A iki gözüm!» dedim. «Bir insan bir şey bilmiyorsa, bilmediğini de açık açık söylüyorsa, üstelik herhangi bir düşüncesi olsa bile, senin gibi bilgili bir zat da bu düşüncesini söylemesini yasaklıyorsa nasıl cevap versin? Ama bir şey bildiğini, 338
söyleyecek sözü olduğunu ileri süren sen olduğuna göre, söz asıl sana düşer. Haydi kırma hatırımı, seni dinleme zevkinden yoksun etme beni! Hem Glaukon'la ötekiler de aydınlansınlar, esirgeme bilgini onlardan!»

Bu sözlerim üzerine Glaukon'la ötekiler de Thrasymakhos'un üstüne düştüler. Zaten o da, belli ki, çok güzel bir cevabı olduğuna inandığından, kendini göstermek için konuşmaya can atıyordu, ama sanki ille de ben cevap vereyim diye ayak diremiş gibi davranıyordu. Sonunda razı oldu ve «İşte Sokrates'in bilgeliği bu!» dedi. «Kendisi öğretmeye ya- b
naşmaz, gider başkalarından öğrenir; ama gene de hiç birine minnet duymaz.»

«Evet, başkalarından öğrendiğim doğru. Ama minnet duymadığımı söylersen, haksızlık etmiş olursun. Ben gücümün yettiği kadar minnet borcumu ödemeye çalışıyorum. Ama param pulum olmadığından, gücüm bir övmeye yetiyor. Sen hele bir konuş, birinin konuşmasını beğenince nasıl yürekten övüyorum göreceksin. Çünkü, anladığıma göre, çok iyi konu- c
şacaksın.»

«Dinle öyleyse!» dedi. «Ben şöyle diyorum: Doğruluk güçlünün işine yarayan şeydir, başka şey değil. Hadi övsene beni, ne duruyorsun? Tabii, övmek istemezsin ki!»

«Önce izin ver de ne demek istediğini bir anlayalım, çünkü daha kavrayamadım. Diyorsun ki doğruluk güçlünün işine yarayandır. Ama bundan ne anlıyorsun Thrasymakhos? Şunu demek istemiyorsun her hâlde: «Pankreas pehlivanı Polydamas bizden güçlü ise, sığır eti de gücünü korumasına yararlı olu- d yorsa, ondan güçsüz olan bizler için de sığır eti yararlıdır ve de doğrudur.»

«Sen utanmaz şarlatanın birisin Sokrates! Sözlerimi orasından, burasından çekiştirip, piç etmek istiyorsun.»

«Hiç de değil iki gözüm,» dedim. «Sadece şu dediğini biraz açıklamanı istiyorum.»

«Pekâlâ, açıklayayım: Sen bilmez misin ki site'lerden bazıları tiranlıkla, bazıları demokrasi ile, bazıları da aristokratlıkla yönetilir?»

«Bilmez olur muyum?»

«Her sitede güçlü olanlar yönetenlerdir, değil mi?»

«Elbet.»

e «Her yönetim biçimi de yasaları kendi yararı için çıkarır: Demokrasi demokratça yasalar, tiranlık tiranca yasalar koyar, öbürleri de kendilerine göre yasalar koyarlar. Bu yasaları koymakla yönetenler, kendi yararlarına olanı yönetilenler için
339 doğruluğa uygun diye ortaya sürerler; buna aykırı davrananları da yasaya, doğruluğa karşı geliyor diye cezalandırırlar. Yani, iki gözüm, benim demek istediğim şu: Bütün sitelerde doğruluk hep birdir, kurulmuş yönetimin işine yarayandır. Ee, güç de yönetimin elinde olduğuna göre, kafasını çalıştırmasını bilen herkes bundan şu sonuca varır: Her yerde doğruluk birdir, yani güçlünün işine yarayandır.»

«Şimdi anladım ne demek istediğini,» dedim. «Ama, bakalım söylediğin doğru mu, yanlış mı; incelemeye çalışacağım. Demek sen de doğruluk işe yarayandır, diye cevap verdin Th-
b rasymakhos; oysa bana böyle bir cevabı yasaklamıştın. Yalnız buna sen 'güçlünün' diye bir kelime ekledin.»

«Anlaşılan, pek önemsiz bir ekleme!» dedi.

«Önemli mi, önemsiz mi, orası daha belli değil. Ama şurası belli ki, söylediğinin doğru mu, yanlış mı olduğunu araştırmak zorundayım önce. Doğruluğun işe yarayan bir şey olduğunu senin gibi ben de kabul ediyorum, ama sen tanıma bir şey katarak 'güçlünün işine yarayan' diyorsun, bense öyle olup olmadığını daha bilmiyorum, araştırmam gerek.»

«Araştır bakalım,» dedi.

«Araştıracağım,» dedim. «Şimdi söyle bana: Yönetenlerin buyruğuna uymayı doğru bir davranış sayıyorsun, değil mi?»

«Evet.»

«Peki, her sitede yönetenler yanılmaz kişiler midir, yoksa c
yanıldıkları olur mu?»

«Olur tabii.»

«Öyleyse, yasa çıkardıkları zaman, bunlardan bazıları iyi, bazıları kötü olur, değil mi?»

«Olabilir.»

«Acaba iyi yasalarla kendi işlerine yarayanı, kötü yasalarla da yaramayanı mı çıkarmış olurlar? Ne dersin?»

«Öyle derim.»

«Ama ortaya çıkardıkları bu kurallar ne türlü olursa olsun, yönetilenler bunlara göre davranmak zorundadır, doğruluk da budur, değil mi?»

«Şüphesiz.»

«Öyleyse, sana göre doğru davranış yalnız güçlünün işine d
yarayanı değil, tersini de; işine yaramayanı da yerine getirmektir.»

«Ne? Neler diyorsun sen?» dedi.

«Senin dediğini diyorum,» dedim. «Ama işi biraz daha inceleyelim. Demiştik ki, yönetenler, kimi zaman yönetilenlere bazı buyruklar vermekle kendi işlerine yarayanın ne olduğunda yanılırlar, ama yönetilenlerin yine de yönetenlerin buyruklarını yerine getirmeleri doğrudur. Bunu kabul etmemiş miydik?»

«Etmiştik sanırım.»

e «Öyleyse şunu da sanman gerekir: Sen, yönetenlerin buyurduklarının yönetilenlerce yerine getirilmesini doğru bulduğuna göre, yönetenler istemeden kendileri için zararlı buyruklar verdikleri zaman, yönetenler ve güçlülerin işine yaramayan şeyi yapmayı da doğru bir davranış olarak kabul etmiş oluyorsun. O hâlde, benim pek akıllı, pek bilge Thrasymakhos'um, bundan, senin dediğinin tam tersini yapmanın doğru olduğu sonucu zorunlu olarak çıkmaz mı? Çünkü güçsüzlere, güçlülerin işine yaramayanı yapmak buyrulmuş oluyor.»

340 Polemarkhos, «Zeus hakkı için çok doğru söyledin Sokrates!» dedi.

Kleitophon da söze karışarak, «Tabii, sen ona arka çıkarsın!» dedi.

Polemarkhos, «Arka çıkmaya gerek yok ki!» dedi. «Thrasymakhos kendisi kabul etti ya yönetenlerin kimi zaman kendileri için zararlı buyruklar verdiklerini, yönetilenlerin bu buyrukları da yerine getirmelerinin doğru olduğunu!»

«Evet ama Polemarkhos, gerçekte Thrasymakhos sadece yönetenlerce verilen buyrukların yerine getirilmesini doğru saymıştı.»

«Peki ama Kleitophon, Thrasymakhos güçlünün işine ya-
b rayana da doğru demişti. Bu ikisinden başka bir de, kimi za-
man güçlülerin yönetilen güçsüzlere kendileri için zararlı buy-
ruklar verdiklerini de kabul etmişti. Bütün bunlardan şu çıkar
ki, doğruluk güçlünün işine yarayan bir şey olduğu kadar işine
yaramayan bir şeydir de.»

Kleitophon, «Ama,» dedi, «Thrasymakhos güçlünün işine yarayan şey demekle işine yarar sandığı şey demek istedi. Güçsüzlerin yerine getirmesi gereken de, Thrasymakhos'un doğru saydığı da bu!»

Polemarkhos, «Öyle konuşmadı ama!» dedi.

«Önemi yok Polemarkhos,» dedim, «Ama Thrasymakhos c
şimdi böyle demek istiyorsa, böyle kabul edelim. Peki, kendin
söyle Thrasymakhos: Doğruluk, güçlünün işine yarasın yara-
masın, işine yarar sandığı şeydir demek mi istemiştin? Böyle
mi anlayalım sözünü?»

«Hiç de öyle değil,» dedi. «Yanılana, ben, yanıldığı anda
güçlü mü derim sanıyorsun?»

«Doğrusu ben öyle sanmıştım,» dedim, «hani yönetenlerin d
yanılmaz kişiler olmadığını, onların da yanılabileceklerini ka-
bul etmiştin de.»

«Sen madrabazın, iftiracının birisin Sokrates, bana deme-
diklerimi yakıştırıyorsun,» dedi. «Sen, örneğin, hastalıkları
anlamakta yanılana, yanıldığı anda ve yanıldıkça hekim der
misin? Ya da hesapta yanlış yapana, yanlışı yaptığı anda he-
sapçı der misin? Hekim yanıldı, hesapçı yanıldı, yazıcı yanıldı
dediğimiz zaman, sözün gelişi öyle deriz. Ama bence hiç biri, e
adlarının adamı olduğu ölçüde yanılmaz. Senin de istediğin
gibi tam ve kesin anlamında söylersek, hiç bir sanat sahibi, usta
adam yanılmaz; yanılanı, bilgisi yok olunca, usta olmaktan çık-
tığı anda yanılır. Sanat sahibi olsun, bilge olsun, yönetici olsun,
hepsi böyledir; hiç biri işini görmede yanılmaz, ama herkes
hekim yanıldı, yönetici yanıldı dermiş, önemi yok. İşte demin
sana bu anlamda cevap verdiğimi bilesin. Ama bunu en tam,
en kesin biçimde söylemek gerekirse, şöyle derim: Yönetici, 341
yönetici oldukça yanılmaz, kendi işine yarayanı yasa buyruğu
hâline korken yanlışlık etmez, yönetilen de bu buyruğu yerine
getirmek zorundadır. O hâlde, başta söylediğim gibi, şimdi de
diyorum ki doğruluk güçlünün işine yarayanı yapmaktır.»

«Demek öyle Thrasymakhos, demek sence iftiracının biri-
yim ben, öyle mi?»

«Bal gibi,» dedi.

«Sana sorduklarımı, kasıtlı olarak, seni tartışmada kötü bir
oyuna düşürmek için mi sordum sanıyorsun?»

«Sanmak ne söz, hiç kuşkum yok!» dedi. «Ama birşey ka-
b zanamayacaksın bundan; çünkü beni ne hileyle, sinsice tongaya düşürebileceksin, ne de hilen boşa gidince, söz gücüyle dobra dobra alt edebileceksin.»

«Benim de zaten hiç böyle bir niyetim yok, a benim mübarek dostum! Ama aramızda bir daha böyle bir şey olmaması için, şunu açıkça bir belirt hele: Yönetici ya da güçlü kişi derken (hani o işine yarayanı yerine getirmeyi güçsüz için doğruluk saydığın yönetici ya da güçlü kişi), bu sözü sen hangi anlamda alıyorsun? Halk dilindeki anlamında mı, yoksa demin sözünü ettiğin tam, kesin anlamında mı?»

«Tam ve kesin anlamında yöneticiden söz ediyorum ben,» dedi. «Haydi bunda da bana oyun et de görelim, iftira et edebilirsen! Aman dilenmiyorum. Ama bir şey yapamayacaksın!»

«Yok canım, daha aklımı kaçırmadım ben! Ha aslanının kı-
c lını kırkmaya kalkmak, ha koca Thrasymakhos'a iftira etmek!»

«Demin ettin ya, ama gene de beceremedin!»

«Bırakalım bu sözleri,» dedim, «yetti artık! Sen şimdi şunu söyle: Demin sözünü ettiğin o tam, kesin anlamdaki hekim para kazanan adam mıdır, yoksa hastalara bakan mı? Ama gerçek hekimi soruyorum. »

«Hastalara bakan,» dedi.

«Ya kaptan kimdir, gerçek kaptan? Tayfaların başı mıdır, yoksa tayfa mı?»

«Tayfaların başıdır.»

d «Bence gemiyle dolaşıyor diye tayfa diyemeyiz ona; çünkü gemiyle dolaştığından ötürü değil, sanatından ve tayfalara buyurmasından ötürü kaptan diyoruz.»

«Doğru.»

«Peki, hastanın ve tayfanın işine yarayan bir şey var mıdır?»

«Şüphesiz.»

«Sanatın amacı da, herkese, işine yarayanı bulup sağlamak değil midir?»

«Evet, öyledir.»

«Ama bir sanatın mümkün olduğu kadar yetkin, kusursuz olmaktan başka işine yarayan şey var mıdır? »

«Demek istediğini anlayamadım.» e

«Şunu demek istiyorum: Bana, 'Bedene beden olmak yeter mi, yoksa başka bir şeye de gerek duyar mı?' diye sorsan, ben şöyle cevap veririm: 'Elbet başka şeye de gerek duyar; hekimlik sanatı bunun için ortaya çıkmıştır, çünkü beden kusurludur, olduğu gibi olmak ona yetmez, hekimlik sanatı da bedenin işine yarayanı bedene sağlamak için var olmuştur'. Bu sözlerimi doğru mu bulursun, yanlış mı?»

«Doğru bulurum,» dedi.

«Peki hekimliğin kendisi de kusurlu mudur? Genellikle 342
bir sanat, belli bir erdemi, bir niteliği özünde taşımak zorunda mıdır? Örneğin gözümüz, kulağımız böyledir: Göze görme niteliği, kulağa işitme niteliği gerekir; bu niteliklerinden ötürü de onlar, görmek, işitmek için yararlı olanı araştırıp kendilerine sağlayacak bir sanata gerek duyarlar. Peki, bu sanatın kendinde herhangi bir eksiklik var mıdır? Her sanat kendi işine yarayanı araştıran başka bir sanatı gerekli kılar mı; bu da yine bir başkasını gerektirir mi? Bu böyle sonsuza kadar gider mi? Ya da her
sanat kendi işine yarayanı kendi mi araştırır? Yoksa eksikliği- b
ni gidermek için ne kendine, ne başkasına gerek duymaz mı? Duymaz, çünkü hiç bir sanat herhangi bir kusur, eksiklik taşımaz; uygulandığı şeyden başkasının işine yarayanı da aramaz; gerçek sanat olarak, kendi tabiatına sıkı sıkıya ve bütünüyle uygun kaldıkça, kötülükten bağışık ve arıdır. Şimdi işi sözünü ettiğin bu tam, kesin anlamında incele. Böyle mi, değil mi?»

«Böyle görünüyor.»

c «O hâlde,» dedim, «hekimlik kendisine yarayanı değil, bedenin işine yarayanı gözetir.»

«Evet,» dedi.

«Seyislik sanatı da kendi işine yarayanı değil, atların işine yarayanı gözetir. Genel olarak her sanat kendi işine yarayanı değil (çünkü hiç bir şeye gerek duymaz o), neye uygulanıyorsa onun işine yarayanı gözetir.»

«Öyle görünüyor,» dedi.

«Ama Thrasymakhos, sanatlar, üzerinde uygulandıkları şeyin yöneteni ve egemenidir, değil mi?»

Gönülsüz kabul etti bunu.

«O hâlde her bilgi, güçlünün değil, kendi yönetimi altında
d bulunanın, güçsüzün işine yarayanı gözetir, onu buyurur.»

Önce direnmeye kalktı, ama sonunda bunu da kabul etti.

Bunun üzerine, «Demek ki,» dedim; «hekim, hekim olduğu ölçüde, kendi işine yarayanı değil, hastanın işine yarayanı gözetir ve buyurur. Çünkü tam ve kesin anlamında hekimin tüccar değil, bedeni yöneten kişi olduğunu kabul etmiştik. Kabul etmemiş miydik yoksa?»

«Etmiştik,» dedi.

«Tam, kesin anlamında kaptan, tayfaları yönetir, ama tayfa değildir. Bunu da kabul etmiştik, değil mi?»

e «Evet.»

«Öyleyse, böyle bir kaptan, böyle bir baş, hiç de kendi işine yarayanı değil, tayfanın, yönettiği kişinin işine yarayanı gözetecek ve buyuracaktır.»

Yine istemeyerek «Evet,» dedi.

«Demek oluyor ki Thrasymakhos,» dedim, «hiç bir yönetici, yönetiminin türü ne olursa olsun, yönetici olduğu ölçüde, kendi işine yarayanı gözetmez, yönettiği ve uğrunda sanatını uyguladığı kişinin işine yarayanı gözetir, onu buyurur; her ne yaparsa, her ne söylerse, o kişiye yarayanı ve yaraşanı göz önünde tutarak yapar ve söyler.»

Tam tartışmanın burasına gelmiştik, herkes de 343
Thrasymakhos'un doğruluk tanımının tersine döndüğünü anlamıştı ki, Thrasymakhos cevap verecek yerde şöyle dedi:

«Sana bir şey soracağım Sokrates, senin bir da??? var mı?»

«Bu da nerden çıktı?» dedim. «Böyle şeyler soracağına cevap versen olmaz mı?»

«Nasıl vereyim?» dedi. «Dadın sana hiç bakmıyor anlaşılan; aktığı zaman burnunu bile silmiyor; koyunlarla çobanı birbirinden ayırt etmeyi de öğretmemiş! »

«Neden söylüyorsun bunu?» dedim.

«Şundan söylüyorum: Senin kafana göre, çobanlar ve sı- b
ğırtmaçlar, koyunlarını, sığırlarını güderlerken, koyunların, sığırların iyiliğini düşünerek onları otlatır ve beslerler; yoksa efendilerinin ve kendilerinin iyiliğini düşünerek değil. Yine sen sanıyorsun ki sitelerin başındaki yöneticiler, gerçekten yönetici olanlar, uyruklarını koyunlar gibi görmezler, onlardan nasıl yarar sağlayalım diye düşünüp durmazlar da, gece gündüz başka şeyler düşünürler. Sen doğruyu ve doğruluğu, eğriyi ve c
eğriliği ararken, o kadar uzaklara gittin ki şunu bilmiyorsun: Doğruluk, gerçekte başkasına yönelen bir nimettir, güçlünün ve yönetenin işine yarayan, buyruğa uyanın ve hizmet edenin de zararına olan şeydir; eğrilikse bunun tam tersidir, bönleri ve doğruları buyruğunda oynatır; yönetilenler güçlünün yararına çalışırlar, ona hizmet ederek onun mutluluğunu sağlarlar, kendi mutluluklarını değil. Hey gidi bönlerin bönü Sokrates, bak, ben d
sana işin doğrusunu söyleyeyim. Eğri adam her yerde doğruya baskın çıkar. Bir kere ticaret işlerinde bu böyledir, ikisi bir işte ortak olsun, ortaklık sona erince, bakarsın, hep doğru adam zararlı çıkar, onun kazançlı olduğu hiç görülmez, ikincisi, devletle ilgili işlerde de öyledir: Doğru adam herkesten çok, eğri adam

e herkesten az vergi verir; ama iş almaya gelince, tam tersi olur; doğru hava alır, eğri parsayı toplar. Sonra, ikisi de devlet işlerinde bir görev alsın: Doğru adam, başka bir zarara uğramasa bile, en azından kendi evine bakamaz olur; doğruluğu yüzünden de devlet malından kendine bir kuruş bile yarar sağlamaz; üstelik hısım ak-akrabanın, eşinin dostunun nefretini kazanır.
344 Eğri adam içinse, durum tam tersinedir. Çünkü, eğri adam deyince, ben demin sözünü ettiğim kimseyi, başkakıma baskın çıkan adamı anlıyorum. O hâlde sen, eğriliğin özel işlerimizde kârlı olmak bakımından doğruluktan ne kadar üstün olduğunu anlamak istiyorsan» o tür adamı incele. Ama bunu anlamanın en kolay yolu, eğriliğin son kertesine kadar gitmektir. Bu kerteye varanlar mutluluğun doruğuna çıkarlar; eğriliğe uğrayıp eğrilik etmek istemeyenlerse mutsuzluğun çukuruna düşerler, işte tiranlık dediğimiz de bu tür eğriliktir; başkasının malına hileyle, zorbalıkla el kor o; kişilerinmiş, devletinmiş, tapınakların kutsal malıymış, değilmiş, hiç aldırmaz; hem de azar azar
b değil, hepsine birden el kor. Oysa, bu suçlardan bir tekini bile işlerken yakayı ele veren biri, hemen cezasını görür, en korkunç, en kara damgaları yer: Böyle tek tek eğrilik edenlere, suçlarının türüne göre, tapınak soyan dinsiz, insan kaçakçısı, duvar delici, soyguncu, hırsız adı verilir. Ama yurttaşlarının malından başka canına da el koyup onları köle eden adama, böyle yüz karası adlar verilmek şöyle dursun, üstelik herkes, yalnız yurttaşları
c değil, ne denli namussuzluklar ettiğini öğrenenler de; mutlu, talihli adam der. Çünkü eğriliği yerenler, eğrilik etmekten değil, eğriliğe uğramaktan korktukları için yererler onu. İşte böyle, Sokrates, hayli ileri kerteye götürülmüş eğrilik doğruluktan daha güçlü, daha özgür, daha efendi işi bir şeydir; basta da dediğim gibi, doğruluk güçlünün işine yarayan şeydir, eğrilik ise kendi işimize yarayan, kendi çıkarımıza olan şeydir.»

d Thrasymakhos, böyle sert sert bir yığın söz edip, hepsini hamamda üstümüze su döken tellak gibi kafamıza, kulaklarımıza boşalttıktan sonra kalkıp gitmeye davrandı. Ama oradakiler bırakmadılar, sözlerini açıklaması için kalmaya zorladılar. Ben de üsteledim, «Yüce Thrasymakhos,» dedim, «ortaya bunca söz, bunca düşünce attıktan sonra, gerçeğin senin dediğin gibi mi, yoksa başka türlü mü olduğu yeterince göz önüne serilmeden kalkıp gitmek olur mu? Hayatımızı en yararlı biçimde geçirebilmek için izlememiz gereken yaşama kuralını tanımlamak, öyle ufak bir iş midir sanırsın?»

«Ben ufak mı dedim?»

«Öyle bir hâlin var da,» dedim. «Değilse, demek ki bizi
hiç düşünmüyorsun; biz o senin bildiğini ileri sürdüğün şeyi
bilmeden iyi mi yaşarız, kötü mü," hiç aldırmıyorsun. Ne olur,
iyi yürekli dostum, bizi de aydınlatma zahmetine gir! Bak biz 345
hayli kalabalığız, bizim minnetimizi kazanmak senin için hiç
de kötü bir yatırım olmaz. Çünkü, ben sana kendi düşüncemi
söyleyeyim mi? Dediklerin beni kandırmadı. Ben, insan eğrili-
ğe kendini kapıp koyverse ve canının istediği eğriliği işlemesine
bir engel bulunmasa bile, eğriliğin doğruluktan daha kazançlı
olacağına inanmıyorum. Bir adam eğri de olsa ve ister hileyle
sinsice, ister açık açık zor kullanarak eğrilik etmeye gücü de
yetse, bunun kendisine doğruluktan çok, kazanç sağlayacağı-
na benim aklım yatmıyor. Belki aramızda benim gibi düşünen b
başkaları da vardır. Onun için, doğruluğu eğriliğe üstün tut-
makla yanıldığımıza aklımızı şöyle yetesiye bir erdir!»

«Demin söylediklerimle aklını erdirememişsem, nasıl erdireyim? Daha ne yapayım yani? Düşüncelerimi alıp zorla kafanın içine mi sokayım?»

«Aman, Zeus aşkına yapma bunu!» dedim. «Ama önce
şunu yap: Dediklerini değiştirme, değiştireceksen bile açıkça
değiştir de aldatma bizi. Bak, görüyorsun ya, az önceki konuş- c
mamızda gerçek anlamdaki hekimin tanımını verdiğin hâlde,
sonra gerçek anlamdaki çobanın tanımına bağlı kalmak gereği-
ni duymadın işte! Senin anlayışına göre, çoban, çoban oldukça,

koyunlarını onların iyiliği için beslemez; çoban gibi değil de, boğazına düşkün bir adam gibi şölenlerde yemek ya da bir ko-
d yun tüccarı gibi satmak amacıyla besler. Oysa çobanlık sanatı, üzerinde uygulandığı şeye en iyi olanı sağlamaktan öte hiç bir kaygı taşımaz; çünkü çobanlığın kendisi, özüne uygun kaldıkça kendi erdemini sağlayan niteliklerle yeterince donanmıştır. Bundan ötürü, demin ben şu noktada birleşmemiz gerektiğini düşünmüştüm: Her yönetim, yönetim oldukça, devlet olsun,
e kişi olsun, neyin yönetimini ve yükümünü üzerine almışsa salt onun iyiliğini gözetir. Sen sitelerin başındakilerin, gerçekten yönetici olanların bu işi seve seve mi yaptıklarını sanırsın?»

«Sanmak ne söz, hiç şüphem yok!»

«Ya öteki devlet görevlerine ne dersin Thrasymakhos?» dedim. «Baksana, onları kimse bedava yapmaya razı olmuyor; tersine, karşılığında bir ücret istiyor, çünkü bu görevleri yap-
346 mak kendisine değil, yöneticilere yarar sağlıyor. Sonra şuna da cevap ver: iki sanatı farklı kılan, her birinin ayrı bir işlevi, ayrı bir gücü olması, değil mi? Ama, gözünü seveyim, düşüncene aykırı cevap verme de biraz ilerleyelim, benim mübarek dostum!»

«Elbet, fark odur,» dedi.

«Peki her sanat kendine özgü olan, her birinde ayrı olan bir yarar sağlamaz mı bize? Örneğin hekimlik sağlığımızı, kaptanlık güven içinde yolculuk etmemizi sağlar, öteki sanatlar da başka yararlar sağlar, öyle değil mi?»

«Şüphesiz.»

b «Ücret alma sanatı da[24] ücret sağlar, değil mi? Çünkü onun kendine özgü işlevi ve gücü bundadır. Sen hekimlikle kaptanlığı birbirine karıştırır mısın? Ya da senin istediğin gibi, deyimle-

---

24 Platon burada ince ve yapma bir soyutlamaya girişiyor: Sanatın özünü getirdiği kazançtan ayırmak için, sanki ayrı bir ücret alma sanatı varmış da, bu her sanata eklenirmiş gibi davranıyor.

ri titizlikle belirleyerek söyleyeyim: Kaptanlık eden birinin denizlerde dolaşmak sağlığına yararlı oluyorsa, sen böyledir diye onun sanatına hekimlik mi dersin?»

«Demem elbet.»

Ücret almakla sağlığını kazanan birinin sanatına da hekimlik demezsin sanırım?»

«Elbet demem.»

«Peki, hekim hastalara bakıp da ücret alıyor diye hekimliğe ücret alma sanatı der misin?»

«Hayır.» c

«Her sanatın ayrı bir yarar sağladığını kabul etmiştik, değil mi?»

«Öyle oldu.»

«O hâlde, bütün sanat sahipleri her birinde ortak olan bir kazanç elde ediyorlarsa, belli ki bu kazanç, sanatlarına ayrıca ekledikleri ortak bir şeyden geliyor.»

«Öyle görünüyor.»

«O zaman da deriz ki, sanat sahipleri, sanatlarına bir de ücret alma sanatını ekledikleri için ücret alırlar.»

Bunu zorlukla kabul etti.

«Öyleyse hiç bir sanat sahibi, ücret alma dediğimiz bu ka- d
zancı yaptığı sanattan elde etmez. Konuyu titizlikle inceleyecek olursak, hekimlik sağlık, ücret alma sanatı ücret sağlar, mimarlık ev kurar, yoldaşı olan ücret alma sanatı da ücret sağlar, bütün öbür sanatlar da böyledir: Her bin kendine özgü işi işler ve üzerinde uygulandığı şeye yarar getirir. Ama, işe ayrıca bir de ücret eklenmese, acaba sanat sahibi sanatından bir kazanç sağlayabilir mi?»

«Her hâlde sağlayamaz.»

«Peki, bedava çalışınca sanat sahibi yararlı olmaktan çıkar e
mı?»

«Çıkmaz.»

«Öyleyse, Thrasymakhos, ancak anlaşılıyor ki hiç bir sanat,
hiç bir yönetim işi, kendi yararını sağlamaz; önce de dediğimiz
gibi, güçlünün değil, güçsüzün işine yarayanı göz önünde tuta-
rak, yönetilenin yararını sağlar ve buyurur, işte bunun içindir
ki aziz Thrasymakhos, demin kimsenin yöneticilik etmeye ve
başkalarının dertleriyle uğraşmaya seve seve razı olmadığını,
347 bunun için ücret istediğini söylemiştim; çünkü sanatını gere-
ğince yerine getirmek isteyen, bu sanata göre buyurduğu ölçü-
de, kendisi için iyi olanı değil, salt yönetilen için iyi olanı yapar
ve buyurur. Bunlardan ötürü de, yöneticiliğe razı olanlara ücret
olarak para ya da şeref verilmeli, buna yanaşmayanların ücreti
ise ceza olmalıdır.»

Glaukon, «Bu son sözün ne oluyor Sokrates?» dedi. «O iki çeşit ücreti bilmiyorum ama, ceza nasıl ücret olur, onu anlayamadım.»

«Demek sen en iyilerin ücretini bilmiyorsun, hani en er-
b demlilerin yöneticiliğe razı oldukları zaman karşılığında bekle-
dikleri ücreti? Şerefe, paraya düşkün olmak ayıp sayılır; gerçek-
ten de öyledir, bilmez misin?»

«Bilirim.»

«İşte bu yüzden,» dedim, «iyiler para için de, şeref için de
yöneticiliğe yanaşmazlar, çünkü onlar, ne görevlerinin ücretini
açıkça isteyip 'kiralık adam' gözüyle görülmeyi, ne de bu gö-
revlerinden gizli çıkarlar sağlayarak 'hırsız' damgasını yemeyi
isterler. Şeref kazanmak için de yanaşmazlar buna, çünkü şan,
şeref düşkünü değillerdir. Öyleyse, yöneticiliğe razı olmaları
c için bir zor ve ceza karşısında kalmaları gerekir. Bir insanın
zorlayıcı bir durum olmadan, kendi isteğiyle yönetimin başına
geçmesi de bu yüzden ayıp sayılır ya! Ama bir insan için en bü-
yük ceza, kendisi yöneticiliğe yanaşmadığı zaman, kendinden
kötü birinin yönetimine girmektir. İşte dürüst insanlar, yöneti-

ciliği bence bundan korkarak kabul ederler ve yönetimi almaya; bir nimete konar gibi, bir nimetten yararlanmak için değil, kendilerinden iyi ya da kendilerine denk birini bulup emanet d edemedikleri zorunlu bir ödeve gider gibi giderler. Dünyada iyi insanlardan kurulu bir site olsaydı, her hâlde orada insanlar, şimdi ele geçirmek için boğuştukları iktidardan kaçıp kurtulmanın yollarını ararlardı. Üstelik orada, gerçek yöneticinin, kendi işine yarayanı değil, yönetilenin işine yarayanı arayan kişi olduğu da açıkça ortaya çıkardı. O kadar ki, aklı olan her insan, başkasının derdine koşarak kendini sıkıntılara sokmaktansa başkasından yardım görmeyi yeğ tutardı, işte bu yüzden ben, Thrasymakhos'un 'Doğruluk güçlünün işine yarayandır' e sözünü hiç de kabul etmiyorum. Ama bu konuyu sonraya bırakalım. Şimdi Thrasymakhos'un biraz önceki sözü, yani 'Eğri adam doğru adamdan daha iyi yaşar' sözü bence çok daha önem taşıyor. Glaukon, sen hangisini doğru buluyorsun? Eğri adam mı daha iyi yaşar, doğru adam mı?»

«Bence doğru adam daha iyi yaşar,» dedi.

«İyi ama, demin Thrasymakhos eğri adamın hayatında ne 348
nimetler göreceğini sayıp döktü, duymadın mı?»

«Duydum ama, aklım yatmadı,»

«Öyleyse gel, bir çaresini bulabilirsek, yanıldığını gösterelim ona, ister misin?»

«İstemez olur muyum?» dedi.

«Öyleyse bak, şimdi onun söylediklerine karşı biz de doğruluğun sağlayacağı nimetleri sayıp dökme yolunu tutarsak; o sözü alıp karşılık verir, biz de ona yeniden karşılık veririz, o b zaman iki tarafın sıralayacağı nimetleri bir bir sayıp ölçmek[25], sonunda bir de hakeme baş vurmak gerekir. Oysa öyle yapmaz

25 İlkçağda Yunanlılar arasında en yaygın tartışma yöntemi, bir çeşit münazara olan bu yöntemdi: Taraflar, önceden hazırlanmış konuşmalarla savundukları şeyin üstünlüklerini sayar dökerler, sonunda puan hesabına göre kazanan taraf belli olurdu.

da, deminki gibi bir anlaşmaya varana kadar konuyu tartışırsak, avukat da, hakem de kendimiz oluruz.»

«Öyle olur,» dedi.

«Bu yollardan hangisini beğenirsin?»

«İkincisini.»

«Haydi bakalım Thrasymakhos, işi başından alalım, sen de cevap ver. Son kerte eğrilik son kerte doğruluktan daha kârlıdır diyorsun, değil mi?»

c «Elbette,» dedi, «sebebini de söyledim.»

«Peki ama doğruluğu, eğriliği nasıl anlıyorsun? Birine erdem, öbürüne kötülük mü diyorsun?»

«Şüphesiz.»

«Doğruluğa erdem, eğriliğe kötülük diyorsun, değil mi?»

«Ne güzel de bildin ya! A mübarek adam, öyle olsa, eğrilik kârlı, doğruluk zararlı der miydim?»

«Peki ne diyorsun öyleyse?»

«Tam tersini söylüyorum,» dedi.

«Yani doğruluk kötülüktür, öyle mi?»

«Hayır ama, pek asil bir saf yüreklilikmiş.»

d «O hâlde eğrilik kötü yürekli olmak mıdır?»

«Hayır, gözünü açmaktır.»

«Peki Thrasymakhos, sence eğriler aklı başında ve iyi kimseler midir?»

«Evet, eğriliği sonuna kadar götürebilenler, devletlere ve kavimlere boyun eğdirmeyi başarabilenler öyledir. Sen yoksa yankesicilerden söz ettiğimi mi sandın? Gerçi böyle işler de gizli kaldıkça kârlıdır, ama benim şimdi söylediklerimin yanında bunların sözü bile olmaz.»

e «Düşünceni çok iyi anlıyorum, ama doğrusu, eğriliği erdem ve bilgelikle bir araya, doğruluğu da bunların karşıtlarıyla bir araya koymana şaşıyorum.»

«Şaşsan da, şaşmasan da bence bu böyle.»

«Durum ciddileşiyor arkadaş,» dedim, «sana verecek cevap bulmak da zorlaşıyor Hani eğriliği kârlı bir is sayarken, bazıları gibi aynı zamanda kötü ve çirkin bir iş de saysaydın, bu konuda herkesçe kabul edilen yargılara baş vurarak sana cevap verebilirdik. Ama sen eğriliği erdem ve bilgelikle bir araya koymaktan çekinmediğine göre, besbelli ki eğriliğin güzel ve güçlü oldu- 349
ğunu söyleyeceksin; ona, bizim doğruluğa verdiğimiz sıfatları vereceksin».

«Aşkolsun, nasıl da bildin!»

«Ama ben, senin gerçek düşünceni söylediğine inanabildikçe, gene de bu araştırmayı sürdürmekten kaçınmayacağım. Çünkü anladığıma göre, sen şu anda bizimle eğlenmiyorsun, asıl düşünceni söylüyorsun».

«Asıl düşüncem olsun, olmasın, sana ne? Sen yalnız sözümü çürütmeye bak!»

«Orası doğru, bana ne!» dedim. «Ama hele şuna da bir ce- b
vap ver: Doğru adam sence doğru adamın üzerine çıkmak, onu geçmek ister mi?»

«Hiç de istemez,» dedi. «Yoksa kimseyi incitmeyen o saf yürekli adam olmaktan çıkardı.»

«Peki, doğru işin üzerine çıkmak, onu geçmek ister mi?»

«Onu da istemez.»

«Ya peki, eğri adamın üzerine çıkmak, onu geçmek ister mi, bunu doğru bulur mu?»

«Doğru bulur, ister ya, elinden gelmez.»

«Ben elinden gelir mi, gelmez mi diye sormuyorum, doğru c
adam doğru adamı değil de, sadece eğri adamı mı geçmek ister, onu soruyorum.»

«Evet, onu geçmek ister.»

«Ya eğri adam, doğru adamın ve doğru işin üzerine çıkmak, onları geçmek ister mi?»

«İstemez olur mu? Herkesi, her şeyi geçmek ister o.»

«Demek ki eğri adam, eğri adamı ve eğri işi de geçer; herkesten üstün olmak için uğraşır, öyle mi?»

«Öyle.»

«Öyleyse şöyle diyelim: Doğru adam kendi benzerini değil, karşıtını geçer, eğri adamsa hem benzerini, hem karşıtını
d geçer.»

«Hay diline sağlık!»

«Ama eğri adam hem bilgedir, hem iyidir; doğru adamsa ne bilgedir, ne de iyi. Öyle değil mi?»

«Bunu da güzel söyledin!»

«Demek oluyor ki eğri adam bilge adama, iyi adama benzer, doğru adamsa benzemez. Öyle mi?»

«Ya nasıl olacaktı? Aynı nitelikte olanlar birbirlerine benzer, olmayanlar benzemez.»

«Güzel. O hâlde, her birinin, benzediği kimseler ne nitelikte ise, kendisi de öyledir.»

«Ona ne şüphe!» dedi.

e «Peki Thrasymakhos, sen kimi insana müzik sanatçısı, kimine de müzik bilmez demez misin?»

«Derim.»

«Hangisi yetenekli insandır, hangisi değildir?»

«Tabii müzik sanatçısı yeteneklidir, öbürü değildir.»

«Bunlardan biri yetenekli olduğu işlerde iyi, öbürü yetenekli olmadığı işlerde kötüdür, değil mi?»

« Evet.»

«Hekim için de öyle değil mi?»

«Öyle.»

«Peki şimdi, aziz dostum, sazını akort eden bir çalgıcı telleri germede ya da gevşetmede bir çalgıcıyı geçmek ister mi, ya da onun üzerinde her hangi bir üstünlük elde etmeye kalkar mı?»

«Hayır, sanmam.»

«Peki müzik bilmeyeni geçmek ister mi?»

«Elbet ister.»

«Peki, ya bir hekim, hastaya şunu yiyeceksin, bunu içecek- 350
sin derken, bir hekimi ya da hastaya bakma işini geçmek ister mi?»

«İstemez elbet.»

«Peki hekim olmayanı geçmek ister mi?»

«İster.»

«Şimdi bir düşün bak, her türlü bilgi ve bilgisizlik konusunda, sence her hangi bir bilgi sahibi yaptıklarında ya da söylediklerinde başka bir bilgi sahibini geçmek mi ister, yoksa aynı durumda bir benzerinin davranacağı gibi davranmakla mı yetinir? »

«Böyle davransa gerek.»

«Ama bilgisiz adam bilgiliyi de, bilgisizi de geçmek ister, b
değil mi?»

«Belki öyledir.»

«Peki ama bilgili kişi bilge değil midir?»

«Evet.»

«Bilge olan da iyidir?»

« Evet.»

«O hâlde bilge ve iyi adam kendi benzerini değil, karşıtını geçmek isteyecektir.»

«Öyle görünüyor.»

«Oysa kötü ve bilgisiz adam hem kendi benzerini, hem karşıtını geçmek isteyecektir.»

«Her hâlde.»

«Peki Thrasymakhos,» dedim, «hani şu bizim eğri adamımız hem kendi karşıtını, hem benzerini geçmek istemiyor muydu? Öyle dememiş miydin?»

«Demiştim.»

c «Doğru adam da kendi benzerini değil, karşıtını geçmek isteyen değil miydi?»

«Evet.»

«O hâlde,» dedim, «doğru adam bilge ve iyi adama, eğri adam da bilgisiz ve kötü adama benzer.»

«Olabilir.»

«Peki ama, her birinin benzediği kimse ne nitelikte ise, kendisinin de öyle olduğunu kabul etmiştik.»

«Öyle olmuştu.»

«Böylece doğru adam sonunda iyi ve bilge, eğri adamsa kötü ve bilgisiz olarak çıktı karşımıza.»

Thrasymakhos, bütün bunları kabul etti, ama bu iş anlat-
d tığım kadar kolay olmadı; istemeye istemeye, güçlükle kabul etti. Ter içinde kalmıştı, üstelik hava da pek sıcaktı, işte o zaman şimdiye kadar görmediğim bir şeyi, Thrasymakhos'un kızardığını gördüm. Doğruluğun erdem ve bilgelik, eğriliğin de kötülük ve bilgisizlik olduğunda karar kıldıktan sonra şöyle dedim:

«Pekâlâ! Bu isi tamam sayalım. Ama eğriliğin bir de güçlü olduğunu söylemiştik, hatırlıyorsun, değil mi Thrasymakhos?»

«Hatırlıyorum,» dedi, «ne var ki, şimdi söylediklerin beni
e açmadı; daha söyleyeceklerim var bu konuda. Ama biliyorum ki, ağzımı açsam, nutuk çekiyor diyeceksin. Ya bırak istediğim gibi konuşayım, ya da sormak istiyorsan, sor. Ben de masal an-

latan nineleri dinler gibi, sana 'Ya!', 'Peki!' der, evet, hayır anlamında kafa sallar dururum.»

«Aman, bari düşüncene aykırı cevaplar verme!»

«Nasıl olsa beni konuşturmadığına göre, dilediğin gibi davranırım. Daha ne istersin?»

«Zeus aşkına, bir şey istediğim yok,» dedim, «sen bildiğin gibi davran. Ben sorularıma başlıyorum.»

«Başla bakalım.»

«Tartışmamızı kaldığımız yerden, sırası içinde sürdürmek
için sana yine deminki soruyu soracağım: Eğrilik karşısında 351
doğruluk nedir? Eğrilik doğruluktan daha güçlüdür, daha zor-
ludur, diye bir söz edilmişti. Ama şimdi, doğruluk bilgelik ve
erdem olduğuna göre, bence doğruluğun eğrilikten daha güç-
lü olduğu kolayca ortaya çıkacaktır, çünkü eğrilik bilgisizliktir.
Kimse bunu anlamamış olamaz artık. Ama ben gene de işi bu
kadar yalınından almak istemiyorum Thrasymakhos; şöyle ele
almak istiyorum: Söyle bana, başka siteleri eğrilikle köle etme- b
ye kalkışan, ya da köle eden, bunlardan birçoğunu kölelikte tu-
tan eğri site yok mudur?»

«Elbet vardır,» dedi. «En iyi site, eğriliği sonuna kadar götüren site işte böyle davranandır.»

«Biliyorum, senin görüşün buydu. Ama benim anlamak istediğim nokta şu: Acaba başka bir siteye egemen olan site, bu egemenliğini eğrilikle yürütebilir mi, yoksa bunun için doğruluğa baş vurmak zorunda mıdır?»

«Eğer senin dediğin gibi; doğruluk bilgelikse, doğruluğa c
baş vurur, ama benim dediğim gibiyse, işi eğrilikle yürütür.»

«Bakıyorum da Thrasymakhos, evet, hayır anlamında kafa sallamakla yetinmiyorsun, bayağı güzel güzel cevaplar veriyorsun. Sevindim buna.»

«Senin gönlünü hoş etmek istiyorum da ondan,» dedi.

«Çok naziksin. Ama şuna da cevap vermek lutfunda bulun: Bir siteyi, bir orduyu, bir haydut veya hırsız çetesini ya da eğri bir amaçta birleşmiş her hangi bir topluluğu meydana getiren kişiler, birbirlerine karşı doğru davranmazlarsa, herhangi bir işi başarabilirler mi dersin?»

d «Başaramazlar.»

«Peki, doğru davranırlarsa? Böylesi daha başarılı olmaz mı?»

«Elbet.»

«Çünkü, Thrasymakhos, eğrilik insanlar arasında geçimsizlik, kin, kavga yaratır, doğruluksa iyi geçinmeyi, dostluğu sağlar, öyle değil mi?»

«Haydi öyle olsun!» dedi. «Biz de iyi geçinelim bari.»

«Çok kibar davranıyorsun aziz dostum,» dedim. «Peki şuna da cevap ver: Eğrilik, her ortaya çıktığı yerde, ister özgür insanlarda, ister kölelerde olsun, kin doğurma gücünü taşıyorsa, onların birbirinden nefret etmelerine, çekişip didiş-
e melerine, ortaklaşa, hiç bir işe girişememelerine sebep olmaz mı?»

«Şüphesiz.»

«Ya eğrilik iki kişide ortaya çıkarsa? Onların da arasını bozmaz mı, birbirlerine kin beslemelerine yol açmaz mı; hem birbirlerine, hem doğrulara düşman etmez mi onları?»

«Eder,» dedi.

«Peki benim değerli dostum, ya bir insanda ortaya çıkarsa, eğrilik gücünü yitirir mi, yoksa hiç eksilmeden sürdürür mü?»

«Sürdürür diyelim!»

«Öyleyse, eğrilik nerede kendini gösterirse göstersin (ister site, ister aile, ister ordu ya da herhangi bir toplulukta), anlaşılan, onun öyle bir gücü var ki bu topluluğu, önce içine düşürdü-
352 ğü çekişmeler, çatışmalar yüzünden, kendi içinde uyumlu bir iş göremez hâle getiriyor, sonra da hem kendine, hem karşıtına, hem doğru insana düşman ediyor. Öyle değil mi?»

«Şüphesiz öyle.»

«Tek bir insanda da eğrilik bence aynı etkileri doğurur, çünkü böyle etkiler doğurmak onun tabiatı gereğidir. Önce o insanın içinde çatışma ve uyuşmazlık yaratarak onu bir iş göremez hâle getirir, sonra da onu hem kendine, hem doğru insanlara düşman eder. Öyle değil mi?»

«Evet.».

«Peki ama azizim, Tanrılar doğru değil midir?»

«Öyle olsun!»

«Öyleyse, eğri adam Tanrıların da düşmanı olur Thrasy-
makhos, doğru adamsa dostu.» b

«Var bu sözlerinin doyasıya tadını çıkar, hiç çekinme, karşı çıkacak değilim. Çünkü, buradakilerin düşmanlığını üzerime çekmek istemem.»

«Öyleyse davran,» dedim, «şölenin sonunu getirelim, sen cevap vermene devam et de doyur beni!' Doğru insanların eğri insanlardan daha bilge, daha iyi, iş görmede daha başarılı oldukları; eğri insanlarınsa elbirliğiyle iş görme gücünden yoksun oldukları ortaya çıkmıştı. Eğrilerin de ortak bir işi bazen
canla başla yürüttüklerini söyleriz ya, gerçek hiç de öyle de- c
ğildir; çünkü bu gibiler bütünüyle eğri olsalardı, birbirlerinin elinden tutmazlardı. Ama belli ki bunlarda, kurbanlarına kötülük ederken birbirlerine de kötülük etmekten kendilerini alıkoyan, ortaya çıkardıkları işi başarmalarına imkân veren az buçuk bir doğruluk vardır; böyleleri eğri işlere girişirken, eğriliğe yarı sapmış kimselerdir, çünkü sonuna kadar kötü, büsbütün
eğri olanlar bir iş görme gücünden de büsbütün yoksundurlar, d
işte bunu ben böyle anlıyorum; senin, basta ileri sürdüğün gibi değil. Şimdi, sonra inceleriz diye geri bıraktığımız bir konuya gelelim: Doğru adam eğri adamdan daha iyi, daha mutlu yaşar, onu araştıralım. Bence şu söylediklerimiz bunun böyle olduğunu apaçık ortaya koydu. Ama gene de işi daha iyi inceleyip

derinleştirmeliyiz. Çünkü burada söz konusu olan, önemsiz bir şey değil, yaşama kuralımızın ne olması gerektiği sorunudur.»

«İncele bakalım,» dedi.

«İnceleyeceğim,» dedim. «Şimdi söyle bana: Atın sence bir işi, bir görevi var mıdır?»

e «Vardır.»

«Peki sen atın veya herhangi başka bir varlığın görevi diye neye dersin? Yalnız onunla yapılabilen ya da en iyi onunla yapılan işe demez misin?»

«Anlamadım,» dedi.

«Anlatayım: Gözlerinden başka bir şeyle görür müsün?»

«Tabii ki görmem.»

«Kulaklarından başka şeyle de işitmezsin?»

«O da olmaz.»

«Öyleyse bu organların görevi görmek, işitmektir demek doğru olur.»

«Şüphesiz.»

353 «Peki, bir asma dalını kamayla, kunduracı bıçağıyla, daha bunun gibi birçok araçla budayamaz mısın?»

«Elbet budayabilirim.»

«Ama her hâlde en iyisi, bu iş için yapılmış bağ bıçağıyla budamaktır.»

«Doğru.»

«Öyleyse bu işe onun görevi demez miyiz şimdi?»

«Elbet deriz.»

«Şimdi, demin bir şeyin görevi yalnız onun yapabildiği veya başkalarından iyi yaptığı iş değil midir diye sorarken ne demek istediğimi daha iyi anladın sanırım.»

b «Anladım,» dedi, «gerçekten her şeyin görevi budur bence.»

«Güzel,» dedim. «Ama kendine özgü bir görevi olan her şeyde bir erdem de yok mudur? Deminki örneklerimize dönelim: Gözlerin bir görevi vardı, değil mi?»

«Evet.»

«O hâlde onların bir de erdemi vardır?»

«Evet vardır.»

«Peki, kulakların da bir görevi vardır demiştik.»

«Evet.»

«Öyleyse bir de erdemi vardır.»

«Vardır.»

«Her şey için de böyle değil mi?»

«Evet böyle.»

«Peki, ya gözlerde kendilerine özgü o erdem bulunmasa c
veya o erdem yerine karşıtı olan kötülük bulunsa, görevlerini iyi yapabilirler mi?»

«Nasıl yapsınlar? Her hâlde görme yerine körlük olsa demek istiyorsun.»

«Önemli olan, onlardaki erdemin şu mu, bu mu olduğu değil şimdi, daha bunu sormuyorum; her şey görevini, kendine özgü o erdemle iyi, onun karşıtı olan kötülükle kötü mü yerine getirir, onu soruyorum sadece.»

«Evet dediğin gibi olur,» dedi.

«Kulaklarda da kendilerine özgü o erdem bulunmasa, görevlerini kötü yaparlar, değil mi?»

«Şüphesiz.»

«Aynı ilke, bütün öteki şeylere de uygulanabilir mi?» d

«Bence uygulanabilir.»

«Peki öyleyse, şimdi de şunu incele: Ruhun, gözetmek, yönetmek, düşünüp karar vermek ve benzeri gibi, kendisinden başka hiç bir şeyin yapamayacağı bir görevi yok mudur? Bu görevler ruhtan başka hiç bir şeye mal edilemez, ona özgüdür demek doğru olmaz mı?»

«Evet, başka hiç bir şeye mal edilemez, ona özgüdür.»

«Ya yaşamak? Ona da ruhun bir görevidir diyemez miyiz?!

«Elbet.»

«O hâlde ruhun da kendine özgü bir erdemi vardır diyebiliriz.»

«Diyebiliriz.»

e «Peki Thrasymakhos, ruh kendine özgü erdeminden yoksunsa, bu görevleri iyi yerine getirebilir mi? Yoksa getiremez mi?»

«Getiremez.»

«Buna göre, yönetim ve gözetim işini kötü ruh kötü, iyi ruh iyi yapar sonucuna varmak bir zorunluluk oluyor, değil mi?»

«Öyle oluyor.»

«Peki doğruluğun ruhun bir erdemi, eğriliğinse bir kötülüğü olduğunda anlaşmamış mıydık?»

«Evet anlaşmıştık.»

«O hâlde, doğru ruh, doğru insan iyi yaşar; eğri insansa kötü yaşar.»

«Senin düşünüş tarzın ona götürüyor.»

354 «Peki, iyi yasayan elbet mutlu ve talihlidir, kötü yaşayansa değildir.»

«Ona ne şüphe!»

«Demek ki doğru adam mutlu eğri adam mutsuzdur.»

«Öyle olsun!» dedi.

«Ama mutsuz olmak kârlı değildir, mutlu olmak kârlıdır.»

«Elbette.»

«İşte, demek oluyor ki, benim mutlu Thrasyrnakhos’um, hiç bir zaman eğrilik, doğruluktan kârlı olamaz.»

«Haydi, bu sana Bendis bayramında bir şölen olsun Sokrates!» dedi.

«Bu şöleni sana borçluyum Thrasymakhos,» dedim. «Çünkü yumuşadın, bana karşı hırçınlığın geçti. Ne var ki, gene de tadını tam çıkaramadım, ama senin yüzünden değil, kendi yü- b
zümden. Galiba, önlerine konan yemeklerin birini bırakıp öbürüne saldıran oburlar gibi davrandım: Başta aradığımız şeyi, doğruluğun ne olduğunu daha bulamadan, başka dala atlayıp, doğruluğun kötülük ve bilgisizlik mi, yoksa erdem ve bilgelik mi olduğunu aramaya gittim; arkasından eğriliğin doğruluktan daha mı kârlı olduğu konusu ortaya çıkıverince, bu sefer de bu konuya atlamaktan kendimi alamadım, Öyle ki, konuşmamızın sonucu, yine de hiç bir şey bilmediğimi anlamak oldu. Öyle ya, c
doğruluğun ne olduğunu bilmeyince, onun erdem mi, kötülük mü olduğunu, doğru adamın da mutlu mu, mutsuz mu olduğunu hiç bilemem.»

II. KİTAP

Bunu söyledikten sonra artık konuşmaktan kurtuldum 357
sanıyordum, meğer daha sözün başındaymışız. Çünkü her zaman, her yerde gözü yılmadan ileri atılan Glaukon, Thrasymakhos'un böyle gerileyip savaşı bırakmasına razı olmadı; «Sokrates,» dedi, «sen doğru olmanın her zaman, her
yerde eğri olmaktan daha iyi olduğuna bizi sadece inandırmış b
görünmek mi istiyorsun, yoksa böyle olduğuna gerçekten inandırmak mı?»

«İş benim elimde olsa, gerçekten inandırmak isterdim.»

«Demek, istiyorsun da yapmıyorsun, Öyleyse söyler misin bana: Sence sonuçlan için değil de, salt kendileri için aradığımız bir nimet çeşidi yok mudur, örneğin sonunda insana duyduğu zevkten başka bir şey getirmeyen sevinç ve zararsız hazlar gibi?»

«Bence bu çeşit nimetler vardır,» dedim.

«Peki, hem kendileri için, hem sonuçları için aradığımız c
nimetler yok mudur? Örneğin sağduyu, görme, sağlık, böyle iki bakımdan da sevdiğimiz nimetler değil midir?»

«Evet, öyledir,» dedim.

«Ya peki, bir üçüncü nimet türü de yok mudur dersin; beden eğitimi, hastalık bakımı, hekimlik ya da başka bir kazanç getirici meslek gibi? Bu işler, yararlı olmakla birlikte, zahmetsiz
d de değildir, onları kendileri için değil, karşılığında getirdikleri ödüller, kârlar için ararız.»

«Evet, bu üçüncü tür de vardır,» dedim. «Ama bunu niçin söylüyorsun?»,

«Doğruluk bunlardan hangisine girer dersin?» dedi.

358 «Bence en güzeline girer,» dedim, «mutlu olmak isteyenin hem kendileri, hem sonuçları için arayacağı nimetler çeşidine.»

«Ama insanların çoğu böyle düşünmez. Onlar doğruluğu, zahmetli nimetler arasına koyarlar; karşılığında bir ödül sağladığı, ün kazandırdığı için özenilecek, ama salt kendisi uğruna yanına bile yanaşılmayacak zor bir iş sayarlar.»

«Bilirim, çoğu böyle sayar,» dedim. «Zaten Thrasymakhos da böyle saydığından hayli zamandır doğruluğu yerip eğriliği övüyor ya! Ama anlaşılan benim kafam kalın.»

b «Öyleyse bir de beni dinle, bakalım düşüncen değişecek mi? Çünkü Thrasymakhos, her hâlde sözlerinle yılan gibi büyülendi de, ondan çok çabuk teslim oldu; ama doğruluk ve eğrilik üzerine ettiğimiz sözler beni hiç de doyurmadı. Ben doğruluk ve eğriliğin, getirdikleri ödüllere, verdikleri sonuçlara hiç bakmadan, kendilerinin ne olduğunu, her birinin mekânı olan ruhun içinde kendi başına ne gibi özel bir güç taşıdığını öğrenmek istiyorum. Uygun görürsen, ben şöyle bir yol tutacağım:
c Thrasymakhos'un sözünü yeniden ele alıp; ilk önce doğruluğun herkesçe ne anlama geldiğini, kaynağının ne olduğunu söyleyeceğim; ikinci olarak, doğruluğa uygun davrananların bunu gönülden isteyerek yapmadıklarını, çünkü doğruluğu bir nimet olarak değil, zorunlu bir şey olarak gördüklerini söyleyeceğim;

üçüncü olarak da, onların böyle davranmakta hiç de haksız
olmadıklarını, çünkü, ileri sürdükleri gibi, eğri adamın doğru
adamdan çok daha iyi yaşadığını söyleyeceğim. Gerçi ben böy-
le düşünmüyorum ama Sokrates, gene de kararsızlık içinde bo-
calıyorum. Çünkü Thrasymakhos'un ve daha binlerce kişinin
söylediklerini dinleye dinleye kafam şişti, serseme döndüm.
Ben, şimdiye kadar kimsenin, doğruluktan ve doğruluğun eğri-
liğe üstün olduğundan, gönlümün istediği gibi söz ettiğini duy- d
madım. Oysa doğruluğu kendi başına ve kendisi için övsünler
isterdim. Bu övgüyü asıl senden bekliyorum şimdi, işte bunun
için de, olanca gücümle eğri adamın yaşayışını öveceğim; öyle
ki, senin de eğriliği ne türlü yermeni, doğruluğu ne türlü övme-
ni istediğimi anlayasın! Nasıl işine gelir mi böylesi? »

«Pek tabii,» dedim. «Aklı başında bir insan da zaten en çok bu konudan söz etsin ya da edilsin istemez mi?»

«Sevindim buna,» dedi. «Dinle öyleyse. Şimdi, dediğim e
gibi, ilk önce doğruluğun kendisi ve kökeni nedir, ondan söz
edeyim. Derler ki, yaradılışımız gereği eğrilik etmek iyi, eğri-
liğe uğramak kötüdür; ama eğrilik etmenin iyiliğinden eğriliğe
uğramanın kötülüğü çok daha büyüktür. Bu yüzden insanlar,
birbirlerine eğrilik edip eğriliğe uğrayarak her ikisini de ta-
dınca, birinden korunmaya da, öbürünü işlemeye de güçleri 359
yetmediğinden; bir daha ne eğrilik edelim, ne de eğriliğe uğ-
rayalım diye anlaşmaya varmayı yararlı görmüşler. Yasalar ve
sözleşmeler bundan doğmuştur; yasanın buyurduğuna da hak-
ka uygun ve doğru denmiştir, işte doğruluğun kökeni ve özü
budur: Doğruluk en iyi şeyle en kötü şeyin, yani ceza korkusu
olmadan, elini kolunu sallaya sallaya eğrilik etmekle; öcünü ala-
madan, eli kolu bağlı eğriliğe uğramanın ortasındadır. Bu iki uç b
arasında doğruluk, kendi başına iyi olan bir şey diye sevilmez,
eğrilik etme imkânı bulunmadığından ötürü değer kazanır da
ondan sevilir. Ama eğrilik etmeye gücü yeten gerçekten erkek
bir adam, eğrilik etmekten ve eğriliğe uğramaktan kaçınmak

için kimseyle anlaşmaya kalkmaz, yoksa deli olması gerekir,
işte doğruluğun ne olduğu ve nasıl doğduğu üzerinde yaygın
kanı budur Sokrates.»

«Şimdi, doğruluğa uygun davrananların eğrilik işlemeye
güçleri yetmediğinden böyle davrandıklarını da şöyle bir du-
c rum tasarlayarak daha iyi anlarız: Doğru adama da, eğri adama
da dilediklerini yapma iznini verelim, sonra arkalarına düşüp
her birini içlerindeki isteğin nereye götüreceğine bakalım.
Doğru adamı da, eğri adam gibi, başkalarından fazla kazanç
sağlamak hırsına kapılarak, aynı eğri amacın ardında koşarken
yakalarız. Çünkü yaradılışı gereği her insan bir nimet olarak bu
amaca yönelir, ama yasa zoru bunun önüne geçip insanı eşitlik
saygısına götürür. Doğru adamla eğri adama, hani o efsanede
d anlatılan Lydia'lı Gyges'in atasındaki güç verilse, sözünü etti-
ğim durum daha belirgin hâle gelir. Bu adam, o zamanki Lydia
kralının hizmetinde bir çobanmış. Bir gün, sürüsünü otlatır-
ken büyük bir fırtına çıkıp bir deprem olmuş, biraz ilerisinde
yer çatlamış, bir yarık açılmış. Şaşırıp kalan çoban yarığın içi-
ne inmiş, efsanede sayıp dökülen birçok olağanüstü şeylerden
başka, içi oyuk, üzerinde küçük küçük kapı biçiminde delikler
bulunan tunçtan bir atla karşılaşmış, eğilip atın içine bakınca,
insan boyundan büyük gözüken bir ölü görmüş; ölünün, par-
e mağındaki altın yüzükten başka bir şeyi yokmuş; çoban yüzüğü
almış, çıkıp gitmiş. Çobanlar her ay olduğu gibi krala sürüleri
hakkında bilgi vermek üzere toplandıklarında, bizim çoban da
parmağında yüzükle toplantıya gitmiş, öbürleriyle oturup ko-
nuşurken, bir ara farkına varmadan yüzüğün taşını elinin içine
doğru çevirmiş, çevirir çevirmez de görünmez oluvermiş, ar-
360 kadaşları nereye gitti diye bakınmaya, soruşturmaya başlamış-
lar. Bizimkisi, şaşkınlık içinde yüzüğü tutup eliyle yoklayarak
taşını yeniden dışarı çevirince, yine göze görünür olmuş. Ço-
ban bunu anlayınca, yüzükte gerçekten tılsımlı bir güç var mı
diye birkaç kez aynı denemeyi tekrarlamış; bakmış ki, yüzüğün

taşını içeri alınca görünmez oluyor, dışarı çevirince görünür
oluyor, yüzüğün tılsımlı olduğuna iyice güven getirmiş. Bunun
üzerine bir yolunu bulup kralın yanına giden haberciler ara-
sına karışmış. Sarayda kraliçeyi baştan çıkarmış; onunla birlik b
olup kralı öldürmüş, yerine geçmiş. Şimdi, böyle iki yüzük olsa
da, birini doğru adam, öbürünü eğri adam parmağına taksay-
dı; hiç biri, çarşıdan pazardan canının çektiğini korkusuzca al-
mak, evlere girip gönlünün çektiği kimseyle sevişmek, kimini c
öldürmek, kimini hapisten kurtarmak, böylece insanlar ara-
sında bir tanrı kesilip gönlünün istediğini yapmak dururken,
doğruluktan ayrılmayacak, başkasının malına el sürmemek yi-
ğitliğini gösterecek kadar sağlam yaradılışlı olmazdı her hâlde.
Böyle davranmakla da doğru adamın eğri adamdan hiç farkı
kalmaz; ikisinin yöneldiği amaç bir olurdu. Bu örnek, kimsenin
kendi isteğiyle doğru olmadığına, ancak zor altında böyle dav-
randığına en büyük kanıt gösterilebilir. Çünkü kendini eğrilik
edebilecek güçte gören kişi eğrilik eder; doğruluksa doğru ada-
mın kendine bir nimet sağlamaz. Gerçekten her insan, kendisi
için eğriliğin doğruluktan daha kârlı olduğunu düşünür ve bu d
görüşü savunanlara göre, böyle düşünmekte de haklıdır. Çün-
kü biri, demin sözünü ettiğim istediğini yapma gücünü elde
eder de, eğrilik etmeye, başkasının malına dokunmaya gönlü
razı olmazsa; böyle davrandığını öğrenenler, ona insanların en
zavallısı, en akılsızı gözüyle bakarlar; birbirlerinin yüzüne kar-
şı ise onu överler, ama birbirlerini aldatmak için, kendileri de
eğriliğe uğramaktan korktukları için yaparlar bunu. Bu konuda
söyleyeceklerim bu kadar.»

«Şimdi, sözünü ettiğimiz bu iki adamın yaşayışı üzerin- e
de tam bir yargıya ulaşabilmek için, en doğru adamla en eğri
adamı alıp karşılaştırmak gerek, yoksa bu işi tam başaramayız.
Ama bu karşılaştırmayı nasıl yapalım? Şöyle: Eğri adamın eğri-
liğinden, doğru adamın doğruluğundan hiç bir şey eksiltmeye-
lim; her birini kendi davranış türünde en ileri noktaya varmış

sayalım, önce, eğri adam usta sanat sahipleri gibi davranmalı,
yani usta kaptan ya da hekim, nasıl sanatında yapılamayacak
361 olanı yapılabilecek olandan ayırt eder de, birini bırakıp öbürünü ele alırsa; herhangi bir noktada yanılsa bile, yanlışını düzeltebilirse, bunun gibi, eğri adam da, tam eğri olacaksa, kötü bir işe girişince kendini ustaca gizlemesini bilmeli; yakayı ele verene ise beceriksizin biri deyip geçmeli, çünkü eğriliğin son kertesi doğru olmadan doğru görünmektir. O hâlde tam eğri olana tam eğriliği vermeli, eğriliğinden hiç bir şey kısmamalı: En büyük eğrilikleri işlerken adı en doğru adama çıkabilmeli;
b bir şeyde yanılırsa, yanlışını düzeltebilmeli; işlediği suçlardan biri ortaya dökülürse, güzel söz söylemesini becererek herkesi suçsuzluğuna inandırabilmeli; zor kullanmak gerektikçe, gözüpekliğine, gücüne, dostlarına ve zenginliğine güvenerek onu da kullanabilmeli. Böyle bir kişinin karşısına saf ve cömert yürekli olan ve Aiskhylos'un dediği gibi, iyi görünmek değil, iyi olmak isteyen doğru adamı koyalım. Ama bu adam doğru görünmesin,
c çünkü doğru görünmek ona şeref ve kazanç getirir; o zaman, doğruluk uğruna mı, yoksa şeref ve kazanç uğruna mı doğrudur belli olmaz. Bu yüzden, onda doğruluktan başka hiç bir şey bırakmayalım, onu eğri adamın tam karşıtı hâline getirelim. Bu adam hiç eğri bir davranışta bulunmadığı hâlde, adı en eğri adama çıksın; ta ki bu kötü ünü ve bunun sonuçlan karşısında kendini yılgınlığa kaptırmamakla erdemi sınavdan geç-
d miş olsun; doğruyken ömrü boyunca eğri görünse de, yolunda ölünceyc kadar sarısılmadan yürüsün, öyleki biri doğruluğun, öteki eğriliğin doruğuna varmış iki adamdan hangisinin daha mutlu olduğuna karar verebilelim.»

«Hani, sevgili Glaukon,» dedim, «bu adamları yarışmada oyumuza sunulacak iki heykel gibi adamakıllı soydun, tertemiz ettin doğrusu!»

«Elimden geldiği kadar,» dedi. «Şimdi bu adamlar önünüze diktiğim gibiyseler, her birinin ne türlü yaşayacağını anlatmak

sanırım zor olmaz. Sıra buna geldi. Ama bunu anlatırken kullandığım dil kaba kaçarsa, unutma ki Sokrates, bu dil benim e
değil, eğriliği doğruluktan üstün tutanların dilidir. Bunların diyecekleri şudur: Senin anlattığın yaradılıştaki doğru adam dayak yer, işkence görür, zincire vurulur, gözlerine mil çekilir, her türlü belaya uğrar, en sonunda da kazığa oturtulur; o 362
zaman, doğru olmak değil, doğru görünmek gerektiğini anlar. Aiskhylos'un sözü ise eğri adama çok daha uygun düşer; çünkü, diyecekler, aslında eğri adam, davranışları gerçeğe uygun olup görünüş için yaşamadığından, eğri görünmek değil, eğri olmak ister:

Kafasının derin tarlasını eker,

Yararlı düşünceler biçer. b

«Bir kere eğri adam, doğru görünmekle kendi sitesinde yönetimi yürütür, sonra beğendiği yerden kız alır, kendi çocuklarını da dilediği gibi evlendirir, keyfinin istediği ile dostluk ya da iş ilişkileri kurar; bütün bunlardan da kendine bir çıkar sağlar. Çünkü, aman eğrilik etmeyeyim diye bir kaygı taşımaz. Devlet işlerinden ya da özel işlerinden dolayı biriyle çatışmaya girse, baskın çıkar; düşmanına karşı üstünlük ve kazanç sağlar, böylece de zenginleşir; dostlarına iyilik, düşmanlarına kötülük c
eder; tanrılara bol bol, tantana ile kurban keser, adaklar sunar; tanrıların da, yaranmak istediği insanların da gözüne girmesini doğru adamdan çok daha iyi becerir; bu yüzden tanrıların bile doğru adamdan çok onu kayırmalarına şaşmamak gerekir. Böylece, tanrılar da, insanlar da, der bu adamlar Sokrates, eğri adama doğru adamınkinden çok daha iyi bir hayat sağlarlar.»

Glaukon sözlerini bitirince tam cevap vermeğe hazırlanıyordum ki, kardeşi Adeimantos atılıp «Sokrates,» dedi, «bu d
konu üzerinde söylenenleri yeterli bulmazsın her hâlde.»

«Neden yeterli olmasın?» dedim.

«En önemli nokta unutuldu da ondan,» dedi.

«Peki,» dedim, «öyleyse atasözünün dediği gibi, kardeş kardeşe yardım etsin! Glaukon'un atladığı bir nokta varsa, sen yardım et ona. Ama doğrusu, onun söyledikleri beni yere sermeye yetti, doğruluğu savunacak güç bırakmadı bende.»

e «Saçma bahane bu seninkisi ya, neyse,» dedi, «biraz da beni dinle bakalım. Glaukon'un düşüncesinin daha iyi anlaşılması için, onun karşıtını da, yani doğruluğu övüp eğriliği yerenlerin düşüncesini de ortaya koymamız gerekir: Babalar ço-
363 cuklarına doğru olmalarını öğütlerler, başkalarını yetiştirmeyi üzerine alan herkes de böyle yapar. Ama doğruluğu doğruluk için değil, sağladığı ün için över bunlar; çünkü, doğru görünenin, bu ünüyle, devlet görevlerine geçmesini, iyi bir evlilik yapmasını, Glaukon'un demin saydığı daha birçok nimeti elde etmesini isterler. Hatta bu adamlar, görünüşün önemini daha da ileri götürerek, işin içine bir de tanrılara kendini beğendirmeyi sokarlar; tanrıların sofu insanlara bağışlayacağı nimetleri saya saya bitiremezler. Koca Hesiodos'la Homeros bile böyle
b konuşur. Hesiodos, doğrulara tanrıların neler verdiğini,

Meşeler biter ulu dalları palamut yüklü,
Gövdeleri bal arılarıyla dolup taşan.
Koyunlar yürür yünlerinin yüküyle iki büklüm[26]

diyerek anlatır ve buna benzer daha nice nimetler sayar doğrular için. Homeros da hemen hemen aynı şeyleri söyler, birinden söz ederken şöyle der:

Anılırsın her yerde kusursuz bir kral gibi,
Tanrılardan korkar da hani, kalabalık, soylu bir halkı
Doğruluk töresince yönetir hiç şaşmadan,
c **Buğday ve arpa getirir yurdundan ona kara toprak,**

26 Hesiodos, **İşler ve Günler**, 232-234.

Ağaçlar yemişle dolar, sürüler durmadan ürer,
bol balık verir deniz.[27]

«Musaios'la oğlu, tanrılar adına doğrulara daha da büyük nimetler bağışlarlar: Onları Hades ülkesine götürerek ermiş kişilerin sofrasına oturturlar, bütün vakitlerini, başlarında çelenkler, yan gelip yatarak şarap içmekle geçirtirler onlara; sanki erdemin en güzel ödülü sonsuza dek içip sarhoş olmakmış d
gibi! Bazıları da tanrılar adına sundukları nimetleri daha da ileri götürürler; yeminini tutan dini bütün adamın soyu sopu tükenmez, torunlarında, torunlarının çocuklarında adı yaşar, derler, işte bunlar böyle ve buna benzer sözlerle doğruluğun övgüsünü yaparlar. Dinsizleri, eğrileri ise Hades'te çamurun dibine batırır, onlara kalburla su taşıtırlar, sağken de şerefsizliğe mahkûm ederler onları; Glaukon'un eğri görünen doğrular e
için sayıp döktüğü bütün o cezaları eğrilere verirler; başka ceza bildikleri yoktur. Doğruluğu övüşleri, eğriliği yerişleri işte böyledir onların.

«Bundan başka bir de, Sokrates, doğruluk üzerine hem halktan kimselerin, hem ozanların ettiği sözler var. Onu da göz önünde tut. Bunların hepsi de, ölçülülüğü ve doğruluğu bir ağızdan göklere çıkarırlar; ama güç, zahmetli bir iş olarak 364
görürler. Ölçüsüzlük ve eğrilikse, tersine, bunlara tatlı ve kolay gelir; yalnız kamuoyu ve yasanın kınadığı bir şey sayarlar onu; eğri işler çoğu zaman doğru işlerden, daha kârlıdır derler. Kötüler zengin ya da herhangi başka bir güç sahibi iseler, onları mutlu adamlar diye herkesin önünde övmeye, yüceltmeye hazırdır bunlar; ama iyileri, güçsüz ve yoksul kimselerse, öbürle- b
rinden daha iyi olduklarını kabul etmekle birlikte, adam yerine koymazlar. Ne var ki en tuhafı, bunların tanrılar ve erdemler üzerine söyledikleridir. Dediklerine bakılırsa, tanrılar bile, kötü insanlara mutluluk ve rahat bir hayat verirken, erdemli in-

27 Homeros, **Odysseia**, XIX, 109-113 (Azra Erhat - A. Kadir çevirisi, Sander Yayınları, İstanbul, 1970).

sanlara gün yüzü göstermezlermiş. Öte yandan, dilenci rahip-
c lerle falcılar da, zenginlerin kapılarına varıp kendilerinin ya da
atalarının işlediği bir günah varsa bunu, içlerindeki tanrı ver-
gisi bir kaç güç sayesinde, kurbanlar ve büyülü sözlerle (üstelik
işe eğlence, şenlik de katarak) sildirebileceklerine onları inan-
dırırlar: insan bir düşmanına zarar vermek isterse, bunu ufak
bir para karşılığında yaptırabilir, doğru adama da, eğri adama
da kötülük getirebilirmiş; çünkü, bu adamlar birtakım büyülü
çağırmalar, afsunlarla sözde tanrıları kendi emellerine hizmet
etmeye razı ederlermiş. Bunlar söylediklerinin doğruluğuna da
ozanları tanık gösterirler. Nitekim kimi ozanlar kötülük etme-
nin kolaylığını,

Kötülüğe akın akın gider insanlar,
d **Rahattır, yakındır kötülüğün yolu,**
Erdeminse alın teri koymuş önüne tanrılar.[28]

diyerek dile getirir; erdeme giden yolun uzun, sarp ve dik oldu-
ğunu söylerler. Kimi de insanların tanrıları etkileyebileceğini
ispatlamak için Homeros'un şu mısralarını öne sürer:

Tanrıların bile yumuşadığı saat var,
Gün olur yanılır, suç işler insanlar,
e **Güzel adaklar, sunularla yalvarırlar,**
Kurban yağlarıyla yumuşatırlar tanrıları.[29]

«Bunlar, Selene ile Musa'lardan doğduklarını söyledikleri
Musaios'la Orpheus'un bir yığın kitabını sürerler önünüze. Kut-
sal törenlerini bu kitaplara göre düzenlerler; insanın, sağlığında
olsun, ölümünden sonra olsun, kurban ve bayramlarla, 'sırra
365 girme ayini' dedikleri törenlerle günahlarından arınıp bağışla-
nabileceğine yalnız kişileri değil, devletleri de inandırırlar. Bu
törenler bizi öbür dünya azaplarından kurtarırmış, ama bunları
yerine getirmezsek korkunç işkenceler beklermiş bizi.

---

28 Hesiodos, **İşler ve Günler**, 287-289.

29 **İlyada**, IX, 497-501.

«İşte Sokrates, erdemle kötülük üzerine, insanlarla tanrıların onlara biçtikleri değer üzerine söylenen bütün bu ve buna benzer sözlerin, iyi yaradılışlı ve her işittiğinden bir şey kapan bir gencin üzerinde nasıl bir etkisi olacağını bir düşünelim. Ömrünü elden geldiği kadar iyi geçirebilmek için insan nasıl bir adam olmalı, hangi yolu tutmalı sorusuna cevap arayan bu genç, her hâlde Pindaros'un şu sorusunu kendi kendine soracak ve düşünecektir. **Şu yüksek kaleye kendimi atıp ömrümü** b
güven içinde geçirmek için doğru yoldan mı tırmansam, eğri yoldan mı? Koca koca adamların söylediğine göre, demek ki, doğru olup doğru görünmezsem, elime dertten, beladan başka bir şey geçmeyecek; ama eğri olup adımı doğruya çıkarırsam, tanrılara yaraşır bir ömür süreceğim. O hâlde, bilge kişilerin bana öğrettiği gibi, madem **görünüş gerçeği bastırır** ve mutlu- c
luğu ele geçirirmiş, o hâlde ben de bütün benliğimle ona yönelmeliyim. Dekor olarak da çevreme yalancı bir erdem görüntüsü çizmeliyim, o pek bilge ozan Arkhilokhos'un kurnaz, hilekâr tilkisini arkama takmalıyım. 'Ama insan kötü olunca her zaman kendini kolayca gizleyemez' diyen olursa, buna karşı biz de: Evet, orası öyle, ama büyük işlerin hiç biri kolay değildir, deriz. d
Ne olursa olsun, mutlu olmak istiyorsak, söyledikleri o görünüş yolunu tutmalıyız. Foyamız meydana çıkmasın diye de ortaklıklar, gizli dernekler kurarız, sonra halk kurullarının, mahkemelerin önüne çıkarak etkili sözlerle onları inandırmasını bize öğretecek bir alay söz cambazı da var. Böylece, kimi zaman kandırarak, kimi zaman zora baş vurarak, cezaya uğramadan yakayı sıyırırız. 'Ama tanrıların gözünden kaçamazsınız, zor da kullanamazsınız onlara' denirse, deriz ki: Peki ya tanrılar yoksa veya insanların işleriyle uğraşmıyorlarsa, onların gözünden kaçmak diye bir derdimiz olur mu? Yok eğer tanrılar varsa ve e
bizim işlerimizle de ilgileniyorlarsa, onlar üzerindeki bilgimiz sadece söylenegelenlere ve soyları sopları, gelmişleri geçmişleri üzerine ozanların anlattıklarına dayanıyor. Ama ozanlar, kurbanlar, dualar, adaklarla tanrıları acındırmanın, gönüllerini et-

menin mümkün olduğunu söylemiyorlar mı? Ya inanacaksak,
buna da inanırız, ya hiç birine inanmayız, inanınca da, en iyisi
eğri adam olmaktır; çünkü eğri işlerimizin kazancıyla tanrılara
366 kurbanlar keseriz. Öyle ya, doğru adam olursak, gerçi tanrıla-
rın hışmına uğramayız ama, eğriliğin getireceği kazançlardan
da yoksun kalırız; oysa eğri adam olursak, hem bu kazançları
elde ederiz, hem de dualarla suçlarımızın, günahlarımızın ce-
zasından kurtuluruz. 'Ama bu dünyada işlediğimiz eğriliklerin
cezasını Hades'te çekeceğiz, biz çekmezsek çocuklarımızın ço-
cukları çekecek' diyenler çıkacak. Buna karşı da yine o bizim
düşüncelere, hesaplara dalan delikanlı diyecek ki: Peki ya sırra
girme ayinleri, günahtan kurtarıcı tanrılar ne güne duruyor?
Baksanıza, onların da bu işte büyük etkisi varmış. En büyük
b siteler bile böyle söylüyor, ozanlar ve peygamberler, yani tanrı
çocukları da bunu haber veriyor bize.

«Madem ki, gerek sıradan kimselerin, gerek ünü büyük,
sözü dinlenir kişilerin dediği gibi, eğriliğimizi bir doğruluk
rengine buladık mı, tanrılara karşı da, insanlara karşı da, sağ-
lığımızda da, öldükten sonra da, keyfimizce davranabiliriz;
öyleyse, doğruluk yerine eğriliğin son kertesini seçmemek için
bizi tutan ne kalır? Bütün bu söylenenlerden sonra, Sokrates,
bir insan, kafaca, paraca, bedence ya da soyca herhangi bir üs-
c tünlüğü olsun da, doğruluğa değer versin, doğruluğu övenlere
gülmesin, olacak iş mi? Gerçekte, bu söylediklerimizin yanlışlı-
ğını ortaya koyacak güçte olan, doğruluğun en iyi şey olduğunu
gerçeğince kavramış bir adam, eğrilere karşı yumuşak, anlayışlı
davranır, kızmaz onlara; çünkü bilir ki tanrısal yaradılışların-
dan ötürü eğrilikten tiksinen ya da bilgiye erdiklerinden dolayı
eğrilikten kaçınan insanlar dışında kimse isteyerek doğru ol-
d maz; ancak korkaklık, yaşlılık ya da başka herhangi bir güç-
süzlük yüzünden kendisi eğrilik edemediği için eğriliği yerer.
Bunun nedeni de apaçık ortada: Bu çeşit bir insan, eğrilik etme
imkânını ele geçirmeye görsün, hemen bu imkânı gücünün

yettiği kadar kullanmaya kalkar. Bütün bunları söylememin
nedeni buydu Sokrates; kardeşimle beni tartışmaya iten neden
de buydu zaten. Sana şunu demek istiyoruz: Sokrates, sizler he-
piniz doğruluğun savunucusu olarak ortaya çıkıyorsunuz ya, e
dünya kurulalı beri sözleri bize kadar ulaşan kahramanlardan
tutun da bugünkü insanlara kadar, hiç birinizin, eğriliği yerip
doğruluğu överken, ucundaki ün, şeref ve karşılıktan başka şeyi
göz önünde tuttuğu olmamıştır. Eğrilikle doğruluğun, insanın
ruhundaki hakiki gücüyle; tanrılara da, insanlara da gizli ka-
lan asıl niteliğinin ne olduğuna gelince, şimdiye kadar kimse,
şiirle olsun, düz yazıyla olsun, birinin ruhun içindeki en kötü
şey, öbürünün de en iyi şey olduğunu yeterince anlatmamıştır.
Çünkü, hepiniz, bize baştan beri böyle söyleyip daha çocuk- 367
luğumuzda bizi bunlara inandırsaydınız, aman eğriliğe uğra-
mayalım diye boyuna birbirimizi kollayıp birbirimize bekçilik
edeceğimize; kötü şeylerin en kötüsü olan eğriliği içimizde ba-
rındırmaktan korkarak kendi kendimizi kollar, kendimizin en
iyi bekçisi olurduk!

«İşte Sokrates, Thrasymakhos ya da başkaları doğrulukla
eğrilik üzerine bunları söyleyebilirler, belki daha da ileri gider-
ler; böylece bence doğrulukla eğriliğin hakiki gücünü kaba-
ca ters yüz etmiş olurlar. Ama benim bütün gücümle onların
görüşünü tuttuğuma bakma; işin doğrusunu istersen, sen bu b
görüsün tam tersini savunasın diye ben öyle yaptım. O hâlde,
doğruluğun eğrilikten üstün olduğunu ortaya koymakla kal-
ma, her birinin insan ruhunda kendi başına ne gibi etkiler do-
ğurduğunu, bu etkilerle nasıl birinin iyi şey, ötekinin kötü şey
olduğunu da göster; Glaukon'un sözünü dinle de, doğrulukla
eğriliğin sağladığı ünleri bir yana bırak. Çünkü her birinin sağ-
ladığı gerçek ünleri bir yana koymazsan ve sahte ünleri de ek-
lemezsen, deriz ki: Sen de doğruluğu değil, doğru görünmeyi c
övüyorsun; eğriliği değil, eğri görünmeyi yeriyorsun, bize eğ-
rilik edip eğriliğimizi gizlemeyi öğütlüyorsun; demek sen de,

Thrasymakhos gibi, doğruluğun başkasına yönelen, güçlünün işine yarayan bir nimet olduğunu, eğriliğinse, kendine yararlı ve kazançlı, ama güçsüze zararlı olduğunu kabul ediyorsun.

«Madem sen doğruluğun, en üstün nimetlerden, yani görme, işitme, akıl, sağlık ve benzerleri gibi, görünüşte değil, tabi-
d atı gereği yapıcı, doğrucu olan nimetler olarak; hem sonuçları için hem de daha çok, kendileri için aranmaya değer iyi şeyler olarak kabul ettin, o hâlde, insan için doğruluğun kendi başına, kendi özünden gelen yararını öv; eğriliğin de zararını yer. Ödüllere, ünlere gelince, bırak onları başkası övsün. Ben başkalarının, doğrulukla eğriliğin sağladığı ün ve ödüllere bakarak birinin övgüsünü, öbürünün yergisini yapmalarına göz yumabilirim, ama senin böyle yapmana razı olamam doğrusu; meğer ki beni buna zorlayasın. Çünkü sen, bütün ömrünü bu konuyu
e araştırmakla geçiren adamsın, öyleyse, yalnız doğruluğun eğrilikten üstün olduğunu ortaya koymakla kalma; doğrulukla eğriliğin, tanrıların gözünden kaçsın kaçmasın, insanda kendi başına ne gibi etkiler doğurmakla, birinin iyi şey, öbürünün kötü şey olduğunu da göster bize.»

Glaukon'la Adeimantos'un üstün yaradılışlarını öteden beri beğenirdim ya, bu sözlerini duyunca büsbütün beğendim, «Ey
368 babalarının evlatları!» dedim, «Glaukon'un hayranı olan adam, Megara savaşında şan kazandığınız zaman söylediği şiirde sizi.

Ariston'un oğulları, ey bir şanlı adamın tanrısal
soyu!

diye överken hiç de boşuna övmemiş! Bence tam yerinde bir övgü bu. Öyle ya, eğriliğin doğruluktan üstün olduğunu bunca ustalıkla savunabildiğiniz hâlde, içiniz buna kanmıyorsa, sizde gerçekten tanrısal bir şeyler var ki kanmıyor. Gerçekten
b de, söylediklerinize inanmadığınız belli; anlıyorum bunu, ama sözlerinizden değil, ne biçim insan olduğunuzu bildiğimden. Yoksa yalnız sözlerinize baksam, sizden kuşkulanırdım hani. Ama size güvendiğim ölçüde de şaşkınlığım artıyor; nasıl dav-

ranacağımı bilemiyorum. Tutup doğruluğun imdadına koşsam, olmuyor; anlaşılan buna yetecek gücüm yok. Şundan belli ki, Thrasymakhos'a karşı doğruluğu savunduğum zaman, onun eğrilikten üstün olduğunu ortaya koyduğumu sanmıştım, oysa siz benim bu savunmamı kabul etmediniz. Ama doğruluğun
imdadına koşmasam, o da olmayacak, çünkü bu can bende c
durdukça, sesim soluğum kesilmedikçe; doğruluk gözümün önünde hırpalanıp dururken ağzımı açıp ondan yana çıkmazsam, vicdansızlık etmiş olurum. En iyisi, yine elimden geldiği kadar doğruluğu savunayım bari.»

Bunun üzerine Glaukon'la ötekiler rica ettiler; bütün gücümü kullanıp doğruluğu savunmamı, tartışmayı yarıda bırakmamamı; doğrulukla eğriliğin ne olduğunu, hangisinin üstün olduğunu araştırmamı istediler. O zaman ben de şöyle dedim:

«Giriştiğimiz araştırma kolay bir iş değil, bence keskin bir
görüş ister. Bu görüş de bizde olmadığına göre, araştırmayı şöy- d
le yapalım derim: Gözü pek keskin olmayan kimselere uzaktan ufacık yazılmış harfler okutmak istesek, bu adamlardan biri de aynı harflerin başka yerde daha büyük boyutta yazılı olduğunu fark etse, bu onun için gökten inmiş bir nimet olurdu: Gidip önce büyük harfleri okur, sonra da küçük harflerin büyüklerin eşi olup olmadığına bakar, olur biterdi.»

Adeimantos, «Evet, öyle olurdu,» dedi. «Ama Sokrates,
doğruluğun araştırılmasıyla bunun ne ilgisi var ki?» e

«Söyleyeyim ilgisini,» dedim. «Doğruluk, bir kişide bulunduğu gibi, bütün sitede de bulunur değil mi?

«Elbette,» dedi.

«Peki, site tek kişiden, daha büyük değil midir?»

«Evet, daha büyüktür.»

«O hâlde, daha geniş bir çerçevede doğruluk daha büyük çapta olur; daha kolay göze çarpar. Onun için, isterseniz, önce
doğruluğun sitelerde ne olduğuna bakalım, sonra da tek kişi- 369

de inceleriz onu; böylece küçük örnekte büyüğe benzer yönleri ararız.»

«Gerçekten güzel bir yol,» dedi.

«Şimdi, bir sitenin doğuşuna bakarsak,» dedim. «O sitede doğrulukla eğriliğin ne doğduğunu görmez miyiz?»

«Görebiliriz,» dedi.

«Böyle olunca da, aradığımızı daha kolay bulamaz mıyız?»

b «Elbette bulabiliriz.»

«Öyleyse, ne dersiniz, bu araştırmayı sonuna kadar götürelim mi? Bence kolay bir iş değil bu. Hele bir düşünün.»

Adeimantos «Düşündük bile,» dedi, «sen araştırmana devam et.»

«Peki öyleyse,» dedim. «Bence bir site, tek kişinin kendi kendine yetememesi, bir sürü şeye ihtiyaç duyması yüzünden doğar. Sence bir sitenin kuruluşunda başka bir sebep var mıdır?»

«Yoktur,» dedi.

c «Öyleyse, bir insan bir işi için filana, bir başka işi için de falana baş vurur; böylece ihtiyaçların çokluğu, aynı yerde birbirine ortak ve yardımcı olan kişilerin toplanmasına yol açar. Bu topluluğa da site demişizdir, değil mi?»

«Çok doğru.»

«Ama iki insan birbirine bir şey verip alırken, bu alış-verişin kendi yararına olduğunu düşünerek yapmaz mı bunu?»

«Şüphesiz.»

«Peki öyleyse,» dedim. «Şimdi yeni baştan bir site kurduğumuzu düşünelim. Her hâlde bu sitenin temeli ihtiyaçlarımız olacaktır.»

«Elbet.»

d «İhtiyaçlarımızın başta geleni, en önemlisi yiyecek ihtiyacıdır; varlığımızı sürdürmemiz, yaşamamız buna bağlıdır.»

«Ona şüphe yok.»

«İkincisi barınacak yer, üçüncüsü giyecek ve benzeri şeyleri sağlama ihtiyacıdır.»

«Öyle.»

«Peki söyle bakalım, bir site bunca şeyi nasıl sağlayacak? Bunun için kiminin çiftçi, kiminin duvarcı, kiminin de dokumacı olması gerekmeyecek mi? Bunların yanında bir de kunduracı ya da bedenimizin başka ihtiyaçlarını karşılayacak bir sanat sahibi olmalı, değil mi?»

«Elbet.»

«O hâlde, en küçük ölçüde de olsa, bir site dört beş kişiden kurulu olacak.»

«Öyle olması gerek.» e

«Devam edelim: Bunlardan her biri kendi sanatını herke-
sin hizmetine koymalı mıdır? Örneğin çiftçi, tek başına dört
kişinin yiyeceğini mi sağlamalı, yani yiyecek sağlamak için dört
kat zaman ve emek harcayarak öbürlerinin de bundan yararlan-
masına mı çalışmalı? Yoksa yalnız kendini düşünerek, harcaya-
cağı zaman ve emeğin dörtte biriyle kendi yiyeceğini sağlayıp, 370
geri kalan dörtte üçten biriyle kendi evini, öbürüyle giysilerini,
üçüncüsüyle de kunduralarını mı yapmalı; topluluk için başını
derde sokmadan, kendi işlerini kendi mi görmelidir?»

Adeimantos, «Birincisi belki daha kolay olur Sokrates,» dedi.

«Böyle olması garipsenecek bir şey değil,» dedim. «Sözün
bana şunu düşündürdü: Biz insanlar birbirimize benzer yara-
tılmamışızdır; aramızda yetenek farkları vardır, kimimiz şu işe, b
kimimiz bu işe yatkınızdır. Öyle değil mi?»

«Öyle.»

«Bir insan birçok sanatla uğraştığı zaman mı daha iyi iş görür, yoksa bir tek sanatla mı?»

«Bir tek sanatla.»

«Şu da bilinir ki, bir işin zamanı geçirildi mi, o iş yapılmamış olur.»

«Tabii.»

«Çünkü iş işçinin boş vaktini beklemez; tam tersine, işçi işe
c ayak uydurmak zorundadır.»

«Elbet.»

«Böylece herkes, başka işleri bırakıp yeteneğine uygun tek bir işle uğraşırsa, bunu da zamanında yaparsa, hem daha çok, hem daha iyi, hem de daha kolay iş çıkarır.»

«Çok doğru.»

«Öyleyse Adeimantos, demin sözünü ettiğimiz ihtiyaçları karşılamak için bir sitede dört kişiden çok insan bulunması gerekir. Çünkü çiftçi, kullandığı araçların iyi olmasını istiyorsa;
d sabanını, belini, öbür araçlarını kendisi yapmayacaktır. Duvarcı ustası, dokumacı, kunduracı için de böyledir, değil mi?»

«Evet.»

«İşte böylece dülgerler, demirciler, daha birçokları küçük sitemize katılarak onu büyütecekler.»

«Şüphesiz.»

«Çiftçiye tarlasını sürecek öküz, çiftçiyle duvarcıya yükleri-
e ni taşıyacak yük hayvanı, dokumacıyla kunduracıya yün ve deri sağlamak için gerekli olan sığırtmaçları, çobanları ve benzerlerini de katarsak, sitemiz yine pek büyümüş olmaz.»

«Ama bütün bu kişiler bir araya gelirse, sitemiz pek de küçük sayılmaz,» dedi.

«Peki, sitemizi kurduğumuz yerin, dışardan hiç bir şey getirtmemize gerek bırakmayacak bir yer olması hemen hemen imkânsız bir şeydir, değil mi?»

«Evet, imkânsızdır.»

«Öyleyse kendinde bulunmayan şeyleri başka siteden getirecek kimseler de gerekli sitemize.»

«Evet onlar da gerekli.»

«Ama bu kimseler mal alacakları kimselerin yanına eli boş
ve onların eksiklerini giderecek bir şey götürmeden giderlerse, 371
kendileri de eli boş dönerler, değil mi?»

«Öyle olur.»

«O hâlde sitemiz, yalnız kendine yetecek kadar değil, mal aldığı kimselerin isteklerini de karşılayacak çokluk ve nitelikte mal üretmelidir.»

«Doğru.»

«Bu durumda, sitemizdeki çiftçilerle öbür sanat sahiplerinin sayısını artırmamız gerekecek.»

«Evet, öyle olacak.»

«Sonra dışardan mal getirtip mal çıkarmakla uğraşan aracılara da gerek var. Bunlar da tüccarlardır, değil mi?»

«Evet.»

«Demek tüccarlar da gerekli bize.»

«Elbette.»

«Ticaret deniz yoluyla yapılırsa, denizciliği iş edinmiş bir b
hayli insana da ihtiyacımız olacak.»

«Evet, öyle.»

«Peki bunlar, site içinde emeklerinin ürününü nasıl değiş tokuş edecekler? Hani birleşip sitemizi kurmamızın amacı da buydu.»

«Tabii, alım satımla.»

«Bundan da, bir pazar yeri ile değiş tokuş aracı olan para doğacak.»

«Çok doğru.»

c «Peki ama, bir çiftçi ya da herhangi bir sanat sahibi, emeğinin ürününü pazara getirir getirmez alıcı bulamazsa, işini yüz üstü bırakıp pazarda pinekleyip duracak mı?»

«Olur mu öyle şey?» dedi. «Durumu görüp bu işi üzerine alanlar çıkar, iyi düzenlenmiş sitelerde, bunlar genellikle bedence en cılız, ellerinden başka iş gelmeyen kimselerdir. Bunla-
d rın işi, pazarda bekleyip para karşılığında mal alıp satmaktır.»

«Demek ki,» dedim, «bu ihtiyaç sitemizde satıcıların doğmasına yol açıyor. Pazar yerine yerleşip alım satımla uğraşanlara satıcı, kentler arasında dolaşanlara da tüccar diyoruz, değil mi?»

«Tamam.»

«Bir de kafaca toplumun değer vermediği, ama bedence ağır işlere yatkın kimseler vardır. Bunlar kolgüçlerini satarlar; emeklerinin karşılığına gündelik, kendilerine de gündelikçi denk, değil mi?»

«Evet.»

«Demek sitemizin dolması için, tamamlayıcı olarak gündelikçiler de bulunacak.»

«Evet.»

«Peki Adeimantos, sitemiz artık tam denecek kadar büyümedi mi?»

«Büyüdü gibime gelir.»

«Öyleyse şimdi doğrulukla eğriliği sitenin neresinde bulalım? Sözünü ettiğimiz kimselerden hangisiyle bunlar sitemize girmiştir dersin?»

372 «Doğrusunu istersen Sokrates,» dedi, «pek kestiremiyorum bunu. Ama olsa olsa, bu kimselerin karşılıklı ilişkilerinde, alışverişlerinde olur derim.»

«Haklı olabilirsin,» dedim, «ama gel bu konuyu usanmadan, yılmadan inceleyelim:

«Önce, böyle bir düzen içine girmiş insanların "nasıl yaşayacağına bakalım. Elbet ekmek, şarap, giyecek, kundura yapacaklar, evlerini kuracaklar. Yazın çoğu zaman çıplak, yalınayak, b
kışın da yeterince giyinik çalışacaklar. Karınlarını doyurmak için, arpadan, buğdaydan un yapacaklar; birini pişirmeden, öbürünü pişirerek hazırlayacakları güzel çörekleri, ekmekleri, hasırlar ya da taze yapraklar üzerine dizecekler; sarmaşık ve mersin dallarından yapılmış yataklar üzerine yan gelip yatarak çocuklarıyla birlikte bunları afiyetle yiyecekler; bir yandan da, başlarında çelenkler, şaraplarını içecekler, tanrılara övgüler, ilâhiler okuyacaklar, aile hayatının keyfini sürecekler; yoksulluğa düşme ya da savaş korkusuyla da, gelirlerine göre çocuk yapa- c
caklar, öyle değil mi?»

Glaukon söze karışıp «Sokrates, bakıyorum da adamlara kuru ekmekle ziyafet çekiyorsun,» dedi.

«Ha, haklısın, katıklarını unutmuşum,» dedim. «Tabii, yanında tuzu, zeytini, peyniri de olacak, köylerdeki gibi soğan kırıp sebze de haşlayacaklar. Üstüne çerez olarak incir, nohut, bakla da sunacağız; mersin yemişiyle palamutu küle gömüp kebap edecekler; bir yandan bunları yerken, bir yandan da yavaş d
yavaş içkilerini içecekler. Böylece huzur ve sağlık içinde ömürlerini tamamlayıp döşeklerinde rahat ölecekler, çocuklarına da böyle bir hayat bırakacaklar.»

Glaukon, «Domuz mu yetiştiriyorsun Sokrates?» dedi. «Sanki domuz sitesi kurmuş gibi konuşuyorsun.»

«Peki, daha ne olsun Glaukon,» dedim, «nasıl yaşasın bu adamlar?»

«Biz insanlar nasıl yaşıyorsak öyle,» dedi. «Rahat etmek için bence yatakta yatmalılar, masada yemek yemeliler, katık- e
ları, çerezleri de bizimkiler gibi olmalı.»,

«Ha, anladım,» dedim, «artık yalnız yeni kurulmuş bir siteyi değil; refaha, bolluğa ermiş bir siteyi inceliyoruz. Bu türlü

bir inceleme belki iyi de olur. Çünkü, böylece doğrulukla eğriliğin sitelerde nasıl doğduğunu görebiliriz. Gerçi ben gerçek site olarak gene de benim anlattığım sağlıklı siteyi görüyorum; ama istiyorsanız, hastalıklı siteye de gözlerimizi çevirelim, hiç bir engel yok buna. Zaten bazılarına bizim bu yaşama düzenimiz
373 de yetmeyecek; yataklar, masalar, her çeşit mobilya, seçme yemekler, kokular, tütsüler, odalıklar, tatlılar isteyecekler; hem de çeşit çeşit. O zaman da artık sadece başta saydığımız ev, giyecek, kundura gibi şeyler zorunlu ihtiyaç maddesi olarak görülmeyecek, resim ve nakışı da işin içine sokmak; altın, fildişi ve benzeri değerli maddeleri de sağlamak gerekecek. Öyle değil mi?»

b «Evet.»

«Öyleyse şimdi siteyi daha da büyütmek zorundayız, çünkü sağlıklı dediğimiz site artık yetmez oldu. Sitelerdeki zorunlu bir ihtiyaca cevap vermeyen daha bir sürü adamla bizim siteyi de doldurmak gerekiyor: Her türlüsünden avcılar; biçimleri ve renkleri kopya ederek ortaya koyanlar, müzikle uğraşanlar; ozanlar, onlara hizmet eden bütün o rhapsodos'lar[30], tiyatro
c oyuncuları, koro oyuncuları, tiyatro kurucuları; sonra çeşit çeşit eşya yapan, hele kadınlara süs eşyası yetiştiren ustalar. Ayrıca hizmetimizi gören kimselerin sayısını artırmamız da gerekli, öyle ya, lalalara, sütninelere, dadılara, oda hizmetçilerine, berberlere, aşçılara ve aşçıbaşılarına ihtiyacımız olmayacak mı. Sonra, domuz çobanlarımız da olmalı! Bunlar ilk sitemizde yoktu; çünkü, ihtiyacımız yoktu onlara, ama şimdikinde çok ihtiyacımız olacak, öbür sürü hayvanlarının da bol bol bulunması gerekecek; çünkü, bunların etinden yemek isteyenler de olacak, öyle değil mi?»

«Evet.»

d «Ama böyle yaşayınca da hekimlere eskisinden çok fazla ihtiyacımız olacak.»

---

30 Rhapsodos: Kent kent dolaşarak büyük ozanların şiirlerini okuyan ve yorumlayan sanatçı.

«Evet, öyle olacak.»

«Toprak da, o zamana kadar üzerinde yaşayan insanları beslemeye yeterken, şimdi dar ve yetersiz gelmeye başlayacak, öyle değil mi?»

«Haklısın,» dedi.

«Böyle olunca, kendimize yetecek otlak ve tarla bulmak için komşularımızın toprağına göz dikmek zorunda kalmayacak mıyız? Onlar da, bizim gibi zorunlu gereklerin sınırını aşıp doymak bilmez bir mal edinme hırsına kapılmışlarsa, bizim toprağımıza göz dikmeyecekler mi?»

«İster istemez Sokrates,» dedi. e

«Bunun üzerine aramızda savaş çıkmayacak mı Glaukon? Sence başka çaresi var mı?»

«Yok elbet.»

«Savaş insanlara iyilik mi getirir, kötülük mü? Şimdilik bunun üzerinde durmayalım. Yalnız şu kadarını söyleyelim: Anlaşılıyor ki savaş, sitelerde ortaya çıkan ve ortaya çıkınca da gerek kişiler, gerek kamu açısından en büyük kötülükleri yaratan şeyden, yani aşırı mal edinme hırsından doğuyor.»

«Çok doğru.»

«Bu durumda siteyi daha da büyütmek gerekiyor dostum.
Ama bu sefer sitemize katacağımız, öyle ufak bir şey değil; bü- 374
tün varlığımızı saldırganlara karşı koruyacak, düşmanla savaşacak koskoca bir ordu.»

«Niye Sokrates? Bu işi kendimiz yapamaz mıyız?»

«Hayır,» dedim, «siteyi kurduğumuz zaman hani bir ilke üzerinde anlaşmıştık ya, işte o ilke doğruysa, yapamayız. Hatırlarsın, tek bir insanın birçok sanatı birden gereğince yapamayacağını kabul etmiştik. »

«Doğru,» dedi.

«Peki, savaşmayı bir sanat saymıyor musun, sen?» b

«Saymaz olur muyum?» dedi.

«Peki, savaş sanatından çok kunduracılık sanatına mı önem vermeliyiz?»

«Öyle şey olur mu?»

«Demin, kunduracının aynı zamanda çiftçilik, dokumacılık ya da duvarcılık etmeye kalkışmasını yasaklamıştık; kunduralarımız iyi olsun diye onu yalnız kunduracı olarak bırakmıştık. Bütün öbür sanat sahiplerine de yaradılışlarına en uygun
c işi vererek, hayatları boyunca bunu yapsınlar, başka işlerden kurtulsunlar, böylece işlerini zamanını geçirmeden ve gereği gibi çıkarsınlar istemiştik. Peki şimdi, savaş sanatının başarıyla yürütülmesi son derece önemli değil midir? Yoksa bu iş bir çiftçinin, bir kunduracının ya da başka herhangi bir sanat sahibinin aynı zamanda savaşçı da olmasına elverecek kadar kolay mıdır? Düşün ki, bir insan tavla veya zar oyununun bile çocukluğundan beri üzerine düşmemiş de, bunları arada bir,
d boş zaman bulunca oynamışsa, iyi oyuncu olamaz. Herhangi bir araç, ele alınır alınmaz kimseyi usta ya da atlet hâline getirmediğine, o sanatın bilgisini edinmemiş, yeterince üzerinde çalışmamış insana bir yarar sağlamadığına göre, eline bir kalkan ya da başka, bir savaş aracı alan kimse hemen o gün usta bir savaşçı olabilir mi?»

«Öyle olsaydı,» dedi, «araçlara paha biçilemezdi doğrusu!»

e «Öyleyse, koruyucularımızın işi, ne derece önemliyse; o derece çok zaman, ustalık ve emek ister.»

«Bence de öyle,» dedi.

«Peki, bu iş için insanın uygun bir yaradılışta olması gerekmez mi?»

«Elbet gerekir.»

«O hâlde, sitenin koruyuculuğu işine kimlerin yaradılıştan uygun olduğunu seçmek de, elimizden gelirse, bize düşüyor.»

«Şüphesiz bize düşüyor.»

«Zeus hakkı için.» dedim, «hani üzerimize aldığımız bu iş öyle kolayca altından kalkılacak bir iş değil. Ama gücümüz elverdiği ölçüde gene de yılmamalıyız bundan.»

«Evet yılmamalıyız,» dedi. 375

«Peki,» dedim, «cins bir köpek yavrusunun yaradılışı, koruyuculuk bakımından, soylu bir delikanlının yaradılışından farklı mıdır dersin?»

«Ne demek istiyorsun Sokrates?»

«Şunu demek istiyorum: Bunlardan her ikisi de düşmanın izini bulacak kadar keskin duyulu; bulunca koşup yakalayacak kadar çevik, yakalayınca da boğuşup yıkacak kadar güçlü olmalı.»

«Evet,» dedi, «bütün bu nitelikler olmalı.

«Üstelik iyi dövüşecek kadar yürekli de olmak gerek.»

«Elbette.»

«Ama, at olsun, köpek olsun, ya da başka bir yaratık olsun, öfkeyle kabarmayan, yürekli olabilir mi? Sen bu kabarmanın
nasıl yatıştırılmaz, yenilmez bir şey olduğunu; bu hâle tutulmuş b
bir ruhun korku, yılgınlık nedir bilmediğini görmedin mi?»

«Gördüm.»

«Böylece koruyucunun bedence ne nitelikte olması gerektiği açıkça ortaya çıkıyor.

«Evet.»

«Ruhça da, o öfkeyle kabarmış dediğimiz hâlde olması gerektiği belli oldu.»

«Evet bu da belli.»

«Peki ama Glaukon,» dedim, «yaradılışları böyle olunca, koruyucular birbirlerine karşı da yurttaşlarına karşı da amansız davranmazlar mı?»

«Zeus hakkı için,» dedi, «başka türlü davranmaları biraz zor.»

c «Ama ne olursa olsun, yurttaşlarına karşı yumuşak, düşmanlara karşı sert olmaları gerekli. Yoksa düşmanın haklamasına kalmaz, birbirlerini ya da yurttaşlarını kendileri haklarlar.»

«Doğru,» dedi.

«Öyleyse ne yapmalı?» dedim. «Hem yumuşak huylu, hem de öfkeyle kabaran birini nerede bulmalı? Öyle ya, bu iki huy tam karşıt görünmüyor mu?»

«Öyle görünüyor.»

«Ama bu iki huydan biri eksik olunca, koruyucumuz iyi olmaz. Bu huyları bir arada bulmak da imkânsız göründüğüne
d göre, iyi bir koruyucu bulamayacağız demektir.»

Böyle bocalayıp kalınca, söylediklerimizi yeniden zihnimden geçirdim ve, «Bu durumda elbet işin içinden çıkamayız dostum,» dedim, «karşımızdaki örnekten ayrılmışız çünkü.»

«Nasıl?» dedi.

«Bir noktayı gözden kaçırmışız: Bu karşıt huylan bir varlıkta bulamayız sanmıştık, meğer böylesi varmış.»

«Nerede varmış Sokrates?»

«Çeşitli varlıklarda. Ama en çok, koruyucuya benzettiği-
e miz köpekte. Bilirsin, cins köpekler ev halkına, tanıdıklarına kuyruk sallar, tanımadıklarına diş gösterir.»

«Tabii bilirim.»

«Demek böylesi olabiliyor,» dedim, «bu yaradılışta bir koruyucu aramakla doğaya aykırı bir istekte bulunmuyoruz.»

«Öyle anlaşılıyor,» dedi.

«Peki, sence koruyucumuz olacak kimsenin, öfkeli olmaktan başka bir de filozof yaradılışlı olması gerekmez mi?»

376 «Nasıl? Anlamadım,» dedi.

«Köpeklere bak, anlarsın,» dedim, «insan gerçekten bir hayvanda böyle bir şeyin bulunmasına şaşar, hayran kalır.»

«Hangi şeyin?»

«Köpek, tanımadığı birini gördü mü, kendine bir kötülüğü olmasa da hırlar; tanıdığı birini görünce de, kendine bir iyiliği olsun, olmasın yaltaklanır. Seni hiç şaşırtmadı mı bu?»

«Şimdiye kadar pek üzerinde durmamıştım.» dedi, «ama köpeklerin böyle davrandığı bilinen bir şey.»

«İşte onun yaradılışından gelen bu ince ve güzel duyuş ger- b
çekten filozofça bir şey.»

«Nasıl oluyor bu?»

«Şöyle oluyor: Köpek, dostu, düşmanı sırf tanıdık olup olmadığına göre ayırt ediyor, öyleyse, ev halkıyla yabancıları bilme ya da bilmeme ölçüsüyle ayırt eden bir yaratık, nasıl olur da öğrenme sevgisi taşımaz?»

«Elbet taşır.»

«Ama öğrenme sevgisi taşımakla, filozof yaradılışlı olmak aynı şey değil mi?»

«Aynı şey,» dedi.

«Peki öyleyse, insanın da, dostlarına ve tanıdıklarına yu-
muşak davranacaksa, yaradılıştan filozof ve öğrenme isteklisi c
olması gerekir diyemez miyiz?»

«Diyebiliriz,» dedi.

«Demek oluyor ki, siteye güzelce, gereğince koruyuculuk edecek kimse hem filozof, hem öfkeli, hem çevik, hem de güçlü olacak.»

«Elbette,» dedi.

«O hâlde, koruyucumuzun nitelikleri bunlar olacak. Peki,
onu nasıl yetiştirmeli, nasıl eğitmeliyiz? Ama, bunu inceleme-
nin, araştırmamızın ana konusunu, yani, sitede doğrulukla eğ- d
riliğin nasıl doğduğunu anlamamıza yardımı dokunacak mı?

Çünkü, gerekli bir noktayı atlamak istemediğimiz gibi, gereğinden fazla da söz etmeyelim diyoruz.»

O zaman Glaukon'un kardeşi, «Elbette,» dedi, «ben böyle bir incelemenin amacımıza ulaşmamıza yardımı dokunacağına inanıyorum.»

«O hâlde, sevgili Adeimantos,» dedim, «uzun sürecek de olsa, bu incelemeden vazgeçmemeliyiz.»

«Doğru,» dedi.

«Öyleyse gel, bol bol zamanı olup da masal anlatan insanlar gibi, bu adamların eğitimini kafamızda tasarlayalım.»

e «Öyle yapalım.»

«Peki, bu eğitim nasıl olmalı? öteden beri süregelen eğitimden başkasını bulmak zor, değil mi? Bu da, beden için idman, ruh için müziktir.»[31]. «Evet öyle.»

«Eğitime de idmandan önce müzikle başlayacağız, değil mi?»

«Elbette.»

«Peki, müziğe sözü de katıyor musun, yoksa katmıyor musun?»

«Katıyorum.»

«Söz de iki türlüdür: Biri doğru, öteki yalan.»

«Evet.»

377 «Eğitimde ikisini de kullanmalıyız, ama önce 377 yalanı, öyle değil mi?»

«Demek istediğini anlamadım,» dedi.

«Nasıl anlamazsın,» dedim, «çocuklara önce masal anlatmaz mıyız? İçinde doğru şeyler de olsa, masal tümü bakımın-

31 Yunan ilkçağında «müzik» deyimi, müzikten başka, şiir, edebiyat, sanat, tarih, felsefe ve bilimlerin tümünü kapsıyordu. Bu sanat ve kültür ürünlerinin koruyucusu olan tanrıçalar da Musa'lardı. Müzik kelimesi buradan gelir.

dan yalandır. Küçüklerin eğitiminde de, idmandan önce bu masalları kullanırız.»

«Öyle.»

«İşte, idmandan önce müzik gelmeli derken bunu söylemek istemiştim.»

«Haklıymışsın.»

«Peki, her işte başlangıcın en önemli şey olduğunu, hele
genç ve körpe varlıklar için bunun daha da önem taşıdığını bil- b
mez misin? Çünkü bunlar en iyi o çağda biçime, kalıba dökülür; istenen damgayı alırlar.»

«Çok doğru.»

«Peki, çocuklarımızı kendi hâllerine bırakalım da, önüne gelenin uydurduğu önüne gelen masalı mı dinlesinler; büyüyünce taşımalarını gerekli gördüğümüz kanılara çoğu kez aykırı düşen kanılar mı girsin kafalarına?»

«Buna hiç de razı olamayız;.»

«O zaman, anlaşılıyor ki, önce masal uyduranların üzerin- c
de sıkı bir denetim kurmamız gerekecek: Masallarının iyilerine izin vermeli, kötülerine vermemeliyiz. Sonra da, sütninelerle anaların, çocuklara bizim uygun gördüğümüz masalları anlatmalarını sağlamalı. Böylece, çocukların bedenlerine elleriyle biçim vermekten çok, bu masallarla ruhlarını yoğurmaya yöneltmeliyiz onları. Şimdi anlattıkları masalların da çoğunu yasaklamalıyız.»

«Hangilerini?»

«Büyük masallara bakarsak, küçüklerini de anlarız,» dedim. «Çünkü, her hâlde hepsi bir örnek bunların; büyüğünün
de, küçüğünün de etki gücü aynı. Sen öyle düşünmüyor mu- d
sun?»

«Yoo, öyle düşünüyorum. Ama büyük dediğin masallar ne? Onu anlayamadım.»

«Hesiodos'un, Homeros'un ve öteki ozanların masalları,» dedim. «Bu adamlar yalanla örülü bir yığın masal düzmüşler; insanlara bunları anlatıp durmuşlar, hâlâ da anlatıyorlar.»

«Peki, hangileri bu masallar?» dedi, «Nelerini beğenmiyorsun? »

«En başta ve her şeyden önce kötülenecek yanlarını beğenmiyorum. Hele yalanı da güzel bir yalan değilse, büsbütün çirkin kaçıyor bu yanları.»

«Hangi yanları Sokrates?»

e «Hani resimlerini önlerindeki örneklere hiç de benzetemeyen ressamlar vardır ya, onlar gibi, bazıları da, tanrılarla kahramanların gerçek yüzünü sözle kötü çizerler, işte bunu beğenmiyorum.»

«Bu gibi şeyleri kötülemek elbet yerinde bir davranış,» dedi. «Ama bununla tam neyi belirtmek nereye gelmek istiyoruz?»

«Hepsinden önce, en büyük varlıklar üzerine söylenmiş
en büyük yalana,» dedim. «Bunu söyleyen adamın uydurduğu
da üstelik çirkin: Sözde Uranos Kronos'a, Hesiodos'un anlat-
378 tıklarını yapmış da, Kronos da öcünü almış; sonra Kronos ne-
ler etmiş de, o da oğlunun elinden neler çekmiş! Bütün bunlar
doğru olsa bile, bence aklı ermeyen genç çocuklara bunların
sorumsuzca anlatılmaması gerekir; en iyisi hiç sözünü etme-
mektir. Ama sözünü etmek ille de gerekli ise, mümkün olduğu
kadar az kişiye anlatmalı; üstelik önünden bir de kurban kes-
meli, ama bu kurban herhangi bir domuz değil, şöyle kocaman
az bulunur bir hayvan olmalı. Böylece bu masalların sırrına pek
az kimse girmiş olur.»

«Gerçekten, bu masallar hiç de hoş değil,» dedi.

b «Bunlar bizim sitemizde anlatılmamalı Adeimantos. Bir gencin yanında, 'en büyük eğrilikleri işlersen, eğrilik etmiş diye babanı da amansızca cezalandırırsan, yaptığın hiç de şaşılacak bir iş olmaz, tanrıların ilk ve önde gelenleri gibi davranmış olursun,' gibilerden konuşmamak gerekir.»

«Zeus hakkı için öyle,» dedi. «Böyle şeyler söylenmesini ben de doğru bulmuyorum.»

«Sitemizi koruyacak olanların öyle olur olmaz sebeplerden
bozuşmayı en ayıp şey saymalarını istiyorsak, tanrıların tanrı- c
larla savaştığını, birbirlerine tuzak kurduklarını, boğuştukla-
rını söylemekten kaçınmalıyız; zaten bunlar gerçekten olmuş
şeyler değil. Hele o devler savaşını; tanrılarla kahramanların
yakınlarına, dostlarına ettikleri o saymakla bitmez, türlü türlü
düşmanlıkları anlatmaktan ya da nakış hâlinde eşyalara işle-
mekten büsbütün uzak durmalıyız. Tersine, bir yurttaşın başka
bir yurttaşa hiç bir zaman kin beslemediğine, böyle bir şeyin
dinsizlik olduğuna onları inandırmak istiyorsak; daha çocuk-
luklarında, kadın, erkek büyüklerinin onlara bu yolda öğütler
vermesini sağlamalı; büyüdükleri zaman da, ozanları onlar için d
aynı yönde masallar uydurmaya zorlamalıyız. Ama Hera'yı
oğlunun zincire vuruşunu, babasından dayak yiyen anası-
nı korumaya kalkışan Hephaistos'u, babasının gökten atışını,
Homeros'un şiirlerinde dile getirdiği tanrılar savaşını anlatan
öyküleri sitemize sokmamalıyız. Hem de bu uydurmalar ister
mecaz niteliğinde olsun, ister olmasın. Çünkü çocuk, mecaz
olanla olmayanı ayırt edemez; bu yaşta edindiği kanılar kafa-
sından hemen hiç silinmez, kökleşir kalır, işte bunun için, ço-
cuğun dinleyeceği ilk masalların ona erdem yolunu gösterecek e
en güzel masallar olması için elimizden geleni yapmalıyız.»

«Evet, söylediklerin çok doğru,» dedi. «Ama gene biri çıkar da, güzel masaldan ne anladığımızı, hangi masalların güzel olduğunu sorarsa, ne deriz, hangilerini sayarız?»

«Adeimantos, şu anda, seninle ben ozan değil, site kurucu-
suyuz,» dedim. «Kurucuların işi, ozanların masallarında hangi 379
örneklere uyacaklarını bilmek ve bu örneklerden ayrılmalarına
izin vermemektir; masal düzmek onlara düşmez!»

«Doğru, ama benim asıl bilmek istediğim şu: Tanrılarla ilgili masallarda hangi örneklere uymak gerekir?»

«Bunu şöyle anlatabilirim: Tanrı, ister destan şiirinde, ister lirik şiirde, ister tragedya'da olsun, hep aslında nasılsa öyle gösterilmeli.»

«Evet, öyle olmalı.»

b «Peki, Tanrı özünden iyi değil midir ve ondan hep böyle söz etmek gerekmez mi?»

«Elbette.»

«Ama iyi olan hiç bir şey zararlı değildir, öyle değil mi?»

«Öyle.»

«Zararlı olmayan şey de zarar vermez, değil mi?»

«Vermez.»

«Peki zarar vermeyen şey kötülük eder mi?»

«Etmez.»

«Kötülük etmeyen şey, herhangi bir kötülüğe sebep olabilir mi?»

«Olamaz.»

«Ya peki, iyi şey yararlı mıdır?»

«Evet.»

«O hâlde, gelişme sebebidir?»

«Evet.»

«Öyleyse iyi, her şeyin sebebi değildir; iyi olanın sebebidir; kötü olanın sebebi, sorumlusu değildir.»

c «Tamam.»

«Demek ki,» dedim, «Tanrı, iyi olduğuna göre, insanların çoğunun sandığı gibi, her şeyin sebebi değildir; insanoğlunun başına gelenden çoğunun değil, ancak pek azının sebebidir. Çünkü bizde iyilik, kötülükten çok daha azdır ve iyiliğin sebebi yalnız Tanrıdır; kötülüğün sebebini ise, Tanrıda değil, başka şeylerde aramak gerekir.»

«Çok doğru.»

«Öyleyse,» dedim, «ister Homeros'tan, ister başka bir ozandan gelsin, Tanrılar üzerine söylenen şu türlü saçmalıkları d
kabul etmemek gerekir:

İki tane küp durur Zeus'un eşiğinde,
Biri iyi, biri kötü kaderle dolu,
Zeus karıştırır bunları, sunar ölümlülere,
İyisinden de, kötüsünden de pay alır insanoğlu.
Ama yalnız kötüsünden pay alırsa bir adam.
Zorlu açlıkla sürünür tanrısal toprak üstünde.[32]

«Sonra 'İyiliği de, kötülüğü de Zeus dağıtır bize' diyenlere e
de göz yummamalıyız.

«Pandaros'un yeminlerini ve antlarını bozmasına gelince; biri bunun, Zeus'la Athena'nın kışkırtmasıyla olduğunu söylerse, hoş görmeyeceğiz; Tanrıçaların kavgasından ve çatışmasından Zeus'la Themis'i sorumlu tutmaya kalkışan birini de hoş 380
görmemek gerekir. Aiskhylos'un şu mısralarını gençlerin dinlemesine de izin vermeyeceğiz:

Tanrı suça iter insanları
Bir evi kökünden yıkmak isterse.

«Birisi, bu mısraların geçtiği tragedya gibi, Niobe'nin çektikleri üzerine ya da Pelopid'lerin, Troya'lıların başına gelenler veya buna benzer herhangi bir konu üzerine bir şiir yazarsa, bu belaların Tanrının eseri olduğunu söyleyememeli; ya da söylese bile, aşağı yukarı şimdi bizim yaptığımız gibi, bunun nedenini anlatmalı. O ozan, bu işte Tanrı doğru ve iyi davran- b
mıştır; cezalandırdığı kimseler de bundan yarar görmüştür, demeli. Ama cezalanan kimsenin mutsuz olduğunu söylemesine, bunun nedenini de Tanrıya yüklemesine göz yummamalıyız. Buna karşılık, kötülerin cezaya muhtaç oldukları için mutsuz

---

32 **İlyada**, XXIV, 527-532. Platon bu mısraları, bize ulaşan Homeros metnindekinden biraz değişik biçimde ve kısaltarak söyler.

olduklarını; onları cezalandırmakla Tanrının kendilerine iyilik ettiğini söylemesine izin vermeliyiz. Bundan böyle de, kim bir insanın mutsuzluklarına iyi olan Tanrıyı sebep gösterirse, ona bütün gücümüzle karşı koymalıyız; iyi yasalarla yönetilmesini istediğimiz bir sitede de, bu gibi sözleri genci de, yaşlısı da, şi-
c irde olsun, düz yazıda olsun, ne söylemeli, ne de işitmelidir;
çünkü bu sözler, dine aykırı olduğu gibi, yararımıza da değildir, üstelik aralarında tutarlılık da yoktur.»

«Bu yasaya, senin gibi ben de oyumu veriyorum,» dedi, «beğendim bunu doğrusu!»

«Demek ki,» dedim, «tanrılarla ilgili olarak gerek düz sözde, gerek şiirde uyulması gereken ilk yasa ve ilk örnek şu oluyor: Tanrı her şeyin değil, sadece iyinin sebebidir.»

«Bu yeter,» dedi.

d «Şimdi ikinci yasaya geçelim. Tanrıyı sen bir büyücü gibi mi görürsün? Yani Tanrı, kimi zaman kendini gerçek varlığıyla bin bir kılığa sokarak, kimi zaman da kendisi yerine sadece gerçek varlığı olmayan hayaller gösterip bizi aldatarak, belli etmeden çeşitli biçimlerde görünebilir mi? Yoksa kendine özgü biçiminden çıkmaya en az yatkın olan yalın bir varlık değil midir?»

«Buna hemen cevap veremem,» dedi.

«Peki şuna cevap ver öyleyse: Bir varlık kendi biçiminden
e çıkarsa, zorunlu olarak biçimini ya kendisinin, ya da başkasının değiştirmesi gerekmez mi?»

«Evet, zorunlu olarak öyle olması gerekir.»

«Ama en sağlam yapılı şeyler, dış bir etkiyle bozulmaya ve değişmeye en az yatkın olan şeyler değil midir? Örneğin bedende yiyecek ve içeceğin, yorgunluğun doğurduğu ya da bitkide güneş sıcaklığının, rüzgârların ve benzeri dış etkilerin meydana getirdiği değişmeleri, bozulmaları ele al. Bu etkilere en az
381 uğrayan, bunların en sağlıklı ve en gürbüz olanı değil midir?»

«Şüphesiz.»

«En cesur ve en bilge ruh da dış etkilerle en az bozulan, en az niteliği değişen ruh değil midir?»

«Öyledir.»

«Aynı nedenle, ev eşyası, yapılar, giyecekler gibi şeylerden de işçiliği ve durumu iyi olanlar, zamanın ve öteki yıpratıcı etkenlerin en az bozduğu şeylerdir.»

«Doğru.»

«O hâlde, her yetkin varlık, yetkinliğini ister doğadan, ister b
sanattan, ister her ikisinden alsın; dıştan gelen bir etkiyle en az değişen varlıktır.»

«Öyle görünüyor.»

«Peki, Tanrı ve Tanrıya özgü şeyler her bakımdan yetkin değil midir?»

«Olmaz olur mu?»

«Böyle olunca da, başka başka biçimler almaya en az yatkın varlık değil midir?»

«Elbet öyledir.»

«Peki, acaba kendi kendine değişir, başka biçime girer mi dersin?»

«Gerçekten değişiyorsa, elbet kendi kendine değişir.»

«Peki, daha iyi, daha güzel bir biçime mi girer, yoksa daha kötü, daha çirkin bir biçime mi?»

«Değişiyorsa, zorunlu olarak daha kötü biçime girer, çün- c
kü Tanrıda güzellik ya da iyilik yönünden hiç bir eksiğin bulunduğunu söyleyemeyiz.»

«Çok haklısın Adeimantos,» dedim. «Ama bu böyle olunca, tanrı olsun, insan olsun, herhangi bir varlık, herhangi bir bakımdan kendini isteyerek kötü kılar mı dersin?»

«Olacak iş mi bu?» dedi.

«O hâlde, bir Tanrının da kendini değiştirmek istemesi olacak iş değildir. Her bir tanrı, mümkün olan en güzel ve en iyi varlık olarak, o yalınlığı, sadeliğiyle hep kendi biçiminde kalır.»

«Bence zorunlu olarak öyle.»

d «Öyleyse, aziz dostum, hiç bir ozan bize,

Uzaktan gelen yabancılara benzetir kendilerini
tanrılar,
Bin bir kılığa girer, dolaşırlar şehirleri.[33]

demesin; hiç biri, Proteus'la Thetis üzerine yalanlar sıralamasın, tragedyalarda ya da başka şiirlerde Hera'yı,

Argos ırmağı İnakhos'un hayat veren çocukları
için[34]

dilenen rahibe kılığına girmiş göstermesin. Buna benzer bir
e sürü yalandan kurtulalım artık. Analar da, ozanlara kanıp, bazı tanrıların geceleri bin bir çeşit yabancı kılığında ortalıkta dolaştıklarını, yalan yanlış anlatarak çocuklarını korkutmasınlar; yoksa hem tanrılara karşı küfür işlemiş, hem de çocuklarını korkak yetiştirmiş olurlar.»

«Gerçekten, bundan sakınmaları gerekir,» dedi.

«Peki,» dedim, «acaba Tanrılar, kendileri değişemezken, göz boyama ve büyü yoluyla bizde türlü biçimlerde göründükleri sanısını yaratabilirler mi?»

«Belki bu olur.»

382 «Peki ama,» dedim, «bir tanrı, kendisi yerine sadece bir hayal göstererek sözünde ya da davranışında aldatıcı, yalancı olmak ister mi?»

«Onu bilemem,» dedi.

---

33 **Odysseia**, VII, 485-486.

34 Aiskhylos, **Ksantriai** tragedyası.

«Nasıl bilmezsin,» dedim, «gerçek yalandan (gerçek yalan deyimi yerindeyse) tanrılar da, insanlar da tiksinmez mi?»

«Ne demek istiyorsun bununla?» dedi.

«Şunu demek istiyorum,» dedim. «Kimse, varlığının en yüce kesiminde, en önemli konular üzerinde bile bile aldanmak istemez; tersine, her şeyden çok, o yanında yalanın bulunmasından korkar.»

«Gene anlamadım,» dedi.

«Çok derin laflar ediyorum sanıyorsun da, ondan anlamı- b
yorsun,» dedim. «Oysa benim dediğim şu: Nesnelerin gerçek yüzü üzerinde ruhunda yanılgıya düşmek, yanılgı içinde kalmak, doğruyu hiç bilmemek, yanlışı ruhuna almak ve ruhunda tutmak insanın en zor katlanabildiği şeydir, işte en çok bu durumda yalandan tiksinti duyar insan.»

«Hem de ne kadar!» dedi.

«İşte,» dedim, «sözünü ettiğim, yanılgıya düşmüş insanın ruhundaki o bilmeme hâline gerçek yalan demek her hâlde çok
yerindedir. Çünkü, sözlerdeki yalan, ruhtaki bu hâlin bir kop- c
yası, sonradan meydana gelme bir görüntüsüdür; yoksa salt, katkısız bir yalan değildir, öyle değil mi?»

«Elbet.»

«O hâlde gerçek yalan yalnız tanrılarda değil, insanlarda da tiksinti uyandırır.»

«Bence de öyle.»

«Peki sözlerdeki yalan için ne diyelim? Acaba bazıları için yararlı olup da iğrenç görülmeyeceği hâller var mıdır? Düşmanlara karşı kullanılmaz mı? Dost dediklerimiz de, bir düşüncesizliğe ya da çılgınlığa kapılıp kötü bir işe kalkıştıkları zaman, onları bu işten vazgeçirmek için yalan bir ilaç gibi yararlı olmaz
mı? Demin sözünü ettiğim masallarda da, geçmişteki olayla- d
rın gerçekte nasıl geçtiğini bilmediğimize göre, yalanı elden

geldiği kadar gerçeğe benzer hâle getirmekle yararlı kılmıyor muyuz?»

«Tabii kılıyoruz.»

«Peki, bu sebeplerden hangisi yalanı Tanrı için yararlı kılar? Tanrı, geçmişteki olayları bilmez de, o yüzden mi yalanı gerçeğe benzer hâle getirmek ister?»

«Böyle bir şey düşünmek gülünç olur,» dedi.

«O hâlde Tanrıda yalancı ozanlık yok.»

«Bence yok.»

«Peki öyleyse, Tanrı düşmanlarından korktuğu için mi yalana baş vurur?»

e «Olacak şey değil.»

«Yoksa dostlarının düşüncesizliği ya da çılgınlığına karşı mı yalana baş vurur?»

«Düşüncesiz, çılgın olanlar Tanrının dostu değildir ki!»

«Öyleyse, Tanrının yalan söylemesi için hiç bir sebep yok.»

«Yok.»

«Demek oluyor ki Tanrı ve Tanrısal varlık her bakımdan yalandan uzaktır.»

«Elbette.»

«O hâlde Tanrı, işinde ve sözünde yalın ve doğrudur; kendisi biçim değiştirmediği gibi, başkalarını da, ne görüntüsü ya da sözüyle, ne de düşte ya da uyanıkken insana gönderdiği birtakım işaretlerle aldatır.»

383 «Söylediklerinden sonra, buna ben de inanıyorum,» dedi.

«Öyleyse,» dedim, «şunu tanrılar üzerindeki sözler ve şiirlerde uyulması gereken ikinci yasa olarak kabul ediyorsun demektir: Tanrılar, ne biçimden biçime giren büyücülerdir, ne de sözlerinde ya da işlerinde yalanla bizi yolumuzdan şaşırtan varlıklardır.»

«Kabul ediyorum.»

«Öyleyse, Homeros'un birçok yönlerini övmekle birlikte, Zeus'un Agamemnon'a Düş'ü gönderdiğini anlatan[35] mısralarını da; Aiskhylos'un, Thetis'i, düğününde şarkı söyleyen Apollon için şöyle konuşturan mısralarını da beğenmeyeceğiz: b

Analık mutluluğumu övdü benim,
Çocukların gürbüz, uzun ömürlü olacak, dedi
Ye benim için tanrı nimetleri sayıp döken
Şanlı şarkısı sevinçle doldurdu yüreğimi.
Ben de yalansızdır sandım, ne bileyim,
Kehanet pınarı olan kutsal ağzını.
Ama sanki o değilmiş, o şarkıyı söyleyen,
Soframıza oturan, iyilikler dileyen,
Sonunda yine o öldürdü oğlumu![36]

«Biri tanrılar üzerine böyle sözler ederse kızacağız; koro c
vermeyeceğiz ona. Koruyucularımızın, insan gücünün ulaşabileceği ölçüde tanrıya saygılı ve tanrıya benzer kimseler olmasını istiyorsak, gençlerin eğitiminde öğretmenlerin bu masalları kullanmalarına izin vermeyeceğiz.»

«Bu kuralları ben de kabul ediyorum,» dedi. «kendim için yasa sayacağım onları.»

---

35 İlyada, II, 1-34.

36 Aiskhylos'un bilinmeyen, yalnız parçaları kalmış bir tragedyasından.

III. KİTAP

«İşte insanların, tanrılara da ana babalarına da saygı göstermelerini, dostluğa değer vermelerini istiyorsak, küçük yaştan beri tanrılar üzerine kulaklarına sokulması ve sokulmaması gereken şeyler bu gibi sözlerdir.« 386

«Çok doğru.»

«Peki, bu insanların yürekli olmasını istiyorsak, onlara, ölüm korkusunu içlerinden mümkün olduğu kadar söküp atacak sözler de söylemeli, değil mi? Yoksa içinde ölüm korkusu b
taşıyan bir insan yürekli olabilir mi?«

«Zeus hakkı için, olamaz.»

«Peki Hades'e inanan ve onu korkunç bir yer olarak düşünen bir insan ölümden korkmaz olur mu; savaşta yenilgiye uğramaktan, tutsak olmaktansa, ölümü göze alabilir mi sence?«

«Hiç de alamaz.»

«Öyleyse, bu gibi şeyleri anlatacak olanları da denetim altına almamız gerekiyor. Hades'te olup bitenleri öyle gelişigüzel kötülememelerini, tersine övmelerini istemeliyiz onlardan. c
Çünkü şimdi anlattıkları, doğru olmadığı gibi, ilerde savaşçı olacak kimseler için yararlı değildir.»

«Evet, öyle yapmalıyız,» dedi. «O hâlde,» dedim, «şu mısralar başta olmak üzere, bu türden her sözü silip atacağız demektir:

Bütün geçmiş göçmüş ölülere kral olacağıma
El kapısında kulluk edeydim keşke,
Varlıksız, yoksul bir çiftçinin yanında ırgat
olaydım.[37]
d **Tanrıların bile tiksindiği çirkef dolu ülkesini**
Sermesin ölümlülerin, ölümsüzlerin gözü önüne.[38]
Bir şeyler var insandan Hades ülkesinde bile
İçinde can yoksa da, bir ruh var, bir gölge.[39]
Bir odur düşünen, ötekiler uçuşur gölgeler gibi[40]
Canı çıktı gövdesinden, uçtu gitti Hades'e,
Bıraktı gücünü, gençliğini, kaderine ağlaya
387 **ağlaya.**[41]
Ruh kaçmıştı bir duman gibi,
Yerin altına ıslık çala çala.[42]
Tanrısal bir mağaranın dibinde yarasalar nasıl
Uçuşurlarsa hep birden ıslık çala çala
Aralarından biri koyuverince sarktıkları
kayadan kendini,
Ruhlar da öyle ıslık sesleriyle başladılar
uçuşmaya.[43]

---

37 **Odysseia,** XI, 489-491.
38 **İlyada,** XX, 64-65.
39 **İlyada,** XXIII, 103-104.
40 **Odysseia,** X, 495.
41 **İlyada,** XVI, 856-857.
42 **İlyada,** XXIII. 100-101.
43 **Odysseia,** XXIV, 6-9.

«Homeros ve öteki ozanlar darılmasınlar ama, bütün bu ve b
buna benzer sözleri atacağız. Ama şiirden yoksun olduklarından, insanların çoğunun kulağına hoş gelmediklerinde değil, tersine, özgür olmaları ve ölümden çok tutsaklıktan korkmaları gereken çocukların, adamların kulağına şiirsel oldukları ölçüde sokulmaları uygunsuzdur da ondan.»

«Çok haklısın.»

«O hâlde, bu konularla ilgili bütün o korkunç, o ürkütücü adlar da atılmalı: inilti ırmağı Kokytos, ürperti ırmağı Styks,
cehennem kuyusunda yaşayanlar, hayaletler ve benzerleri gibi c
işitenlerin tüylerini ürperten sözler. Belki başka bakımlardan yararları vardır bunların. Ama biz, koruyucularımızın böyle bir ürpertinin sıtmasına tutulup ellerinin, ayaklarının kesilivermesinden korkarız.»

«Korkmakta da haklıyız.»

«Demek bu adları atmamız gerekiyor.»

«Evet.»

«Bunların yerine de gerek şiirde, gerek düz sözde, tam karşıtlarını koymalıyız.»

«Elbette.»

«Büyük adamların ağzına yakıştırılan o sızlanmaları, ya- d
kınmaları da atacağız.»

«Tabii, öbürleri gibi bunları da atmak gerekir,» dedi.

«Ama bak bakalım, bunları atmak doğru mu, değil mi? İyi adam dostu olan başka bir iyi adam için ölümü korkunç görmez, öyle değil mi?»

«Evet, öyle.»

«Demek, o adamın başına korkunç bir şey gelmiş gibi, ağlayıp sızlamaz ona.»

«Hayır.»

e «İşte böyle bir adam mutlu olmak için kendi kendine yetebilen, başkalarına herkesten az muhtaç olan adamdır.»

«Doğru.»

«O hâlde bu adam, oğlunu, kardeşini, servetini ya da buna benzer bir nimeti yitirmenin mutsuzluğunu başkalarından daha az duyar.»

«Elbet başkalarından az duyar.»

«Böyle bir mutsuzluğa uğrayınca da, başkalarından az ağlar sızlar, elden geldiği kadar serin kanlılıkla katlanır buna.»

«Evet, çok daha az ağlar sızlar.»

«O hâlde en doğru davranış, o ağlayıp sızlamaları ünlü
388 adamlara yakıştırmamak; kadınlara, hem de sıradan kadınlara ve bayağı erkeklere bırakmaktır, öyleki, ülkenin koruyucusu olarak yetiştirmek istediğimiz kimseler bu gibi gevşeklikleri hor görsünler. »

«Öyleyse Homeros ve öteki ozanlardan gene dileyelim de, bir Tanrıça oğlu olan Akhilleus'u şöyle göstermesinler bize:

Yana yatıyor, yüzükoyun uzanıyor, ya da sırt üstü.
Sonra kalkıp dolaşıyordu deniz kıyısında deli gibi.[44]
İki eliyle aldı ocağın küllerini, döktü başının
b **üstüne**[45]

«Üstelik onu ağlatıp dövündürmesinler öyle, Homeros'un sık sık yaptığı gibi. Soyunda tanrılık bulunan Priamos'u da,

Yalvarıp yuvarlanıyor toz toprak, gübre içinde,
Herkese kendi adıyla bağırıyordu.[46]

diye anlatmasınlar.

44 **İlyada,** XXIV, 10-12.

45 **İlyada,** XVIII, 23-24.

46 **İlyada,** XXII, 414-415.

«Hele, ozanların üzerine daha da düşelim de, tanrıları,

Ben bir anacığım, bir yiğidin talihsiz anacığı![47] c

diye ağlar sızlar göstermesinler.»

«Hadi diyelim ki tanrılardan böyle söz ettiler, ama bari tanrıların en büyüğünün gerçek niteliğini bozarak ona şunları dedirtecek kadar işi azıtmasınlar:

Şu surların çevresinde ne görüyorum böyle,
Görüyorum sevdiğim bir adamın kovalandığını,
Sızlıyor Hektor için sızım sızım yüreğim[48]
Çok yazık insanlar arasında en sevdiğim Sarpedon'a!
Menoitiosoğlu Patroklos'un elinden ölmek onun kaderi.[49] d

«İşte sevgili Adeimantos, gençlerimiz, bu çeşit sözlere tanrılara yakışmaz şeyler diye gülüp geçeceklerine, bunları ciddiye alırlarsa; bu gibi sözlerin insan olarak kendilerine yakışmayacağına inanmaları, böyle şeyler söyler ya da yaparlarsa, ayıp olacağını düşünmeleri zor olur. Tersine, en ufak bir terslik karşısında kendilerini koyuverip, utanmadan ağlayıp sızlamaya başlarlar.»

«Çok doğru söylüyorsun,» dedi. e

«Oysa onların davranışı böyle olmamalı, nedenini de şimdi gördük. Daha iyisini bulacak biri çıkmadıkça da, bunun doğruluğuna inanmak zorundayız.»

«Evet, böyle davranmamalılar.»

«Ama koruyucularımız, gülmeye de pek düşkün olmamalı. Çünkü insan aşırı bir gülmeye kendini kaptırdı mı, ruhunda da aşırı bir değişme olur.»

---

47 **İlyada**, XVIII, 54.

48 **İlyada**, XXII, 168-169.

49 **İlyada**, XVI, 433-434.

«Her hâlde öyle olur,» dedi.

«Öyleyse, saygıdeğer adamların kahkahaya tutulmuş ola-
389 rak gösterilmesi kabul edilemez, hele tanrıların hiç kabul edi-
lemez.»

«Elbette kabul edilemez.»

«O hâlde Homeros'un tanrılar üzerindeki şu sözlerini de kabul edemeyiz:

Koştu durdu ordan oraya, soluya soluya,
Tanrılarda gürül gürül bir kahkaha koptu.[50]

«Senin görüşüne göre kabul edilemez bunlar.»

b «Bu görüşün benim olmasını istiyorsan; peki, elbet kabul edilemez bu sözler.»

«Bundan başka, doğruyu söylemeye de büyük bir değer vermeliyiz. Demin söylediklerimiz yanlış değilse, yalan söylemek tanrılar için gerçekten yararsız, ama insanlar için bir ilaç olarak yararlı ise, belli ki böyle bir ilâcı yalnız hekimler kullanmalı, sıradan insanlar ona el sürmemelidir.»

«Besbelli öyle,» dedi.

«Yalan söyleyebilecek olanlarsa, sitenin yöneticileridir. Bu
da, sitenin çıkarı için düşmanları ya da yurttaşları aldatmak
c amacıyla olur. Başka kimse yalan söyleyemez. Yöneticilere ya-
lan söyleyen herhangi bir yurttaş ise, hekime doğruyu söyle-
meyen bir hastadan; idman öğretmeninden bedeninin hâlini
gizleyen öğrenciden ya da kaptana kendisinin veya bir arkada-
şının ne yaptığını bildirmeyerek geminin ve tayfaların durumu
üzerinde onu aldatan bir tayfadan da büyük suç işlemiş olur.»

«Çok doğru,» dedi.

d «O hâlde yönetici, bir yurttaşı yalan söylerken yakalarsa, **çalışan ustalardan** kim olursa olsun, **tanrı sözcüsü olsun, he-**

50 **İlyada**, I, 599-600.

kim olsun, doğramacı olsan[51], siteyi bir gemi gibi batıracak, yok edecek bir yol açtığı için onu cezalandıracaktır.»

«Cezalandıracaktır,» dedi, «ama bu sözler eylem hâline gelirse.»

«Peki, gençlerimizin ölçülü olması gerekli değil mi?»

«Olmaz olur mu?»

«Çoğunluk için ölçülülüğün ana ilkeleri, sitede egemen olanların buyruğuna uymak, yemede, içmede, cinsel zevkte kendine egemen olmak değil midir?» e

«Bence öyle.»

«Öyleyse, Homeros'un Diomedes'e söylettiği şu sözleri beğenmeliyiz:

Sus arkadaş, dinle benim sözümü![52]

«Arkasından gelen şu söz ve buna benzer bütün sözler de iyi:

Akha'lar da ateş püsküre püsküre,
Önderlerinin ardından yürüyorlardı usulcana,[53]»

«Evet, bu sözler iyi.»

«Ama şu mısralara ve arkasından gelenlere ne demeli: 390

Seni şarap fıçısı, seni it gözlü, seni geyik
yürekli seni![54]

«Şiirde olsun, düz sözde olsun, herhangi bir adamın yöneticisine söylediği bu densizce sözler güzel mi?»

«Elbet güzel değil.»

«Gerçekten de bunlar bence gençleri ölçülülüğe götürecek şeyler değil. Ama başka bakımdan zevk veriyorlarsa, buna şaşmam. Sen nasıl düşünüyorsun?»

---

51 **Odysseia**, XVII, 383-384.

52 **İlyada**, IV, 412.

53 **İlyada**, III, 8 ve IV, 431.

54 **İlyada**, I, 225.

«Senin düşüncene katılıyorum,» dedi.

«Peki şuna ne dersin? Bir ozan, insanların en bilgesine, yeryüzünde en güzel bulduğu şeyin,

b **Et ve ekmek dolu sofralarda,**
Şarap karılan sağraktan doldurması şarap sunanın,
Ve getirip dökmesi herkesin tasına ayrı ayrı.[55]

olduğunu söyletirse, sence bu sözler bir gencin kendini dizginlemesine yardımcı olur mu? Ya şu:

Açlıktan gitmek en acıklısıdır ölümlerin.[56]

diyen mısra ve şu sözler:

c 'Bir gün Zeus, Tanrıların da, insanların da uyuduğu saatte tek basına uyanıkmış. Hera'yı görünce öyle ateşlenmiş, öyle bir sevişme isteğine tutulmuş ki kafasındaki her işi unutmuş; yatak odalarına gitmeyi bile bekleyemeden hemen oracıkta, toprak üzerinde Hera'yla birleşmiş. Şimdiye kadar da onu hiç bu kadar arzulamadığını, hatta **ana babalarından gizli** ilk kez buluştukları zaman bile böylesine istekli olmadığını söylemiş ona.[57]

«Sonra, yine bunun gibi bir iş yüzünden, Hephaistos'un Ares'le Aphrodite'yi zincire vurması var. Bütün bunların bir gence anlatılması doğru mu?»

«Zeus hakkı için, hiç de doğru değil,» dedi.

d «Buna karşı,» dedim, «her zorluğa sarsılmadan göğüs germesini bilen ünlü adamlar, gerek sözleriyle, gerek davranışlarıyla bize örnekler veriyorlarsa, bu örneklere hayranlık duymak, kulak vermek gerekir. Şu mısralar bunlardan biri işte:

Çattı yüreğine şu sözlerle göğsüne vura vura:
Katlan yüreğim, katlan; atlattıydın sen daha korkuncunu![58]

---

55 **Odysseia**, IX. 8-10.

56 **Odysseia**, XII, 342.

57 **İlyada**, XIV, 294-341 ve gerisi.

58 **Odysseia**, XX, 17-18.

«Çok haklısın,» dedi.

«Savaşçılarımızın rüşvet almasını; para, mal düşkünü olmasını da hoş görmemek gerek.»

«Evet, hiç de hoş görmemek gerek.»

«Savaşçılarımızın önünde, e

Armağanlar gönlünü çeler, tanrıların, yüce krallarm.[59]

gibi mısralar okunmasını da; Akhilleus'a, Akha'lardan rüşvet alırsa, onlara yardım ermesini, yoksa öfkesinden vazgeçmemesini öğütleyen lalası Phoiniks'in[60] sanki aklı başında davranmış gibi övülmesini de hoş karşılamayacağız. Akhilleus'un da, Agamemnon'dan rüşvet alacak[61] ve bir ölüyü kurtulmalığını almadıkça geri vermek istemeyecek kadar[62] para düşkünü olduğunu kabul etmeyeceğiz.» 391

«Evet, böyle şeyleri övmek hiç de doğru değil,» dedi.

«Doğrusu,» dedim, «Homeros'a saygım olmasa, Akhilleus'a böyle şeyler yakıştırmanın da, bunları yakıştıranlara inanmanın da dinsizlik olduğunu çekinmeden söylerdim. Akhilleus'u Apollon'a karşı şöyle konuşturanlara inanmak da aynı şey:

Şaşırttın beni, okçu tanrı, tanrıların en amansızı,
Gücüm yetse de, bir göstersem sana![63]

«Sözde Akhilleus, bir tanrı olan ırmağa[64] kafa tutmuş da, b
onunla savaşmaya kalkmış; öbür ırmak Sperkheios'a adanmış saçlarını da,

Sunuyorum saçlarımı yiğit Patroklos'a, alsın o götürsün.[65]

---

59 Hesiodos'a atfediliyorsa da, kesin olarak kimin olduğu bilinmiyor.

60 İlyada, IX, 515 ve gerisi,

61 İlyada, XIX, 278 ve gerisi.

62 İlyada, XXIV, 139, 502, 555, 594.

63 İlyada, XXII, 15-20.

64 Troya ovasında akan Skamandros ırmağı: İlyada. XXI, 130-233.

65 İlyada, XXIII, 140-151.

diyerek ölen arkadaşına bağışlamış. Böyle şeylere inanmamak gerek. Akhilleus'un, Hektor'un ölüsünü Patroklos'un mezarının çevresinde sürüklemesine[66], tutsakları odun yığınları üze-
c rinde boğazlamasına[67] gelince, bütün bunların yalan olduğunu söyleyeceğiz. Zeus'un torunu Peleus gibi pek bilge bir kişi ile bir Tanrıçanın oğlu olan, üstelik bilgeler bilgesi Kheiron'un elinde yetişen Akhilleus'un; aşağılık bir açgözlülükle insanlara da, tanrılara da tepeden bakma gibi, birbirinin tam tersi iki hastalığı içinde taşıyacak kadar dengesiz, karışık ruhlu olduğuna savaşçılarımızı inandırmak isteyenlere göz yummayacağız.»

«Haklısın,» dedi.

d «Öyleyse,» dedim, «ne Poseidon'un oğlu Theseus'la Zeus'un oğlu Peirithous'un kız kaçırma gibi çirkin işlere kalkıştıklarına inanalım, ne de herhangi bir başka tanrı oğlunun, bir kahramanın, haklarında uydurulan o korkunç ve dinsizce davranışlarda bulunmaktan çekinmediğine inanalım. Başkalarına da böyle sözler söyletmeyelim. Tersine; ozanları, onların böyle işler yapmadıklarını ya da yapmışlarsa tanrı çocukları olmadıklarını kabule zorlayalım; ama hem böyle işler yaptıklarını, hem de tanrı çocukları olduklarını söylemelerine izin vermeyelim. Bunların gençlerimizi de, tanrıların kötü şeyler doğuran varlıklar olduğuna; kahramanların hiç de insanlardan daha iyi olmadığına inandırmaya çalışmalarına göz yummayalım. Demin de söyle-
e diğimiz gibi, bu sözler hem dine aykırıdır, hem yalandır. Çünkü biz kötülüğün, tanrılardan gelemeyeceğini ortaya koyduk.»

«Buna şüphe yok.»

«Bu sözler dinleyenler için de zararlıdır. Çünkü bir insan,

İda'nın yücesinde Zeus Babaya adanmış
Parlayan sunakları gök buğularına değen

---

66 **İlyada**, XXIV, 14 ve gerisi.

67 **İlyada**, XXIII, 175 ve gerisi.

Ve damarlarında tanrıların kanı kaynayan

Tanrı soyluların, Zeus'un yakın hısımlarının[68]

şimdi de, eskiden de böyle davrandıklarına inandı mı, kendi kötü davranışlarını da hoş görecektir,

«İşte bu yüzden, bu uydurmaların gençlerimizde kötü yollara kolayca sapıverme isteği doğurmamasını istiyorsak, bunlara son vermek zorundayız.» 392

«Elbette,» dedi.

«Peki,» dedim, «söylenmesi ya da söylenmemesi gereken sözler arasında, inceleyeceğimiz başka ne çeşit söz kaldı? Tanrılar, tanrısal yaratıklar, kahramanlar ve Hades'tekiler üzerine nasıl söz etmek gerektiğini gördük.»

«Evet, gördük.»

«Şimdi de, insanlar üzerine nasıl söz etmeli, o kaldı değil mi?»

«Şüphesiz.»

«Ama dostum, şimdilik bunu belirtebilecek durumda değiliz.»

«Neden?»

«Çünkü bu konuya girersek, her hâlde deriz ki ozanlar .da, b
öykü düzenler de eğrilerden birçoğunun mutlu, doğrularınsa mutsuz olduğunu; eğriliğin gizli kalırsa kazançlı olduğunu, doğruluğun başkasına nimet, kendisine zarar olduğunu ileri sürmekle insanlar üzerinde en büyük yanılgıya düşüyorlar. Tabii o zaman da, böyle sözler söylemelerini yasak eder; bunların tam tersini söylemelerini isteriz. Ne dersin, öyle olmaz mı?»

«Elbet öyle olur,» dedi.

«Peki, bunu kabul ettiğine göre, baştan beri aradığımız şeyi de böylece kabul etmiş olmuyor musun?»

---

68 Aiskhylos'un **Niobe** adlı kaybolmuş tragedyasından.

«Gerçekten öyle,» dedi.

c «İyi ama, insanlar üzerinde şimdi söylediğim gibi söz etmek gerektiğine, ancak, doğruluğun ne olduğunu ve doğru adama, ister doğru tanınsın, ister tanınmasın, doğruluğun tabiatı gereği yararlı olduğunu ortaya çıkardıktan sonra karar verecek değil miyiz?»

«Çok doğru,» dedi.

«Şimdi sözlerin konusu üzerinde söyleyeceklerimiz bu kadar. Bundan sonra söyleyiş biçimini ele almak gerek: Böylece sözü hem özü, hem de biçimi ile eksiksiz olarak incelemiş oluruz.»

O zaman Adeimantos, «Ne demek istediğini anlamadım,» dedi.

d «Ama anlaman gerek.» dedim. «Belki şöyle daha kolay anlarsın: Masalcılarla ozanların bütün söyledikleri, geçmişteki, şimdiki ya da gelecekteki olayların öyküsüdür, değil mi?»

«Elbette, başka ne olabilir ki?» dedi.

«Peki, bunun için ya yalın anlatımı, ya taklitli anlatımı ya da her ikisini birden kullanmazlar mı?»

«Bunu da açıklasan iyi olacak.»

«Anlaşılan gülünç, ne dediği anlaşılmaz bir hocayım ben. İyisi mi, meramını anlatamayanlar gibi, konuyu bütünüyle ele
e almayayım da, bir parçasını alıp demek istediğimi açıklayayım. Şimdi söyle bana: İlyada'nın ilk mısralarını bilirsin, değil mi? Hani orada ozan, Khryses'in Agamemnon'a, kızını serbest bırakması için yalvardığını; Agamemnon'un buna öfkelendiğini, istediğini elde edemeyen Khryses'in de Akha'lara ilenip belala-
393 rını vermesi için Tanrıya yakardığını anlatır ya?»

«Evet, bilirim.»

«O hâlde, hatırlarsın,

Bir bir yalvarıyor tekmil Akhalara,
Daha çok, orduları dizen iki Atreusoğluna
yalvarıyordu[69]

mısralarına kadar olup biteni ozan kendi ağzından anlatır, üzerimizde konuşan kendisi değil de, başkası imiş gibi bir izlenim uyandırmaya kalkışmaz. Ama bundan sonrasını Khryses'in ağ- b
zından anlatır; bizde, mümkün olduğu kadar, konuşanın kendisi değil, ihtiyar rahip olduğu sanısını yaratmaya çalışır, İlion'da, İthaka'da ve bütün Odysseia'da geçen olayları aşağı yukarı aynı biçimde anlatır.»

«Evet, öyle anlatır.»

«Peki, gerek karşılıklı konuşmaları, gerek bu konuşmalar arasında olup bitenleri aktardığı zaman, ortada bir anlatma, bir öykü vardır, değil mi.»

«Elbette.»

«Ama, birinin konuşmasını sanki kendisi oymuş gibi ak- c
tardığı zaman, söyleyiş biçimini elden geldiği kadar o konuşan kişininkine benzetmeye çalışmaz mı?»

«Tabii çalışır.»

«Peki, ses ya da davranış bakımından kendini başka birine benzetmek o kimseyi taklit etmek değil midir?»

«Şüphesiz.»

«Demek ki Homeros ve öteki ozanlar anlatmalarında taklit yoluna baş vuruyorlar.»

«Evet.»

«Tersine, ozan hiç bir yerde kendini gizlemeseydi, şiirleri-
nin, öykülerinin hiç birinde taklit bulunmazdı. Ama belki gene d
anlamadım dersin, onun için ne demek istediğimi hemen açıklayayım. Homeros, Khryses'in, kızı için kurtulmalık getirip, en başta kralları olmak üzere Akha'lara yalvarmaya geldiğini söy-

69 **İlyada**, I, 12-42.

ledikten sonra, kendisi Khryses imiş gibi değil de, yine Homeros olarak konuşsaydı, belli ki ortada taklit olmaz, yalın anlatım olurdu. Bu da aşağı yukarı şöyle bir şey olurdu; ama ben ozan değilim, ölçüsüz, uyaksız söyleyeceğim bunu: 'Rahip geldi.
e Akha'ların Troya'yı almaları ve sağ salim evlerine dönmeleri için tanrılara dua etti; yalnız kurtulmalığını alıp kızını geri vermelerini, Tanrıya saygısızlık etmemelerini diledi. Sözünü bitirince bütün Akha'lar rahibe saygılı davranıp dileğinin kabul edilmesini uygun gördüler. Yalnız Agamemnon öfkelenip onu kovdu, bir daha oralara ayak basmamasını, yoksa rahip değneğinin de, başındaki kutsal sargıların da kendini kurtaramayacağını söyledi.
394 Kızını da Argos'ta birlikte kocayıncaya kadar serbest bırakmayacağını; canını seviyorsa kafasını kızdırmadan evine dönmesini sözlerine ekledi, ihtiyar da bu sözleri duyunca korktu, sessizce kalkıp gitti. Ama ordudan uzaklaşınca, Apollon'a, bütün adlarıyla seslenerek yakardı durdu; ona gönlünü hoş etmek için yaptığı tapınakları, sunduğu kurbanları hatırlamasını ve bunların karşılığı olarak Akha'lardan oklarıyla öcünü almasını diledi.' İşte taklitsiz, yalın anlatım böyle olur dostum.»

b «Anladım,» dedi.

«Öyleyse şunu da anla: Ozanın konuşmalar arasındaki sözleri kaldırılır da, yalnız karşılıklı konuşmalar bırakılırsa, böylesi şimdi söylediğimize karşıt bir anlatım türü olur.»

«Bunu da anlıyorum,» dedi, «tragedyada olur bu.»

«Söylediğin çok doğru,» dedim. «Demin iyi anlatamadığım şu noktayı sanırım şimdi açıkça kavradın: Şiirin ve masalın
c bir türü var ki baştan sona taklittir, örneğin senin söylediğin tragedya ile komedya böyledir; bir başka türü de var ki burada ozan olayları kendisi anlatır; bunu en iyi dithyrambos'larda[70] görebilirsin; bu ikisinin karması olan bir üçüncü tür de, destan şiirinde ve daha birçok türlerde kullanılır. Anladın mı?»

---

70 Tanrı Dionysos şerefine söylenen, konusu bir efsane olan lirik koro şiiri.

«Evet, demin ne demek istediğini şimdi anladım,» dedi.

«Peki, bundan önce de bir şey söylemiştik, hani sözün konusunu inceledik, geriye biçimini incelemek kaldı demiştik, hatırladın mı?»

«Hatırladım.»

«O zaman belirtmek istediğim şu konuda bir karara var- d
maktı: Ozanların baştan başa taklitli anlatım kullanmalarına izin verecek miyiz? Ya da bazı şeyleri taklitli, bazı şeyleri taklitsiz anlatmalarına mı izin vereceğiz ve hangi şeylerde izin vereceğiz? Yoksa taklidi toptan mı yasak edeceğiz?»

«Anladığıma göre,» dedi, «sitemize tragedyayı, komedyayı kabul edecek miyiz, etmeyecek miyiz, onu incelemek niyetindesin.»

«Belki bunu. Belki bundan da fazlasını,» dedim. «Daha kendim de bilmiyorum. Düşüncemizin rüzgârı nereye götürürse, oraya gideriz.»

«Güzel söyledin,» dedi. e

«Şimdi araştıralım bakalım Adeimantos, koruyucularımız taklitçi olmalı mı, olmamalı mı? Daha önce söylediklerimizden, bir insanın, birçok işi değil, ancak bir tek işi iyi görebileceği, birçok işe birden girişirse hiç birini adı anılacak kadar başaramayacağı sonucu çıkmaz mı?»

«Elbette çıkar.»

«Peki, taklit için de aynı şey söylenemez mi? Bir insan birçok şeyin taklidini bir tek şeyinki kadar iyi yapamaz, değil mi?»

«Yapamaz tabii.»

«O hâlde bir insanın, hem önemli bir görevi, hem de bir- 395
çok şeyi taklit etmesi, taklitçiliği bir arada yürütmesi büsbütün imkânsızdır; nitekim tragedya ve komedya gibi birbirine yakın görünen iki taklit biçimini bile aynı kimseler bir arada başarıyla yürütemiyorlar. Demin bunlara taklit dememiş miydin?»

«Demiştim,» dedi, «gerçekten aynı kimseler bunların ikisini birden başaramazlar.»

«Bir insan hem rhapsodos, hem tiyatro oyuncusu da olamaz.»

«Doğru.»

b «Aynı kişiler hem tragedya, hem komedya oyuncusu da olamaz, oysa bunların ikisi de taklittir, değil mi?»

«Evet, taklittir.»

«Hatta diyebilirim ki, Adeimantos, insan tabiatı yetenek bakımından daha da ince bölümlere ayrılmıştır; öyle ki, insan birçok şeyleri iyi taklit edemez ya da taklitle benzeri meydana getirilen şeyleri yapamaz.»

«Çok doğru,» dedi.

«Öyleyse, ilk ilkemize bağlı kalırsak, yani koruyucularımı-
c zın bütün öteki işlerden kurtulup sadece sitenin özgürlüğünü kurmakla uğraşan ustalar olmalarını, bu amaca yönelmeyen her türlü işi bırakmalarını istiyorsak, bundan başka hiç bir şeyi ne yapmaları, ne de taklit etmeleri gerekir. Taklit edeceklerse, ta çocukluktan beri; yürekli, ölçülü, dindar, özgür adamlar ve benzerleri gibi kendilerine yaraşan örnekleri taklit etsinler. Ama, alçaklık etmek şöyle dursun, alçaklığı ve kötülüğü ustaca taklit edemesinler; yoksa taklit ede ede sonunda gerçekten o kişiliği benimsemelerinden korkulur. Çocukluktan ileri yaslara
d kadar sürdürülen taklitlerin insanda köklü alışkanlıklar yarattığı; bedende, seste, düşüncede ikinci bir tabiat hâline geldiği hiç dikkatini çekmedi mi?»

«Çekmez olur mu?» dedi.

«Öyleyse,» dedim, «özenle yetiştirmeye çalıştığımız, iyi adam olmalarını istediğimiz kimselerin, erkek oldukları hâlde kadın rolüne girip, kocasını azarlayan, tanrılara meydan okuyan
e ve mutluluğuyla böbürlenen ya da mutsuzluğa, yasa gömülmüş, göz yaşları döken genç, ihtiyar kadınları taklit etmelerine izin

vermeyeceğiz; hasta, sevdalı ya da doğum sancıları içindeki kadını taklit etmelerine ise, hiç mi hiç izin vermeyeceğiz.»

«Elbet vermemeli,» dedi.

«Bunlar, kölelere özgü işleri gören köle kadınlarla erkekleri de taklit etmemeli.»

«Öyle.»

«Demin söylediğimizin tersine davranarak, birbirlerine
söven, birbirlerini alaya alan; sarhoşken olsun, ayıkken olsun, 396
ayıp sözler söyleyen kötü ve yüreksiz herifleri de, böylelerine bakarak gerek kendilerine, gerek başkalarına karşı, sözleriyle olsun, davranışlarıyla olsun, suç işleyenleri de taklit etmemeliler. Bence, kendilerini konuşma ve davranış bakımından delilere benzetmeyi de alışkanlık hâline getirmemeli onlar. Gerçi, kadın olsun, erkek olsun, deli ve kötü insanları tanımalı, ama yaptıklarının hiçbirini yapmamalı, taklit de etmemeliler.»

«Çok doğru,» dedi.

«Ya peki, demircileri ve öbür ustaları ya da kadırgalarda kürek çekenleri ve onları yönetenleri ya da bunlarla ilgili öteki
şeyleri taklit etsinler mi?» b

«Hiç olur mu?» dedi. «Bu işlerle ilgilenmelerine bile izin verilmeyecek ki!»

«Ya atların kişnemesini, boğaların böğürmesini, ırmakların çağıltısını, dalgaların uğultusunu, göğün gürlemesini ve buna benzer bütün sesleri taklit etsinler mi?»

«Hayır,» dedi, «deli olmalarını, delileri taklit etmelerini yasakladık ya!»

«Düşünceni anlayabildimse,» dedim, «gerçekten iyi ve dü-
rüst olan adamın, söyleyecek bir şeyi olduğu zaman izlediği bir c
söyleyiş ve anlatış biçimi vardır. Bir de, yaradılışı, eğitimi tam tersine olan adamın kullandığı, birinciye benzemeyen bir anlatış biçimi vardır.»

«Nedir bu biçimler?» dedi.

«Bence,» dedim, «akıllı uslu insan, iyi bir adamın herhangi bir sözünü ya da davranışını anlatacaksa, kendisi o adammış
d gibi konuşmaya çalışır; böyle bir taklitten de utanmaz; bele o adamın sağlam ve bilgece bir davranışını taklit ediyorsa. Ama hastalık, aşk, sarhoşluk ya da bir aksaklık yüzünden sendeleyen bir adamı pek taklit etmez. Kendinden düşük bir adamdan söz etmek zorunda kalınca da, dengi olmayan bir adama kendini ciddi ciddi benzetmek istemez; ancak bazı hâllerde, o kimse iyi bir şey yaparsa, o zaman söyle bir taklit edip geçer; ama, gene de utanır. Çünkü böylelerini taklit etmeye alışık olmadığı
e gibi, kendinden kötü insanların kılığına, biçimine girmeyi de sevmez; içinden bunları hor görür, ancak şaka olsun diye taklit eder.»

«Doğal bir şey bu,» dedi.

«O hâlde bu adam, az önce Homeros'un şiirlerinden söz ederken belirttiğim anlatış biçimini kullanır: Konuşmasında hem yalın anlatım, hem taklit bulunur, ama uzun bir yalın anlatım içine bir parçacık taklit katar. Yoksa ben bomboş bir söz mü ettim şimdi?»

«Nasıl boş olsun?» dedi. «O adamın nasıl konuşması gerektiğini belirttin ya!»

397 «Peki, şimdi öteki türlü konuşana gelelim. Bu adam, kötü konuşmacı olduğu ölçüde her şeyi taklit eder; hiç bir şeyi kendine yakıştırmaktan sıkılmaz, öyleki kalabalık karşısında bile demin saydıklarımızla birlikte her şeyi ciddi ciddi taklide kalkışır: Gök gürültüsünü, rüzgârın, dolunun, dingillerin, makaraların, boruların, zurnaların, kavalların, bütün öteki çalgıların sesini, hatta köpeklerin havlamasını, koyunların melemesini,
b kuşların ötüşünü. Konuşması ya baştan başa ses ve hareket taklitlerinden ibaret olur ya da içinde olsa olsa bir parçacık yalın anlatım bulunur.»

«Onunkisi de öyle olur,» dedi.

«İşte sözünü ettiğim iki söyleyiş biçimi bunlar,» dedim.

«Evet.»

«Bunlardan birincisinde değişme az olur; insan, söyleyişine uygun bir makam ve ritim verdi mi, hemen hemen tekdüzen olan aynı makamı ve yine buna benzer değişmez bir ritmi c
sürdürür gider.»

«Evet, tam söylediğin gibi olur,» dedi.

«Ama ötekinin söyleyiş biçimi tam tersinedir: Kendine özgü deyişi bulmak için makamların, ritimlerin hepsine ihtiyacı vardır onun; çünkü, konuşmasında her türlü değişme bulunur.»

«Çok doğru.»

«O hâlde, ozanların, bir şey anlatan insanların hepsi bu iki söyleyiş biçiminden ya birini, ya ötekini ya da ikisinin karmasını kullanırlar, değil mi?»

«Elbet, başka türlü olamaz.»

«Öyleyse ne yapalım?» dedim. «Bu biçimlerin hepsini si- d
temize alalım mı? O iki biçimden salt birini mi, yoksa karma biçimi mi alalım?»

«Bana kalırsa,» dedi, «iyi adamı taklit eden, karma olmayan biçimi alalım.»

«Ama karma biçim de hoştur Adeimantos; senin istediğinin tersine, çocukların, lalaların, çoğunluğun en çok hoşuna giden, bu biçimdir.»

«Orası öyle.»

«Ama, belki bizim yönetimimize uymaz diyeceksin. Çünkü bizde her insan tek bir iş gördüğüne göre, iki ya da çok yönlü olamaz.»

«Gerçekten sitemize uymaz bu.»

«İşte bu yüzden yalnız böyle bir sitede, kunduracı kunduracıdır; kunduracılığının üstüne bir de kaptanlık etmez; çiftçi çiftçidir, çiftçilikten başka bir de yargıçlık etmez; asker askerdir, ayrıca ticaretle uğraşmaz; herkes de böyledir, öyle değil mi?»

«Doğru,» dedi.

398 «Öyleyse, görünüşe göre her kılığa girmesini, her şeyi taklit etmesini ustaca beceren bir ozan sitemize gelip de şiirlerini okumadaki hünerini halka göstermek istese; kutsal, şaşılacak, hoş bir varlık olarak önünde yerlere kapanırız. Ama sitemizde onun gibi adam bulunmadığını, bulunmasının da yasak olduğunu söyleriz; sonra da başına kokular döküp, yün sargılardan bir çelenk takıp başka bir siteye göndeririz onu. Yerine de, ru-
b humuzun selameti için, daha kuru da olsa, daha ağır başlı bir ozanı, bir masalcıyı seçeriz; yeter ki yalnız dürüst, iyi adamın söyleyişini taklit etsin; daha başta askerlerimizin eğitimini ele aldığımız zaman koyduğumuz kurallara göre söz söylesin.»

«Evet, bize kalsa, öyle davranırız,» dedi.

«Şimdi müziğin, sözler ve masallarla ilgili bölümünü bitirdik sanırım,» dedim. «Böylece öz ve biçim konusunu incelemiş oluyoruz.»

«Evet, bence de öyle,» dedi.

c «Geriye şarkı ve ezgi bölümü kaldı, değil mi?»

«Evet.»

«Peki, bundan önceki sözlerimize uygun olarak bunların ne nitelikte olacağını biz söylemeden herkes anlayamaz mı?»

Bunun üzerine Glaukon gülümseyerek, «Sokrates,» dedi, «korkarım ben bu herkes sözünün dışında kalacağım. Şu anda bunların nasıl olması gerektiğini, bir şeyler seziyorsam da, tam kestiremiyorum doğrusu.»

«Ama her hâlde,» dedim, «şunu anlayacaksın: Şarkı üç şey-
d den meydana gelir: söz, makam ve ritim.»

«Bunu anlarım tabii,» dedi.

«Peki bu sözün şarkısız sözden herhangi bir farkı var mıdır? Bunun da demin saydığımız kural ve biçimlere uyması gerekmez mi?»

«Evet,» dedi.

«Makam ve ritimse söze uymalı.»

«Elbette.»

«Ama sözümüzde hüzün, ağlayıp sızlama olmamalı demiştik.»

«Olmamalı tabii.»

«Peki, hüzünlü makamlar hangileridir? Müzikle uğraştığı- e
na göre, sen söyle bunu.»

«Karma Lydia makamı, tiz Lydia makamı ve benzerleri.»

«Peki, bunları atmak gerekmez mi?» dedim. «Değil erkeklere, ağır başlı kadınlara bile yaramaz bunlar.»

«Çok doğru.»

«Koruyucularımıza sarhoşluk, gevşeklik, uyuşukluk da hiç yakışmaz.»

«Şüphesiz.»

«Makamlar arasında gevşek olanlar; şölenlere, içki sofralarına yakışanlar hangileridir?»

«Çözük denilen İonya ve Lydia makamları.»

«Peki dostum, bunlar savaşçılara yarar mı dersin?» 399

«Hiç de yaramaz,» dedi. «Ama elinde kala kala Dor ve Phrygia makamları kaldı.»

«Makamlardan anlamam,» dedim, «ama öyle bir makam kalmalı ki savaşa ya da zorlu bir eyleme girişip de, başına ne gelirse gelsin; ister yaralansın, ister ölümle burun buruna gel-
sin, ister başka bir belaya uğrasın, canını dişine takarak kadere b
göğüs gerebilen, kaderi yenebilen yürekli adamın sesini, deyi-

şini gereğince taklit etsin. Bir başka makam daha kalmalı ki bu da, zorsuz, gönüllü, barışçı bir eyleme girişen adamı, istediğini elde etmek için, Tanrıyı yakarmasıyla, insanı uyarmasıyla inandırıp yola getirmeye çalışan ya da kendisi başkalarının ricalarına, uyarmalarına kulak veren, böylece isteğine kavuşunca da
c gurura kapılmayan, tersine bütün bu hâllerde alçak gönüllü, ölçülü davranan, kaderinden de yakınmayan bir adamı taklit etsin, işte, belaya uğrayanlarla başarıya ulaşanların; gözü pek adamlarla efendi adamların deyişini en güzel biçimde verecek olan ve biri vurucu, öteki okşayıcı bu iki makam kalmalı bize.»

«Demin benim saydığım makamlar kalacak yani.»

«Demek ki,» dedim, «şarkılarımız, ezgilerimiz için çok telli, bütün makamları verecek sazlara ihtiyacımız olmayacak.»

«Her hâlde olmayacak.»

d «Öyleyse, bütün üçgen çalgıları, harpları ve çok telli, çok makaralı sazları yapan ustaları sitemizde tutmayacağız.»

«Anlaşılan öyle.»

«Peki flavta yapanları, flavta çalanları siteye alacak mısın? En çak sesi olan su? flavta değil mi? Bütün makamları veren sazlar da flavtanın bir taklidi değil mi?»

«Şüphesiz,» dedi.

«O hâlde sitemize yararlı bir 'lyra' ile 'kithara' kalıyor, bir de kırlardaki çobanların kavalı.»

«Evet, düşüncemize göre öyle oluyor.»

e «Zaten dostum,» dedim. «Apollon'u Marsyas'a, sazlarını da Marsyas'ın sazlarına üstün tutmakta yeni bir şey ortaya atmış olmuyoruz.»

«Zeus hakkı için,» dedi, «benim de düşüncem bu.»

«Köpek hakkı için,[71]» dedim, «demin eğlenceye dalmış,

---

71 Sokrates, tanrıların adını kirletmemek için köpek üzerine yemin ediyor.

bozulmuş gördüğümüz siteyi, hani farkına varmadan temizlemişiz bile.»

«Akıllıca davranmışız doğrusu,» dedi.

«Peki, temizliğe devam edelim öyleyse,» dedim. «Makamlardan sonra ritimleri ele alalım: Bizim için çeşit çeşit ritimler de, türlü türlü ölçüler de gereksiz. Ama düzenli, yürekli bir adamın yaşayışını anlatacak ritimleri arayıp bulmalıyız. Bulduktan
sonra da, böyle bir bir adamın sözlerini ölçüye ve ezgiye uy- 400
durmak değil, ölçüyü ve ezgiyi bu sözlere uydurmak gerekir. Söyle bakalım, bu ritimler neler olabilir? Makamları saydığın gibi bunları da söylemek sana düşer.»

«Zeus hakkı için, bunu bilemem,» dedi. «Gerçi müzikle uğraştığım için, ölçüleri meydana getiren üç çeşit ritim, seslerde ise bütün makamları doğuran dört çeşit ritim bulunduğunu bilirim. Ama hangisi hangi yaşayış biçimini taklide elverişlidir, onu söyleyemem.»

«Bu konuyu Damon'a[72] danışalım,» dedim. «Hangi Ölçüle- b
rin alçaklığa, edepsizliğe, deliliğe ve öteki kötülüklere uyduğunu; bunların karşıtlarına da hangi ritimlerin uygun düştüğünü ona soralım. Onun 'karma enhoplios', 'daktylos', 'heroos' diye birtakım ölçülerden söz ettiği yarım yamalak kulağımda kalmış. Bunlardan sonuncusunu nasıl düzenliyordu, anlayamadım: Bunun aşağı ve yukarı vuruşlarını eşitleştiriyor, sonunu da ya kısa, ya uzun bir heceyle bitiriyordu. Yine, yanılmıyorsam, 'iambos' ve 'trokhaios' adını verdiği iki ölçü daha vardı ki
bunlara uzun ve kısa heceler ekliyordu. Bunlardan bazılarında c
da, galiba, ölçünün temposunu olduğu kadar, ritmin kendisini veya ikisinden karma bir şeyi ya kötü buluyor, ya da beğeniyordu; tam bilemeyeceğim. Ama dediğim gibi, bu konuyu Damon'a bırakalım. Bizim bunları tartışmamız çok zamanımızı alır. Öyle değil mi?»

---

72 Platon'un çok saydığı, müziğin ahlak üzerindeki etkisine önem veren, Perikles'in ve Sokrates'in dostu ünlü müzikçi.

«Zeus hakkı için öyle!»

«Ama şu konuda bir yargıya varabilirsin: Güzellik ve çirkinlik, iyi ve kötü ritme bağlıdır.»

«Şüphesiz.»

d «İyi ritim iyi söyleyiş biçimini, kötü ritimse kötü söyleyiş biçimini izler, taklit eder; uyumluluk ve uyumsuzluk için de böyledir, ama demin dediğimiz gibi, sözler ritim ve makama değil de, ritim ve makam sözlere uyarsa.»

«Tabii, ritim ve makam sözlere uymalı,» dedi.

«Peki, söyleyiş biçimi ve söylenen söz, insanın ruh yapısına bağlı değil midir?»

« Şüphesiz.»

«Geri kalan bütün şeyler de söyleyiş biçimine bağlıdır, değil mi?»

«Evet.»

«Öyleyse, iyi konuşma, uyumluluk, güzellik, iyi ritim, ima-
e nın temiz yaradılışlı olmasına bağlıdır; ama bu deyimle anlatmak istediğim, kabalık olmasın diye temiz yüreklilik dediğimiz bönlük değil, insanın karakteri ve düşüncesinin gerçekten iyi ve güzel bir yapıda olmasıdır.»

«Çok doğru.»

«O hâlde, gençlerimiz kendilerine düşen ödevi yerine getirmek istiyorlarsa, her şeyde bu nitelikleri elde etmeye çalışmalıdırlar, değil mi?»

«Elbette.»

401 «Bu nitelikler, resimde ve benzeri bütün sanatlarda vardır; dokumacılıkta, nakışçılıkta, mimarlıkta, ev eşyası yapan bütün sanatlarda, hatta hayvanların ve bitkilerin doğal yapısında da vardır, çünkü hepsinde güzellik ya da çirkinlik vardır. Çirkinlik, kötü ritim, uyumsuzluk, kötü söz ve kötü huyun kardeşleridir; karşıt niteliklerse ölçülü ve iyi huyun kardeşleri, taklitleridir.»

«Çok doğru,» dedi.

«Peki, yalnız ozanları mı göz altında bulundurup eserle- b
rinde iyi huydan başka şeyleri canlandırmamaya zorlayacağız? Öbür sanatçıları da göz altında bulundurup, kötü huyu, istekleri dizginleyememeyi; bayağılığı, çirkinliği, canlı varlıkların resimlerinde olsun, yapılarda olsun, başka bir sanat eserinde olsun, göstermelerini yasak etmeyecek miyiz? Bu kurala uyamazlarsa, aramızda çalışmalarına engel olmalıyız; yoksa koruyucularımız,
kötülük örnekleri içinde, tıpkı bir otlakta yayılır gibi yetişirler; c
her gün birçok zararlı ot yiyip azar azar zehirlenerek sonunda farkına varmadan ruhlarında büyük bir kötülük biriktirirler. Bunun tam tersine, gerçek güzellik ve biçimliliğin izinden gitmeye yaradılıştan yetenekli sanatçılar aramalıyız; ta ki gençlerimiz, sağlıklı bir ülkede yaşayanlar gibi, çevrelerindeki her şeyden yararlansınlar, sağlam havalı bölgelerden sağlık getiren bir rüzgâr gibi, güzel eserlerden gözlerine, kulaklarına dolan etki-
lerle ta çocukluktan güzel aklı sevmeye, ona benzemeye, onunla d
uyum içinde olmaya farkına varmadan yönelsinler.»

«En güzel eğitim bu olurdu,» dedi.

«İşte bu yüzden, Glaukon,» dedim, «müzik eğitimlerin en üstünüdür. Çünkü ritim ve makam ruhun içine işler, onu en güçlü biçimde kavrar; insan iyi eğitim görmüşse, o ritim ve makamdaki güzellik ruhu da güzelleştirir, ama iyi eğitim görme-
mişse tersine olur. Öte yandan, doğanın ya da insanın elinden e
çıkma eserlerdeki aksaklık ve çirkinlikleri, gereği gibi müzik eğitimi görmüş bir insan hemen sezer, haklı olarak tiksinir on-
lardan. Bu insan güzel şeyleri över, güzel şeyleri sever, ruhunu 402
onlarla besler, böylece kendisi de güzel ve iyi olur; çirkin şeyleri ise haklı olarak yerer, daha çocukken, aklını kullanma çağı başlamadan onlardan tiksinir; sonra 'akıl çıkıp gelince' de,[73] bu

73 Platon'un bu kişileştirilmiş deyimle anlatmak istediği, soyut kavramları, özellikle idea'ları kavrayabilecek akıl ve düşünme yeteneğidir, insanın aklı erer yaşa gelmesi değil.

eğitimi görmüş bir insan akılla olan akrabalığını kavrayarak aklı sevgiyle karşılar.»

«Bence müzik eğitiminin yararı burdadır,» dedi.

«Okumayı yeni öğrendimiz çağda, önce harflerin az sayıda,
ama bütün kelimelerde tekrarlanan unsurlar olduğunu öğreni-
b riz; küçük kelimelerde de büyük kelimelerde de gerekli şeyler
olduğunu görüp ihmal etmeyiz onları. Ancak bunları kavradı-
ğımız zaman harfleri öğrendik diyebiliriz. Ondan sonra, oku-
mayı öğrenmenin başka yolu olmadığına iyice aklımız keser de,
harfleri bir bir seçmeye uğraşırız.»

«Doğru.»

«Öyleyse şu da doğru: Harflerin suya ya da aynaya yansıyan görüntülerini harflerin kendilerini öğrenmeden tanıyamayız, çünkü bütün bunlar aynı sanatın ve aynı inceleme dalının konusudur.»

«Elbette.»

«Öyleyse,» dedim, «Tanrılar hakkı için ben de derim ki,
c kendimiz de, yetiştirmeye çalıştığımız koruyucular da, gerçek
müzik bilgisine ulaşabilmek için, önce, ölçülülüğün, yürekliliğin, cömertliğin, ruh yüceliğinin ve bunların kardeşi olan erdemlerle karşıtı olan kötülüklerin biçimlerini bulundukları her yerde tanımasını öğrenmeliyiz; onların bulundukları yerde ya kendilerini ya da görüntülerini kavrayıp seçmeliyiz, aynı sanatın ve aynı inceleme dalının konusu olduklarına aklımız keserek, hiç birini, büyük olsun, küçük olsun, hiç bir şeyde ihmal etmemeliyiz.»

d «Evet, öyle olması zorunlu,» dedi. «O hâlde,» dedim, «hem
içinde güzel huylar, hem dışında (aynı örnekten çıkma oldukları için) bu huylara benzer, uygun nitelikler taşıyan insan bakıp görmesini bilen için seyre değer en güzel şey değil midir?»

«Evet, en güzel şeydir.»

«Peki, en güzel şey aynı zamanda en sevilecek şey değil midir?». «Elbette.»

«Öyleyse,» dedim, «müzik bilen adam böyle insanları sevebildiği kadar sevecek, ama uyumsuz insanları sevmeyecektir.»

«Hayır,» dedi, «aksaklık ruhundaysa sevmeyecek, ama bedenindeyse sevmeye katlanacak, buna isteyerek razı olacaktır.»

«Anlaşılan.» dedim, «sen böyle birini seviyorsun ya da sev- e
mişsin, ayıplamam seni. Ama söyle bana :Aşırı zevk ölçülülükle bağdaşır mı?»

«Nasıl bağdaşabilir?» dedi. «Ruhu acı kadar o da allak bullak eder.»

«Peki, öteki erdemlerle bağdaşır mı?» 403

«Hiç de bağdaşmaz.»

«Ya peki, edepsizlik ve isteklerinde dizginsizlikle?»

«Her şeyden çok bağdaşır.»

«Peki, cinsel aşktan daha büyük, daha koyu bir zevk var mıdır?»

«Yoktur,» dedi, «daha azgını bulunmaz.»

«Tersine, gerçek aşk, düzen ve güzelliğe karşı duyulan ölçülü ve uyumlu bir sevgidir, değil mi?»

«Elbet öyle,» dedi.

«O hâlde, azgın ya da dizginsizliğe benzer hiç bir şey gerçek aşkın yanına yaklaştırılmamak.»

«Doğru.»

«Öyleyse, cinsel zevk de, gerçek aşkın yanına yaklaştırıl- b
mamalı; birbirlerini gerçek bir aşkla seven adamla sevdiği çocuğun ilişkisine girmemelidir.»

«Zeus hakkı için, gerçekten girmemeli Sokrates!»

«Anlaşılıyor ki, tasarladığımız sitede şunu yasa hâline getirmek niyetindesin: Seven adam genç oğlanı razı ederse, onu bir evlat gibi, temiz bir niyetle sevebilir; onunla sık sık buluşabilir, öpebilir onu. Ama sevdiğiyle ilişkileri öylesine olmalı ki,

eğitimden, ince zevkten yoksun adam diye ayıplanmak istemi-
c yorsa, hiç bir zaman daha ileri gittiği kuşkusunu yaratmamalıdır.»[74]

«Haklısın,» dedi.

«Böylece,» dedim, «bence müzik üzerinde konuşacaklarımız sona eriyor. Sen de bu kanıda değil misin? Hem de tam bitmesi gereken yerde bitiyor, çünkü müziğin varacağı yer güzellik sevgisidir.»

«Ben de aynı kanıdayım,» dedi.

«Müzikten sonra gençleri idmanla eğitmek gerek.»

«Şüphesiz.»

d «Bu işte de gençlere çocukluktan başlayıp hayatları boyunca sürecek bir eğitim vermeli. Bu konuda benim düşüncem şu, ama birlikte inceleyim bunu: Bence, iyiliğiyle ruhu iyi hâle getiren, iyi yapılı bir beden değil, tersine, iyiliğiyle bedeni ulaşabileceği en iyi duruma getiren, iyi bir ruhtur. Sen de öyle düşünmüyor musun?»

«Öyle düşünüyorum.»

«Peki, önce kafayı özenle eğittikten sonra bedenle ilgili ayrıntıları belirtme görevini ona bıraksak, biz de burada sadece genel örnekleri belirtmekle yetinsek, uzun konuşmalara dal-
e mak zorunda kalmasak, iyi olmaz mı dersin?»

«Çok iyi olur.»

«Koruyucularımız sarhoşluktan kaçınmalı demiştik. Gerçekten, sarhoş olup kendini unutmak, yerini yurduna şaşırmak herkesten çok bir koruyucuya yasaktır.»

«Bir koruyucunun korunacak duruma düşmesi gülünç olur doğrusu!» dedi.

---

74 Eski Yunanlılarda erkeğin erkekle cinsel ilişkisine izin verilirdi. Platon'un burada benimsediği karşı görüş **Kanunlar**'da daha kesin olarak belirir.

«Peki, beslenme konusunda ne diyelim? Bizim delikanlılar en büyük güreşin güreşçisi değil mi?»

«Tabii.»

«O hâlde, şimdiki atletlerin beslenme tarzı onlara uyar 404
mı?»

«Belki uyar.»

«Ama,» dedim, «bu beslenme tarzı uyuşturucu ve sağlık için tehlikeli oluyor. Baksana, bu sporcular hayatlarını uyumakla geçiriyorlar, kendilerine özgü beslenme tarzından azıcık ayrılacak olsalar, ağır, tehlikeli hastalıklara yakalanıyorlar.»

«Evet, öyle oluyor.»

«Bizim savaşçı atletlerimize ise daha akıllıca bir beslenme tarzı gerekli; çünkü onlar için, köpekler gibi hep uyanık dur-
mak, gözü ve kulağı son derece keskin olmak ve sık sık değişik b
şeyler yiyip içerek, yakıcı güneşte pişip ayazda kavrularak demir gibi sağlıklı olmak zorunluluğu var.»

«Şüphesiz öyle.»

«Peki, en iyi idman az önce sözünü ettiğimiz müzikle kardeş değil midir?»

«Demek istediğini anlayamadım.»

«Şunu demek istiyorum: İyi bir idman, hele savaşçıların yapacağı idman, sadedir.»

«Nasıl yani?»

«Bunu Homeros'tan öğrenebiliriz. Bilirsin ki Homeros,
kahramanlarına seferde yemek yedirirken, Hellespontos'da de- c
niz kıyısında oldukları hâlde, ne balık ziyafeti çeker onlara, ne de haşlanmış etler yedirir; sadece askerlerin kolayca pişireceği kızartma etler yedirir, çünkü ateş yakmak, hemen her yerde, yanında kap kaçak taşımaktan daha kolaydır.»

«Şüphesiz öyle.»

«Çeşnilerden, baharattan Homeros, sanırım hiç söz etmemiştir. Zaten her atlet, formunu korumak için bunları ağzına koymamak gerektiğini bilmez mi?»

«Elbet bilir, ağzına koymaz,» dedi.

d «Syrakusa mutfağına, Sicilya'nın çeşitli yemeklerine gelince, dostum, bizim kurallarımızı doğru buluyorsan, onları uygun göreceğini sanmam.»

«Hayır.»

«Formunda kalması gereken adamların Korinthos'lu bir yosma ile ilişki kurmasını da uygun görmezsin, değil mi?»

«Hiç de uygun görmem.»

«Attika'nın ünlü hamur tatlılarına düşkün olmalarını da uygun görmezsin her hâlde.»

«Elbet görmem.»

«Şimdi bu türlü yiyecekleri, böyle bir beslenme tarzını, her
e çeşit makam ve ritmi içine alan karmakarışık bir müziğe, bir şarkıya benzetirsek, sanırım doğru bir karşılaştırma yapmış oluruz.»

«Şüphesiz.»

«Çeşitlilik şurda düzensizlik, burda hastalık yaratır; oysa müzikte sadelik ruhu ölçülü kılar, idmanda sadelik de bedeni sağlıklı kılar.»

«Çok doğru.»

«Peki, bir sitede düzensizlik ve hastalık çoğalırsa, mahkeme
405 ve bakımevleri de çoğalmaz mı? Bir sürü özgür adam da avukat madrabazlığına ve hekimliğe heves etti mi, sitede bu meslekler gözde meslekler hâline gelmez mi?»

«Gelmez olur mu?»

«Peki, bir sitede eğitimin kötü ve bozuk olduğuna en iyi kanıt, o sitede sadece sıradan kimselerle işçi, usta takımının değil, özgür adam eğitimi görmüş olmakla övünen kimselerin

de usta hekim ve avukatlara ihtiyaç duyması değil midir? Sence bir insanın, kendi hakkını, adaletini kendisi arayacak nitelikte olmadığı için, başkalarından alınma, takma bir adaletle iş görmek zorunda kalması, böylece başkalarını kendisinin, kendi hukukunun efendisi ve yargıcı hâline getirmesi utanç verici b
değil midir; eksik ve kötü yetişmenin büyük bir belirtisi değil midir?»

«Hem de çok utanç verici bir şeydir.»

«Peki, bir insanın çoğu ömrünü mahkemelerde davalı ve davacı olarak geçirmekle kalmayıp, eğrilikte usta olmakla, her türlü oyunu becerebilmekle, bütün açık kapılardan sıyrılabilmekle, cezadan kurtulmak için yılan gibi kıvrılıp bükülebil- c
mekle, hiç bir güzellik duygusu taşımadan, bayağıca övünmesini daha da utanç verici bulmaz mısın? Üstelik hasis ve küçük çıkarlar uğruna böyle davranır bu adam; çünkü hayatını, uyuklayıp duran bir yargıca ihtiyaç duymayacak biçimde düzenlemenin çok daha güzel, çok daha iyi olduğundan haberi bile yoktur.»

«Bu, daha da utanç verici bir şey doğrusu!» dedi.

«Öte yandan, bir insanın hekime, yara bere ya da mevsimlik hastalıklar için değil de, tembellik ya da anlattığımız bes- d
lenme tarzı yüzünden içini bir bataklık gibi dolduran 'hılt'lar[75] 'hava'lar için baş vurması; böylece Asklepios'un o kurnaz çocuklarını[76] bu hastalıklara 'iç akıntısı', 'iç şişkinliği' gibi adlar vermek zorunda bırakması da utanç verici değil midir?»

«Elbet utanç vericidir,» dedi. «Üstelik bu acayip hastalık adları da yeni türedi!»

«Asklepios zamanında sanırım böyle şeyler yoktu,», dedim. «Bunu şundan anlıyorum: Hani Troya'da yaralanan e

75 İlkçağ hekimliğinde insanın huyunu meydana getirdiğine inanılan, bedenin içindeki sıvılar.

76 Asklepios sağlık tanrısı olduğundan, «Asklepios'un kurnaz çocukları», hastalıklara uydurma adlar takan hekimler oluyor.

Eurypylos'a bir kadın içine bolca arpa unu ve rendelenmiş peynir karıştırılmış Pramnos şarabı içirir ya, böyle bir içki bize
406 ateş ve sancı verir gibi göründüğü hâlde, Asklepios'un oğulları bunda bir sakınca bulmazlar, yaralıya bakan Patroklos'a da bir şey demezler.»[77]

«Ama bu durumdaki adam için garip bir ilaç,» dedi.

«Hayır,» dedim, «hastalıkları adım adım izleyen bugünkü hekimliği, Herodikos devrinden önce Asklepios oğullarının hiç de uygulamadığını düşünürsen, garip değil. Herodikos[78] idman öğretmeniymiş, hastalıklı bir adam olunca, idmanla hekimliği birleştirmiş. Bu da en başta ve en çok kendisine işkence olmuş,
b sonra da birçoklarına.»

«Peki nasıl olmuş bu iş?» dedi.

«Bulduğu yol ölümünü geciktirmiş sadece,» dedim. «Çünkü çaresiz olan hastalığını adım adım izlemiş, ama bir türlü geçirememiş. Adam işi bir yana bırakıp ömrünü sağlığını düzeltmeye çalışmakla geçirmiş, her günkü perhizinden azıcık ayrılacak olsa kendi kendini yiyerek sürüklemiş durmuş hayatını. Böylece ustalık ve bilgi gücüyle ihtiyarlık çağına ulaşabilmiş. »

«Ustalığı, kendisine ne güzel de yaramış ya!» dedi.

c «Bunu hak etmiş,» dedim. «Şunu anlamamış ki, Asklepios, çocuklarına bu tür hekimliği öğretmediyse, bilgisizliğinden ya da tecrübesizliğinden değil, iyi yönetilen bir sitede herkesin yapacağı belli bir işi olduğunu; kimsenin hasta olup kendi kendine bakmakla ömrünü geçiremeyeceğini bildiğindendi. Bir sanatla uğraşan kimseler böyle bir aşırılığa düşseler, bunun

---

77 **İlyada**, XI, 624-638, 844 ve XV, 394. Platon'un burada anlattığı, bugün elimizde bulunan Homeros metninden farklıdır.

78 İsa'dan önce 420 yıllarında yeni bir tedavi yöntemi bulan hekim. Sağlığı bozuk insanın ilaç kullanmadan da, sırf gezme, güreş, hamamda terleme ve vücudunu ovdurma ile yaşayabileceğini ileri sürüyordu. Ancak bunun için insanın bütün vaktini kendine bakmakla geçirmesi gerekirdi.

gülünçlüğü gözümüze hemen çarpar da, zenginlerde, mutlu denilen kimselerde çarpmaz.»

«Ne gibi?» dedi.

«Hastalanan bir doğramacı,» dedim, «hekime gidip kustu- d
rucu veya amel verici bir ilaçla hastalığını içinden akıtmasını 'ya da dağlama veya yarma yoluyla derdine çare bulmasını ister. Ama hekim ona, başında sargısı, ıvır zıvırıyla uzun bir bakıma girmesi gerektiğini söylerse, hiç düşünmeden, hasta olmaya vakti olmadığını, böyle yaşamakta hiç bir yarar görmediğini, önündeki işi yüz üstü bırakıp sırf hastalığıyla uğraşamayacağını
söyler. Hekimi savar, sonra da her günkü yaşayışına dönerek ya e
sağlığına yeniden kavuşur, sanatıyla uğraşarak yaşar gider, ya da bedeni dayanacak güçte değilse, ölür, dertten kurtulur. »

«Evet, böyle bir adama tedavinin bu türlüsü uygun düşer.»

«Bunun sebebi de şudur: Bu adamın yapacağı bir işi vardır, 407
o işi yapmazsa, yaşamakta bir yarar görmez, öyle değil mi?»

«Elbet öyle.»

«Ama zenginin, yapmazsa yaşayamayacağı bir işi yoktur diyebiliriz.»

«Evet, öyle de denir zaten.»

«Phokylides'in 'insan önce ekmeğini kazanmalı, sonra erdemi aramalı' dediğini duymadın mı?»[79]

«Bence insan önce de erdemi aramalı.»

«Şimdi onun sözünü tartışmayalım da, kendi kendimize
şunu araştıralım: Zengin erdemli davranmak zorunda mıdır? b
Erdemsiz yaşayamaz mı? Yoksa doğramacıyı ve başka herhangi bir sanat sahibini kendini işine vermekten alıkoyan aşırı bir hastalıktan kaçınma kaygısı, zengini Phokylides'in sözüne uymaktan alıkoyar mı?»

---

79 İsa'dan önce 6. yüzyılda yaşamış, özdeyişleriyle tanınmış Miletos'lu ozan. Buradaki sözü Yunan ve Roma 1 dünyasında tartışma konusu olmuştur.

«Zeus hakkı için alıkoyar,» dedi, «hem de beden eğitiminin öngördüğü sınırı aşan bir sağlık düşkünlüğü kadar onu bundan alıkoyacak hiç bir şey yoktur, çünkü bu aşın kaygı, ev işlerinde de, savaşlarda da, sürekli oturmayı gerektiren devlet görevlerinde de zorluk yaratır.»

c «Ama en başta gelen sakıncası, her türlü araştırmayı, düşünmeyi ya da düşüncede derinleşmeyi zorlaştırmasıdır. Çünkü böyle bir insan başının ağrıyacağından, döneceğinden korkar; felsefenin bunlara sebep olacağını sanır, öyleki, bu aşırı sağlık kaygısı erdemin yerine getirilmesine, sınanmasına, nerede olursa olsun, engel olur, çünkü, insana hep hasta olduğu sanısını verir, hep sağlığından kaygılandırır onu.»

«Pek tabii,» dedi.

«Demek, Asklepios bunu biliyormuş; bildiği için de hekim-
d liği, hem yaradılıştan, hem yaşama tarzlarından dolayı beden-
leri sağlam olan, ancak belli yerlerinde hastalık beliren insanlar
için ortaya çıkarmış. Böylelerini ilaçlar vererek, bıçak altına
yatırarak iyi etmiş; sitenin işleri aksamasın diye her zamanki
yaşayış ve besleniş tarzlarını sürdürmelerini istemiş. Hastalığın
bütün bütüne yiyip bitirdiği kimselere gelince, onların zavallı
hayatını içe akıtma ve içi boşaltma gibi uzun süreli iyileştirme
yollarıyla uzatmaya kalkışmamış; kendilerine benzeyebilecek
çocuklar yapma gücüne kavuşmalarını da istememiş, ömrün
belli seyrini düzen içinde yaşayıp tamamlamaya gücü yetme-
e yen bir adamın, kendine de, siteye de yararlı olmayacağı için
iyileşmesini gerekli görmemiş.»

«Asklepios'u devlet adamı yaptın çıkardın!» dedi.

«Besbelli öyleymiş. Baksana, çocukları, bir yandan Troya
408 önünde yiğitçe savaşırken, bir yandan da söylediğim biçimde
hekimlik etmişler. Hatırlarsın, Menelaos, Pandaros'un okuyla
yaralandığı zaman, yarasından,

Kanı emdiler, acı dindiren ilaçları
serptiler üstüne.[80]

Bundan sonra şunu yiyeceksin, bunu içeceksin diye Eurypylos gibi ona da perhiz vermemişler. Bu ilaçların, yaralanmadan önce sağlam ve yaşayışı düzenli olan adamları iyileştirmeye yeteceğini, o an için o karışık içkiyi bile içseler, yine iyileşeceklerini biliyorlarmış. Yaradılıştan hasta ve ölçüsüz bir adamınsa ömrünü uzatmakta ne kendisi için, ne başkaları için yarar olmadığını; hekimliğin de onun için icat edilmediğini, Midas'tan zengin bile olsa, derdine çare aranmaması gerektiğini düşünüyorlarmış.» b

«Desene Asklepios'un çocukları çok akıllıymış!»

«Öyle olmaları da gerekirdi doğrusu,» dedim. «Ama tragedya ozanlarıyla Pindaros bizim gibi düşünmezler. Onlar Asklepios'a hem Apollon'un oğlu derler, hem de ölmek üzere olan bir zengini parasına kanarak iyi ettiğini ileri sürerler.[81] Ama biz daha önce söylediklerimize uyarak, bu sözlerin ikisine birden inanmayacağız. Asklepios'un, tanrı oğlu ise para hırslısı olamayacağını, para hırslısı ise tanrı oğlu olamayacağını söyleyeceğiz.» c

«Çok doğru. Ama şuna ne dersin Sokrates: Sitemizde iyi hekimler olmalı mı? İyi hekim her hâlde hastasından da, sağlamından da çok insana bakmış hekimdir. Bunun gibi, iyi yargıç da her türlü adamla karşılaşmış yargıçtır.» d

«Elbet sitemizde iyi hekim ve yargıçlar olmalı,» dedim. «Ama ben iyi diye hangilerine diyorum biliyor musun?»

«Söylersen bilirim.»

«Söylemeye çalışayım. Ama sen sorunla iki ayrı şeyi birden sordun.»

---

80 **İlyada**, IV. 218.

81 Aiskhylos, **Agamemnon**, 1022; Euripides, **Alkestis**, 3,4; Pindaros, **Pythia**, III, 54-58.

«Nasıl?» dedi.

«Hekimleri ele alalım. En iyi hekim, sanatını ta çocukluktan öğrenmeye başlamış, mümkün olduğu kadar çok (hem de
e en ağırından) hastaya bakmış, kendisi de sağlam yapılı olmayıp bütün hastalıkları geçirmiş hekimdir. Çünkü bence hekim, bedeni bedeniyle iyi etmez, yoksa sağlığının hiç bozuk ya da bozulmuş olmaması gerekirdi. Bedeni ruhuyla iyi eder, ama kötü olan ya da kötüleşen ruh hiç bir hastalığı gereğince iyi edemez.»

«Doğru,» dedi.

409 «Yargıç ise, ruhu ruhla yönetir dostum. Ruhun genç yaştan kötü ruhlar arasında yetişmesi, onlarla düşüp kalkması, her türlü eğriliği kendinde denemiş olması, böylece başkalarının işlediği kötülükleri, (hekimin bedendeki hastalıkları anladığı gibi) kendinden pay biçerek hemen anlayabilmesi doğru değildir. Tersine, güzel ve iyi bir ruh olarak, doğruluk üzerinde sağlam yargılara varabilmesi için, gençliğinden kötü huylara bulaşmamış olması gerekir, işte bu yüzden, iyi insanlar genç-
b liklerinde bön görünüşlüdür; kötü insanlara kolayca kanarlar, çünkü içlerinde kötülerin duygularına karşılık olacak örnekler yoktur.»

«Evet,» dedi, «iyilerin başına gelen budur.»

«İşte bu yüzden,» dedim, «iyi yargıç genç değil, yaşlı olmalı. Eğriliğin ne olduğunu sonradan öğrenmeli, eğriliği, ruhunda barındırarak değil, uzun zaman yabancı bir şey gibi başkaları-
c nın ruhunda inceleyerek tanımalı; ne türlü bir kötülük olduğunu kendi tecrübesiyle değil, bilgisiyle açıkça kavramalı.»

«Böyle bir adam, yargıçların en asili olur,» dedi.

«İşte senin istediğin iyi yargıç da bu,» dedim, «çünkü ruhu iyi olan insan iyidir. Çok eğrilikler etmiş, kendini kurnaz ve akıllı sanan o becerikli ve şüpheci adama gelince; bu adam, gerçi kendine benzeyenlerle karşılaştığı zaman en büyük uyanıklı-

ğı gösterir, çünkü onların kötü huylarının kendinde de bulunan
örneklerine bakar, ama yaşı ilerlemiş iyi adamlarla karşılaşınca, d
ahmaklığı belli olur; şüpheciliğinin aşırılığı, yersizliği, sağlam bir karakterin ne olduğundan habersizliği çıkar ortaya, çünkü kendinde bunun örneği yoktur. Ama iyi adamlardan çok kötülerle düşüp kalktığı için, kendi gözünde de, başkalarının gözünde de bilgisizden çok bilgili, akıllı bir adam yerine geçer.»

«Çok doğru,» dedi.

«Öyleyse,» dedim, «iyi ve bilge yargıcı bu ikinci adamda değil, birincisinde arayacağız. Çünkü kötülük, kendini ve er-
demi bilemez; oysa eğitimle beslenmiş bir yaradılıştaki iyilik e
zamanla hem kendini, hem kötülüğü öğrenir. O hâlde bence akıllı, becerikli olmak kötü adamın değil, erdemli adamın harcıdır. »

«Bence de öyle.»

«Demek ki sitedeki yurttaşlardan bedence ve ruhça iyi ya-
pıda olanlarla ilgilenmek üzere anlattığımız nitelikte hekim ve 410
yargıçlarımız olacak, öbür yurttaşlara gelince, bedence sağlıksız olanlar ölüme terk edilecek; ruhu yaradılıştan kötü ve düzelmez olanlarsa öldürülecek.»

«Kendileri için de, site için de şüphesiz en iyisi bu.»

«Ama gençler, ölçülülüğü doğurur dediğimiz o sade müzikle uğraşırlarsa, şüphesiz yargıçlara ihtiyaç duymaktan kurtulurlar.»

«Şüphesiz.»

«Yine aynı yolları izleyerek, müzik bilgisi olan kimse, be- b
den eğitimini de yapınca, zorunlu hâller dışında hekime baş vurmaktan kurtulmaz mı?»

«Kurtulur bence.»

«İdman hareketlerinde, ve talimlerde de, beden gücünü artırmaktan çok ruhunun cömert, taşkın yanını beslemeyi amaç bilir; beslenmesini ve çalışmalarını düzenlerken öbür atletler gibi beden gücünü göz önünde tutmaz.»

«Çok doğru,» dedi.

c «Peki Glaukon,» dedim, «acaba eğitimi müzik ve idman üzerine kuranlar, bunlardan biriyle bedeni, öbürüyle de ruhu yoğurmak için mi yapmışlardır bu işi?»

«Bu soruyu niye soruyorsun?»

Belki her ikisi de ruh için ortaya çıkarılmıştır,» dedim.

«Nasıl yani?»

«Bütün hayatları boyunca kendilerini idmana verip de müzikle hiç ilgilenmeyenlerin ya da bunun tersini yapanların ruh hâlinin nasıl olduğuna dikkat etmedin mi?»

d «Nedir söylemek istediğin?»

«Birinciler, sert ve kaba oluyor; ikincilerse gevşek ve yumuşak oluyor; bunu söylemek istiyorum.»

«Evet, gerçekten, yalnız idmanla uğraşanlar fazla sert, yalnız müzikle uğraşanlar ise yakışık almayacak kadar yumuşak olurlar.»

«Sertlik, o cömert, taşkın ruh hâlinden gelir. Ama bu nitelik doğru geliştirilirse, yürekliliğe dönüşür; yay gibi gereğinden fazla gerilirse, aşırı sertliğe, tersliğe dönüşür.»

«Öyle görünüyor.»

e «Peki yumuşaklık filozof yaradılışlılığa özgü değil midir? Fazlası insanı gevşetir, iyi yönetilirse insanı güzel huylu, ölçülü kılar.»

«Öyle.»

«Ama koruyucularımız bu iki huyu kendilerinde birleştirmeli demiştik.»

«Evet.»

«Bunların birbiriyle uyumlu hâle getirilmesi gerekmez mi?»

«Elbet gerekir.»

«Bu uyumluluk, ruhu ölçülü ve cesur kılmaz mı?» 411

«Şüphesiz.»

«Uyumsuzluk da korkak ve kaba kılar.»

«Tabii.»

«Bir adam, flavta seslerine kendini kaptırıp demin saydığımız tatlı, yumuşak, hüzünlü makamların kulaklarından ruhuna akmasına izin verirse, bütün vaktini tatlı tatlı şarkı, türkü mırıldanmakla geçirirse, ilk önce ruhunun öfkeli, taşkın yanı ateşte yumuşayan demir gibi yumuşar, yararsız, sert bir şeyken b
yararlı hâle gelir; ama kendini bu işin zevkine kaptırıp hep böyle devam ederse, o taşkınlığı, yürekliliği erir, kaybolur, bir sinir gibi ruhundan kopar; sonunda o adam bir 'gevşek savaşçı'[82] olup çıkar.»

«Çok doğru,» dedi.

«O adam yaradılıştan korkak ruhluysa, bu duruma çabucak düşer; tersine, taşkın yaradılışlıysa, yüreğinin pekliği azalır, çabuk etkilenen, olur olmaz şeylerden hemen alevlenip hemen c
sönen bir adam hâline gelir. Yürekli bir adamken, alıngan, öfkeli, hırçın birisi olur.»

«Tabii öyle olur.»

«Peki, bütün çabasını idmana, yeme içmeye verir de müzik ve felsefeyle hiç ilgilenmezse ne olur? İlk önce beden gücünün verdiği gururla eskisinden daha yürekli olmaz mı?»

«Elbette.»

«Ya idmandan başka bir şey yapmaz, Musa ile hiç ilişki kurmazsa ne olur? Ruhunda bir öğrenme isteği olsa bile, öğ- d
renmenin tadına varmadığı, hiç bir araştırmaya yönelmediği, hiç bir tartışmaya katılmadığı, müziğin başka hiç bir bölümünden pay almadığı için, bu istek, zayıflar, körleşir, silinir gider,

---

82 **İlyada**, XVII, 588.

Çünkü uyandırılmamış, beslenmemiş, duyum olarak temizlenip parlatılmamıştır.»

«Öyle,» dedi.

«Böylece bu adam, düşünceye düşman, Musa'lara yabancı
e biri olur; artık sözle inandırma yolunu hiç tutmaz, yırtıcı bir hayvan gibi her şeyi zorla, vahşilikle elde eder; ömrünü bilgisizlik ve kabalık içinde uyum ve güzellikten yoksun olarak geçirir.»

«Çok doğru.»

«Öyleyse, diyebilirim ki Tanrı, insanlara, müzikle beden eğitimini, ruhtaki bu iki unsur, yani taşkınlıkla bilgelik sevgisi için vermiştir; bu sanatları verirken asıl amaç olarak ruhla bedeni değil, bu iki unsuru göz önünde tutmuştur; bunların iki
412 tel gibi gereği kadar gerilip gevşetilerek aralarında bir uyuma ulaşmasını istemiştir.»

«Evet, öyle anlaşılıyor.»

«Demek oluyor ki müzik ve uyum ustası diye, bir sazın tellerini akort eden adamdan çok beden eğitimiyle müziği en güzel biçimde birleştirip en uygun ölçü içinde ruhuna sindiren adama dememiz doğru olur.»

«En doğrusu bu olur Sokrates.»

«O hâlde Glaukon, sitemizde devlet düzenini ayakta tutmak istiyorsak, bu işleri sürekli olarak ayarlayacak bir gözeticiye ihtiyacımız olmayacak mı?»

b «Hem de ne kadar!»

«Demek ki eğitim ve öğretimimizin ana ilkeleri bunlar olacak. Bilmem artık, ayrıntılara girip gençlerin danslarının, avlanmalarının, sürek avına çıkmalarının, atletizm ve at yarışlarının nasıl olacağından söz etmeye gerek var mı? Belli ki bu işlerde izlenecek kurallar da, daha önce koyduğumuz kurallara uyacak, öyleyse bunların neler olacağı kolayca bulunabilir.»

«Evet, bulunabilir sanırım.»

«Peki, bundan sonra inceleyeceğimiz ne kalıyor? Her hâlde yöneticilerle yönetilenlerin kimler olacağı, değil mi?»

«Elbette.» c

«Belli ki yaşlılar yönetmeli, gençler de yönetilmeli.»

«Tabii.»

«Yaşlılardan da en iyileri yönetici olmalı.»

«Öyle.»

«Çiftçiler arasında en iyileri, çift sürmekte en becerikli olanlar değil midir?»

«Evet,».

«Peki yöneticilerimiz de koruyucuların en iyileri olacağına göre, siteyi korumakta en beceriklilerinden olacak, değil mi?»

«Evet.»

«Bu iş için akıllılık, kendini saydırabilme, toplum çıkarına bağlılık gerekmez mi?»

«Elbet.» d

«Ama insan en çok sevdiği şeylere bağlanır.»

« Tabii.»

«Peki insan en çok, kendisiyle arasında çıkar birliği gördüğü, mutluluğunu kendi mutluluğu, mutsuzluğunu kendi mutsuzluğu saydığı kimseyi sevmez mi?»

«Evet,» dedi.

«O hâlde, koruyucular arasından, ömürleri boyunca büyük e
bir iyi niyetle siteye yararlı gördükleri şeyleri yapacakları, buna aykırı hiç bir davranışa yanaşmayacakları, inceleme sonunda anlaşılan adamları seçeceğiz.»

«Gerçekten bu işe en uygunu bu gibi adamlardır.»

«Öyleyse bence onları her yaşta denemeli: Bu ilkeye bağlı kalıyorlar mı, yoksa bir şeyle büyülenerek ya da bir baskı altında kalarak sitenin yararına çalışmak gerektiği düşüncesini bir yana atıyorlar mı, unutuyorlar mı diye bakmalı.»

«Bir yana atmaktan ne anlıyorsun?» dedi.

«Söyleyeyim,» dedim. «Bence bir kanı zihnimizden ya is-
413 teyerek ya da istemeyerek silinir: Yanlış bir kanı, yanlışlığı gösterilince, isteyerek silinir, bütün doğru kanılar da istemeyerek silinir.»

«İsteyerek silineni anlıyorum ya,» dedi, «istemeyerek sileneni pek anlayamadım.»

«Nasıl anlamazsın?» dedim, «insanlar iyi şeylerden istemeyerek, kötü şeylerden de isteyerek ayrılır. Sen böyle düşünmüyor musun? Doğruda yanılgıya düşmek kötü, doğruyu bilmek iyi bir şey değil midir? Var olan, gerçek olan şeyleri düşünmekse doğruyu bilmek değil midir sence?»

«Haklısın,» dedi, «insanlar doğru kanıdan istemeyerek ayrılır.»

b «Bu da çalma, büyü ya da zor yoluyla olmaz mı?»

«Şimdi de bir şey anlamadım.»

«Anlaşılan, tragedya ozanları gibi konuşuyorum,» dedim. «Düşüncesini, ya tersine inandırılarak, ya da unutarak kaybeden insana düşüncesi çalınmış diyorum; çünkü bu hâllerden birinde akıl yolu, öbüründe zaman o düşünceyi sezdirmeden insandan kapar götürür. Anladın mı şimdi?»

«Evet, anladım.»

«Üzüntü ya da acı yüzünden düşüncesini değiştiren insanın hâline de zor altında kalma diyorum.»

«Bunu da anladım,» dedi, «söylediğin doğru.»

c «Zevkin çekiciliğine ya da korkunun etkisine kapılarak düşüncesini değiştiren insanın hâline ise büyülenme diyorum. Sen de öyle demez misin?»

«Elbet,» dedi, «insanı aldatan her şey büyüler diyebiliriz.»

«O hâlde, demin de dediğim gibi, site için hep en yararlı olanı yapmak gerektiği inancını içlerinde taşıyan ve bunu bir kural olarak en iyi koruyanlar kimlerdir, onları arayıp bulmalı. Daha çocukluktan onları denemeli, bu kuralı unutturacak, aldatacak durumlara sokmalı; aralarından unutmayan ve alda- d
tılamayanları seçmeli, böyle olmayanları ise seçmemeli. Öyle değil mi?»

«Öyle.»

«Onları zor işler, acılar, çetin kavgalar karşısında bırakmalı, bunlarda da sağlamlıklarını sınamalı.»

«Doğru.»

«Bir üçüncü çeşit sınavdan, yani büyü sınavından da geçirmeliyiz onları: Nasıl tayları, ürkek olup olmadıklarını anlamak için gürültü patırtı içine sürerlerse; onları da öyle, gençken korkunç şeylerle karşılaştırmalı, sonra zevklere daldırmalıyız. Böylece onları altını ateşte sınadığımızdakinden çok daha büyük e
bir özenle sınayarak, büyüye karşı direnip direnemediklerine, bütün bu durumlarda gereği gibi davranıp davranamadıklarına, kendi kendilerini ve edindikleri müzik eğitimini iyi koruyup koruyamadıklarına, ritim ve uyum kurallarına her zaman uyup uyamadıklarına, gerek kendilerine, gerek siteye yararlı olabilecek durumda olup olmadıklarına bakmalıyız. Çocukluk, delikanlılık ve olgun yaş sınavlarını geçirip bunlardan alnının akıyla çıkanı sitenin önderliğine ve koruyuculuğuna getirece- 414
ğiz, onu hayatı boyunca şereflendireceğiz; ölümünden sonra da şanına yaraşır törenlerle kabrine gömeceğiz; anısına armağan olarak anıtlar dikeceğiz. Ama bu nitelikte olmayan kimseleri böyle işlere almayacağız, işte Glaukon, genel çizgileriyle, ayrıntılara girmeden söylersek, önderlerin ve koruyucuların seçimi bence böyle olmalıdır.»

«Ben de bu kanıdayım,» dedi.

«Öyleyse, deyimleri tam yerinde kullanırsak, dışarda düşmanlara, içerde dostlara karşı bekçilik ederek, berikilere kötü-

lük etme isteğini, ötekilere kötülük etme imkânını vermeyenle-
b re asıl koruyucular; demin koruyucu dediğimiz gençlere ise bu önderlerce konulan kuralları savunan yardımcılar adını vermek uygun olmaz mı?»[83]

«Bence uygun olur.»

«Peki,» dedim, «daha önce sözünü ettiğimiz gerekli yalanlar arasından nasıl ustaca bir yalan bulalım da, böyle asil bir ya-
c lana mümkünse önce önderleri, olmazsa geri kalan yurttaşları inandıralım?»

«Hangi yalandan söz ediyorsun?» dedi.

«Yeni bir yalandan değil,» dedim, «bir Fenike masalından[84] söz ediyorum. Bu masal, ozanların anlattığına, halkı da inandırdıklarına göre, birçok yerlerde olmuş bir şeyle ilgili; ama günümüzde olmamış, belki de hiç olmayacak bir şey bu, gerçekliğini kabul ettirebilmek için bir hayli inandırma gücü gerekli.»

«Bir şey var da, söylemeye dilin varmıyor sanki.»

«Söylediğim zaman neden dilimin varmadığını anlayacaksın.»

«Söyle canım, çekinecek ne var ki?»

d «Peki, çekinmeden nasıl söylerim, hangi kelimelerle anlatırım bilemiyorum ama, söyleyeyim, önce önderlerle askerleri, sonra da öbür yurttaşları şuna inandırmaya çalışacağım: 'Kendilerine okuttuğumuz, öğrettiğimiz bütün şeyler, duyduklarım ve yaşadıklarım sandıkları her şey gerçek değil, birer düştür. Gerçekte kendileri silahları ve bütün eşyalarıyla birlikte topra-
e ğın altında oluşup yetişmişlerdir.[85] Anaları olan toprak, ken-

83 Platon bundan sonra **yardımcılar** deyimini asıl savaşçılar için kullanacaktır; **koruyucular** kelimesi ise, hem yardımcıları, hem önderleri kapsayan genel bir deyim olacaktır.

84 Fenike'li Kadmos'un toprağa ektiği ejderha dişlerinden insanlar doğduğunu anlatan efsane.

85 Bir inanca göre, Atinalıların atası sayılan Erekhteusda topraktan doğma imiş.

dilerini, böyle her şeyleri tamam olarak meydana getirdikten sonra dünya yüzüne çıkarmıştır. Bu yüzden üstünde yaşadıkları ülkeyi anaları, sütnineleri saymaları; onu, saldıranlara karşı savunmaları, öbür yurttaşları da aynı toprağın çocukları olarak kardeş gözüyle görmeleri gerekir.'»

«Bu yalanı söylemekten boşuna utanmamışsın doğrusu!»

«Elbet boşuna değildi,» dedim. «Ama gerisini de dinle ba- 415
kalım. Masalımıza devam ederek onlara şöyle diyeceğiz: 'Siz hepiniz sitede kardeşsiniz. Ama sizi meydana getiren Tanrı, aranızdan önder olacak yetenekte olanların mayasına altın katmıştır; bu yüzden, değeri en yüksek olanlar onlardır. Yardımcıların mayasına gümüş; çiftliklerle öbür sanat sahiplerinin mayasına ise demir ve tunç katmıştır. Genellikle kendinize benzer çocuklar meydana getireceksiniz. Ama hepiniz aynı soydan ol-
duğunuz için, ara sıra altından gümüş, gümüşten altın doğdu- b
ğu olur; öbür madenler arasında da böyle değişmeler olabilir. Bu yüzden, Tanrı, önderlere, her şeyden önce, doğan çocukları dikkatle gözlemelerini, ruhlarına hangi madenin katılmış olduğunu özenle araştırmalarını buyurur: Kendi çocuklarının mayasında tunç ya da demir karışığı varsa, onları, hiç acımadan, yaradılışlarına uygun düşen mevkilere getirecekler, böylece usta ve çiftçi sınıfına sokacaklar. Ama usta ve çiftçilerden, ruhunda altın ya da gümüş bulunan çocuklar doğarsa, Tanrı, kiminin koruyucu, kiminin yardımcı mevkiine yükseltilerek şereflendirilmesini ister. Çünkü, bir bilici sözüne göre, koruyucuları demirden ya da tunçtan olduğu gün site yok olacaktır'. Bu masala yurttaşları inandırmanın bir yolunu biliyorsan, söyle!»

«Doğrusu, kendilerini nasıl inandırabiliriz bilmem, ama d
oğullarını, torunlarını, daha sonraki kuşakları inandırabiliriz.»

«Bu da gerek siteye, gerek birbirlerine daha fazla bağlılık duymalarına yarar,» dedim. «Söylemek istediğini anladım sanırım, öyleyse bu masalımız da, ağızdan ağıza yayılıp gidebildiği yere gitsin. Biz de bu toprak çocuklarını silahlandıralım,

önderlerinin komutası altında ileri yürütelim. Varıp sitenin en güzel yerini ordugâh seçsinler; burası öyle bir yer olsun ki hem
e içerde yasalara baş kaldıracak yurttaşlarını rahatça hizaya getirebilsinler, hem de dışardan kurtlar gibi saldıracak düşmanları kolayca püskürtebilsinler. Böylece yerleşip, hangi Tanrıya kurban kesmek gerekliyse kestikten sonra çadırlarını kursunlar. Öyle değil mi?»

«Evet,» dedi.

«Bunlar da kendilerini kışın soğuktan, yazın sıcaktan koruyacak biçimde olmalı, değil mi?»

«Elbet, sanırım barınaklarından söz ediyorsun?»

«Evet,» dedim, «asker barınaklarından söz ediyorum, tüccar konaklarından değil.»

416 «Aralarında, ne gibi bir fark olacak sence?»

«Açıklamaya çalışayım. Çobanların düşeceği en korkunç, en utanç verici durum; sürülerini gütmekte kendilerine yardım etsin diye yetiştirdikleri köpeklerin azgınlık, açlık ya da herhangi kötü bir huy yüzünden koyunlara saldırıp zarar vermeleri, köpek olacakken kurda dönmeleridir.»

«Gerçekten korkunç bir şey bu.»

«Yardımcılarımızın da, yurttaşlardan güçlü olduklarından yurttaşlara karşı böyle davranmalarını, iyi niyetli birer ortak
b olacaklarına vahşi efendilere dönmelerini önlemek için elimizde olan her tedbiri almalıyız, değil mi?»

«Evet, buna dikkat etmeliyiz,» dedi.

«Peki, en iyi tedbir onlara gerçekten güzel bir eğitim vermek kabil midir?»

«Ama bu eğitimi aldılar ya!» dedi.

«Daha tam aldılar diyemeyiz sevgili Glaukon. Ama, demin de dediğim gibi, şunu diyebiliriz ki, kendilerine ve korumakla görevli oldukları kimselere karşı yumuşak davranmalarını sağlayacak şeyi elde etmek istiyorlarsa, ne türlü olursa olsun, iyi bir eğitim almaları gerekir.» c

«Haklısın,» dedi.

«Aklı başında her insan kabul eder ki onlara, bu eğitimden başka, elden geldiği kadar kusursuz birer koruyucu olmalarına engel olmayacak, öbür yurttaşlara zarar vermelerine yol açma- d
yacak ölçüde barınak ve nimetler de sağlamak gerekir.»

«Doğrusu da bu.»

«Şimdi bak,» dedim, «onların istediğimiz nitelikte kimseler olmaları için şöyle yaşamaları ve barınmaları gerekmez mi: Bir kere hiç birinin, zorunlu ihtiyaç maddeleri dışında, özel mülkü olmayacak, sonra hiç birinin herkesin girip çıkamayacağı ayrı bir kileri, kasası olmayacak. Yiyecekleri, ölçülü ve yürekli savaşçı atletlere gereken yiyecekler olacak; yaptıkları koruyuculuk görevinin karşılığı olarak bu yiyeceklerden bir yıl için yetecek kadarını öbür yurttaşlardan alacaklar; öyleki, yıl e
sonunda ne artsın, ne de eksik kalsın. Seferdeki askerler gibi yemeklerini bir karavanadan yiyip hep birlikte yaşayacaklar. Altın ve gümüşe gelince, onlara anlatacağız ki, ruhlarında her zaman Tanrılardan aldıkları o kutsal altın ve gümüş vardır, insanlarınkine hiç ihtiyaçları yoktur; kendilerindeki tanrısal altını ölümlü altınla karıştırıp kirletmeleri Tanrılara saygısızlık olur. Çünkü herkesin elindeki maden para yüzünden türlü kötülükler iş- 417
lenmiştir, oysa kendi içlerindeki tertemizdir. Sitede oturanlar arasında, altın ve gümüşü eline almak, kullanmak; içinde altın, gümüş bulunan bir çatı altına girmek; üstünde süs olarak altın, gümüş taşımak; altın ya da gümüş kupalardan içmek yalnız onlara yasaktır. Böylece hem kendilerini; hem siteyi kurtarırlar. Tersine, kendilerinin ayrı toprağı, evi barkı, parası oldu mu, b
koruyucu iken ev sahibi ve çiftçi; öbür yurttaşların yardımcısı ve ortağı iken düşmanı, efendisi olurlar; ömürlerini kin duyup kin duyurmakla, tuzak kurup tuzağa düşmekle geçirirler; dıştaki düşmanlardan çok içteki düşmanlarından korkarak yaşar-

lar; kendilerini de, devlet gemisini de felakete sürüklerler, işte bütün bu nedenlerle, koruyucularımızın barınaklarıyla öbür şeylerinin anlattığımız gibi olması, bunu da yasa hâline getirmemiz gerekmez mi?»

«Elbette gerekir,» dedi.

IV. KİTAP

O zaman Adeimantos söze karıştı, «Peki ama Sokrates,» 419
dedi, «biri karşına çıkar da senin bu insanları mutlu et-
mediğini, üstelik bunun da kendi hataları yüzünden olduğunu
söylerse, ne cevap verirsin? Öyle ya, sitenin sahibi oldukları
hâlde, siteden hiç bir nimet elde etmeyecekler; başkaları gibi
toprak sahibi olmayacaklar, güzel, ve büyük konaklar yaptırıp
gerekli şekilde bunları döşeyemeyecekler, tanrılara kendi ad-
larına kurban kesemeyecekler, evlerine konuk kabul edemeye-
cekler; demin saydığın nimetleri, altını, gümüşü, mutlu sayı-
lanların kullandığı hiç bir şeyi ellerinde bulunduramayacaklar.
Karşına çıkan o adam, yine diyebilir ki senin koruyucuların,
sitede oturan, ama onu korumaktan başka hiç bir iş görmeyen 420
ücretli askerlere benziyorlar.»

«Evet,» dedim, «üstelik bunlar boğaz tokluğuna çalışacaklar, öbürleri gibi ayrıca ücret almayacaklar. Kendi paralarıyla yolculuğa çıkmaları, yosmalara para yedirmeleri ya da mutlu sayılanlar gibi herhangi bir yere para harcamaları da yasak olacak. Bak, bunları ve buna benzer daha birçok şeyleri sorgunun dışında bıraktım.»

«Peki, bunları da sokalım sorguya!»

b «Şimdi buna karşı kendimi nasıl savunacağımı mı soruyor-
sun?»

«Evet.»

«Bence verilecek cevabı yine aynı yoldan yürüyerek bu-
lacağız. Şöyle diyeceğiz: Bizim savaşçılarımızı böyle yaşamak
mutlu kılar, bunda şaşılacak bir şey yok. Zaten biz sitemizi ku-
rarken bir sınıfı ötekilerden çok daha mutlu kılmayı değil, bü-
tün siteye elden geldiği kadar mutluluk sağlamayı göz önünde
tutmuştuk. Çünkü böyle kurulmuş bir sitede doğruluğu, çok
kötü yönetilen bir sitede de eğriliği kolayca bulacağımızı; bun-
ları inceledikten sonra da hayli zamandır araştırdığımız konu
c üzerinde bir yargıya ulaşacağımızı düşünmüştük. Oysa şimdi
kafamızda mutlu bir site tasarlıyoruz; istediğimiz, siteden bir-
kaç kişiyi seçerek bunları mutlu etmek değil, bütün siteyi mutlu
etmektir. Az sonra bunun tersi olan siteyi gözden geçireceğiz.
Bir heykeli boyarken biri gelip de heykelin en güzel yanlarına
en güzel renkleri vurmadığımızı, örneğin yüzün en güzel yeri
olan gözü erguvana boyayacak yerde siyaha boyadığımızı söy-
leyerek bizi eleştirmeye kalkarsa, bence şöyle cevap vermek ye-
d rinde olur: 'Behey şaşkın! Gözü göz olmaktan çıkaracak ya da
başka bir uzvu kendine benzemez hâle getirecek kadar güzel
boyamak mı gerekir sanırsın? Sen asıl her uzva uygun düşen
renkleri vererek heykelin bütününü güzel hâle getirip getirme-
diğimize bak. Bunun gibi, koruyucularımıza da, onları koru-
yucu olmaktan çıkaracak bir mutluluk sağlamaya zorlama bizi.
e Öyle olsa, çiftçilerimize de bayramlık giysiler giydirip altınlar
takar, toprağı canları istediği kadar işlemelerine izin verirdik;
çömlekçilerimizin de, ateşin çevresinde yan gelip kadeh tokuş-
turarak bir yandan yiyip içmelerine, bir yandan da çarkları-
nı yanlarına alıp gönülleri diledikçe çömlek yapmalarına ses
çıkarmazdık. Site baştan başa, mutlu olsun diye bütün öbür
yurttaşları da böyle zevk, eğlence içinde yaşatabilirdik. Ama
sakın böyle bir öğüt vermeye kalkma. Çünkü senin aklına uy-

maya kalkarsak, ne çiftçi çiftçi olur, ne çömlekçi çömlekçi; ne 421 de, hepsi birden siteyi meydana getiren mesleklerden herhangi biri kalır ortada. Ama koruyuculardan başkası için bu o kadar önemli değildir. Çünkü eskiciler bozulup sanatlarının ehli olmadıkları hâlde yine eskici geçinmeye kalkarlarsa, bunun site için o kadar korkulacak bir yanı yoktur. Ama yasaların ve sitenin koruyucusu olanlar, koruyucu olmadıkları hâlde böyle geçinmeye kalkarlarsa, siteyi tümüyle yıkıma sürüklerler, oysa siteyi iyi yönetmek ve mutlu etmek de yalnız onların elindedir'. Bizse siteye hiç bir kötülükte bulunamayacak gerçek koruyu- b cular yetiştiriyoruz. Ama koruyucuları çiftçilere döndürmek, bir halk şenliğinde eğlenen mutlu kimseler hâline getirmek isteyen adam, her hâlde siteden değil de, başka bir şeyden söz ediyordur. O hâlde üzerinde durulacak nokta şudur: Acaba site için koruyucular yetiştirmekteki amacımız, onlara en büyük mutluluğu sağlamak mıdır, yoksa bütün siteyi göz önünde tutarak sitenin tümüne mutluluk sağlamak mıdır? Bu durumda yardımcıları ve koruyucuları da, bütün öteki yurttaşları da, kendilerine düşen işleri en iyi biçimde başarmaya zorlamak, bunun gereğine, inandırmak gerekmez mi? Böylece bütün site c gelişip iyi bir yönetime kavuşunca da, her sınıfın yaradılışı gereği kendine düşen mutluluk payını almasına imkân vermiş olmaz mıyız?»

«Bence söylediklerin çok doğru,» dedi.

«Peki,» dedim, «bakalım buna benzer bir konuda söyleyeceklerimi de doğru bulacak mısın?»

«Hangi konuda?»

«Öbür sanat sahiplerine, bak, onları da bozup çürüten aynı d nedenler değil mi?»

«Hangi nedenler?»

«Zenginlikle yoksulluk,» dedim.

«Nasıl oluyor bu?»

«Şöyle oluyor: Çömlekçi zenginlerince sanatıyla uğraşmak ister mi dersin?»

«Ne gezer!»

«Gittikçe daha tembel, daha ilgisiz olmaz mı?»

«Elbet.»

«Öyleyse çömlekçi bozulacak?»

«Hem de ne kadar!»

«Öte yandan, yoksul olursa, sanatı için gerekli araç ve gereçleri sağlayamadığı için, hem kötü iş çıkaracak, hem de, sa-
e natını çocuklarına ya da başka birine öğrettiğini düşünürsek, onlar da kötü çömlekçi olacak.»

«Olacağı bu!»

«O hâlde yoksullukla zenginlik, bir sanatın ürünlerini de, ustasını da kötüleştirir.»

«Şüphesiz.»

«Demek ki koruyucuların ne yapıp yapıp siteye sinsice sızmasını önlemeleri gereken bir şeyler daha bulduk.»

«Ne gibi şeyler?»

422 «Zenginlikle yoksulluk,» dedim. «Çünkü biri eğlenceye düşkünlük, tembellik, değişiklik ve yenilik sevdası yaratır, öbürü de, yenilik isteğiyle birlikte, bayağılık, kötü işçilik doğurur.»

«Çok doğru,» dedi. «Ama Sokrates, şunu da düşün: Siteniz yoksul olursa nasıl savaşır? Hele büyük ve varlıklı bir siteyle savaşmak zorunda kalırsa?»

«Gerçi böyle bir tek siteyle savaşması zordur, ama iki sitey-
b le savaşırsa iş kolaylaşır.»

«Nasıl olur?» dedi.

«Bir kere,» dedim, «savaş olursa, savaşçı birer atlet olarak yetişmiş olan koruyucularımız, zengin kimselerle savaşmayacaklar mı?»

«Orası öyle,» dedi.

«Öyleyse Adeimantos,» dedim, «sırf bu iş için hazırlanmış bir yumruk dövüşçüsü, bu nitelikte olmayan iki kişiyle, üstelik zengin ve yağ bağlamış iki kişiyle kolayca başa çıkamaz mı dersin?»

«İkisiyle birden başa çıkması belki güç olur,» dedi.

«Peki, kaçar gibi yapıp birden geri dönerek hep ilk üzerine gelene vurabilse; bu oyunu güneşin altında, yakıcı sıcakta bile c
defalarca yapabilecek güçte olsa, yine başa çıkamaz mı? Böyle bir atlet iki kişiden fazlasını da alt edemez m;?»

«O zaman elbet başa çıkar, şaşılmaz buna,» dedi.

«Peki, zenginler, savaş bilgisi ve tecrübesinden çok yumruk dövüşünde ustadır, değil mi?»

«Evet, öyledir.»

«Demek ki bizim atletlerimiz kendilerinden iki üç kat kalabalık kişilerle kolayca savaşabilecekler.»

«Haklısın derim.»

«Peki şuna ne dersin? Karşımızdaki siteye bir heyet gön- d
derip 'Biz altın, gümüş kullanmayız, bizim için yasaktır, ama siz kullanabiliyorsunuz; öbür siteye karşı bizimle birleşin, altınları, varlıkları sizin olsun' desek; bu sözleri duyanların, sağlam ve gürbüz köpeklerle birleşip semiz ve gevşek koyunlara saldıracakları yerde, tutup o köpeklere saldıracaklarını sanır mısın?»

«Sanmam,» dedi. «Ama bir site öteki sitelerin bütün zenginliklerini kendinde toplarsa, bu durumun zengin olmayan site için tehlikeli olmasından korkmaz mısın?» e

«Çocuksun,» dedim. «Kurduğumuz siteden başkası site denilmeye lâyık mıdır sanıyorsun?»

«Ya peki, ne diyelim?» dedi.

«Bizim sitemizden başka sitelere daha geniş kapsamlı adlar
vermeli,» dedim. «Çünkü oyuncuların[86] dediği gibi, bunlardan
her biri, tek bir site değil, birçok sitedir; hiç değilse birbirine
423 düşman iki siteden kuruludur. Yoksulların ve zenginlerin sitesi.
Bunların her biri de daha küçük parçalara ayrılır. Şimdi bunla-
ra bir tek site gözüyle bakar da, ona göre davranırsan, aldanır-
sın; ama birçok site gibi davranırsan, birinin malını, gücünü,
hatta kişi olarak kendilerini ötekine vererek dostunu, ortağını
çoğaltır, düşmanını azaltırsın. Senin siten de, demin koydu-
ğumuz düzene göre akıllıca, ölçülülükle yönetildiği sürece en
büyük site olur, ama adı değil, kendisi büyük olur; binden fazla
b savaşçısı olmasa bile. Çünkü ne Yunanlılarda, ne barbarlarda
bu anlamda, büyük bir siteye rastlayamazsın. Ama bizimkini
görünüşte kat kat aşan sitelere çok rastlarsın. Sen böyle düşün-
müyor musun?»

«Zeus hakkı için, elbet, böyle düşünüyorum,» dedi.

«O hâlde, yöneticilerimiz siteyi ne kadar geniş tutmalı, site için büyüklüğüne göre ne genişlikte bir toprak ayırıp fazlasından vazgeçmeli? Bu konuda yöneticilerimiz için en güzel sınır, en iyi ölçü şu olacak, değil mi?»

«Hangisi?»

«Bence bu ölçü şu olmalı: Site birliğini koruduğu sürece büyüsün, ama bundan fazla büyümesin. »

c «Çok güzel,» dedi.

«Öyleyse koruyuculara şu buyruğu da vereceğiz demektir: Ellerinden geleni yaparak sitenin ne "çok küçük, ne de görünüşte büyük olmamasına, kendine yeter ve bir tek kalmasına dikkat etsinler.»

«Onlara ne de kolay bir iş buyuruyoruz ya!» dedi.

«Bundan önce verdiğimiz buyruk daha da kolaydı,» dedim. «Koruyucuların işe yaramaz çocukları doğarsa, bunların öbür

86 Platon burada, «site oyunu» denen ve ne olduğu iyice bilinmeyen bir çeşit dama oyununa değiniyor.

sınıflara, öbür sınıflardan yetenekli çocuklar doğarsa, onların d
da koruyucular sınıfına sokulması gerektiğini söylemiştik hani. Bununla şunu göstermek istiyorduk: öbür yurttaşlardan da kim, hangi iş için yaratılmışsa, yalnız o işi yapmalı, bir insanın bir işi olmalı; öyleki, her biri kendi görevi ile uğraşıp birçok değil, bir tek insan olsun; böylece site de çokluğa değil, birliğe ulaşsın.»

«Bu, ilk söylediğimizden de kolaymış!» dedi.

«Sevgili Adeimantos,» dedim, «onlara yüklediğimiz ödev-
ler aslında sanıldığı kadar çok ve zor değil, tersine, kolaydır; ye- e
ter ki koruyucularımız bir tek büyük şeyi (büyükten çok yeterli diyeceğim şeyi) koruyup gözetsinler.»

«Hangi şeyi?»

«Çocukların ve gençlerin eğitimini,» dedim. «Çünkü onlar iyi bir eğitimle aklı başında kimseler oldular mı, bütün bunları kolayca anlarlar, şimdilik üzerinde durmayacağımız başka işlerin de; evlenme, kadın ve çocuk sahibi olma işlerinin de elden
geldiği kadar 'Dostlar arasında ayrılık, gayrılık olmaz' diyen 424
atasözüne uygun olarak yapılması gerektiğini kavrarlar.»

«Gerçekten böylesi çok iyi olur,» dedi.

«Elbet,» dedim, «sitenin işleri bir kere iyi bir yola girdi mi, daire gibi genişleye genişleye gider. Çünkü en iyi biçimde sürdürülen eğitim iyi insanlar meydana getirir, bu dürüst insanlar da; bu eğitimle yoğrularak, birçok bakımlardan olduğu kadar, çocuk yapma yeteneği bakımından da, öbür yaratıklarda oldu-
ğu gibi, öncekilerden daha iyi olurlar.» b

«Öyle olması gerek,» dedi.

«Kısaca söylersem, sitenin kaderini ellerinde tutanların bir ilkeyi her şeyden önce korumaları; bu ilkenin, onlar farkına varmadan bozulmasını engellemeleri gerekir. O da, idman ve müzik alanında kurulu düzene aykırı hiç bir yenilik yapılmamasıdır.

Bu yüzden, bir ozan çıkar da,

En çok şarkıcıların dudaklarındaki
en yeni şarkıları beğenir insanlar[87]

c derse, belki herkes ozanın yeni şarkıları değil de, yeni bir şarkı söyleme tarzını kastettiğini sanıp bunu över korkusuyla yerleşmiş müzik ve idman kurallarının elden geldiği kadar korunması gerekir. Ozanın böyle bir şey düşündüğünü sanmak da, bu düşünceyi övmek de doğru değildir. Çünkü yeni bir müzik türünü benimsemekten, her şeyi tehlikeye düşürür korkusuyla kaçınmak gerekir. Damon'a göre de, benim düşünceme göre de müzik tarzı hiç bir yerde sitenin temel yasalarını sarsmadan değiştirilemez.»

Adeimantos, «Bu düşüncede olanlar arasında beni de say!» dedi.

d «Anlaşılıyor ki,» dedim, «koruyucuların karakolunu burada, müzik alanında kurmamız gerekiyor.»

«Tabii,» dedi, «yasalara saygısızlık bu alana kolayca sızar da farkına varılmaz.»

«Evet,» dedim, «sanki zararsız bir oyun gibi hiç kötülüğü olmaz sanılır.»

«Gerçekten,» dedi, «müzik kurallarından sapma, yavaş yavaş yerleşip; sinsi sinsi törelerimize, çalışma tarzlarımıza sokulur; buradan da daha güçlenerek insanlar arası ilişkilere girer;
e bu ilişkilerden de, işi azıtıp yasalara ve devlet yönetimine yayılır Sokrates. Sonunda da gerek kişilerin hayatını, gerek kamu düzenini bütünüyle altüst eder.»

«Gerçekten öyle midir dersin?»

«Bence öyle,» dedi.

«O hâlde, başta da dediğimiz gibi çocuklarımızın oyunları küçük yaştan yasalara daha uygun olmalı, değil mi? Çünkü

---

87 **Odysseia,** I, 351, 352. Platon bu mısraları da, elimizdeki Homeros metninden değişik olarak söyler.

oyunlar da, çocuklar da yasalardan ayrılırsa, bu çocukları yasalara bağlı, ciddi insanlar olarak yetiştirebilir miyiz?» 425

«İmkânı var mı?» dedi.

«Öyleyse, çocuklar daha küçük yaştan güzel oyunlar oynayıp yasa düzenine bağlılığı müzik yoluyla içlerine sindirirlerse, demin söylediğimiz çocukların tersine, yasalara bağlılık, her işte bunlara yoldaşlık eder, güç kazandırır, sitede yüz üstü bırakılmış şeyler varsa, onları yeniden canlandırır.»

«Çok doğru,» dedi.

«O hâlde,» dedim, «bunlar kendilerinden öncekilerin ihmal ettiği, görünüşte önemsiz birtakım kuralları yeniden ortaya çıkaracaklar.»

«Hangi kuralları?»

«Örneğin şunları: Gençlerin yaşlıların yanında susması, b
onlara yer verip ayağa kalkması, ana babaya saygı göstermesiyle ilgili; saç traşlarının, giyim kuşam, hâl ve davranışlarının nasıl olacağını gösteren; daha buna benzer birçok şeyleri belirten kurallar. Sen de bu düşüncede değil misin?»

«Bu düşüncedeyim.»

«Ama böyle bir şeyi yasa hâline getirmek bence gülünç, bönce bir iş olur doğrusu. Çünkü bu konularda çıkarılacak sözlü, yazılı buyrukların ne etkisi olabilir ne de ömrü.»

«Buna şüphe yok.»

»Adeimantos,» dedim, «bir insan aldığı eğitimin etkisiyle
hangi yola girmişse, o yolda yürümeye devam eder. Öyle ya, c
benzer benzerini çekmez mi?»

«Elbet çeker.»

«Böylece sonunda da, diyebiliriz ki, eksiksiz, büyük bir sonuca ulaşılır, iyi ya da kötü bir sonuca.»

«Tabii,» dedi.

«İşte bu yüzden,» dedim, «böyle şeyleri yasalaştırmak istemem.»

«Doğrusu da bu,» dedi.

«Ama Tanrılar aşkına,» dedim, «pazar yerindeki işleri, yurttaşların pazarda birbirleriyle yaptıkları sözleşmeleri, hat-
d ta sanat sahiplerinin iş «özleşmelerini ne yapalım? Hakaretler, vurup kırmalar, mahkemeye verme, yargıç atama islerinde nasıl davranalım? Pazarda, limanda alınacak, verilecek vergiler, genel olarak pazar, şehir ve liman işleri konusunda uyulması gereken kurallar için ne diyelim? Bütün bunları yasalaştırmaya kalkışacak mıyız?»

«Hayır,» dedi, «iyi ve dürüst ruhlu insanlar için böyle zor-
e lamalara hiç de gerek yok. Çünkü bunlar, nelerin yasa hâline gelmesi gerektiğini kendiliklerinden bulurlar.»

«Evet,» dedim, «ama Tanrı biraz önce sözünü ettiğim yasaları korumayı onlara nasip ederse dostum!»

«Yoksa,» dedi, «en iyisini bulacağız diye bir sürü yasa çıkarıp sonra bunları düzeltmekle ömür çürütürler, değil mi?»

«Demek istiyorsun ki bunlar, hasta oldukları hâlde kendilerini tutamayıp sağlıklarına zararlı yaşayış tarzını bırakmayan adamlara benzerler.»

«Evet, tam da böyle.»

426 «Doğrusu âlemdir bunların hâli! Hastalıklarını geçirmek için türlü türlü çarelere baş vurur dururlar; ama işi büsbütün karıştırmaktan, hastalıklarını azdırmaktan başka bir sonuç elde edemezler; kim kendilerine bir ilaç verirse o ilaçtan medet umar dururlar.»

«Evet, bu gibilerinin hâli budur.»

«Peki, şu yanları da âlem değil mi bunların?» dedim. «Kendilerine gerçeği anlatıp ayyaşlıktan, tıka basa yemekten, hovardalık ve tembellikten vazgeçmezlerse, ne ilacın, ne dağlamanın,
b ne yarmanın, ne de büyü, muska gibi şeylerin dertlerine deva olmayacağını söyleyenleri en büyük düşmanları sayarlar.»

«Bak bu hiç de hoş bir şey değil,» dedi, «İnsan iyi söze kızar mı?»

«Anlaşılan, böylelerini beğenmiyorsun,» dedim.

«Gerçekten beğenmiyorum,» dedi.

«Öyleyse, bütün bir site böyle davranıyorsa, onu da, beğenmemen gerekir. Sence, kötü yönetildiği hâlde, yurttaşların, sitenin genel yönetim düzenine dokunmalarını yasak eden, buna c
dokunacak olanları ölümle cezalandıracağını bildiren siteler de tıpkı bu hastalara benzemez mi? Böyle yönetilen siteler de, kendilerine yaranıp dalkavukluk eden, yüzlerine gülüp isteklerini yerine getirmek için gözlerinin içine bakan, bunu da pek ustalıkla yerine getiren kişileri; çok bilge, erdemli adamlar sayarlar, onları el üstünde tutarlar, öyle değil mi?»

«Evet, tam da dediğin gibi davranır bu siteler, hiç beğenmem onları.»

«Peki, bu gibi sitelere hizmet etmeye razı olan, hatta bu hiz- d
mete koşarak gidenlere ne dersin? Bunların cesaretine, geniş yürekliliğine hayran olmaz mısın?»

«Olurum,» dedi, «yalnız kandırılanlara, halk alkışladı diye kendilerini gerçek devlet adamı sananlara hayran olmam.»

«Ne diyorsun? Böylelerini mazur görmez misin? Ölçmesini bilmeyen bir adama kendisi gibi adamlar boyunun dört kulaç e
olduğunu söyleseler, o adam buna inanmaz olur mu?»

«İnanır elbet.»

«Öyleyse kızma bunlara! Dünyanın en ömür adamlarıdır bunlar! Demin saydığımız türden yasalar korlar, bunları düzeltir dururlar; böylece o sözünü ettiğimiz sözleşmelerdeki, işlerdeki hilelere son vereceklerini sanırlar, ama gerçekte Hydra'nın[88] başlarını kesmeye benzer davranışları.»

---

88 Mitologyadaki yedi başlı canavar yılan. Herakles'in öldürdüğü bu canavarın başları, kesildikçe yeniden çıkarmış.

427 «Gerçekten öyle.»

«Bana kalırsa, gerçek bir yasa koyucu, iyi yönetilen sitede de, kötü yönetilen sitede de, bu tür yasalarla uğraşmamalı. Çünkü, kötü yönetilen sitede işe yaramaz, etkisiz kalır bu yasalar; iyi yönetilende ise, bunlardan bir kısmı herkesçe kendiliğinden bulunabilir; bir kısmı da, yaşama düzeninden, törelerden kendiliğinden çıkar.»

b «Öyleyse, yasa yapma işinde ne kaldı bize?» dedi.

«Bize bir şey kalmadı, ama Delphoi'deki Tanrı Apollon'a kalan bir iş var: Yasaların en büyüklerini, en güzellerini, en başta gelenlerini yapmak.»

«Hangileri o yasalar?»

«Tapınakların kurulması, Tanrılara ve kahramanlara kesilecek kurbanlar, ölülerin gömülmesi, ölmüşlerin ruhlarının yardımını sağlayacak törenlerle ilgili yasalar. Çünkü bunlar üzerinde bizim bilgimiz yoktur. Bu yüzden siteyi kurarken, ak-
c lımız varsa, babalarımızın Tanrısından başka kimsenin aklına uymayacağız; ondan başkasının kılavuzluğuna, yorumuna baş vurmayacağız. Bu Tanrı, dünyanın ortasında, göbeğinde oturup oradan kehanetlerini söylediğine göre, bu gibi konularda elbet bütün insanlara babalarının dini üzerinde akıl verir.»[89]

«Haklısın,» dedi, «öyle yapmalıyız.»

d «Peki, Ariston'un oğlu,» dedim, «işte siten kuruldu. Şimdi bir yerden yeterli bir ışık al eline; kardeşini, Polemarkhos'u, öbürlerini de peşine tak, sitede araştırma yap. Bak bakalım, doğrulukla eğriliği nerede bulacaksın, bunlar birbirlerinden ne bakımdan ayrılıyor; mutlu olmak isteyen kimse, davranışı Tanrıların ve insanların gözünden kaçsın, kaçmasın, bunlardan hangisine sahip olmalı?»

«Senin bize bunları söylemen boş,» dedi. «Çünkü bu araştırmayı kendin yapacağına söz vermiştin; elinden gelen bütün

89 Delphoi'de bulunan, Apollon'a adanmış kutsal konik taş, dünyanın merkezi sayılırdı.

çarelere baş vurarak doğruluğun imdadına koşmazsan, vicdansızlık etmiş olacağını söylemiştin hani.» e

«Doğru, buna söz verdim, sözümü tutacağım da. Ama siz de bana yardım etmelisiniz.»

«Yardım ederiz,» dedi.

«Aradığımızı şöyle bulacağımızı umuyorum,» dedim. «Sitemiz iyi kurulmuşsa, her bakımdan iyi demektir.»

«Zorunlu olarak öyle.»

«Öyleyse, belli ki sitemiz bilge, yürekli, ölçülü ve doğrudur.»[90]

«Besbelli öyle.»

«O hâlde, sitede bu erdemlerden herhangi birini bulduk mu, geri kalanlar bulamadıklarımız olacak.» 428

«Şüphesiz.»

«Örneğin, herhangi dört şeyi ele al. Bunlardan herhangi birini herhangi bir şeyde arasak da, aradığımızı öbürlerinden önce bulsak; bu bize yeter. Ama önce öbür üçünü bulsak, aradığımız şeyi de böylece meydana çıkarmış oluruz, çünkü belli ki geride kalan o aradığımız şeydir.»

«Doğru,» dedi.

«O hâlde bizim de aradığımız dört şey olduğuna göre, bu yöntemi benimsememiz gerekmez mi?»

«Elbette.»

«Bence şu durumda ilk gözümüze çarpan bilgelik oluyor. b
Onun da garip bir yanı var.»

«Ne gibi?» dedi.

«Kurduğumuz site bana gerçekten bilge görünüyor,» dedim, «çünkü kararlarını tartarak, isabetle alıyor.»

«Evet,».

90 Platon'un dört ana erdemi bunlardır. Öbür erdemler bunlardan çıkar.

«İsabetli kararlar almak da elbet bir bilgi, bilgelik türüdür, çünkü insan bilgisizlikle değil, bilgi ile iyi kararlara varır.»

«Elbet.»

«Ama sitede türlü türlü bilgi var.»

«Şüphesiz.»

«Peki, siteye doğramacıların bilgisi yüzünden mi bilge ve
c kararlarında isabetli diyeceğiz?»

«Değil elbet,» dedi, «bu bilgi yüzünden site doğramacılıkta ustadır deriz.»

«Demek ki siteye, tahta işlemedeki bilgisi, tahtadan araçların en iyi nasıl yapılacağı üzerindeki kararları yüzünden bilge demeyiz,.»

«Öyle.»

«Peki, tunçtan ya da başka madenlerden eşya yapmadaki bilgisi yüzünden mi siteye bilge diyeceğiz?»

«Bunlar yüzünden de değil elbet.»

«Topraktan ürün elde etmedeki bilgisi yüzünden de bilge demeyiz ona değil mi? Çünkü bu bakımdan, çiftçilikte ustadır demek gerekir.»

«Öyle.»

«Peki, kurduğumuz sitede şöyle bir bilgi var mıdır: Bu bilgi
d yine bir kısım yurttaşlarda bulunacak, ama sitenin, yalnız bir kesimiyle ilgili değil de bütünüyle ilgili işler üzerinde kararlar almasını; gerek iç ilişkilerini, gerekse başka sitelerle olan ilişkilerini en iyi biçimde düzenlemesini sağlayacak?»

«Evet, böyle bir bilgi vardır.»

«Peki nedir bu bilgi,» dedim, «kimlerde bulunur?»

«Koruyuculuk bilgisidir,» dedi, «demin asıl koruyucular dediğimiz önderlerde bulunur.»

«Öyleyse bu bilgiye göre siteye ne diyorsun?»

«İsabetli kararlar veren, gerçekten bilge bir site diyorum.»

«Peki,» dedim, «sence sitede bu gerçek koruyucular mı ka- e
labalık olacak, yoksa demirciler mi?»

«Demirciler kalabalık olacak,» dedi.

«O hâlde,» dedim, «belli bir konuda bilgisi olan ve buna göre ad alan bütün zümreler arasında koruyucular pek küçük bir azınlık olmaz mı?»

«Hem de en küçüğü.»

«Öyleyse, tabiata uygun olarak kurulmuş bir site, bütünüyle bilge adını, en küçük parçasına, yani başında bulunup onu yöneten en küçük sınıfa ve bu sınıftaki bilgiye borçludur. Bütün öteki bilgiler arasında, bilgelik adına lâyık olan biricik bilgiden
nasibi olmak da, tabiat gereği sayısı en az olan bu sınıfa vergi- 429
dir.»[91]

«Çok doğru,» dedi.

«İşte dört erdemden birini nasılsa bulduk, hem kendini, hem sitede bulunduğu yeri.»

«Bence aradığımızı yeterince ortaya çıkardık,» dedi.

«Yürekliliğe gelince, kendini de, sitede bulunduğu ve siteye yürekli dedirten yeri de bulmak güç değildir.»

«Nasıl?»

«Bir siteye korkak ya da yürekli diyen kimse, siteyi savu- b
nan, onun uğrunda silaha sarılan kısmı değil de, başka bir kısmı mı göz önünde tutarak böyle der?»

«Hayır,» dedi, «o savaşan kısmı göz önünde tutar.»

«Bu yüzden,» dedim, «bence sitede başkaları korkak ya da yürekli olsalar bile, siteye yürekli ya da korkak dedirtemezler.»

«Evet.»

---

91 Sokrates'in bilgeliğe garip demesinin nedeni burada anlaşılıyor: Sitenin yalnız en küçük kesimi bilge olduğu hâlde, site yine bu kesimi yüzünden bilge oluyor.

«Demek ki site, yürekli oluşunu, o kesimine ve o kesim-
deki bir özelliğe, bir güce borçludur. Bu güç, korkulacak şeyler
c üzerindeki kanıyı, yani korkulacak şeylerin yasa koyucunun
eğitimle aşıladığı şeyler ve o türden şeyler olduğu inancını her
zaman koruma gücüdür. Sen de yüreklilik diye buna demez
misin?»

«Dediğini iyice anlayamadım, bir daha söyler misin?»

«Yürekliliğin bir çeşit koruma olduğunu söylüyorum.»

«Nasıl bir koruma?»

«Yani nelerden, ne gibi şeylerden korkulması gerektiği üzerinde yasanın yarattığı inancı koruma.

d Her zaman demekle de, yürekli bir insan bu inancı acı
içinde de, zevk içinde de, istek ve korku içinde de korur, için-
den atmaz demek istiyorum, istersen, bunu bir benzetmeyle
anlatayım.»

«İsterim elbet.»

«Bilirsin ki,» dedim, «boyacılar yünü erguvana boyamak
istedikleri zaman, önce çeşit çeşit yün içinden beyaz olanını
seçerler. Yünün, boyanın bütün parlaklığını alabilmesi için de,
e onu iyice yıkayıp temizledikten sonra boyaya yatırırlar. Böyle
boyanırsa, yünün boyası hiç solmaz; ister külsüz, ister küllü
suyla yıkansın, parlaklığı gitmez. Ama boyanan yün beyaz ol-
mazsa, boyanmadan önce de tertemiz hazırlanmazsa, sonuç ne
olur, bilirsin.»

«Bilirim,» dedi, «rengi atar, gülünç bir şey olur.»

430 «Öyleyse şunu da bil ki,» dedim, «biz de savaşçılarımızı
seçip müzik ve idmanla eğittiğimiz zaman, elimizden geldiği
kadar böyle bir şeye baş vurmuştuk. Bunda da tek amacımız
şuydu: Kumaşın boyayı emmesi gibi, askerlerimiz de yasaları
derin bir inançla içlerine sindirsinler; böylece, yaradılışları ve
eğitimleri sayesinde korkulacak şeyler ve başka şeylerle ilgili
inançları iyice kökleşmiş olsun; kumaşların rengini attıran o

küllü, killi, sodalı sulardan çok daha güçlü olan zevk, acı, korku ve tutkularla bu inanç içlerinden akıp gitmesin. İşte korkulacak b ve korkulmayacak şeylerle ilgili doğru ve yasaya uygun inancı her zaman koruyan böyle bir güce yüreklilik diyorum, bunu yüreklilik sayıyorum. Senin bir diyeceğin var mı buna?»

«Bir diyeceğim yok,» dedi. «Anladığıma göre, söz konusu şeylerle ilgili doğru bir inanç, eğitimden gelmiyorsa, bir hayvanda ya da kölede beliriyorsa, sen bunu yasaya uygun bir inanç saymıyorsun; yüreklilik değil, başka bir ad veriyorsun buna.»

«Dediğin çok doğru,» dedim. c

«Öyleyse, ben de yüreklilik budur derim.»

«Doğru da söylemiş olursun,» dedim, «çünkü hiç değilse yurttaşlığa özgü yüreklilik budur. Ama bu konuyu istersen başka zaman enine boyuna tartışırız. Şimdi yürekliliği değil, doğruluğu arıyoruz. Yüreklilik üzerine bu kadarı yeter sanırım.»

«Evet, yeter,» dedi.

«O hâlde sitede ortaya çıkaracağımız daha iki şey kaldı: öl- d
çülülük ve bütün araştırmalarımızın amacı olan doğruluk.»

«Evet, öyle.»

«Ölçülülükle uğraşmamıza gerek kalmadan doğruluğu bulmanın bir yolu var mıdır dersin?»

«Ben ne böyle bir yol biliyorum, ne de, ölçülülüğü bırakıp geçmek anlamına gelecekse, doğruluğun önce ortaya çıkmasını isterim. Benim gönlüm hoş olsun istiyorsan, önce ölçülülüğü incele.»

«Elbet gönlün hoş olsun isterim,» dedim, «yoksa haksızlık e
etmiş olurum.»

«Öyleyse araştırmana devam et,» dedi.

«Edeceğim,» dedim, «ölçülülük, buradan bize görünüşüne göre, öbür erdemlerde olduğundan çok, bir ses birliğine, bir uyuma benzer.»

«Nasıl?»

«Ölçülülük, bir çeşit düzendir, bazı zevkler ve tutkulara hâkim olmaktır, 'kendine hâkim olmak' gibi bana ters gelen bir deyimi kullananlar böyle derler; yine buna benzer, bu yönde anlamlar taşıyan başka sözler de vardır dilde, öyle değil mi?»

«Elbette.»

«Peki, 'kendine hâkim olmak' deyimi gülünç değil mi? Kendine hâkim olan aynı zamanda kendinin kölesi olacak, kendinin kölesi olan da aynı zamanda kendinin hâkimi. Çünkü
431 hâkim olan da, köle olan da aynı adamdır.

«Tabii.»

«Ama galiba bu deyimle anlatılmak istenen şu: insanın ruhunda iyi olan bir yanla, kötü olan bir yan var. Niteliği, yaradılışı gereği üstün olan iyi yan kötü yana hâkim olduğu zaman buna 'kendine hâkim olmak' diyorlar, bu hâli de övgüye değer görüyorlar. Ama kötü eğitim ya da kötü kimselerle düşüp kalkma yüzünden, insanın öbüründen daha küçük olan iyi yanı,
b büyük olan kötü yanına yenilirse, o zaman bunu ayıp bir şey sayıyorlar; bu hâle düşen adama da kendine hâkim olamayan, kendini dizginleyemeyen adam diyorlar.»

«Öyle anlaşılıyor.»

«Peki,» dedim, «şimdi gözlerini yeni sitemize çevir. Orada bu hâllerden birinin bulunduğunu göreceksin. Çünkü, iyinin kötüye hâkim olduğu yere ölçülü ve kendine hâkim demek gerektiğine göre, bizim sitemize de haklı olarak kendine hâkim denildiğini söyleyeceksin sanırım.»

«Evet, sitemize baktım,» dedi, «dediğin doğru.»

c «Gerçi orada da, bir yığın, her çeşidinden tutkular, zevkler ve acılar bulacaksın; hele çocuklarda, kadınlarda, uşaklarda ve özgür adı verilen bir sürü değersiz kişide.»

«Tabii.»

«Ama aklın yönettiği ve düşünceyle doğru inancın yoldaşlık ettiği sade ve ölçülü duygulara gelince, bunlara pek az kimsede, yani hem yaradılıştan iyi, hem de iyi bir eğitimle yetişmiş kişilerde rastlayacaksın.»

«Doğru.»

«Sitende şunu da görmüyor musun? Değersiz insanlar ka-
labalığının arzularına, o bir avuç erdemliler zümresinin istek- d
leriyle bilgeliği hâkim, değil mi?»

«Görüyorum, öyle.»

«Öyleyse, bir siteye arzularına, tutkularına ve kendine hâkim denebilirse, bizim sitemize demek gerekir. »

«Elbette.»

«Peki, bütün bunları göz önünde tutarak ona ölçülü demek gerekmez mi?»

«Şüphesiz.»

«Peki, bir sitede yöneticilerle yönetilenler arasında kimle- e
rin hâkim olması gerektiği üzerinde anlaşma oluyorsa, bu anlaşma bizim sitemizde vardır, değil mi?»

«Buna şüphe yok.»

«Peki, yurttaşlar böyle anlaşma hâlinde olunca, ölçülülük hangilerinde bulunur dersin? Yönetenlerde mi, yoksa yönetilenlerde mi?»

«İki tarafta da bulunur.»

«Görüyorsun ya, demin ölçülülük bir uyuma benzer dediğimiz zaman yanılmamışız.»

«Ne gibi?»

«Ölçülülük, yüreklilik ve bilgelik gibi değil,» dedim. «Bun-
ların her biri sitenin bir kesiminde bulunmakla siteyi yürekli ve 432
bilge kılar, ölçülülükse böyle değil; toplumun bütününe yayılarak, güçsüzleri ve orta hâllileri bilgelik bakımından, hatta güç bakımından, hatta sayı, zenginlik ve benzeri şeyler bakımın-

dan aynı ezgiyi tek bir sesle söyler hâle getirir. Bu yüzden, haklı olarak diyebiliriz ki ölçülülük, gerek sitede, gerek kişide, hangi kesimin hükmetmesi gerektiği üzerinde üstün kesimle aşağı kesim arasında bulunan bu doğal uyum, bu uyuşmadır.»

b «Düşüncene katılıyorum,» dedi.

«Peki,» dedim, «yanılmıyorsam, sitede üç şeyi ortaya çıkardık. Geri kalan şey, yani sitenin erdemini tamamlayan şey ne olabilir? Belli ki doğruluk, değil mi?»

«Elbette.»

«Öyleyse Glaukon, şimdi de avcılar gibi çalılığın etrafını saralım da, doğruluğu gözden kaybedip elden kaçırmayalım.
c Belli ki doğruluk buralarda bir yerde. Sen de bak, bulmaya çalış onu, belki benden önce görür, bana gösterirsin.»

«Keşke gösterebilsem!» dedi. «Ama benim yalnız senin arkandan gelip gösterdiklerini görmeye gücüm yetiyor. Ona göre davran.»

«Öyleyse bir dua oku da gel ardımdan!»

«Peki, yalnız sen önden yürü.»

«Gerçekten,» dedim, «burası zor girilir, geçit vermez, karanlık bir yere benziyor. Ama ne olursa olsun, yürüyelim bakalım.»

d «Evet, yürüyelim.»

Şöyle bir bakındıktan sonra, sevinçle haykırdım: «Baksana Glaukon, bir iz yakaladık galiba. Doğruluk, sanırım elimizden kurtulamaz artık.»

«Gözümüz aydın!» dedi.

«Doğrusu, pek ahmakça davranmışız!» dedim.

«Niçin?»

«Baksana, doğruluk ta işin başından beri ayağımızın altında dolaşıyormuş da, farkında değilmişiz. Sersem, gülünç adamlara
e döndük. Hani avcunun içindekini arayan insanlar gibi, biz de

önümüze bakacağımıza, uzaklara bakmışız. Her hâlde bunun için gözümüzden kaçtı.»

«Doğrusu bir şey anlamadım,» dedi.

«Anlatayım,» dedim. «Bence uzun zamandır doğruluktan söz ettiğimiz hâlde bunun farkına varmamışız. »

«Meraklandırdın beni, haydi artık, anlatacaksan çabuk anlat!» dedi.

«Peki, dedim, «dinle öyleyse, bakalım doğru bulacak mı- 433
sın? Daha başta, siteyi kurarken koyduğumuz ve her zaman uyulmasını gerekli gördüğümüz ilke ya da bunun çeşitlerinden biri bence doğruluktur. Hatırlarsın, hani bir insanın sitedeki işlerden yalnız biri ile, yaradılışı bakımından hangi işe yatkınsa onunla uğraşması gerektiği kuralını koymuştuk, bunu da her fırsatta tekrarlamıştık.»

«Evet, tekrarlamıştık.»

«Sonra, herkesin kendi işini yapması ve başkasının işine karışmaması da doğruluktu. Bunu birçoklarından da duyduk,
kendimiz de sık sık söyledik.» b

«Evet, söyledik.»

«İşte dostum,» dedim, «herkesin kendi işiyle uğraşması ilkesi bir bakıma doğruluk oluyor. Bunu nereden çıkarıyorum, biliyor musun?»

«Hayır, sen söyle.»

«Şundan çıkarıyorum: Sitede ölçülülüğü, yürekliliği ve bilgeliği arayıp bulduktan sonra geri kalan nitelik, budur diyorum. Bu nitelik, bütün öbür erdemlerin sitede doğmasına imkân verir; bundan sonra da, kendisi sitede bulunduğu sürece, onların devamını sağlar. Demek ki aradığımız üç erdemi bulunca, geri
kalan doğruluktur diyoruz.» c

«Başka türlü olamaz.»

«Ama,» dedim, «bunlardan hangisinin sitenin iyi olmasına varlığıyla en büyük yardımı sağladığına karar vermek gerekse,

bunu kestirmek çok güç olur. Bunda en büyük payı olan acaba
yönetenlerle yönetilenler arasındaki düşünce birliği midir; as-
kerlerin korkulacak ve korkulmayacak şeylerle ilgili yasaya uy-
gun inançlarını korumaları mıdır; önderlerdeki akıl ve uyanık-
d lık mıdır; yoksa, kadın, köle, özgür insan, el sanatçısı, yöneten,
yönetilen, kim olursa olsun, her insanın tek kişi olarak kendine
düşen işi yapması ve başkasının işine karışmaması mı?»

«Buna karar vermek gerçekten güç,» dedi.

«O hâlde, sitede herkesin kendi işiyle uğraşmasını gerektiren ilke, siteyi erdemli kılmada, bilgelik, ölçülülük ve yüreklilikle at başı gider.»

«Elbette.»

e «Öyleyse, siteyi iyi kılmada öbürleriyle böyle at başı giden
doğruluk değil midir?»

«Şüphesiz.»

«Bunu şu açıdan da incele, bakalım aynı kanıya varacak mısın? Sitede davalara bakma işini yöneticilere vereceksin, değil mi?»

«Elbette.»

«Bunlar, kişileri yargılarken, kimsenin başkasının malına el atmamasına, kendi malını da başkalarına kaptırmamasına dikkat edecekler, değil mi?»

«Evet, yalnız buna dikkat edecekler.»

«Doğruluk bunu gerektirdiği için, değil mi?»

«Evet.»

«Öyleyse, doğruluğun mallarımıza sahip olmak ve kendi-
434 mize düşen işi görmek olduğunu kabul ediyoruz demektir.»

«Evet.»

«Peki, bakalım şunda da benimle aynı kanıda mısın? Diyelim ki bir doğramacı ile kunduracı işlerini, araçlarını, itibarlarını değiş tokuş etsinler ya da biri her ikisinin işini yapmaya kalkışsın. Bu ve buna benzer değişiklik ya da karışıklıklardan siteye büyük bir zarar gelir mi?»

«Bence gelmez,» dedi.

«Buna karşılık, yaradılışı gereği el sanatçısı ya da esnaf olan bir kimse sonradan, servetine, yardakçılarının çokluğuna, bi- b
leğinin gücüne ya da buna benzer bir üstünlüğüne güvenerek asker mevkiine yükselmeye kalkışırsa, ya da asker olan biri lâyık olmadığı hâlde sitenin kaderine karar veren koruyucular arasına katılmaya kalkarsa; bunlar da araçlarını, itibarlarını değiştirirlerse, ya da biri bütün bu işleri bir arada yapmak isterse, o zaman bu durumun siteyi yıkıma sürükleyeceğini kabul edersin sanırım.»

«Elbette.»

«O hâlde site için en büyük kötülük, bu üç sınıfın birbirinin işine karışması, işlerini değiştirmesidir. Buna da haklı olarak en c
büyük suç diyebiliriz.»

«Şüphesiz.»

«Peki, insanın kendi sitesine karşı en büyük kötülüğü işlemesine eğrilik demez misin?»

«Demez olur muyum?»

«Böylece eğriliği anlamış olduk. Buna karşı, sitede esnaf, yardımcı, koruyucu sınıflarından her biri kendi işini yapıp bundan başka bir işle uğraşmıyorsa, buna da doğruluk demez miyiz? Siteyi doğru kılan da bu değil midir?»

«Bence başka türlü olamaz:» d

«Dur bakalım,» dedim, «hemen kestirip atmayalım. Bu ilkeyi ayrı ayrı herkese uygulayıp herkeste de doğruluğun böyle olduğunu anlarsak, ancak o zaman kesin olarak doğruluğun bu olduğunu söyleyebiliriz; artık diyecek söz kalmaz çünkü. Yoksa düşüncemizi başka yöne çevirmemiz gerekir. Şimdi araştırmamızı sonuna kadar götürelim. Bu araştırmamıza başlarken doğruluğu, daha büyük çapta bulunduğu daha geniş bir çer-

çevede incelersek, kişilerde de ne türlü olduğunu görmemiz
daha kolaylaşır diye düşünmüştük. Bu geniş çerçeve de bizce
e site idi. Bu yüzden, doğrululuğun iyi bir sitede bulunacağını
bilerek sitemizi elden geldiği kadar iyi kurmuştuk. Şimdi, sitede
bulduğumuzu kişiye de uygulayalım. Uyarsa ne âlâ! Uymazsa,
kişide başka türlü görünürse, yeniden siteye dönüp denemeye
435 girişelim. Belki bu iki şeyi yan yana koyup karşılaştırınca, iki
odun parçası gibi birbirine sürtünce, doğruluk kıvılcımını çıkarabiliriz. Böylece doğruluk açık olarak ortaya çıkınca, onu içimizde sağlam temellere oturturuz.»

«Böylesi sağlam bir yöntem oluyor,» dedi. «Bunu uygulamalı işte.»

«Peki,» dedim, «biri büyük, biri küçük iki şeye aynı ad verildiği zaman, kendilerine aynı adın verilmesi bakımından bu iki şey birbirine benzemez mi deriz, benzer mi?»

«Benzer,» dedi.

b «O hâlde, doğru adam da, doğruluk bakımından, doğru bir
siteden farklı olmaz, ona benzer.»

« Evet.»

«Şimdi, bizce, sitede bulunan üç ayrı yaradılıştaki insan grubundan her biri kendi işini gördüğü için site doğru idi; bu üç gruptaki bazı yapı ve davranış özelliklerinden ötürü de ölçülü, yürekli, bilge idi.»

«Doğru,» dedi.

«O hâlde, sevgili dostum, tek kişi için de aynı durumun söz
c konusu olduğunu söyleyebiliriz: Onun da ruhunda aynı özel-
likleri taşıyan aynı kısımların bulunması, bu yüzden de siteye
verdiğimiz aynı adları haklı olarak alması gerekir.»

«Öyle olacak.»

«İşte dostum,» dedim, «böylece yine kolay bir konuya girmiş oluyoruz: Acaba ruhta gerçekten bu üç kısım var mı, yok mu?»

«Bence bu konu tabii hiç de kolay değil,» dedi. «öyle ya, temiz iş zor çıkar diyen atasözü doğru dememiş mi dersin?»

«Orası öyle,» dedim. «Ama sana şunu diyeyim ki Glaukon, d
bence şimdiki tartışmamızda kullandığımız yöntemlerle aradığımız şeyi tam olarak bulamayacağız. Çünkü buna varmak için daha uzun ve daha çetin bir yol izlememiz gerek. Ama gene de şimdiye kadar söylediklerimizden, incelediklerimizden aşağı kalmayacak birtakım sonuçlara ulaşabiliriz.»

«Bununla yetinemez miyiz?» dedi. «Ben kendi payıma bu kadarını şimdilik yeterli görüyorum.»

«Elbette,» dedim, «bence de yeterli, hem de bol bol.»

«Öyleyse yılma,» dedi, «incelemeye devam et.»

«Peki, sitede bulunan yapı ve davranış özelliklerinin her e
birimizde de bulunduğunu kabul etmek zorunda değil miyiz? Öyle ya, bunlar siteye başka bir yerden gelmiş olabilir mi? Örneğin bazı sitelerdeki taşkın, öfkeli karakterin bu sitelere kendi yurttaşlarındaki bu hâllerden doğmadığını söylemek gülünç olmaz mı? Nitekim taşkınlıkları, hırçınlıklarıyla tanınan Traklar, iskitler ve hemen hemen bütün bizim ülkemizin insanlarında
da belli başlı nitelik olarak bilgi sevgisi bulunduğu, Fenikeliler- 436
le Mısırlılarda da para hırsının başta geldiği söylenebilir.»

«Elbette.»

«Bunun böyle olduğunu anlamak zor değil,» dedim.

«Evet, zor değil.»

«Ama şunu anlamak biraz zor: Acaba bütün davranışlarımızı bir tek yanımızla mı yaparız, yoksa davranışlarımızdan her birini ayrı ayrı üç yanımızla mı? Yani biriyle öğrenir, öbü-
rüyle öfkelenir, üçüncüsüyle de yeme içme, çiftleşme ve benzeri b
zevkleri duymak mı isteriz; yoksa giriştiğimiz davranışların her birini bütün ruhumuzla mı yaparız? İşte bunu tam olarak belirtmek güç.»

«Bana da öyle geliyor.»

«Bu üç unsurun birbirinin aynı mı, yoksa farklı mı olduğunu şöyle belirtmeye çalışalım.»

«Nasıl?»

«Şurası apaçık ki aynı varlık, aynı parçasında, aynı şeyle ilişkili olarak, aynı anda birbirine karşıt eylemler yapamaz ya
c da böyle eylemlere uğrayamaz. Öyleki, ondan böyle karşıt hâller görürsek, ortada bir değil, birden çok varlık bulunduğunu anlayacağız.»[92]

«Öyle.»

«Öyleyse söyleyeceğime dikkat et.»

«Söyle,» dedi.

«Aynı varlığın aynı zamanda, aynı parçasıyla hem hareket, hem hareketsizlik hâlinde bulunması mümkün müdür?»

«Değildir.»

«İlerde içimizde şüpheler belirmemesi için bunu daha da iyi kavrayalım: Gövdesiyle hareketsiz duran, yalnız ellerini ve başını hareket ettiren bir kimsenin hem hareketsiz durduğu,
d hem hareket ettiği söylense, bunu doğru bulmayız, bir parçası hareket ediyor, bir parçası duruyor deriz, öyle değil mi?»

«Öyle.»

«O hâlde, bunu söyleyen kimse, şakayı daha ileri götürüp kurnazlık etmeye kalkışarak 'Bir topaç, ucu yerde sabit kalıp kendi çevresinde dönerken, aynı zamanda bütünüyle hem hareket, hem hareketsizlik hâlindedir; sabit bir nokta etrafında dönen herhangi bir nesne için de durum aynıdır' dese, biz bunu
e kabul etmeyiz. Çünkü bu nesnelerde bir eksen, bir de çevre vardır, topaç ekseniyle hareketsizdir, hiç bir yana eğilmez, çevresiyle ise bir dönüş hareketi yapar; ama bu dönüş hareketiyle

92 İlkçağ Yunan düşüncesinde çelişmezlik ilkesini ortaya koymak için girişilen ilk denemenin bu olduğu söylenir.

birlikte eksen de sağa, sola, öne, arkaya eğilirse, o zaman her yeri hareket hâlinde demektir.»

«Çok doğru,» dedi.

«O hâlde bu gibi sözlerle kimse bizi şaşırtamaz. Bir varlığın, aynı parçasıyla, aynı anda, aynı nesneyle ilişkili olarak, karşıt şeylere uğrayabileceğine karşıt şeyler olabileceğine ya da 437
karşıt şeyler yapabileceğine kimse inandıramaz bizi.»

«Beni inandıramayacağı muhakkak.»

«Yalnız şunu belirteyim ki,» dedim, «buna benzer bütün şaşırtmacaları bir bir gözden geçirip çürütmekle uğraşarak lafı uzatmamak için, koyduğumuz ilkenin doğru olduğunu varsayalım ve araştırmamıza devam edelim. Ama şimdiden şunu da kabul edelim ki bu ilke ilerde yanlış çıkarsa, bundan çıkartacağımız bütün sonuçların da hiç bir değeri olmaz.»

«Peki, dediğin gibi yapalım,» dedi.

«Peki, şuna ne dersin?» dedim. «Kabul etmekle reddetmek, b
bir şeyi istemekle istememek, çekmek-itmek birbirlerine karşıt şeylerdir; ister etkin hâller, ister edilgin hâller söz konusu olsun, fark etmez.»

«Elbet, bunlar karşıt şeylerdir,» dedi.

«Peki susuzluğu, açlığı, genel olarak iştahları, arzu ve isteği de bu karşıt şeylerden birincisine koymaz mısın? Örneğin, arzu eden kimsenin, ruhu, arzu edilen nesneyi arıyor, ya da sahip c
olmak istediği şeyi kendine çekiyor, ya da bir şeyin kendisine verilmesini istedikçe, onu elde etmek arzusuyla yanarak, sanki bir soruya cevap verir gibi, kendi kendine evet diyor, demez misin?»

«Derim.»

«Peki, kabul etmeme, istememe, arzu etmeme hâllerini itme, kendinden uzaklaştırma hâlleriyle ve öncekilere karşıt bütün hâllerle bir araya koymaz mıyız?»

d «Şüphesiz.»

«Bu böyle olunca, demek ki arzuların meydana getirdiği bir sınıf vardır, bunlardan en göze çarpanlarına da açlık ve susuzluk deriz. Öyle değil mi?»

«Evet,» dedi.

«Biri içme, biri de yeme arzusudur, değil mi?»

«Tabii.»

«Peki, susuzluk, susuzluk olmak bakanından, ruhta şimdi söylediğimiz şeyden fazla bir şeyin arzusu mudur? Örneğin, susuzluk, sıcak ya da soğuk, çok ya da az, kısacası belli bir çeşit
e içkiye karşı duyulan susuzluk mudur? Yoksa soğuk bir şey içme arzusunu doğuran, susuzluğa sıcaklığın eklenmesi; sıcak bir şey içme arzusunu doğuran da, susuzluğa soğukluğun eklenmesi değil midir? Yine, niceliğin susuzluğa eklenmesi yüzünden susuzluk çok olursa, çok içme arzusu, az olursa az içme arzusu doğmuyor mu? Oysa salt susuzluk, tabiatı gereği kendine ait olan nesneden başka şeyin arzusu değildir, yani salt içecek arzusudur; açlık da böyle salt yiyecek arzusudur, öyle değil mi?»

«Öyle,» dedi. «Kendi başına ele alınan her arzu, tabiatı gereği kendine özgü olan şeyin arzusudur, buna eklenen şeyse bu nesnenin şu ya da bu özelliğine bağlıdır.»

438 «Ama dikkat et,» dedim, biri çıkıp da, herkesin içkiyi değil, iyi içkiyi, yiyeceği değil, iyi yiyeceği istediğini; çünkü insanların iyi şeyleri arzu ettiğini; susuzluk bir arzu ise, içki olsun, başka şey olsun, iyi bir şeyin arzusu olduğunu, öteki arzular için de durumun böyle olduğunu söyleyerek bizi bocalatmasın.»

«Böyle bir söz pek de haksız sayılmaz hani,» dedi.

b «Elbette,» dedim, «başka nesnelerle ilgisi olan her nesne, şu ya da bu niteliği açısından ele alınırsa, şu ya da bu nesneyle ilgilidir; kendi başına ele alınırsa, yalnız kendisiyle ilgilidir.»

«Anlamadım,» dedi.

"Nasıl anlamazsın,» dedim, «daha büyük olan bir şey ancak başka bir şeye göre büyük değil midir?»

«Elbet.»

«Daha küçük bir şeye göre, değil mi?»

«Evet.»

«Çok daha büyük olan şey de çok daha küçük olan şeye göre böyle değil mi?»

«Evet.»

«Bir şey daha büyük olduysa, daha küçük bir şeye göre olmuştur; daha büyük olacaksa da daha küçük bir şeye göre olacaktır, değil mi?»

«Elbette.»

«Peki, daha çok daha aza göre, iki kat yarıya göre, daha ağır c
daha hafife göre, daha hızlı daha yavaşa göre, sıcak soğuğa göre böyle değil midir? Buna benzer bütün şeyler için de durum aynı değil mi?»

«Aynı,» dedi.

«Aynı ilke bilgilere de uygulanamaz mı? Bilgi, kendi başına, salt ele alınırsa; kendi başına, salt bilinebilen şeyin ya da kendine özgü, karşılık sayacağımız herhangi bir nesnenin bilgisidir. Ama belli bir bilgi, belli nitelikteki bir nesnenin bilgisidir. d
Bunu şöyle açıklayayım: Ev kurma bilgisi ortaya çıktığı zaman, bu bilgi, mimarlık adını alacak kadar öteki bilgilerden ayrılmadı mı?»

«Ayrıldı.»

«Başka hiç bir bilgiye benzemez nitelikte olduğu için, değil mi?»

«Evet.»

«Peki, belli bir nesneyle ilgili olduğu zaman bu niteliği kazandı, değil mi? Bütün öteki sanatlarla öteki bilgiler için de durum aynı değil mi?»

«Aynı.»

«Öyleyse,» dedim, «şimdi söylediklerimi anlıyorsan, demin şunu demek istediğimi kabul et: Başka nesnelerle ilgili her nesne, kendi başına, salt ele alınırsa, ancak kendisiyle ilgilidir,
e şu ya da bu niteliği bakımından ele alınırsa, şu ya da bu nesne ile ilgilidir. Ama ilgilidir demekle, ona benzer demek istemiyorum, örneğin, sağlık ve hastalık bilgisinin sağlam ya da hasta olduğunu, iyilik ve kötülük bilgisinin de iyi ya da kötü olduğunu söylemek istemiyorum. Ama bilgi, kendi başına, salt bilinenin bilgisi olmaktan çıkıp da filan nesnenin (burada sağlık ve hastalığın) bilgisi hâline gelince, bir belirlilik kazanır, bu yüzden de ona artık sadece bilgi denmez, özel bir şeyin kendisine katılmasıyla hekimlik bilgisi adını alır.»

«Demek istediğini anladım,» dedi, «düşüncene katılıyorum.»

439 «Peki, susuzluk için ne dersin? Onu da, tabiatına göre, başka şeylerle ilgili şeyler sınıfına koymaz mısın? Susuzluğun ilgili olduğu şeyse...»

«Besbelli ki içkidir,» dedi.

«Şu ya da bu nitelikteki bir susuzluk, şu ya da bu nitelikteki bir içkiyle ilgilidir. Ama salt susuzluk, çok ya da az, iyi ya da kötü bir içkiyle, kısacası özel bir içki çeşidiyle ilgili değildir. Salt susuzluk, tabiatı gereği salt içkiyle ilgilidir.»

«Çok doğru.»

«Bundan dolayı da, susamış olanın ruhu, susuz oldukça,
b içmekten başka bir şey istemez; arzu ettiği budur, ulaşmak istediği budur.»

«Elbette.»

«Peki, şimdi, böyle susamış bir ruhu, bir şey geri çekerse, bu, ondaki susuz olan ve onu vahşi bir hayvan gibi suya koşturan unsurdan başka bir unsurdur, çünkü dedik ki aynı varlık, aynı parçasıyla, aynı nesneyle ilgili olarak, aynı anda birbirine karşıt davranışlarda bulunamaz.»

«Bulunamaz tabii.»

«Yine bunun gibi, bir okçunun ellerinin yayı hem uzaklaştırdığını, hem kendine yaklaştırdığını söylemek doğru olmaz, bir eli uzaklaştırırken, öbür eli yaklaştırır demek gerekir.»

«Doğru.» c

«Peki, bazen susadığı hâlde içmek istemeyen kimseler yok mudur?»

«Olmaz olur mu, çok görürüz böylelerini.»

«Peki, bunlara ne diyelim? Ruhlarında bir yandan içmeyi buyuran bir kesim, öte yandan içmeyi yasak eden bir kesim yok mudur? İçmeyi engelleyen kesim içmeyi buyuran kesimden ayrıdır, ona hâkimdir diyemez miyiz?»

«Bence diyebiliriz.»

«Öyleyse, bu gibi engellemeleri yapan şey akıldan gelmez mi? Oysa ruhu sürükleyip götüren içtepiler duygulardan ve d
hastalıklardan gelir, değil mi?»

«Tabii.»

«O hâlde bunları birbirinden ayrı iki kesim olarak kabul etmek yerinde olur. Bunlardan birine akıl kesimi diyebiliriz: Ruh bununla akıl yürütür, ötekine de akıldışı, arzulayan kesim diyebiliriz: Birtakım zevklerin, doyumların yoldaşı olan bu kesimle ruh; sever, susar, acıkır, başka arzulara kapılır.»

«Evet, bunu kabul etmek yerinde olur.» e

«Böylece ruhta bu iki kesimi ayırdığımızı kabul edelim. Peki, bir de öfkemizin kaynağı olan taşkın yanımız var. Bu da bir üçüncü kesim midir, değil midir? Değilse, o ikisinden hangisiyle aynı tabiattadır?»

«Her hâlde ikincisiyle, arzulayan kesimle,» dedi.

«Bir gün şöyle bir hikâye anlatmışlardı bana, doğruluğuna inandığım bir hikâye: Aglaion'un oğlu Leontios, bir gün Pire'den kente dönüyormuş. Kuzey surunun dışında yürüyüp gelirken, darağacının bulunduğu yerde yatan ölüler görmüş. Hem içinden ölülere bakmak geliyor, hem de tiksinti duyup başını çeviriyormuş. Bir süre kendini tutup görmeyeyim diye yüzünü
440 kapamış. Ama sonunda arzusuna yenilip, gözlerini alabildiğine açarak ölülere doğru koşmuş, 'Alın bakalım, kör olasıcalar', diye bağırmış kendi gözlerine; 'doyun bu güzel manzaraya!'»

«Bu hikâyeyi ben de duymuştum,» dedi.

«Bu hikâye de gösteriyor ki,» dedim, «öfke bazen arzularla savaşıyor; demek ki, arzulardan ayrı bir şey.»

«Evet, öyle.»

«Başka birçok durumlarda da, örneğin bir insan arzuları-
b nın zoruyla sürüklendiği zaman, o insan kendini ayıpladığını, kendini zorlayan şeye karşı öfkelendiğini; iki kesim arasında geçen bu kavgada öfkenin akıldan yana çıkıp onun ortağı olduğuna görmüyor muyuz? Buna karşı, akıl kendisine aykırı herhangi bir davranışa girişilmemesini istediği zaman, öfkenin arzudan yana çıktığı her hâlde ne kendinde görmüşsündür, ne de başkalarında.»

«Hayır, Zeus hakkı için görmedim!»

c «Peki şuna ne dersin?» dedim. «Kendini suçlu gören bir insan, yüksek ruhlu olduğu ölçüde, kendisini haklı olarak cezalandırdığına inandığı kimseye kızamaz, değil mi? O kimse kendisini aç, susuz, soğukta da bıraksa ya da buna benzer acılara da uğratsa, ona karşı öfkesini uyandırmak istemez, değil mi?

«Çok doğru,» dedi.

«Buna karşı, kendini haksızlığa uğramış gören bir insan, kızıp köpürmez mi? Aç, susuz, soğukta da kalsa, buna benzer
d her türlü belaya da uğrasa, haklı gördüğü şey uğrunda savaşmaz mı? Her şeye azimle karşı durup, yüksek ruhluluğunu hiç

kaybetmeden, amacına ulaşıncaya kadar uğraşmaz mı; meğer ki ölsün ya da sahibinin çağrısına uyan çoban köpeği gibi aklının sesine uyarak yatışıp geri çekilsin?»

«Bu benzetme tam yerinde,» dedi. «Nitekim biz de bu yüzden, sitemizde yardımcıların, çobanların çağrısına uyan köpekler gibi, önderlerinin buyruğuna uymaları kuralını koyduk.»

«Demek istediğimi çok iyi anlıyorsun,» dedim. «Ama şunu da düşündün mü?»

«Neyi?» e

«Ruhumuzun öfkeli kesimi için demin düşündüğümüz şeyin tersine çıktığını. Demin bu kesimin arzulayan kesime girdiğini sanmıştık. Oysa şimdi, bunu söylemek şöyle dursun, tam tersine, ruhta bir iç çatışma ortaya çıktığı zaman, bu kesimin aklın yanında silaha sarıldığını söylüyoruz.»

«Gerçekten öyle.»

«Peki, bu kesim akıl kesiminden de ayrı mıdır, yoksa onun bir çeşidi midir? Ayrı değilse, ruhta akıl kesimi ve arzulayan kesim olmak üzere sadece iki kesim olur. Yoksa, nasıl sitede esnaf takımı, yardımcılar sınıfı ve karar veren sınıf olmak üzere siteyi
meydana getiren üç sınıf varsa; ruhta da bu üçüncü kesim, yani 441
kötü bir eğitimle bozulmamışsa yaradılışı gereği akıl kesimine yardımcı olacak öfkeli bir kesim var mıdır?»

«Bence olması zorunlu,» dedi.

«Evet ama,» dedim, «bunu ancak öfkelenen kesimin, nasıl arzulayan kesimden ayrı olduğu ortaya çıkmışsa, akıl kesiminden de ayrı olduğu ortaya çıkarsa kabul edebiliriz.»

«Bunu ortaya çıkarmak güç değil,» dedi. «Çocuklarda da görülebilir bu: Daha doğduklarında öfkeyle doludur çocuklar;
ama bunlardan bazıları bence hiç akıllanmaz, çoğu da pek geç b
akıllanır.»

«Evet, Zeus hakkı için dediğin çok doğru. Vahşi hayvanlarda da böyledir Üstelik Homeros'un daha önce de sözünü ettiğimiz şu dizesi de bunu gösteriyor:

Çattı yüreğine şu sözlerle, göğsüne vura vura.

c Açıkça anlaşılıyor ki Homeros burada iki ayrı kesimi anlatmıştır: İyi ile kötü üzerinde düşünüp yargıya varan bir kesim, akla aykırı olarak öfkelenen öbür kesime çatmaktadır.»

«Çok doğru.»

«İşte gördün mü,» dedim, «o güçlüklerin içinden yüze yüze nasıl çıktık! Sitede de, ruhta da birbirine uyan eşit sayıda kesimler bulunduğunu anladık.»

«Evet.»

«O hâlde, site nasıl ve hangi kesimi yüzünden bilge ise, tek kişinin de öyle ve o kesimi yüzünden bilge olması zorunlu oluyor, değil mi?»

«Şüphesiz.»

«Tek kişi hangi kesimi yüzünden ve nasıl yürekli ise, site de
d o kesimi yüzünden ve öyle yürekli oluyor, değil mi? Kısacası, erdemle ilgili her şey, her ikisinde de aynı biçimde var. Öyle değil mi?»

«Zorunlu olarak öyle.»

«O hâlde, doğruluğun tek kişide de, sitedekiyle aynı nitelikte olduğunu söyleyebiliriz Glaukon.»

«Bu da zorunlu.»

«Peki, site doğruluğunu, kendisini meydana getiren üç sınıftan her birinin kendi işiyle uğraşmasına borçluydu. Bunu unutmadık değil mi?»

«Unutmadık.»

«Şunu da hatırlayalım öyleyse: Bizim içimizdeki her kesim
e de kendi görevini yaptığı zaman, biz de kendi görevini yapan doğru insanlar oluruz.»

«Evet, bunu da unutmayalım.»

«Böyle olunca, bilge olan ve bütün ruhu gözetme işini üzerine alan aklın görevi yönetmek, öfkenin göreviyse buyruğa uymak ve akla yardımcı olmak değil midir?»

«Elbette.»

«Peki, daha önce de dediğimiz gibi, bu kesimleri müzikle idmanın kaynaşması uyum hâline getirecek, değil mi? Böylece biri, güzel sözler ve bilgilerle beslenecek, güçlenecek; öteki, ma- 442
kam ve ritimle gevşeyecek, yatışacak, yumuşayacak. Öyle değil mi?»

«Şüphesiz.»

«İşte böyle yetişen, görevlerini gerçekten iyi öğrenen ve yapmaya alışan bu iki kesim, ruhta en büyük yeri kaplayan ve yaradılışı gereği doymak bilmez bir para, mal hırsı taşıyan arzu kesimine kumanda edecekler; onun yalancı beden zevkleriyle boğazına kadar doyup büyümesine, güçlenmesine; kendi işiyle uğraşacağına, kendilerini köle etmeye, yönetmeye kalkmasına engel olacaklar; yoksa, tabiatının ve yetkisinin dışında olan b
böyle bir işe kalkışıp hepsinin hayatını allak bullak eder.»

«Çok doğru,» dedi.

«Böylelikle, biri karar vererek, öbürü onun buyruğu altında savaşıp onun tasarladığı işleri yılmadan yerine getirerek, bu iki kesim, bütün ruhu ve bedeni dış düşmanlara karşı da en iyi biçimde korumazlar mı?»

«Şüphesiz.»

«Demek ki bir insana yürekli dedirten, ruhunun öfkeli kesimidir; bu kesimin, korkulacak ve korkulmayacak şeyler üzerinde aklın koyduğu kuralları acı içinde de, zevk içinde de c
korumasıdır.»

«Doğru.»

«Öte yandan, bir insana bilge dedirten de, içindeki kumanda eden ve bu kuralları koyan küçük kesimdir. Bu kesim, aynı zamanda, ruhun ayrı ayrı her bir kesimine de, tümüne de nelerin yararlı olduğunu bilen kesimdir.»

«Çok doğru.»

d «Peki, bir insana ölçülü dedirten de; önderle iki uyruğunun yönetenin akıl olacağı inancında birleştikleri ve akla karşı bir ayaklanma olmadığı zaman, bütün kesimler arasında süren dostluk ve uyum havası değil midir?»

«Elbette öyledir,» dedi. «ölçülülük sitede de, tek insanda da budur.»

«O hâlde,» dedim, «bir insan, akıl sayesinde ve sık sık belirttiğimiz yolda doğru insan olur.»

«Zorunlu olarak öyle.»

«Peki,» dedim, «doğruluk, gözümüze sitede olduğundan farklı görünecek kadar keskin çizgilerini kaybetti mi?»

«Sanmam,» dedi.

«İçimizde hâlâ bir şüphe kaldıysa, doğruluk anlayışımızı,
e kalabalığın kafasındaki beylik ölçülere vurarak kesinliğe kavuşturabiliriz.»

«Hangi ölçülere?»

«Örneğin, sitemizle, yaradılışı ve eğitimi bakımından sitemize benzeyen insan üzerinde bir yargıya varmak gerekse de, böyle bir insan acaba kendisine emanet edilen altın ya da gü-
443 müşü cebine atar mı diye ortaya bir soru atılsa; buna hayır demeyecek kimse çıkar mı; herkes böyle bir işi ona benzemeyen başka adamlara yüklemez mi?»

«Elbette.»

«Bu insan tapınak soyarak küfür işlemekten, hırsızlıktan, özel hayatında dostlarına, kamu işlerinde devlete ihanet etmekten de uzak durmaz mı?»

«Uzak durur.»

«Böyle bir adam, hiç şüphesiz, yeminini bozmaz, verdiği sözü tutar.»

«Başka türlü olamaz.»

«Zina, ana babaya bakmama, tanrılara saygısızlık başkasından umulur da ondan umulmaz.»

«Elbette.»

«İşte bütün bunların nedeni de, ruhundaki her kesimin; b
buyurmakta olsun, buyruğa uymakta olsun, kendi görevini yerine getirmesi değil midir?»

«Evet, budur, başka nedeni de yoktur.»

«Peki şimdi, doğruluğun, bu türlü insanlar ve siteler yaratan güçten başka bir şey olmadığına bir şüphen kaldı mı?»

«Hayır,» dedi, «Zeus hakkı için kalmadı.»

«İşte rüyamız gerçekleşti: Hani siteyi yeni kurmaya başla-
dığımız zaman, belki Tanrı yardım eder de doğruluğun bir ilke- c
sini, bir örneğini yakalarız diye hayal ettiğimiz durum.»

«Evet, gerçekleşti.»

«İşte Glaukon, kunduracı doğmuş olanın yalnız kunduracılıkla, doğramacı doğmuş olanın yalnız doğramacılıkla uğraşmasını, ötekilerin de böyle olmasını gerekli gören kural, doğruluğun bir taslağı, gölgesi idi ve bu yüzden bize yararlı oldu.»

«Öyle oldu.»

«Gerçekten de doğruluğun böyle bir şey olduğu anlaşılıyor.
Şu farkla ki doğruluk, insanın dış uğraşlarını değil, iç uğraşla- d
rını, gerçek varlığını, gerçekten kendisiyle ilgili olan şeyleri yönetir, ruhun hiç bir kesiminin başkasına özgü işler görmesine, hakkı olmadığı hâlde birbirinin işine karışmasına izin vermez; ister ki, insan, gerçek anlamıyla kendi evinin işlerini güzelce düzene koysun, kendine hâkim olsun, kendi içine düzen versin,
kendi kendisiyle dost olsun; tıpkı müzikteki üç perde (pes, tiz, e
orta ve varsa ara perdeler) arasındaki uyum gibi, ruhunun üç

kesimi arasında tam bir uyum kursun, bunları birbirine bağlayarak kendini çoklukken birlik hâline getirsin, ölçülü, uyumlu kılsın; ancak bundan sonra, para kazanmakla, vücut hakimiyle, devlet işleri ya da özel işlerle uğraşacaksa uğraşsın; bütün bu durumlarda kendindeki bu düzeni koruyan, geliştiren davranışı doğru ve güzel davranış saysın; bu davranışı yöneten bilgiye
444 bilgelik desin, bu düzeni bozan davranışa ise eğri davranış desin, bunu yöneten sanıya da bilgisizlik desin.»

«Sözlerini baştan sona doğru buluyorum Sokrates,» dedi.

«Peki,» dedim, «Şimdi doğru insanın, doğru sitenin ve bunlardaki doğruluğun ne olduğunu bulduk dersek, sanırım pek aldanmış sayılmayız.»

«Elbet, sayılmayız,» dedi.

«Öyleyse, bulduk diyelim mi?»

«Diyelim.»

«Güzel. Şimdi de eğriliği incelemeliyiz.»

«Tabii.»

«Eğrilik şundan başka bir şey olabilir mi: Ruhun üç kesimi
b arasında bir iç savaş; bunların birçok işi üzerine almaya, birbirlerinin işine karışmaya kalkmaları; ruhta egemen kesime yaradılışı gereği köle gibi hizmet etmesi gereken bir kesimin hakkı olmayan bir egemenlik kapmak için ruhun bütününe karşı ayaklanması? İşte eğrilik böyle bir şeydir, yani ruhtaki kesimler arasındaki kargaşalık ve düzensizliktir; arzularını dizginleyememe, korkaklık, bilgisizlik, kısacası her türlü kötülük de budur.»

c «Evet, tam da dediğin gibidir.»

«Peki,» dedim, «eğrilik ve doğruluk böyle apaçık ortaya çıktığına göre, eğri davranışla doğru davranışın ne demek olduğu da açıkça anlaşılmıyor mu?»

«Nasıl?»

«Doğru davranışla eğri davranış sağlıklı ve hasta şeylere benzer, yalnız birinciler ruhtadır, ikinciler bedende.»

«Ne bakımdan?»

«Sağlıklı şeyler sağlık doğurur, sağlıksız şeyler hastalık.»

«Evet.»

«Bunun gibi doğru davranışlar da doğruluğu, eğri davranışlar da eğriliği doğurmaz mı?» d

«Evet, zorunlu olarak öyle.»

«Sağlığı doğurmaksa, bedenin çeşitli kesimleri arasında tabiata uygun egemenlik ve uyrukluk ilişkileri kurmak demektir. Hastalığı doğurmak da, bunların tabiata aykırı yönetme ve yönetilme ilişkileri içinde bulunmalarına izin vermektir.»

«Doğru.»

«O hâlde, doğruluğu doğurmak da, ruhun çeşitli kesimleri arasında tabiata uygun egemenlik ve uyrukluk ilişkileri kurmak demek değil midir? Eğriliği doğurmak da, bunların tabiata aykırı yönetme ve yönetilme ilişkileri içinde bulunmalarına izin vermek değil midir?»

«Şüphesiz.»

«Şu hâlde erdemin, ruhun sağlığı, güzelliği, dayanıklılığı
olduğu; kötülüğünse ruhun hastalığı, çirkinliği, güçsüzlüğü ol- e
duğu anlaşılıyor.»

«Öyle.»

«Peki, güzel davranışlar insanı erdemli olmaya, çirkin davranışlar da kötü olmaya götürmez mi?»

«Zorunlu olarak.»

«Bundan sonra, geriye kala kala şunu incelemek kaldı: Acaba insan, doğru tanınsın, tanınmasın; doğru davranmakla, dürüst işlere girişmekle, doğru insan olmakla mı kazançlı çıkar;
yoksa ceza görmeden, ceza görüp uslanmadan eğrilik etmekle, 445
eğri insan olmakla mı?»

«Ama Sokrates,» dedi, «bence bunu incelemek artık anlamsız oluyor. Çünkü insan nasıl beden sağlığı iyice bozulduğu zaman, en güzel yemekleri yese, zenginlik ve saltanat içinde
b yüzse bile, yaşamaktan bezerse, bizi yaşatan şeyin kendisi bozulup çürüdüğü zaman, hayat yaşanmaya değer olmaktan büsbütün çıkmaz mı? O insan, canının istediğini yapacak güçte olsa, kötülük ve eğrilikten kurtulmak, doğruluğa ve erdeme ulaşmak dışında, her şeyi gönlünce yapabilse bile durum böyle değil midir? Tabii ben, doğrulukla eğriliğin bizim tanımladığımız nitelikte olduğu ortaya çıktığına göre söylüyorum bunları.

«Evet, bunu incelemek anlamsız oluyor,» dedim. «Ama gene de, artık böyle bir düzeye ulaştığımıza göre, kendimizi yorgunluğa kaptırmamalıyız; bu şeylerin gerçekten böyle olduğunu en açık biçimde ortaya çıkarmaya çalışmalıyız.»

«Doğru,» dedi, «en ufak bir yorgunluğa bile kapılmamalıyız.»

c «Gel öyleyse,» dedim, «bak bakalım, kötülüğün kaç çeşidini, hiç değilse dikkate değer kaç çeşidini göreceksin?»

«Geliyorum,» dedi, «göster şunları!»

«Pekâlâ! Tartışmanın bizi getirdiği bu gözleme yerinden bakılınca, benim gözüme erdem bir tek, ama kötülük bin bir çeşit görünüyor; yalnız kötülüğün belli başlı dört çeşidi var.»

«Nasıl?»

«Her hâlde kaç çeşit devlet yapısı varsa, o kadar da ruh yapısı var.»

«Ne kadar?»

d «Beş çeşit devlet yapısı, beş çeşit de ruh yapısı.»

«Adları ne bunların?»

«Bunların biri bizim üzerinde durduğumuz devlet biçimidir. Buna iki ad verilebilir: Önderler arasından biri göze çarpacak derecede sivrilirse krallık, böyle birçok kişi bulunursa aristokratlık olur.»

«Doğru.»

«Ama bunların ikisi de aynı yönetim biçimidir, çünkü baş-
takiler, çok kişi de olsa, tek kişi de olsa, bizim üzerinde durdu- e
ğumuz eğitim ilkelerine bağlı kaldıkça, sitenin temel yasalarını
bozmazlar.»

«Her hâlde,» dedi.

V. KİTAP

«İşte ben iyi ve doğru diye böyle bir siteye, böyle bir yönetim 449
biçimine ve yapısı bu biçimde kurulmuş insana diyorum. Doğrusu bu olunca, öbür biçimlere de (ister sitelerin yönetimi bakımından, ister tek insanda karakterin oluşması bakımından) kötü ve yanlış diyorum. Bu yönetim biçimleri dört çeşit kötülüğe karşılıktır.»

«Nedir bunlar?»

Tam bunları birbirlerinin içinden çıkış sırasına göre saymak üzereydim ki, Adeimantos'un biraz ötesinde oturan Pole- b
markhos, onu omzundan tutup çekti, eğilerek usulca bir şeyler söyledi. Şu kadarını işitebildik:

«Atlamasına izin verelim mi? Ne dersin?»

Adeimantos da yüksek sesle: «Olmaz,» dedi.

«Ne oluyor,» dedim, «kimi atlatmıyorsunuz?»

«Seni,» dedi.

«Beni mi? Ne var ki?» c

«Bize öyle geliyor ki gözün yılmaya başladı senin. Konunun hiç de önemsiz olmayan bir bölümünü incelemeden atlamak istiyorsun. Çocuk ve kadın konusunda, dostlar arasında ortaklık olacağı bellidir deyip geçmekle bizi aldatacağını sanıyorsun.»

«Doğru değil miydi söylediklerim Adeimantos?»

«Yooo, doğru olmasına doğru,» dedi. «Ama bu doğru sö-
zünün de başka şeyler gibi açıklanması gerekir. Söylediğin
d ortaklık nasıl olacak? Burada birçok yol var. Ne zamandır ço-
cuklardan söz edesin diye bekliyoruz: Doğumları nasıl olacak?
Doğduktan sonra nasıl yetiştirilecekler? Kadın ve çocuk ortak-
lığı nasıl olacak? Bunları açıklamanı bekliyoruz. Çünkü bizce
bu ortaklığın iyi ya da kötü düzenlenmesi, devletin yapısında
büyük farklar, hatta köklü değişiklikler yaratabilir. Ama sen, bu
konuları yeterince incelemeden bir başka devlet biçimine ge-
450 çiyorsun. Ne var ki, işittiğin gibi, bütün bunları açıklamadan
geçiştirmene izin vermeyeceğiz, kararlıyız bunda.»

Glaukon, «Ben de bu karara katılıyorum,» dedi.

Thrasymakhos da, «Hepimiz bu karardayız, bilesin Sokrates!» dedi.

«Peki ama, beni atlatmadınız da elinize ne geçti sanki?»
dedim. «Daha işin başındaymışız gibi, devlet düzeni üzerinde-
ki tartışmayı ne diye tazeliyorsunuz? Bense o konuyu bitirdik,
söylediklerim yeterli görüldü diye seviniyordum. Şimdi bunla-
ra yeniden dönmekle nice çatışma kapıları açtığınızın farkında
b değilsiniz. Ben bunu bildiğim için, başımıza bir sürü iş açmasın
diye bu sorunun üzerinde durmamıştım demin.»

Thrasymakhos, «Peki ama,» dedi, «bu kadar kişi buraya altın[93] dökmeye mi geldi, yoksa tartışma dinlemeye mi?»

«Elbet tartışma dinlemeye,» dedim. «Ama ölçüyü taşırmamak gerek.»

Glaukon, «Bu gibi tartışmalar aklı başında insanlar için
c ömür boyu sürer Sokrates,» dedi. «Bizi düşünme; yeter ki sen
usanma, sorularımıza dilediğin gibi cevap ver. Koruyucuları-

93 Dalga geçmek; 'işini ihmal etmek' anlamına gelen bir atasözü.

mız arasında çocuk ve kadın bakımından nasıl bir ortaklık olacak? Doğumdan asıl eğitim çağına kadar süren bu ara dönemde çocuklara ne gibi bir ilk eğitim verilecek? Bunları anlat. Bu eğitim işi hepsinden zor görünüyor. Neresinden, nasıl ele almak gerekir, göster bize.»

«Bunu göstermek kolay değil dostum,» dedim. Çünkü bu konunun bundan önce ele aldıklarımızdan çok daha gerçekdışı görünen yanları var. Tasarımızın gerçekleşebileceğine kimse inanmayacak. Hadi gerçekleşebileceğine inansınlar diyelim, en iyisinin bu olduğundan şüphe edecekler. Bu yüzden, söyleyeceğim şeyin boş bir dilekten öteye geçmeyeceği korkusuyla bu
tasarıyı ele almaktan çekiniyorum doğrusu.« d

«Çekinecek ne var?» dedi. «Seni dinleyenler ahmak, şüpheci, kötü niyetli kimseler değil ki!»

«Sevgili dostum,» dedim, «bana güven vermek için mi böyle konuşuyorsun?»

«Elbet,» dedi.

«Öyleyse istediğinin tam tersi oluyor. Konu üzerinde tam bir güvenle konuşacak durumda olsaydım, bu davranışın benim
için yararlı olurdu. İnsan, en önemli gördüğü konular üzerinde e
doğru bir bilgiye ulaşmışsa; dost bildiği, aklı başında kimseler arasında, rahatlıkla ve güvenle konuşur. Ama şu anda benim gibi bildiğinden emin olmayıp da daha arama hâlinde ise, konuşmaktan korkar, tehlikeli bulur bunu. Ama gülünç olmaktan değil (çocukça bir düşünce olur bu), adımını son derece dikkatli atmasını gerektiren bir konuda ayağı doğru yoldan kayıp dostlarını da kendisiyle birlikte yanlışa sürükleyeceğinden korkar. Bunun için, sözlerimde bir kusur olursa. Adrasteia[94] bağışlasın
beni Glaukon. Çünkü bence, istemeyerek birini öldüren kişi 451
bile; güzel, iyi ve doğru yasalar konusunda insanları aldatan kişi kadar suçlu olamaz. Üstelik, insanın böyle tehlikeli bir işe

94 İlk zamanlarda «Zorunluluk»u temsil ettiği sanılan bir tanrıça.

dostları arasında girişmektense düşmanları arasında girişmesi
b yeğdir, işte o zaman beni rahatça destekleyebilirsin!»

Bunun üzerine Glaukon gülerek, «Sokrates,» dedi, «konuşmandan herhangi bir zarar görürsek, bizi öldürdün, aldattın diye seni suçlu tutmayacağız, temize çıkaracağız. Haydi, için rahat olsun, konuş!»

«Öyle ya,» dedim, «temize çıkarılan kişi yasa karşısında suçsuzdur. Demek benim durumum da böyle olacak.»

«Öyleyse konuşmana bir engel yok.»

Peki, o hâlde geriye gidip konuya yeniden dönmek gerekiyor,» dedim. «Şimdi söyleyeceklerimi belki o zaman, sırası gelmişken söylemem gerekirdi. Ama gene de böylesi bir bakıma iyi oldu denebilir; çünkü, erkeklerin rolünü iyice belirledikten sonra kadınlarınkini belirlemiş olacağız, hem senin isteğin de yerine gelmiş olacak: Gerek yaradılışları, gerekse eğitimleri yö-
c nünden anlattığımız nitelikte olan erkekler için, kadın ve çocuk sahibi olmak, bence ancak, kendilerini daha başlangıçta yönelttiğimiz: amaca uygun düşerse mümkündür. Peki, biz bu amaçla bütün çabamızı, onları bir sürünün koruyucuları hâline getirmeye harcamadık mı?»

«Evet.»

d «Öyleyse, bu benzetmeye uygun olarak yürüyelim: Çocuk yapma ve yetiştirme konusunda onlar için önümüzdeki bu örneğe uygun kurallar koyalım; bakalım, sonucu beğenecek miyiz, yoksa beğenmeyecek miyiz?»

«Nasıl?» dedi.

«Şöyle: Çoban köpeklerinin dişilerinden, erkekleriyle birlikte sürüyü korumalarını, birlikte ava çıkmalarını, bütün öbür işleri de birlikte görmelerini mi bekleriz, yoksa erkekleri çalışıp çabalarken, sürünün bütün işleriyle uğraşırken, dişilerin, zaten yavru doğurup beslemekten başka işe bakacak hâlleri olmadığına göre, kulübelerinde kalmalarını mı gerekli görürüz?»

«Her şeyi birlikte yapmalarını bekleriz,» dedi, «yalnız iş e
görmede dişilerin erkeklerden daha güçsüz oluşunu göz önün-
de tutarak bir ayrım yaparız.»

«Peki, aynı biçimde beslenip büyütülmemiş iki hayvandan aynı iş beklenebilir mi?»

«Beklenemez tabii.»

«O hâlde, kadınların da erkeklerle aynı işi yapmalarını istersek, kadınlara da aynı eğitimi vermemiz gerekir.»

«Şüphesiz.» 452

«Peki, biz erkeklere müzik ve idman eğitimi vermiştik, değil mi?»

«Evet.»

«Öyleyse, kadınlara bu iki sanat yanında savaşçılığı da öğretmek, ondan sonra aynı isleri yüklemek zorundayız.»

«Söylediklerinden bu sonuç çıkıyor.»

«Ama bu dediklerimizi uygulamaya kalkarsak, belki bir çoğu geleneğe, göreneğe aykırı düşüp gülünç görünür.»

«Ona şüphe yok.»

«Peki, sence en gülüncü hangisi olur? Kadınların idman
yerlerinde çırılçıplak soyunup erkeklerle birlikte beden ha-
reketleri yapması değil mi? Hem de yalnız gençlerinin değil,
yaşlılarının da; hani buruşuk yüzlerine, çirkin görünüşlerine
bakmadan hâlâ beden eğitimi salonlarında jimnastik yapmaya b
kalkan kocamış adamlar vardır ya, onlar gibi.»

«Zeus hakkı için, gerçekten çok gülünç olur bu,» dedi, «hiç değilse bugünkü törelerimize göre!»

«Ama madem tartışmaya girdik,» dedim, «beden hareket-
leri, müzik ve asıl önemlisi silah kullanma, ata binme konula-
rında yapacağımız böyle bir yeniliği başkaları ne kadar yererse c
yersin, ne kadar alaya alırsa alsın, bunlardan yılmamalıyız.»

«Haklısın.»

«Öyleyse, bir kere bu yola girdiğimize göre, yasamızın en çetin, en sivri tarafına kadar gidelim. Ama önce alay edenlerden alayı bırakıp ciddi olmalarını isteyelim, şunu hatırlatalım onlara: Yunanlılar daha yakın zamanlara kadar erkeklerin çırılçıplak soyunup ortaya çıkmalarını, bugünkü barbarların çoğu gibi, ayıp ve gülünç sayıyorlardı; ilk önce Giritliler, sonra da
d Spartalılar idman hareketleri yapmaya başladıkları zaman, o zamanki kentliler bunlarla hayli alay etmişlerdi, öyle değil mi?

«Öyle.»

«Ama zamanla bütün bu beden hareketlerinde giyinik çalışmaktansa çıplak çalışmanın daha elverişli olduğu ortaya çıkınca, en iyinin nerede olduğunu bulan akıl, çıplaklığı gözlere gülünç görünmekten çıkarmış. Bu da şunu göstermiş ki, asıl akılsız olanlar, kötülükten başka şeyleri gülünç sanan; çılgın ve
e kötü huylu adamın hâlini değil de, başka şeyleri alaya alıp ortalığı güldürmeye çalışan, güzelliği de bayağı ciddi ciddi iyiliğin dışında arayan kişilerdir.»

«Çok doğru.»

«Ama önce tasarımızın gerçekleşmesine imkân olup olmadığında bir anlaşmaya varmamız gerekmez mi? Bunun için de, kim bu konuda bizimle tartışmak isterse, işi ister ciddiye alsın, ister alaya boğsun, şu soruları sormasına izin vermeliyiz: insanın dişisi, erkeğinin yaptığı bütün işleri yapabilir mi, yoksa hiç birini yapamaz mı? Ya da bazılarını yapar da, bazılarını ya-
453 pamaz mı? Savaş işleri bunlardan hangisine girer? İşte konuya böyle güzel bir başlangıçla girersek, en güzel sonuca ulaşmaz mıyız?»

«Elbette ulaşırız.»

«Peki, ister misin, kendimizi karşı tarafın yerine koyup aynı soruları biz kendimize soralım? Yoksa, ıssız bir kaleyi kuşatıp savunmasız teslim alanların durumuna düşeriz.»

b «Dediğin gibi yapalım.»

«Öyleyse, karşımızdakiler adına şöyle diyeceğiz kendimize:
'— Ey Sokrates, ey Glaukon, başkalarının size karşı çıkmasına
hiç gerek yok. Daha sitenizin temellerini attığınız zaman, her-
kesin kendi yaradılışına uygun tek bir işle uğraşması gerekti-
ğinde siz kendiniz karara varmadınız mı? — Doğru, öyle karara
vardık. — Peki, erkekle kadın arasında yaradılış bakımından
büyük fark yok mudur? — Olmaz olur mu? — O hâlde, her
birine yaradılışına uygun ayrı bir iş vermek gerekir. — Elbet.
— Peki şimdi erkekle kadının, çok farklı yaradılışta oldukları
hâlde, aynı işleri görmeleri gerektiğini söylerken yanılmıyor c
musunuz, kendinizle çelişkiye düşmüyor musunuz?' Buna ve-
rilecek cevap bulabilir misin?»

«Hemen cevap vermek kolay değil tabii,» dedi. «Ama sen-
den rica etsem de, görüşümüzü, ne olursa olsun, yine sen sa-
vunsan.»

«Bu güçlükleri, bunun gibi daha nicelerini ben çok önce d
görmüştüm Glaukon. Bu yüzden de, çoluk çocuk sahibi olmak,
kadın ve çocuk eğitimi yapmak konusunun nasıl yasalaştırıla-
cağını ele almaya girişmekten korkuyor, çekiniyordum.»

«Zeus hakkı için,» dedi, «kolay iş değilmiş bu!»

«Elbet kolay iş değil. Ama insan havuza da düşse, denizin
ortasına da düşse, gene yüzmeye çabalar, değil mi?»

«Şüphesiz.»

«Öyleyse biz de yüzeceğiz. Belki bizi sırtına alacak bir yu-
nusbalığı çıkar ya da herhangi bir umulmadık kurtuluş yolu
buluruz umuduyla tartışma denizinden sağ salim çıkmaya ça-
lışacağız.»

»Öyle anlaşılıyor.» e

«Peki,» dedim, «bakalım, bir çare bulabilir miyiz? İnsanlar-
daki yaradılış ayrılığının görev ayrılığına yol açtığını, kadının
yaradılışının da erkekten farklı olduğunu kabul etmiştik. Şim-

diyse farklı yaradılıştaki insanların aynı işleri görmeleri gerektiğini ileri sürüyoruz. Bu değil mi bize yükledikleri kusur?»

«Evet.»

454 «Şu fikir çürütme sanatında ne yaman bir güç varmış Glaukon!»

«O neden?»

«Şundan: Bana öyle geliyor ki birçokları bunun içine istemeden düşüyorlar; ileri sürülen görüşleri çürütüp durdukları hâlde akıl yürüttüklerini sanıyorlar. Bu da, ele aldıkları konuyu çeşitli yönleriyle, bölümlere ayırıp inceleme yeteneğinden yoksun oluşlarından ileri geliyor. Böylece tartışma değil, ağız kalabalığı yapıyorlar; diyalektik yolunu değil, çekişme ve fikir çürütme yolunu tutuyorlar.»

«Evet, birçoklarının hâli bu. Ama şu anda bizimle ne ilgisi var?»

b «Hem de çok ilgisi var. Belki biz de bilmeden çekişme ve çürütmeye düşmüşüzdür.»

«Nasıl?»

«Baksana, **ayrı** yaradılıştakiler **aynı** işleri görmemeli sözü üzerinde, çekişmeciler ve çürütmeciler gibi yılmadan, ısrarla durmuyor muyuz? Oysa **ayrı** ve **aynı** yaradılışlar derken, ne türlü bir ayrılık ve aynılık düşündüğümüzü; **ayrı** yaradılışlara ayrı görevleri, **aynı** yaradılışlara aynı görevleri verirken de, bunları hangi bakımdan ayırıp belirlediğimizi hiç mi hiç araştırmadık.»

«Gerçekten,» dedi, «bunları hiç incelemedik.»

c «Böyle olunca, şöyle bir duruma pekâlâ düşebiliriz: Dazlaklarla saçlıların aynı yaradılışta olup olmadığını araştırırız; aynı olmadığına karar verince de, dazlaklar kunduracılık ediyorsa, saçlılara; saçlılar kunduracılık ediyorsa, dazlaklara kunduracılığı yasak etmeye kalkarız.»

«Böyle bir şey çok gülünç olurdu doğrusu.»

«Ama bunun gülünçlüğü şundan ileri gelmez mi? Biz ilkemizi ortaya korken, yaradılışlar arasındaki ayrılık ve aynılık bütün ayrıntılara uygulanacak dememiştik; işlerin kendilerine uygun düşen ayrılık ve aynılık türünü göz önünde tutmuştuk sa- d
dece, örneğin hekimliğe yatkın doğmuş bir kadınla bir erkeğin aynı yaradılışta olduğunu söylemek istemiştik. Öyle değil mi?»

«Evet.»

«Ama hekim olan bir erkekle doğramacı olan bir erkeğin ayrı yaradılışta olduğunu söylemek istemiştik. »

«Elbette.»

«Böyle olunca, erkek cinsinin kadın cinsinden herhangi bir sanata, işe yatkınlık bakımından ayrı olduğu ortaya çıkarsa, filan işi kadınlara, falan işi de erkeklere vermek gerekir deriz. e
Ama aralarındaki ayrılık sadece kadının doğurması, erkeğin döllemesi ise, üzerinde durduğumuz konu bakımından kadınla erkeğin ayrı olduğunu ispatlanmış saymayız; koruyucularımızın, karılarıyla aynı işleri görmeleri gerektiği yolundaki kanımızı değiştirmeyiz.»

«Haksız da olmayız.»

«Sonra da düşüncemize karşı çıkan kişiden şunu söyle-
mesini isteriz: Devlet hizmetiyle ilgili hangi sanatın, hangi işin 455
görülmesi bakımından kadınla erkeğin yaradılışı birbirinden ayrılır?»

«Çok yerinde bir istek.»

«Belki o da, biraz önce senin söylediğin gibi, bu soruya hemen doyurucu bir cevap vermenin zor olduğunu, ama işi inceledikten sonra bir cevap bulunabileceğini söyleyecek.»

«Söyleyebilir.»

«İster misin, karşımıza çıkan kişiden bizi izlemesini rica edelim? Belki bu arada, sitenin yönetimiyle ilgili ve yalnız ka- b
dınlara özgü hiç bir iş bulunmadığını gösterebiliriz ona.»

«İsterim elbet.»

«Haydi cevap ver bakalım, deriz ona, bir şeye yetenekli adamla yeteneksiz adam arasındaki farkı sen şunlarda mı görüyordun: Biri kolay, öbürü geç öğrenir; biri kısa bir öğrenimden sonra kendine öğretileni aşabilir, öbürüyse o kadar okuyup uğ-
c raştıktan sonra öğretileni bile aklında tutamaz; birinde beden yapısı kafaya iyi hizmet eder, öbüründeyse engel olur. Bir şeye yatkın adamla yatkın olmayan adamı ayırt etmekte kullandığın başka ölçü var mıydı, deriz.»

«Kimse başka ölçü gösteremez,» dedi.

«Peki, erkeğin her bakımdan üstün olmadığı herhangi bir insan işi var mıdır sence? Kumaş dokumaktan, hamur işi yap-
d maktan, yemek pişirmekten söz edip vaktimizi kaybetmeyelim. Elbet bu işler kadınlara özgüdür, bunlarda kadınların aşağı olması pek gülünç olur.»

«Haklısın, her işte erkek kadından çok üstündür denebilir. Gerçi birçok kadınlar birçok işlerde birçok erkekleri aşar ama, genellikle söylediğin doğru tabii.»

Demek ki devlet yönetimiyle ilgili olup kadına kadın olarak, erkeğe erkek olarak özgü bulunan hiç bir iş yoktur. Tersine, yaradılıştan her iki cinste de aynı yetenekler vardır. Kadının da erkek gibi, bütün işlere katılması tabiata uygundur. Yalnız ka-
e dın her işte erkekten daha güçsüzdür, o kadar.»

«Çok doğru.»

«Böyle olunca, bütün işleri erkeklere yükleyip kadınlara hiç iş vermemeli diyebilir miyiz?»

«Öyle şey olur mu?»

«Ama şöyle demeliyiz: Kadınların yaradılıştan hekimliğe ya da müziğe yatkın olanları vardır, olmayanları vardır.»

«Elbette.»

456 «İdmana, savaşçılığa yatkın olan kadınlar olduğu gibi, idmanı, savaşçılığı sevmeyen kadınlar da vardır, değil mi?»

«Vardır bence.»

«Ya bilgeliği sevenleri sevmeyenleri, taşkın olanları, durgun olanları yok mudur?»

«Vardır.»

«Öyleyse koruyuculuğa yatkın olan, olmayan kadınlar da vardır. Koruyucu olarak seçtiğimiz erkeklerde de bu saydığımız doğal nitelikleri aramamış mıydık?»

«Aramıştık.»

«Demek ki kadının yaradılışı da erkeğinki gibi sitenin ko- b
ruyuculuğuna yatkındır, yalnız kadın erkekten daha güçsüzdür.»

«Öyle.»

«Demek, savaşçı erkeklerimizle aynı nitelikleri taşıyan kadınları seçeceğiz; bu kadınlar onlarla bir arada yaşayacaklar, koruyuculuğu da birlikte yapacaklar; çünkü, bu işe yatkındırlar, yaradılışları da onlara yakındır.»

«Şüphesiz.»

«Peki, aynı yaradılışlara aynı işleri vermek gerekir, değil mi?»

«Evet.»

«İşte dönüp dolaşıp yine çıktığımız yere geldik. Koruyucularımızın karılarına müzik ve jimnastik eğitimi vermenin tabiata aykırı olmadığında anlaşıyoruz. »

«Elbette.»

«Önerdiğimiz yasa tabiata uygun olduğuna göre, gerçek- c
leşmesi imkânsız hiç de bir hayal değildir. Asıl tabiata aykırı olan, bugün yürürlükte olan kurallardır. »

«Her hâlde.»

«Biz, önerdiğimiz düzenin hem mümkün olup olmadığını, hem de iyi, beğenilecek bir düzen olup olmadığını araştırmıyor muyduk?»

«Evet.»

«Böylece mümkün olduğunda anlaşmaya vardık.»

«Evet.»

«Şimdi, bunun gerçekten iyi bir şey olup olmadığını anlamak kalıyor.»

«Öyle.»

d «Bir kadın koruyucu yetiştirmek için, erkeğe verdiğimiz eğitimden başkasını uygulamak gerekmez, değil mi, hele yaradılışları da bir olduğuna göre?»

«Gerekmez.»

«Peki şuna ne dersin?»

«Neye?»

«Sence erkeklerin kimi iyi, kimi kötü müdür, yoksa hepsi bir midir?»

«Hepsi bir olur mu hiç?»

«Peki, kurduğumuz sitede sence en iyi olanlar kimlerdir? Anlattığımız eğitimle yetişmiş koruyucular mı, yoksa kunduracılık sanatında yetişmiş kimseler mi?»

«Bu da sorulur mu?» dedi.

e «Anlıyorum,» dedim, «öyle ya, koruyucular bütün yurttaşlar arasında en seçkin olanlarıdır, değil mi?»

«Hem de ne kadar!»

«Ya koruyucu kadınlar, bütün kadınların en seçkini olmayacaklar mı?»

«Onlar da öyle.»

«Peki, bir site için en seçkin kadın ve erkeklere sahip olmaktan iyi bir şey var mıdır?»

«Yoktur.»

457 «Peki bu durum, anlattığımız yolda uygulanan müzik ve jimnastik eğitimiyle elde edilmez mi?»

«Şüphesiz.»

«O hâlde önerdiğimiz düzen, yalnız gerçekleşebilir olmakla kalmıyor, aynı zamanda site için en iyi düzen de oluyor.»

«Doğru.»

«Demek ki koruyucularımızın karıları soyunup ortaya
çıkacaklar, çünkü erdemleri giysi yerine geçecek; savaşta da, b
barışta da sitenin bütün koruyuculuk işlerini erkeklerle paylaşacaklar, başka iş görmeyecekler. Yalnız cinslerinin güçsüzlüğü göz önünde tutularak kendilerine erkeklerden daha kolay işler verilecek. Güzel bir amaçla soyunup bedenini çalıştıran kadınlarla alay eden adama gelince, bu adam **'gülmenin meyvesini olmadan koparan'**[95] adama benzer, neye güldüğünü, ne yaptığını bilmez. Çünkü şimdiye kadar söylenmiş, söylenecek sözlerin en doğrusu; yararlının güzel, zararlının da çirkin olduğudur.»

«Çok haklısın.»

«Kadınlarla ilgili yasamızın bu bölümü, yüzerken önümüze çıkan bir dalga gibiydi; böylece onu savuşturmuş olduk. Üs-
telik, koruyucu kadınlarımızla koruyucu erkeklerimizin her işi c
ortaklaşa görmeleri gerektiği kuralını korken boğulmadığımız gibi, sözümüz de tutarlı çıktı: Bu işin hem gerçekleşebilir, hem de yararlı olduğunu gördük.»

«Bayağı büyük bir dalgaymış atlattığın!»

«Sen asıl büyük dalga neymiş şimdi göreceksin!»

«Anlat da görelim.»

«Bu yasadan ve ötekilerden sonra şu geliyor.»

«Hangisi?»

«Savaşçılarımızın karıları hepsinin arasında ortak olacak; d
hiç biri bir erkekle ayrı oturmayacak, çocukları da ortak olacak. Ana baba çocuğunu, çocuk ana babasını tanımayacak.»

---

95 Pindaros'un bir deyişi. Platon bunu da kendi amacına göre değiştirerek almış.

«Ooo, bu büsbütün aykırı kaçtı! Gerçekleşebileceğini de, yararını da kafaları kolay kolay almaz insanların.»

«Yararsızdır denemez bence; kadın ve çocuk ortaklığının çok iyi bir şey olduğuna kimse karşı çıkmasa gerek. Ama gerçekleşebileceği konusunda büyük tartışma çıkabilir.»

«Her iki yönden de tartışılabilir,» dedi.

e «Desene, iki engeli birden aşmak zorundayım! Bense, yararlı olduğunu kabul edersin de, birinden kurtulurum diye umuyordum. O zaman sadece gerçekleşip gerçekleşmeyeceğini tartışmak kalırdı.»

«Ama kaçarken yakayı ele verdin işte. Şimdi ikisinin de içinden çık bakalım!»

458 «Ne yapalım, cezamı çekeceğim elbet,» dedim «Ama bir dileğim var: önce bana bir izin ver de, hani su tek başına gezinirken kendi hayalleriyle avunan aylak, tembel kişiler gibi, biraz hava almaya çıkayım. Böyleleri istedikleri bir şeyi nasıl elde edeceklerini araştırmaya üşenirler, böyle bir düşünceyi kafalarından atarlar; istedikleri olabilir mi, olamaz mı diye kafa yormak istemezler, istekleri sanki olmuş gibi, işin gerisini keyiflerine göre ayarlayarak arkasından neler yapabileceklerini bir bir hesaplamaya bayılırlar. Böylece ruhlarındaki aylaklığı,
b tembelliği büsbütün artırırlar. Ben de şimdi onlar gibi, tasarladığım şeyin nasıl gerçekleşebileceğini araştırmayı sonraya bırakıyorum, izin verirsen, şimdilik bunu gerçekleşebilir sayıp, iş uygulamaya gelince yöneticilerce ne gibi tedbirler alınması gerektiğini; site için de, koruyucular için de bundan daha yararlı bir şey olamayacağını göstermeye çalışayım, önce seninle bu konuyu araştırmak istiyorum, sonra da öbür konuyu inceleriz. Olur mu?»

«Olur,» dedi, «araştır bakalım.»

c «Önderlerle yardımcıları adlarına lâyık kişilerse, yardımcılar verilen buyrukları yerine getirecek, önderler de yasalara uygun buyruklar verecekler, ya da kararlarına bıraktığımız işlerde yasaları örnek alarak davranacaklar.»

«Öyle olması gerekir.»

«O hâlde sen, yasa koyucu olarak, erkekleri seçtiğin gibi, kadınları da seçerek yaradılışça birbirlerine en uygun olanları bir araya getireceksin. Bunların evleri, sofraları ortak olacak;
kimsenin ayrı malı olmadan hep bir arada yaşayacaklar; jim- d
nastiğe, bütün eğitimlere birlikte katılacaklar; tabiatın zorlamasıyla da cinsel birleşmeye gidecekler. Sence zorunlu bir şey değil mi bu?»

«Geometri zorunluluğu değilse de, aşkın zorunluluğu,» dedi. «Çoğunluğu inandırma ve etkileme bakımından bu zorunluluk geometri zorunluluğundan belki daha da güçlüdür.»

«Haklısın,» dedim. «Ama Glaukon, rastgele, karmakarışık çiftleşme ya da buna benzer bir uygunsuz duruma mutlu bir
sitede ne din izin verir, ne de yöneticiler!» e

«Bu, gerçekten doğru bir şey olmaz.» dedi.

«Öyleyse, elden geldiği kadar dine uygun, kutsal evlenmeler yapacağız. Bunların en kutsalları da en yararlıları olacak.»

«Elbette.»

«Peki, bu evlenmeler nasıl yararlı olacak? Bunu sen söyle 459
Glaukon, çünkü senin evinde av köpekleri ve seçme kuşlar gördüm. Nasıl çiftleşip ürediklerine dikkat ettin mi bunların?»

«Ne bakımdan?» dedi.

«Bir kere şu bakımdan: Bu hayvanların hepsi iyi cinsten olmakla birlikte, aralarında daha iyileri yok mu?»

«Var.»

«Hepsinden mi yavru almak istersin, yoksa en iyilerinden mi?»

«En iyilerinden.»

«Yeni yetişenlerinden mi, yaşlılarından mı, yoksa tam b
gençlik çağında olanlarından mı?»

«Tam gençlik çağında olanlarından.»

«Böyle davranmazsan, kuşlarının, köpeklerinin cinsi çok bozulur, değil mi?»

«Tabii.»

«Atlar ve öteki hayvanlar için ne dersin? Onlarda başka türlü mü olur?»

«Başka demek saçma olur.»

«İnsan cinsi için de böyleyse, sevgili dostum,» dedim, «yöneticilerimizin ne kadar üstün, becerikli olmaları gerektiğini sen düşün artık!»

c «Elbet insan cinsi için de böyle. Ama niçin söylüyorsun bunu?»

«Şunun için söylüyorum: Sözünü ettiğimiz bir sürü ilâcı kullanmak zorunda kalacak yöneticilerimiz, ilaç gerektirmeyen, sadece perhize girmekle geçecek hastalıklar için usta olmayan bir hekim de yeterli olabilir; ama ilaç gerekti mi, hekimin çok iş bük, gözüpek olması gerek.»

«Doğru ama, sözü nereye getirmek istiyorsun?»

«Şuna: Yöneticilerimiz, yönetilenlerin yararına olarak bü-
d yük ölçüde yalana baş vurmak, insanları aldatmak zorunda
kalabilirler. Bu türlü davranışları da bir çeşit ilaç gibi yararlı
saymıştık.»

«Doğrusu da buydu.»

«Öyleyse, evlenme ve çocuk yapmada da doğru olur bu.»

«Nasıl?»

«İlkelerimize göre, her iki cinsin de en iyilerine en çok, en
kötülerine en az cinsel birleşme imkânı vermeliyiz. Ayrıca en
e kötülerinin değil, en iyilerinin çocuklarını yetiştirmeliyiz; böy-
lece sürü en iyi hale gelir. Bütün bu işler de, koruyucular ara-
sında elden geldiği kadar çatışma çıkmasın diye, gizli yapılmalı,
yalnız önderlerce bilinmeli.»

«Çok doğru.»

«Öyleyse, nişanlı kızlarımızla delikanlılarımızı düğün dernekle evlendireceğiz, kurbanlar keseceğiz, ozanlarımız bu evlenmelerin kutsallığına yakışan ilâhiler söyleyecekler. Evlenmelerin sayısını da yöneticiler kararlaştıracak, öyleki bunlar 460
savaşları, hastalıktan ve daha başka olayları göz önünde bulundurarak insanların sayısını aynı düzeyde tutacaklar; böylece sitemiz de imkân ölçüsünde ne çok büyümüş, ne de küçülmüş olacak.»

«Doğru,» dedi.

«Bence evlenecek olanları kurnazca düzenlenmiş ad çekme yöntemleriyle seçmeliyiz. Böylece seçilmeyen düşük nitelikli kimseler yöneticilere değil, kaderlerine küsmüş olurlar.»

«Gerçekten öyle.»

«Savaşta ya da başka işlerde yararlık gösteren gençlere de b
nişanlar, ödüller verilmeli; hele kadınlarla daha çok yatma hakkı tanınmalı; hem çocukların en çok onlardan olması için iyi bir fırsat olur bu.»

«Doğru.»

«Bu şekilde doğan çocuklarsa, bu iş için devletçe görevlendirilmiş kişilere verilecek. Bunlar ya kadın olur, ya erkek, ya da ikisi birden görevlendirilir; çünkü devlet işlerinde her iki cins ortaktır.»

«Evet.»

«Bu görevliler, en seçkin kişilerin çocuklarını bir yuvaya c
götürüp kentin ayrı bir semtinde oturan bakıcı kadınlara emanet edecekler; aşağı dereceden kimselerin çocuklarıyla başkalarının doğuştan sakat çocuklarını da kimsenin bilmediği gizli bir yerde tutacaklar.»[96]

---

96 Platon'un istenmeyen çocukları ölüme terk etme taraflısı olup olmadığı tartışma konusudur. Bazıları, böyle üstü kapalı konuşmasından, bunu gerekli gördüğü, ama açıkça söylemekten çekindiği sonucunu çıkarmaktadırlar.

«Evet, koruyucuların soyunun bozulmamasını istersek, böyle yapmalıyız.»

«Çocukların beslenmesi işini de bu görevliler düzenleyecekler. Bunlar, memeleri süt dolu iken anaları yuvaya getirecek-
d ler, ama onların kendi çocuklarını tanımamaları için ellerinden geleni yapacaklar. Anaların sütü yetmezse, sütü olan başka kadınlar bulacaklar. Anaların belli bir süreden fazla emzirmemelerine dikkat edecekler. Çocukların gece bakımını ve her türlü yükünü kadın, erkek bakıcılara bırakacaklar.»

«Koruyucu karılarının analığını pek kolaylaştırdın!»

«Öyle gerek. Ama tasarımızı anlatmaya devam edelim. Dinçlik çağındaki insanlar çocuk yapmalı demiştik, değil mi?»

«Evet.»

e «Bu dinçlik çağı ortalama olarak kadınlarda yirmi, erkeklerde otuz yıl sürmez mi sence?»

«Hangi yaşlar arasında?»

«Kadın yirmisinden kırkına kadar devlete çocuk doğuracak, erkekse en hızlı olduğu çağı geçtikten sonra elli beşine kadar çocuk sahibi olacak.»

461 «Gerçekten her ikisinde de beden ve kafanın en güçlü olduğu çağ bu yaşlardır.»

«Bir yurttaş bu yaşların altında ve üstünde çocuk yapacak olursa, onu dine ve doğruluğa aykırı davranmış sayacağız. Çünkü böyle gizli bir doğumla devlete öyle bir çocuk verilmiş olur ki bu çocuk, rahiplerle rahibelerin ve bütün sitenin her
b evlenmede yapacakları kurban ve dua törenlerinden yoksun kalır. Bu törenlerse, iyi adamlardan daha iyi çocuklar, yararlı babalardan daha da yararlı çocuklar olsun diye yapılır. Bunun dışında doğan çocuk karanlığın ve çirkin bir azgınlığın ürünü olacaktır.»

«Doğru,» dedi.

«Aynı yasa, çocuk yapma çağında olup da yöneticinin izni olmadan aynı çağdaki bir kadınla birleşen adama da uygulanacak. Bu adamı devletin sırtına izinsiz, kutsanmamış bir piç yüklemiş sayacağız.»

«Çok doğru.»

«Ama her iki cinsi de, çocuk yapma yaşını geçirdikten sonra istedikleriyle birleşmekte serbest bırakacağız. Yalnız erkekler kızları, anaları, kızlarının kızları ve büyükanaları ile; kadınlar c
da oğulları, babaları, torunları ve büyükbabaları ile birleşemeyecekler. Ama bu izni verirken de su şartı koşacağız: Bu gibi birleşmelerden çocuk olmaması için her türlü tedbiri almalılar; ama olmasını önleyemezlerse, doğan çocuk kendi üzerlerine kalacak, devlet bakımı için hiç bir sorumluluk kabul etmeyecek.»

«Söylediklerin akla uygun,» dedi. «Ama babalarını, kızlarını, dediğin öteki akrabalarını nasıl ayırt edecekler?» d

«Ayırt etmeyecekler,» dedim. «Ama bir koruyucu, evlendiği günden sonra yedi ile on ay arasında doğacak bütün erkek çocuklara oğlum, bütün kız çocuklara kızım diyecek, onlar da ona baba diyecekler; bu çocuklardan doğan çocuklar torunları sayılacak bunların, ona ve onunla birlikte evlenmiş erkeklere büyükbaba, bunların karılarına da büyükanne diyecekler. Analarının, babalarının çocuk yapma dönemi içinde doğmuş bütün çocuklar da birbirlerine kardeş diyecekler. Bu yüzden aralarında cinsel birleşme yasak olacak. Bununla birlikte, ad çekme sonucu öyle çıkmışsa, Delphoi kâhini de uygun görürse, yasa kız e
kardeşlerle erkek kardeşlerin evlenmesine izin verecek.»

«Çok doğru.»

«İşte Glaukon, sitenin koruyucuları arasında kadın ve çocuk ortaklığı böyle olacak. Bu ortaklık devlet yapımızın öteki yanlarıyla bağdaşıyor mu, en iyi yol da bu değil mi? Şimdi açıklığa kavuşturacağımız bu kaldı.»

«Evet, bu kaldı.»

462 «Bu konuda bir anlaşmaya varmamız için, önce kendimize şunu sormamız gerekmez mi: Bir sitenin kuruluşunda yasa koyucunun yasa çıkarırken göz önünde tuttuğu en büyük iyilik, en büyük kötülük nedir? Bundan sonra da şunu incelemek gerekmez mi: Anlattığımız ortaklık bizi o iyiliğe doğru götürüp o kötülükten uzaklaştırıyor mu?»

«Elbet öyle gerekir.»

«Peki, bir site için, onu bölen, bir değil, çok kılan şeyden
b daha kötü; birleştiren, bir kılan şeyden daha iyi bir şey olabilir mi?»

«Olamaz.»

«Peki, bir sitede sevinç ve acının ortak olması, birleştirici bir şey değil midir? Bütün yurttaşların aynı mutlu ve mutsuz olaylara elden geldiğince birlikte sevinip üzülmeleri iyi bir şey değil midir?»

«Pek tabii.»

«Bölücü olansa, bu duyguların her birinde ayrı ayrı olması, gerek devletin, gerekse kişilerin başına gelenlere kimi çok üzü-
c lürken, kiminin de sevinmesi değil mi?»

«Şüphesiz.»

«Peki, bunun başlıca nedeni, yurttaşların 'Bu beni ilgilendirir', 'Bu beni ilgilendirmez', 'Bu bana yabancı' gibi sözleri söylerken aynı şeyleri düşünmemeleri değil midir?

«Şüphesiz.»

«O hâlde, yurttaşlarının çoğu 'Bu beni ilgilendirir', 'Şu beni ilgilendirmez" derken aynı şeyleri düşünen bir site, çok iyi kurulmuş bir site değil midir?»

«Elbette.»

«Böyle olunca, bu site hemen hemen tek bir adam gibi davranmaz mı? Örneğin, bir parmağımız yaralansa, bedende

ruhu birbirine bağlayan ve egemen kesimle birleştiren bütün- d
lüğümüz duyar bunu; acıyan bir tek yanımız da olsa, acıyı her yanımız bir bütün olarak duyar, böylece de parmağımız ağrıyor deriz, insanın başka yerleri için de böyledir, ister ağrının verdiği rahatsızlık, ister zevkin verdiği rahatlık hâlinde olsun.»

«Gerçekten öyledir. Sorduğun şeye dönersek, diyebiliriz ki iyi yönetilen bir sitenin hâli böyle bir insanın hâline çok benzer.»

«İşte böyle bir site, herhangi bir yurttaşının başına iyi ya
da kötü bir şey gelince, o yurttaşının duyduklarını kendisi de e
duyar, sevincini ya da acısını bütünüyle paylaşır.»

«İyi yasalarla yönetilen bir site zorunlu olarak böyle olur.»

«Şimdi kendi sitemize dönmenin sırası geldi. Bakalım vardığımız sonuçlar tam ona mı uyacak, yoksa başka bir siteye mi?»

«Evet, öyle yapalım.»

«Peki, başka sitelerde de bizim sitemizde olduğu gibi yöne- 463
ticiler ve halk kitlesi yok mudur?»

«Elbet vardır.»

«Hepsi de birbirlerine yurttaş demezler mi?»

«Tabii.»

«Peki, başka sitelerde, halk kendini yönetenlere yurttaştan başka bir ad daha vermez mi?»

«Çoğunda efendi der, demokratik sitelerde yönetici der.»

«Ya bizim sitemizde, halk baştakilere yurttaştan başka ne ad verir?»

«Kurtarıcılar, koruyucular adını verir,» .dedi b

«Bunlar halka ne der?»

«Ücretimizi ve rızkımızı veren der.»

«Öteki sitelerde baştakiler halkı ne sayar?»

«Köle.»

«Birbirlerini ne sayarlar?»

«İktidar ortağı.»

«Ya bizim sitede.»

«Ortak koruyucu.»

«Başka sitelerde baştakiler ortaklarından kimini kendine yakın, kimini de yabancı saymaz mı?»

«Böyle davrananı çoktur.»

c «Böyle olunca, yabancısı saydıklarının değil, yakını saydıklarının çıkarını gözetirler.»

«Evet.»

«Ya bizim bekçilerimiz? Hiç biri görev arkadaşını yabancı sayar mı?»

«Hiç de saymaz, çünkü kime rastlasa, erkek kardeşiyle, kız kardeşiyle, babasıyla, anasıyla, oğluyla, kızıyla, dedesiyle, torunuyla karşılaşmış gibi olur.»

«Çok iyi söyledin,» dedim. «Ama şuna da cevap ver bakalım: Çıkaracağın yasalarda, sadece aralarındaki akrabalık bağlarına ad vermekle mi kalacaksın? Yoksa bütün davranış-
d larının bu adlara uygun olmasını isteyip, babalarına, yakınlarına gereken saygıyı, ilgiyi göstermeleri, onların sözlerini dinlemeleri gerektiğini, yoksa tanrıların da, insanların da sevgisini kazanamayacaklarını mı belirteceksin? Çünkü başka türlü bir davranış dine de, doğruluğa da sığmaz. Bütün yurttaşların, çocukların kulaklarına küçük yaştan bu öğütleri sokup, hepsinin de kendilerine baba diye gösterilen kimselerle öteki akrabalarına karşı böyle davranmalarını sağlamaları gerekmez mi? Yoksa başka öğütler mi gerekli?»

e «Elbet bu söylediklerin gerekli. Çünkü ağızlarından bu akraba adlarını düşürmeyip de bunun gerektirdiği ödevleri yerine getirmemeleri gülünç olur.»

«Demek ki öteki sitelerden çok bizim sitemizde yurttaşlar, aralarından birinin başına iyi ya da kötü bir şey gelince, demin söylediğimiz gibi, hep bir ağızdan 'Benim durumum iyi, benim durumum kötü" diyecekler.»

«Çok doğru.»

«Böyle düşünüp böyle konuşmakla hepsinin sevinci, acısı 464
ortak olur demiştik, değil mi?»

«Evet, doğrusu da buydu.»

«Her yerde olduğundan çok bizim sitemizde yurttaşlar aynı şeye benim diyecekler, böylece birlik olup tam bir sevinç ve acı ortaklığına varacaklar.»

«Evet.»

«Bunu da, öteki kurumlarımız yanında, koruyucularımız arasındaki kadın ve çocuk ortaklığına borçlu olmaz mıyız?»

«Elbet, hem de en başta buna.»

«Bu birliğin de bir site için en büyük iyilik olduğunda an- b
laşmıştık, iyi yönetilen bir siteyi, parçalarının sevinci ya da acısı karşısındaki davranışı bakımından insan bedenine benzetmiştik.»

«Bunda da haklıydık.»

«Böylece yardımcılar arasındaki kadın ve çocuk ortaklığının site için en büyük iyilik kaynağı olduğunu kanıtlamış oluyoruz.»

«Elbette.»

«Hem bu, önce söylediklerimizle de tutarlı. Çünkü yardımcıların, gerçek birer koruyucu olabilmeleri için, ayrı evleri, toprakları, malları olmayacak; yiyeceklerini koruyuculuk hiz-
metlerinin ücreti olarak öbür yurttaşlardan alacaklar, ortaklaşa c
yiyecekler demiştik.»

«Doğru.»

«Öyleyse şu da doğru: ilk kurallarımıza eklediğimiz bu yeni kurallar, koruyucularımızın gerçek birer koruyucu olmalarına daha da yardımcı olacak, bunların siteyi parçalamalarına engel olacak. Böyle bir parçalanmanın doğmaması için de, her birinin başka şeylere değil, aynı şeylere benim demesi, hiç birinin ayrı evi olup tek başına elde ettiği şeyi kendi evine götürme
d durumunda olmaması, ayrı kadın ve çocukları olup ayrı sevinç ve acıları bulunmaması gerekir. Oysa benim dedikleri şeyler üzerinde aynı inançta birleştiler mi, hepsi de aynı amaca yönelir, elden geldiği kadar aynı sevinç ve acıları duyarlar.»

«Hiç şüphesiz.»

«Böylece, bedenlerinden başka her şeyleri ortak olunca, birbirlerini dava etmeleri, suçlandırmaları için sebep kalır mı? Para, çocuk, akraba yüzünden çıkan bütün kavgalardan kurtulmazlar mı?»

e «Elbet, kurtulmaları gerekir.»

«Birbirlerine karşı zor kullanma, birbirlerini dövme gibi suçlarla da mahkemeye düşmezler. Çatışma akranlar arasında olursa, kendilerini korurlar, o zaman kendini savunma şerefli ve doğru bir davranış olur; hatta bedenlerini korumayı bir ödev bilmelerini isteriz.»

«Doğru.»

465 «Bu yasanın bir de şu iyiliği var ki bir adam başkasına kızar da, kozunu kendisi paylaşmakla öfkesini yatıştırırsa, işin daha kötü sonuçlara varması önlenir.»

«Elbette.»

«Yaşlılara gelince, gençleri yönetmek ve cezalandırmak onların görevi olacak.»

«Şüphesiz.»

«Yöneticilerden buyruk almadıkça; hiç bir genç yaşlılara karşı zor kullanamayacak, el kaldıramayacak, kötü sözler söy-

leyemeyecek. Bu genci durduran şu iki koruyucu olacak: Saygı ve korku. Saygı, o adamın kendi babası olabileceği düşüncesin- b
den, korku da, birçoklarının o adamın oğlu, kardeşi, babası olarak imdadına koşacağı düşüncesinden ileri gelecek.

«Öyle olması gerekir.»

«Böylece yasalarımız her durumda koruyucular arasında barışı sağlamış olacak.» c

«Evet, hem de tam bir barışı.»

«Koruyucular arasında çatışma olmayınca, öteki yurttaşların da ne koruyucularla, ne de kendi aralarında anlaşmazlığa düşmesinden korkulmaz, değil mi?»

«Korkulmaz.»

«Böylece koruyucuların kurtulacağı başka ufak tefek dertler de var, ama bunların sözünü etmeye çekiniyorum doğrusu: Yoksullar gibi zenginlere dalkavukluk etmek zorunda kalmayacaklar; çocuk yetiştirmenin verdiği dertlere, sıkıntılara düşmeyecekler, ailelerine bakmak için para biriktirmeye çalışma- d
yacaklar; kimi zaman borçlanıp, kimi zaman borçlarını inkâr edip, kimi zaman da her çareye baş vurup para bulmak, bu parayı da tutumlu kullansınlar diye kanlarının ve uşaklarının eline vermek zorunda kalmayacaklar, işte dostum, insanları uğraştıran bu ve buna benzer birçok bayağı, sözü edilmeye değmez dertlerden de kurtulmuş olacaklar.»

«Elbet. Kör olan bile görür bunu.

«Bütün bu sıkıntılardan kurtuldukları gibi, Olimpiyat yarışlarını kazananlardan da mutlu yaşayacaklar. » e

«Nasıl?»

«Bunların elde ettiği mutluluk bizim savaşçılarımızınkinin yanında pek ufak kalır. Bizimkilerin kazanacağı zafer daha güzel, devletten görecekleri destek de daha tamdır. Çünkü zaferleriyle bütün devleti kurtarmış olurlar. Çelenk yerine de, çocuklarıyla birlikte yaşamak için yiyecek ve öbür gerekli şeyleri alırlar. Devlet sağlıklarında şerefler verir onlara; öldükten sonra da kendilerine yaraşır mezarlar yapar.»

«Gerçekten güzel ödüller bunlar,» dedi.

«Hatırlıyor musun, bir ara biri çıkıp, savaşçılarımızı mutlu etmediğimizi, yurttaşların varını yoğunu alabilecek durumda
466 oldukları hâlde ellerinde hiç bir şey bulunmadığını ileri sürerek çatmıştı. Biz de, cevap olarak, fırsat düşerse bu konuya yeniden döneceğimizi, şimdilik koruyucularımızın gerçek birer koruyucu, sitemizin de elden geldiği kadar mutlu olmasına çalıştığımızı, yoksa amacımızın siteyi meydana getiren sınıflardan bir tekini mutlu etmek olmadığını söylemiştik.»

«Hatırlıyorum.»

«Şimdi yardımcıların hayatının Olimpiyat birincilerinin hayatından daha güzel, daha iyi olduğu ortaya çıktığına göre,
b bu hayat kunduracıların, çiftçilerin, başka sanat sahiplerinin hayatlarıyla herhangi bir bakımdan ölçülür mü artık?»

«Ölçülmez bence.»

«O sırada söylediğim bir şeyi şimdi de tekrarlamam yerinde olur: Koruyucu, kendini koruyucudan başka bir şey yapacak bir mutluluk ararsa, bu sade, ama güvenlik ve bizce en iyi hayatla yetinmezse, delice, çocukça bir düşünceye kapılarak sitede ne varsa hepsini gücünü kullanıp ele geçirmeye kalkarsa, sonun-
c da, 'Yarım bir bakıma bütününden çoktur'[97] diyen Hesiodos'un gerçekten bilgece bir söz etmiş olduğunu anlar.»

«Aklı varsa, o koruyucu önündekiyle yetinsin.»

«Demek, eğitim, çocuk ve koruyuculukla ilgili her şeyde kadınlarla erkeklerin ortaklığını doğru buluyorsun; kentte kaldıkları zaman da, savaşa gittikleri zaman da, kadınların dişi köpekler gibi erkeklerle birlikte koruyuculuk etmeleri, ava git-
d meleri, her işi elden geldiği kadar ortak yapmaları gerektiğini

97 Hesiodos, **İşler ve Günler**, V, 40.

kabul ediyorsun. Böyle davranmakla da en iyi şeyi yapmış olurlar; bu davranışları, dişiyle erkeğin karşılıklı durumları açısından tabiata aykırı olmaz, aralarındaki doğal beraberliğe uygun olur, değil mi?»

«Evet, kabul ediyorum bunları.»

«Şimdi, başka cinslerde var olan bu ortaklığın insan cinsinde de mümkün olup olmadığını ve ne yolda mümkün olacağını araştırmak kalıyor.»

«Ben de, tam bunu soracaktım şimdi.»

«Bence savaşları nasıl yapacakları belli.» e

«Nasıl?»

«Belli ki birlikte savaşacaklar, çocuklarından gürbüz olanlarını da savaşa sokacaklar. Böylece bu çocuklar, sanat sahiplerinin çocukları gibi, büyüdükleri zaman yapacakları işi önceden görecekler; ayrıca savaşla ilgili her işte yardımcı olacaklar, analarına babalarına hizmet edecekler. Sanatlarda da böyle
olduğunu görmedin mi? Örneğin, çömlekçilerin çocukları, 467
kolları sıvayıp kendi başına işe girişmeden önce uzun zaman babalarının çalışmasına bakarlar, yardım ederler, değil mi?»

«Elbet gördüm, öyle yaparlar.»

«Öyleyse, sanat sahiplerinin, böyle deneme ve görme yoluyla çocuklarını yetiştirirken koruyuculardan daha mı titiz davranmaları gerekir?»

«Böyle demek gülünç olur!» dedi.

«Hem her hayvan, yavrularının yanında dövüşürken daha b
yüreklenir.»

«Evet ama, Sokrates, olur ya, savaşta yenilgiye uğrarlarsa, çocuklarının da kendileriyle birlikte ölmesi geride kalanlar için büyük bir tehlike doğurmaz mı? Site belini bir daha kolay kolay doğrultabilir mi?»

«Haklısın,» dedim. «Ama en başta gelen ödevimiz onları hiç tehlikeye atmamak mıdır dersin?» «Değil elbet.»

«Peki öyleyse, içinden alınlarının akıyla çıktıkları zaman daha iyi insan olacaklarsa, böyle bir tehlikeye atılmaları gerekmez mi?» «Elbette.»

c «Peki, ilerde savaşçı olarak çocukların savaşın ne demek olduğunu görmeleri önemsiz midir sence?

Tehlikeyi göze almaya değmez mi?»

«Değmez olur mu? Tersine, dediğin açıdan önemli.»

«O hâlde, çocukları savaşa götürüp de canlarına bir zarar gelmeden savaşı görmelerinin çaresini bulursak, o zaman tamam, değil mi?»

«Evet.»

d «Bir kere babaların mümkün olduğu kadar bilgili olması, hangi seferlerin tehlikeli, hangi seferlerin tehlikesiz olduğunu iyice ayırt edebilmeleri gerekir.»

«Tabii.»

«Öyle olunca, çocuklarını tehlikeli seferlere değil, tehlikesiz seferlere götürürler.»

«Doğru.»

«Başlarına komutan olarak koyacakları savaşçılar da, işe yaramaz adamlardan değil, yaşları ve görgüleriyle çocuk gütmesini, yönetmesini bilenlerden olmalı.»

«Doğrusu da bu.»

«Ama çoğu zaman beklenmedik durumlar olur.»

«Şüphesiz.»

«İşte bu durumları düşünerek küçük yaştan çocuklara kanatlar takmalı ki gerektiğinde uçup kaçabilsinler. »

e «Ne demek istiyorsun?» dedi.

«Şunu: Çocuklara ata binmesini küçük yaştan öğretmeye başlamalı, iyice öğrendiler mi onları seyirci olarak savaşa götürmeli. Tabii, azgın savaş atları üstünde değil, tüy gibi koşan, dizginlemesi de kolay olan atlar üstünde. Böylece günün birinde yapacakları işi iyice görmüş olurlar; gerektiğinde de yaşlı önderlerinin arkasından at sırtında güven içinde kaçabilirler.»

«Haklısın.»

«Peki, savaşta durum nasıl olacak? Askerlerin kendi ara- 468
larında ve düşmana karşı davranışları nasıl olacak? Bu konuda düşündüklerimi doğru bulacak mısın bakalım.»

«Açıkla bir kere.»

«Bir askerimiz yerinden kaçar, silahını atar, ya da böyle korkakça bir iş ederse, onu el sanatçıları veya çiftçiler sınıfına atmak doğru olmaz mı?»

«Elbette.»

«Bir askerimiz düşmana esir düşerse, onu düşmana bırakmalı; esirlerine varsın dilediklerini yapsınlar demeli, değil mi?»

«Evet.» b

«Yiğitlik gösteren biri olunca da, savaş alanında silah arkadaşları ve ordunun peşinden gelen çocuklar gelip sırayla ilk önce başına çelenk takmalılar onun. Uygun olmaz mı bu?»

«Uygun olur.»

«Sonra da elini sıkmalılar.»

«Bu da güzel.»

«Bir şey daha var, ama onu beğenmeyeceksin sanırım.»

«Nedir?»

«Hepsi birer birer öpmeli onu, o da herkesi öpmeli.»

«Tersine, en çok bunu beğendim,» dedi. «Hatta ben bu ku- c
rala şunu da eklerim: Bütün sefer boyunca, her istediğini de öpebilmeli. Çünkü bir kadına ya da bir erkeğe tutkun bir savaşçı bunu bildi mi, yiğitlik ödülünü kazanmak için daha da atılgan olur.»

«Güzel!» dedim. «Zaten seçkin yurttaşlara öbürlerinden daha çok evlenme imkânı sağlayacağımızı söylemiştik. Hani evlenmelerde piyango öbürlerinden çok onlara çıkacaktı. Bunda da onların soyunu mümkün olduğu kadar çoğaltmak amacını güdüyorduk.»

«Evet, öyle demiştik.»

d «Ama Homeros'a göre, yararlık gösteren gençleri şöyle ödüllendirmek de doğru olur; Homeros, bir savaşta yiğitlik gösteren Aias'a ödül olarak bir kurbanın sırt etinden uzun bir parça verdiklerini söyler.

Ona göre, tam gençliğini yaşayan yiğit bir savaşçıya böyle bir armağan yaraşır, böylece hem şanı yüceltilmiş, hem de gücü artırılmış olur.»

«Çok doğru.»

«Hiç değilse bunda Homeros'un sözüne uymalıyız: Biz de kurbanlarda ve bütün buna benzer törenlerde yiğitleri yararlıkları ölçüsünde ödüllendirmeliyiz. Bunun için de, onlara yalnız
e ilâhiler okumakla, nişanlar vermekle kalmamalıyız; şeref köşelerinde de yer ayırmalı; etler, tas tas şaraplar sunmalıyız onlara. Böylece yiğit erkeklerle yiğit kadınları değerlendirerek yetiştirmiş oluruz.»

«Çok güzel!» dedi.

«Peki şimdi savaşta ölenlere gelelim. Bunlardan şerefli bir ölüme kavuşanlara bir kere altın yaradılışlı demeyecek miyiz?»

«Elbette.»

«İkincisi, bu yaradılıştaki insanların, öldükten sonra, Hesiodos'un dediği gibi,

469 **İnsanları kötülükten esirgeyen, koruyan,**
Yeryüzünde yaşayan kutsal, uğurlu ruhlar[98]

hâline geldiklerine de inanmayacak mıyız?»

---

98 Alay ve taşlama tanrısı.

«İnanacağız elbet.»

«Bu olağanüstü, tanrısal kişilere ne türlü şanlı, şerefli ölüm törenleri yapılacağını Apollon'a danışacağız, onun dediğine göre davranacağız.»

«Elbette.»

«Sonra da, mezarlarına tanrısal varlıklara gösterilen saygıyı gösterip, tapacağız onlara. Sağlıklarında üstün bir erdem örneği gösterip de ihtiyarlıktan ya da başka bir sebepten ölenleri de yine böyle şereflendireceğiz. » b

«Bu da doğru bir davranış.»

«Peki, ya askerlerimiz düşmanlara karşı nasıl davranacak?»

«Ne bakımdan?»

«Önce tutsakları köle etme bakımından. Yunan sitelerin başka Yunanlıları köle etmesi doğru olur mu? Tersine, öteki sitelerin böyle davranmasına elden geldiği kadar engel olmaları, Yunanlıları Yunan soyunu esirgemeye alıştırmaları gerekmez c mi? Yoksa kendileri barbarların kölesi olurlar, değil mi?»

«Elbet, en iyisi Yunan soyunun esirgenmesi.»

«Öyleyse, onların kendi soydaşlarından köle tutmaması gerekir! öteki Yunanlılara da bunu öğütlemeliler.»

«Elbette. Böylece Yunanlılar birbirleriyle dövüşeceklerine barbarlarla savaşmış olurlar.»

«Peki, zaferden sonra ölülerin silahlarını almakla yetinmeyip üzerlerindeki bütün şeyleri soymak güzel bir davranış mı? d Korkaklar bunu, canlı düşmanla uğraşmaktan kurtulmak için bir fırsat bilirler, sanki çok önemli bir iş görüyorlarmış gibi, ölülerin başında oyalanırlar. Oysa bu soygunculuk nice orduların başını yemiştir!»

«Doğru.»

«Hem bir ölüyü soymak çirkin bir açgözlülük değil midir?
Bir cesede düşmanca davranmak bir kancıklık, bir küçüklük
belirtisi değil midir? Öyle ya, gerçek düşman ölmüş, uçup git-
miş, geride yalnız savaşırken kullandığı cisim kalmıştır. Böyle
e davrananlarla kendilerine taş atanı bırakıp atılan taşa saldıran
köpekler arasında fark var mı sence?»

«Hiç fark yok,» dedi.

«Öyleyse ölüleri soymaktan vazgeçmeliyiz; düşmanın onları alıp götürmesine de izin vermeliyiz.»

«Evet, Zeus hakkı için, öyle olmalı!»

«Yenik düşenlerin silahlarını tapınaklara götürüp tanrılara
armağan etmemiz de doğru değil. Hele, soydaşlarımızla dost
470 geçinmemizin bizim için bir değeri varsa, Yunanlıların silah-
larına hiç dokunmamalıyız. Tersine, yakınlarımızın üstünden
soyduklarımızı tapınaklara sokmakla kutsal yerleri kirleteceği-
mizden korkmamız gerekir, meğer ki Tanrı böyle istemiş ol-
sun.»

«Yunan topraklarını yakıp yıkmaya, evlerini ateşe vermeye gelince, askerlerimiz bu işte düşmanlara karşı nasıl davranacak?»

«Sen anlatsan daha iyi olacak.»

b «Peki. Bence yakıp yıkmaya gitmemeli, yalnız o yılın ürü-
nüne el koymakla kalmalı. Nedenini de söyleyeyim mi?»

«Söyle.»

«Bence savaşma ve çatışma diye iki ayrı söz bulunduğuna göre, gerçekte de bu sözler iki ayrı şey gösterir ve iki şey arasında ortaya çıkan bölünmelere karşılık olarak kullanılır. Bu şeylerden birincisi aile, eş dost, akraba çevresidir; ikincisi de, başkaları, yabancılardır, işte yakınlar arasında çıkan düşmanlığa çatışma, yabancılar arasında çıkan düşmanlığa da savaş adı verilir.»

«Söylediğin çok doğru.»

«Peki, şu sözüm de doğru mu? Ben diyorum ki Yunanlılar c
bir ailenin bireyleridir, aralarında akrabadırlar, barbarlarsa ayrı
ve yabancı bir ailenin bireyleridir.»

«Doğru,» dedi.

«Bu yüzden, Yunanlılar barbarlarla, barbarlar da Yunan-
lılarla dövüştükleri zaman, 'Bunlar savaşıyorlar, yaradılıştan
birbirlerine düşmandırlar' diyeceğiz; aralarındaki düşmanlığa
da savaş adını vereceğiz. Ama Yunanlılar arasında buna benzer
bir şey olursa, 'Bunlar doğuştan dostturlar, ama şu anda Yuna-
nistan bir hastalık geçiriyor, ikiliğe düşmüş' diyeceğiz, bu düş-
manlığa da çatışma adını vereceğiz.» d

«Düşüncene tamamıyla katılıyorum.»

«Şimdi,» dedim, «çatışma adını verdiğimiz bir karışıklık
çıkar da bir siteyi ikiye ayırırsa, bak ne olur: Bir taraftaki yurt-
taşlar karşı taraftakilerin tarlalarını yakıp yıkar, evlerini ateşe
verirse, çatışmanın böylesini çok korkunç sayarız, hiç birinde
yurt sevgisi bulunmadığını söyleriz; çünkü bunlar yurtlarını
sevselerdi, kendilerini besleyip büyüten sütninelerinin, anala-
rının yüreğini böyle delik deşik etmezlerdi deriz. Buna karşı-
lık, çatışmada üstün gelenler, bir gün yeniden barışacaklarını,
hep savaşıp durmayacaklarını düşünerek, karşı tarafın sadece e
ürünlerini almakla yetinirlerse, bunu olağan, akla uygun kar-
şılarız.»

«Bu düşünce ötekinden çok daha insanca,» dedi.

Peki,» dedim, «senin kurduğun devlet bir Yunan devleti olmayacak mı?»

«Elbet Yunan devleti olacak.»

«Öyleyse, onun yurttaşları iyi ve uygar insanlar olacak, değil mi?»

«Gerçekten öyle olacaklar.»

«Peki, Yunanlıları sevmeyecekler mi? Yunanistanı yurtları saymayacaklar mı? Aynı dinsel törenlere katılmayacaklar mı?»

«Şüphesiz.»

471 «Öyleyse Yunanlılarla olan anlaşmazlıklarını akrabalar arası bir çatışma sayacaklar, savaş demeyecekler bunlara.»

«Elbette.»

«Bu anlaşmazlıklarda da, düşmanlanıyla bir gün barışacaklarmış gibi davranacaklar.»

«Tabii.»

«Düşmanlarını güzellikle yola getirecekler, ceza olarak köle etmeye, yok etmeye kalkışmayacaklar; uslanmalarını isteyen dostlar olarak davranacaklar onlara, düşman olarak değil.»

«Evet.»

«Kendileri de Yunanlı oldukları için Yunan topraklarını yakıp yıkmayacaklar, evleri ateşe vermeyecekler. Bir sitenin kadın, erkek, çocuk bütün halkını düşman bellemeyecekler,
b sadece anlaşmazlığın sorumlusu olan küçük bir azınlığı hasım bilecekler. Böylece, o sitenin yurttaşlarından çoğu dostları olduğuna göre, onların topraklarını harap etmeyecekler, evlerini yıkmayacaklar. Çatışmayı da, suçlulardan suçsuzların öcü, hakkı alınınca sona erdirecekler.»

«Bence de yurttaşlarımız Yunanlı düşmanlarına karşı böyle davranmalı, barbarlara da Yunanlıların şimdi birbirlerine ettiklerini etmeli.»

c «Öyleyse, koruyucuların toprakları yakıp yıkmasını, evleri ateşe vermesini yasak eden bir yasa da çıkaralım.»

«Çıkaralım,» dedi, «bunun da öncekiler gibi yararlı bir yasa olacağını kabul edelim. Ama Sokrates, bana öyle geliyor ki seni bu konuda daha konuşmaya bıraksak, demin bütün bu ayrıntılara girip de bir yana bıraktığın asıl konuyu, yani 'böyle bir yönetimin mümkün olup olmadığı ve nasıl mümkün olacağı

sorununu unutup gideceksin. Evet, bunun, bir sitede gerçekleşirse, bütün bu yararları sağlayacağında seninle ayrı kanıdayım, hatta senin atladığın daha başka yararlarını da sayabilirim: ör- d
neğin yurttaşlar, birbirlerini kardeş, baba, oğul bildiklerine ve bu adlarla çağırdıklarına göre, birbirlerini hiç bırakmayacaklar, bu yüzden düşmana karşı daha da yiğitçe dövüşecekler. Karıları da, ister aynı saflarda dövüşsünler, ister geride kalıp düşmanı korkutsunlar ve gerektiğinde yardıma koşsunlar, yanlarında savaşacak olurlarsa, o zaman diyebilirim ki önlerinde durulmaz onların. Evlerinde görecekleri nimetler de var senin söyleme-
diğin. Ama o yönetim tarzı gerçekleşirse, bütün bu nimetlere e
ve daha binlercesine kavuşacaklarını kabul ettiğime göre, artık bunlardan söz etme. Şimdi böyle bir sitenin mümkün olup olmadığını, ne türlü mümkün olacağını anlamaya çalışalım. Başka konular bekleyedursun.»

«Nasıl da yükledin öyle apansız, insafsızca,» dedim, «benim 472
çekingen, ağır yaradılışlı olduğumu bilmezmiş gibi! İki dalgayı güçlükle atlatmışken bir üçüncüsünü, hem de hepsinin en büyüğünü, en korkuncunu önüme çıkardığının farkında değilsin anlaşılan. Bu dalgayı görüp ne olduğunu öğrenince, bana hak vereceksin; bu denli aykırı bir düşünceyi ele alıp incelemekten neden çekindiğimi anlayacaksın.»

«Sen böyle konuştukça, biz seni büsbütün sıkıştıracağız, b
böyle bir yönetim tarzının nasıl gerçekleşebileceğini anlatmadan yakanı bırakmayacağız. Onun için, bir an önce anlat.»

«İlk önce,» dedim, doğrulukla eğriliğin ne olduğunu ararken buralara kadar geldiğimizi hatırlayalım."

«Elbet öyle,» dedi, «ama bunu hatırlamanın yararı ne?»

«Hiç. Ama, doğruluğun ne olduğunu ortaya çıkarırsak, doğru adamın doğruluğa benzemeyen hiç bir yönü bulunmamalı, doğruluğun ta kendisi olmalı mı diyeceğiz, yoksa ona elden geldiği kadar yaklaşmasını, doğrulukla başkalarından çok c
akraba olmasını yeterli mi göreceğiz?»

«Bu kadarını yeterli göreceğiz.»

«İşte, doğruluğun kendi başına ne olduğunu, dünyada bütünüyle doğru bir adam bulunsa nasıl olacağını araştırmamızın amacı buna örnekler bulmaktı; eğriliğin, bütünüyle eğri adamın ne olduğunu da yine bu amaçla araştırıyorduk. Böylece,
d her ikisine de bakarak bunların ne derece mutlu ya da mutsuz olduğunu anlamak istiyorduk; sonra bunu kendimize uygulayarak onlara benzediğimiz ölçüde kaderlerimizin de benzer olacağını anlayacaktık. Ama amacımız bu örneklerin var olabileceğini ispatlamak değildi.»

«Bu dediğin doğru,» dedi.

«Peki, mümkün olan en güzel örnekte bir insan resmi çizen, hiç bir yerinde hiç bir kusur bırakmayan bir ressam, böyle bir insanın dünyada var olabileceğini ispatlayamadı diye, değerinden kaybeder mi dersin?»

e «Zeus hakkı için kaybetmez.»

«Peki, bu konuşmamızda bizim de yaptığımız iyi bir site örneği çizmek değil mi?»

«Elbet.»

«O hâlde, bu örneğe göre bir site kurmanın mümkün olduğunu biz de ispatlayamazsak, sözlerimizin değeri azalır mı?»

«Azalmaz tabii.»

«İşte işin doğrusu bu,» dedim. «Ama hatırın için, böyle bir sitenin özellikle hangi yolda ve hangi şartlar içinde en yüksek ölçüde gerçekleşebileceğini göstermeye çalışmamı istiyorsan, sen de bana bunu ispatlayabilmem için deminki gibi bir kolaylık tanıyacaksın. »

«Ne gibi?»

473 «Bir şeyi sözde anlatıldığı gibi gerçekleştirmek mümkün müdür? Yoksa sözün gerçekleştirilen şeyden daha doğru olması nesnelerin tabiatı gereği değil midir? Gerçi bazıları bunu kabul etmez ama, sen kabul etmez misin?»

«Ben kabul ederim.»

«Öyleyse, sözle çizdiğimiz yapıyı ille de tam gerçekleşmiş olarak göstermemi isteme benden. Tasarladığımıza en yakın biçimde bir site kurabilmenin yolunu bulursak, artık aradığımıza kavuştuğumuzu, senin isteğinin de yerine geldiğini kabul b
et. Bu yetmez mi sana? Bana yeter.»

«Bana da yeter,» dedi.

«Şimdi şunu araştırıp göstermeye çalışmalıyız: Bugünkü sitelerin belirttiğimiz yönetim düzeninden yoksun oluşları hangi aksak yönleri yüzündendir? Acaba onları bizim yönetim düzenimize kavuşturacak en ufak değişiklik ne olabilir? Bu değişiklik bir noktada olmalı, olmazsa iki noktada, o da olmazsa elden geldiği kadar az sayıda ve ufak çapta tutulmalı.»

«Öyle yapalım,»

«Bir tek değişiklik var ki,» dedim, «bu yapılırsa, bugünkü c
devletlerin kaderi baştan başa değişir, bunu ispatlayabiliriz sanıyorum. Bu değişiklik, ne ufak, ne de kolay, ama mümkün.»

«Nedir o?»

«İşte şimdi en büyük dalga dediğimiz şey burada karşıma çıkıyor: öyle bir şey ki, söyler söylemez, bir kahkaha ve alay tufanı tepemden aşağı geçer, utanca boğabilir beni. Dinle de bak.»

«Söyle.»

«Filozoflar devletlerde kral olmadıkça ya da bugün kral ve d
yönetici dediklerimiz gerçek ve ciddi anlamıyla filozof olmadıkça, siyasal güçle filozofluk aynı kişide birleşmedikçe, bugün bu işlerden yalnız birine ya da ötekine kendini veren birçok yaradılışlar böyle davranmaktan alıkonulmadıkça, ne sitelerin, ne de insan soyunun dertleri bitip tükenmeyecektir sevgili Glaukon. Bu olmadıkça, tasarladığımız site de gerçekleşebileceği e
kadar gerçekleşemeyecek, gün ışığına kavuşamayacaktır, işte uzun zamandır söylemekten çekindiğim şey buydu, toplumun

kanısına aykırı düşeceğini biliyordum çünkü. Gerçekten de, başka türlü ne devlet, ne de kişiler için mutluluk yolu olmadığını kavramak kolay değildir.»

«Aman Sokrates,» dedi, «böyle bir söz ettin mi, bekle başına gelecekleri! Bunu duyan bir sürü adam, hem de önemsiz
474 olmayan kişiler, üstlerinde, başlarında ne varsa atıp, çırılçıplak, ellerine geçen silahı kapıp var güçleriyle üstüne saldırırlar, olmayacak rezillikler yapabilirler. Aklın silahlarıyla onları durdurup da ellerinden kurtulamazsan, türlü hakaretlere, alaylara uğrarsın.»

«Bunun sorumlusu da sen olmaz mısın?»

«Öyle davranmam gerekliydi,» dedi. «Ama yalnız bırak-
b mam seni, elimden geldiği kadar desteklerim, iyi niyetimle seni yüreklendirmeye çalışırım. Belki senin sorularına da başkalarından daha doğru cevaplar veririm. Böyle bir yardıma güvenerek, sana inanmayanlara, haklı olduğunu göster haydi!»

«Beni bu kadar desteklediğine göre,» dedim, «elimden geleni yapmaya çalışacağım. Dediğin saldırganların elinden kurtulabilmek için, önce, yönetimi ellerine vermeye kalkıştığımız filozofların ne türlü adamlar olduğunu belirtmek gerekir bence. Bu ayrım yapılınca da, felsefe ve devlet yönetiminin yaradılışları gereği bu adamlara özgü olduğunu, ötekilere de felsefeyle uğraşmayıp önderlerinin buyruğuna uymak düştüğünü göste-
c rerek kendimizi savunabiliriz.»

«Bu ayrımı yapmanın tam zamanı hani!»

«Haydi öyleyse, gel arkamdan! Bakalım şu ya da bu türlü düşüncemizi açıklayabilecek miyiz?»

«Yürü öyleyse!» dedi.

«Peki. Sana şunu hatırlatayım mı, yoksa hatırında mı? Biri bir şeyi seviyor dediğimiz zaman, bu, onun bu şeyin bir parçasını sevip öbür parçasını sevmediği anlamına gelmez, belli ki bütününü seviyor demektir, değil mi?»

«Hatırlatsan iyi olacak, çünkü pek iyi hatırlamıyorum.» d

«Bunu başkası söylese anlardım Glaukon, ama seven bir
kimsenin unutmaması gerekir ki genç çocukları sevenler o yaşın
parıltısı karşısında duygusuz kalamazlar; hepsini ilgiye, sevgiye
değer bulurlar. Güzel oğlanlara karşı siz de böyle davranmıyor
musunuz? Birinin basık burnunu beğenir, sevimli bulursunuz,
ötekinin gaga burnuna kral burnu dersiniz, bir başkasının ikisi
ortası burnuna düzgün burun dersiniz. Esmer tenlilerde erkek e
bir hava bulur, beyaz tenlilere tanrı çocukları dersiniz. Bir de
'bal tenli' deyimi var ki seven birinden başka kim uydurmuş
olabilir bunu? Sarı benzi bal tadına bürüyerek körpe tenlerde
bunun bile çirkin görünmediğini anlatmak istemiş olacak. Kısacası,
hayatının baharında olanlara bağlanmak için her türlü
bahaneyi bulur, her türlü deyimi kullanırsınız.» 475

«Sevenlerin böyle davrandığına beni örnek göstermek istiyorsan, tartışmanın yararı için buna razı olurum.»

«Peki,» dedim, «şaraba düşkün olanlar da böyle davranmazlar mı? Ne türlüsü olursa olsun, buldukları şarabı beğenmek için her bahaneye sarılmazlar mı?»

«Öyle olur elbet.»

«Şeref düşkünleri de öyle değil mi? Başkomutan olamaz-
larsa, bir kabilenin üçte birine komutan olmazlar mı? Üstün b
sınıftan, saygıdeğer kimselere kendilerini beğendiremezlerse,
aşağı sınıftan, değersiz kimselerin saygısını kazanmakla yetinirler,
çünkü ne türlü olursa olsun, sivrilmek hırsına kaptırmışlardır
kendilerini.»

«Çok doğru.»

«Şimdi şu soruma cevap ver: Biri bir şeyi istiyor dediğimiz zaman, onu bütünüyle istiyor demek mi isteriz, yoksa şurasını istiyor, burasını istemiyor demek mi?»

«Bütünüyle istiyor demek isteriz.»

«Öyleyse, filozof da bilgeliğin şu ya da bu parçasını değil, bütününü ister diyeceğiz.»

«Doğru.»

c «Bilime karşı isteksiz olana gelince, hele gençse, daha yararlı ile yararsızı ayırt edemiyorsa, ona bilgisever, filozof demeyiz. Nasıl ki yemek beğenmeyen kimseye de gerçekten karnı aç, yemek seviyor demeyiz, iştahsız deriz.»

«Doğrusu bu.»

«Ama her türlü bilgiye istekli olan, öğrenmeye seve seve kendini veren, ona doymayan kimseye, haklı olarak filozof deriz, değil mi.»

d «Bu hesapça bir alay acayip filozofun olacak! Öyle ya, gösterilere, oyunlara, tiyatrolara koşan adamlara da, bir şey öğrenmekten zevk duydukları için filozof demek gerekecek. Ama bu gibiler arasında en garipleri dinleme meraklılarıdır. Bunlar bizimki gibi tartışmalara gelmezler de, kulaklarını bütün korolara kiralamış gibi, nerede bir Dionysos şenliği varsa oraya koşarlar, ne kenttekini, ne köylerdekini kaçırmak istemezler. Bütün bu adamlara filozof mu diyeceğiz şimdi? Bu türlü öğrenme heveslilerine de, aşağı sanatlarla uğraşanlara da filozof
e denebilir mi?»

«Elbet denemez. Sadece filozoflara benzer bir yanları vardır, o kadar.»

«Öyleyse sana göre gerçek filozoflar kimlerdir?»

«Doğru'yu seyretmeyi sevenler,» dedim.

«Orası öyle,» dedi, «ama hangi anlamda söylüyorsun bunu?»

«Başkasına anlatmak kolay değil. Ama sen kabul edersin sanırım.»

«Neyi?»

476 «Şunu: Güzel çirkinin karşıtı olduğuna göre, bunlar iki ayrı şeydir.»

«Elbette.»

«Peki, bunlar iki ayrı şey olduğuna göre, her biri bir tek şeydir, değil mi?»

«Evet.»

«Doğru ile eğri, iyi ile kötü ve bütün öteki kavramlar için de böyledir: Her biri kendi başına alınınca bir tektir. Ama bunlar, eylemlerle, bedenlerle ve birbirleriyle iç içe girdiklerinden, her yerde kendilerini çoklukmuş gibi gösterirler.»

«Haklısın,» dedi.

«İşte ben, bu anlamda bir ayrım yaparak, bir yana göste-
rileri ve sanatları sevenlerle eylem adamlarını; öbür yana da, b
üzerinde durduğumuz, filozof adını hakkıyla alacak kimseleri koyuyorum.»

«Hangi anlamda?» dedi.

«Bütün merakı gözlerinde ve kulaklarında toplanmış olan birinciler,» dedim, «güzel sesleri, güzel renkleri, güzel biçimleri ve bunlara benzer bir şeyler taşıyan bütün sanat eserlerini severler, ama düşünceleri güzelin kendi tabiatını, kendisini görmeye ve sevmeye varamaz.»

«Evet, öyledir.»

«Ama güzelin kendisine ulaşabilen, onu özü içinde görebi-
lenler pek azdır, değil mi?» c

«Pek azdır.»

«O hâlde, güzel şeyleri tanıyıp da güzelliğin kendisini tanımayan, bu bilgiye götürmek isteyen kılavuzun ardından gitmeye de gücü yetmeyen kimse sence düşte mi yaşar, uyanık mı? Şimdi düşün bakalım: Düş, ister uyurken, ister uyanıkken, bir şeyin benzerini kendisi sanmak değil midir?»

«Elbet, düş budur.»

«Ama tersine, güzelin kendi başına var olduğuna inanan, onu özü içinde ve ona katılan nesnelerde görüp seçebilen, bu d güzel nesneleri güzelin kendisi, güzelin kendisini de bu güzel nesneler sanmayan kimse sence uyanık mı yaşar, düşte mi?»

«Uyanık yaşar elbet.»

«Öyleyse, bir şeyi bilmesi bakımından bu kimsenin düşüncesine bilgi, bir şey üzerinde görünüşe göre yargıya varması bakımından öbürünün düşüncesine de sanı demek doğru olmaz mı?»

«Şüphesiz.»

«Peki, bize göre bilmeyen, görünüşe göre yargıya varan adam kızıp da sözümüze karşı çıkarsa, kafasının hasta olduğunu yüzüne vurmadan, kendisini yatıştırmanın, tatlı sözlerle
e inandırmanın bir yolunu bulamaz mıyız?»

«Bulmaya çalışmalıyız.»

«Peki, ne diyebiliriz bu adama? Bir düşün bakalım. Ya da ister misin, biz sorular soralım kendisine? Bir bilgisi varsa, bunu hiç de kıskanmayacağımızı, tersine, bir şey bildiği için sevineceğimizi söyleyelim ve şunu soralım kendisine: Bilen insan bir şey bilir mi, yoksa hiç bir şey bilmez mi? Glaukon, onun yerine sen cevap ver.»

«Bir şey bilir derim.»

«Bu şey, olan bir şey midir, olmayan bir şey mi?»

477 «Olan bir şeydir. Olmayan bir şey nasıl bilinir?»

«Öyleyse, araştırmamızı daha ileri götürmeden de, şunu güvenle söyleyebilecek durumdayız: Tümden var olan şey tümden bilinebilir, hiç var olmayan şey hiç bilinemez.»

«Evet, güvenle söyleyebiliriz bunu.»

«Peki. Aynı zamanda hem var olan, hem var olmayan bir şey bulunsaydı, bu şey mutlak olarak var olanla hiç bir şekilde var olmayan arasında bulunmaz mıydı?»

«Arasında bulunurdu.»

«Öyleyse, bilgi varlığa bilgisizlik de yokluğa ilişkin olduğuna göre, varlıkla yokluk arasındaki şey için bilgiyle bilgisizlik arasında bir karşılık aramamız gerekir; eğer böyle bir şey olabilirse tabii.» b

«Şüphesiz.»

«Sanı dediğimiz, bir şeydir, değil mi?»

«Elbette!»

«Bilimden ayrı bir güç müdür, yoksa aynı güç müdür?»

«Ayrı bir güçtür.»

«Öyleyse sanının da, bilimin de, kendi güçlerine göre ayrı konuları vardır.»

«Evet.»

«Tabiatı gereği varlığa ilişkin olan bilimin konusu varlığın ne olduğunu bilmektir. Ama önce şu noktaları açıklığa kavuşturmamız gerekir.»

«Hangi noktaları?»

«Bu güçler, bize ve öteki etkin nesnelere kendimize özgü eylemleri yapma imkânını veren varlık çeşitleridir, örneğin görme ve işitme birer güçtür. Ne gibi özel bir şeye güç dediğimi anlıyorsun sanırım.» c

«Anlıyorum.»

«Öyleyse, bu güçlerle ilgili düşüncemi anlatayım sana: Bence bunlarda ne renk, ne biçim, ne de başka herhangi bir nitelik vardır; yani başka şeylerde bulunan ve onları düşüncemde birbirlerinden ayırt "neme yarayan nitelikler yoktur bunlarda. Ben bir gücün yalnız neye ilişkin olduğuna ve ne etkiler doğurduğuna bakıyorum. Bu açıdan da hepsine güç adını veriyorum; ilişkin oldukları şey ve doğurdukları etkiler bakımından aynı olanlarını aynı güç, ayrı olanlarını da ayrı güç sayıyorum. Sen ne diyorsun, nasıl görüyorsun bunları?» «Ben de öyle.» d

«Şimdi bilime dönelim sevgili dostum. Sen bilimi bir güç mü sayarsın, yoksa başka bir şey mi?»

e «Güç sayarım, hem de güçlerin en büyüğü.»

«Ya sanıyı? Onu da güçler arasına mı sokarsın, yoksa başka bir sınıfa mı?»

«Başka bir sınıfa sokamayız,» dedi, «çünkü sanı görünüşe göre yargı vermemizi sağlayan güçten başka bir şey değildir.»

«Biraz önce bilimle sanının ayrı şeyler olduğunu kabul etmiştin.»

«Elbette. Aklı basında bir insan yanılmaz olanla yanılır olanı nasıl birbirine karıştırır?»

«Güzel! Demek ki bilimle sanının ayrı olduğunda hiç şüphemiz yok.»

«Evet.»

«Öyleyse, her birinin ayrı gücü, ayrı konusu vardır.»

«Zorunlu olarak.»

«Bilimin konusu var olandır, gücü var olanın nasıl olduğunu bilmektir.»

«Evet.»

«Sanınınsa, görünüşe göre yargı vermektir.»

478 «Evet.»

«Peki, sanının sandığı şcylc bilimin bildiği şey aynı mıdır? Aynı şey hem bilimin, hem sanının konusu olabilir mi? Yoksa olamaz mı?»

«Kendi söylediklerimize göre olamaz; çünkü, ayrı güçlerin
b tabiatları gereği ayrı konuları varsa, bilimle sanı da ayrı birer güçse, bundan su sonuç çıkar ki bilimin konusu sanının konusu olamaz.»

«O hâlde, bilimin konusu varlıksa, sanının konusu varlıktan başka bir şey olacaktır.»

«Evet.»

«Öyleyse sanı var olmayanla mı ilgilidir? Yoksa var olmayanı sanıyla bilmek imkânsız mıdır. Düşün bakalım: Sanan bir kimsenin sanısı bir şey üzerinde midir, yoksa hiç bir şey üzerinde bir sanı olabilir mi?»

«Olamaz.»

«Demek sanan kimsenin belli bir şey üzerinde sanısı vardır.»

«Evet.»

«Ama şüphe yok ki var olmayana belli bir şey denemez, c
çok haklı olarak hiç bir şey, hiçlik denir.»

«Elbette.»

«İşte bu yüzden, zorunlu olarak, var olanı bilime, var olmayanı da bilgisizliğe bağladık.»

«Haklı olarak.»

«O hâlde sanının konusu ne var olandır, ne de var olmayan.»

«Öyle.»

«Dolayısıyla sanı ne bilimdir, ne de bilgisizlik.»

«Öyle anlaşılıyor.»

«Peki öyleyse, her ikisinin de ötesinde olan, aydınlıkça bilimi, karanlıkça bilgisizliği aşan bir şey midir?»

«Hayır.»

«O hâlde sence bilimden daha karanlık, bilgisizlikten daha aydınlık bir şey midir?»

«Elbette» dedi.

«Her ikisinin arasında mı bulunur?»

«Evet.» d

«Demek ki sanı bilimle bilgisizlik arası bir şey.»

«Tamam.»

«Peki, daha önce şöyle dememiş miydik: Aynı zamanda hem var olan, hem var olmayan bir şey bulunsaydı, bu şey mutlak varlıkla mutlak yokluk ortasında bulunurdu ve ne bilimin, ne bilgisizliğin konusu olmaz, ikisi arasında ortaya çıkan bir şeyin konusu olurdu?»

«Doğru.»

«Ama şimdi bu aradaki şeyin sanı dediğimiz şey olduğu ortaya çıkıyor.»

«Öyle oluyor.»

e «O hâlde şimdi geriye şunu bulmak kalıyor: Aynı zamanda hem varlıkla, hem yoklukla ilişiği olan, ama tam olarak ne biri, ne öteki olan bu şey nedir? Bunu bulursak, haklı olarak sanının konusu deriz buna. Böylece uçtakileri uçtakilere, aradakileri aradakilere bağlamış oluruz, öyle değil mi?»

«Şüphesiz.»

479 «Bu böyle ortaya konulunca da, şimdi o adam cevap versin bana, derim. Hani kendi başına güzellik diye bir şeye, sonsuza dek değişmez kalan güzel kavramına inanmayan, sadece ortada gördüğü bir sürü güzel şeyi tanıyan, güzelliğin bir olduğunu, doğruluğun da, öteki benzer şeylerin de böyle olduğunu söyleyenlere katlanamayan o gösteri ve seyir meraklısı adam. Şöyle deriz bu adama: Söyle bakalım ahbap, bütün bu güzel şeyler arasında bazen çirkin görünmeyen bir tekini bile gösterebilir misin? Doğruluğa uygun şeyler arasında da bazen eğri görünmeyeni, dine uygun şeyler arasında da bazen dinsizce görün-
b meyeni var mıdır?»

«Hayır, aynı şeylerin bir bakıma hem güzel, hem çirkin görünmesi kaçınılmaz bir şeydir, ötekiler de öyle.»

«İki kat olan birçok şeyler de bir bakıma iki kat, bir bakıma yarım görünebilir, değil mi?»

«Evet.»

«Büyük ya da küçük, ağır ya da hafif dediğimiz şeyler için

de durum aynıdır. Bütün bu sıfatlar kadar karşıt sıfatlar da uymaz mı onlara?»

«Elbet, her zaman böyledir.»

«Bu gibi çok şeylere şudur dediğimiz zaman, bunlar aynı derecede hem şu olabilirler, hem de olmayabilirler, değil mi?»

«Bunlar şölenlerde söylenen iki anlamlı sözlere ya da çocukların bilmece oyunlarına benziyor. Hani birbirlerine 'Bir adam var adam değil- Bir kuş vurdu kuş değil' gibi sözlerle bir bilmece sorarlar da, sonunda bir hadımın yarasa vurduğu çıkar ortaya, onun gibi. Dediğin bu şeyler de böyle kaypak, iki anlamlıdır. Hiç birinin kesin olarak var mı, yok mu; hem var, hem yok mu; ne var, ne yok mu olduğunu kavramaya imkân yoktur.»

«Öyleyse ne yapalım bunları? En iyisi varlıkla yokluk arasına koymak değil mi? Öyle ya, bunlar yokluktan daha karanlık
bir yerde daha yok, varlıktan daha aydınlık bir yerde daha var d
olamazlar.»

«Çok doğru.»

«O hâlde, kalabalığın güzellik ve benzeri şeyler üzerinde benimsediği birçok görüşlerin yoklukla mutlak varlık arasında dönüp durduklarını ortaya koyduk diyebiliriz.»

«Evet, öyle.»

«Ama, böyle bir şeyi bulup ortaya korsak, buna bilginin değil, sanının konusu dememiz gerektiğini, çünkü bir ara-alanda böylesine dönüp dolaşan şeyin bir ara-güçle kavranacağını önceden kabul etmiştik.»

«Kabul etmiştik.»

«Öyleyse, bir sürü güzel şeye bakıp duran, ama güzelin e
kendisini görmeyen, onu göstermek isteyenin de ardından gidemeyen, yine bunun gibi, bir sürü doğru şeye bakıp da doğruluğun kendisini görmeyen, öteki şeylerde de bundan farksız

olan kimselere gelince; bunlar için, her şey üzerinde sanıları var, ama hiç biri üzerinde bilgileri yok demez miyiz?»

«Zorunlu olarak öyle deriz.»

«Ya peki, şeyleri kendi başlarına, değişmez özleri içinde görenlere ne deriz? Sanılan değil, bilgileri var demek miyiz?»

«Elbette, bu da zorunlu.»

«Ayrıca bunların bilimin konusu olan şeylere karşı, öbürlerininse sanının konusu olan şeylere karşı sevgi ve bağlılık
480 duyduklarını da söyleriz, değil mi? Hatırlarsın, bu öbürlerinin güzel sesleri, güzel renkleri ve benzeri şeyleri sevdiklerini, bunlara hayran olduklarını, ama güzelin kendisinin bir gerçek olduğunu kabul etmediklerini söylemiştik.»

«Hatırlıyorum.»

«Böyle olunca, onlara filozof, yani bilgisever yerine filodoks, yani sanısever dersek, haksızlık mı etmiş oluruz? Bundan ötürü çok mu kızarlar bize?»'

«Beni dinlerlerse, kızmasınlar,» dedi. «Doğru söze kızılmaz.»

«O hâlde, her şeyde gerçek varlığa bağlananlara filodoks değil, filozof demek gerekir, değil mi?»

«Elbette.»

VI. KİTAP

«Böylece Glaukon, hayli uzun bir tartışmadan, hayli zorluklardan sonra, filozof olanlarla olmayanları ayırt ettik.» 484

«Belki kısa bir tartışmayla bu sonuca kolayca varamazdık,» dedi.

«Belki,» dedim. «Ama bence bu konuyu daha fazla aydınlığa kavuşturabilirdik. Ne var ki sırf bu konuyu tartışacak değiliz; doğru adamın hayatının ne bakımdan eğri adamınkinden farklı olduğunu iyice anlayabilmek için önümüzde daha araştırılacak birçok konu var.» b

«Bundan» sonra hangi konu geliyor?» dedi.

«Hangisi olacak?» dedim. «Elbet sıradaki ilk konu. Şimdi, değişmeyenin bilgisine ulaşabilenler filozof olduklarına, buna ulaşamayıp değişken nesnelerin çokluğu içinde dönüp dolaşanlarsa filozof olmadıklarına göre, bunlardan hangilerini sitenin başına geçirmek gerekir?»

«Buna iyi bir cevap nasıl verilebilir acaba?»

«Sitedeki yasaları ve kurumları koruyabilecek durumda olanları koruyuculuğa getirmek gerekir.»

«Doğru,» dedi. c

«Peki,» dedim, «herhangi bir şeyin koruyuculuğuna getirilecek adam kör mü, yoksa gözü keskin mi olmalı diye sorulur mu?»

«Sorulmaz elbet,» dedi.

«O hâlde, nesnelerin gerçek varlığı üzerinde bilgisi olmayan, ruhlarında hiç bir aydınlık örnek bulunmayan, ressamların modellerine baktıkları gibi gözlerini mutlak doğruya çeviremeyen; bunu bütün dikkatiyle seyrettikten sonra da, hep ona bağlı kalarak, güzelliğin, doğruluğun, iyiliğin yasalarını bu dünyada ortaya koyamayan, var olanlarını da koruyamayan kimselerin
d sence körlerden bir farkı var mıdır?»

«Zeus hakkı için,» dedi, «pek farkı yoktur.»

«Öyleyse, bunları mı koruyucu yapacağız, yoksa nesnelerin gerçek varlığını bilen, üstelik tecrübe bakımından da, başka değerler bakımından da bunlardan geri kalmayan kimseleri mi?»

«Bu bakımlardan da bir eksikleri yoksa, bu ikincileri koruyuculuğa seçmemek saçma olur; çünkü, belki de hepsinden önemli olan noktada üstünlük bunlardadır.»

485 «Şimdi bunların iki niteliği nasıl birleştirebileceklerini görmemiz gerekir, değil mi?»

«Elbette.»

«Bu konuşmanın başında da söylediğimiz gibi, önce bunların ne yaradılışta olmaları gerektiğini bilmeliyiz. Bence, bu noktada yeterince anlaşmaya varırsak, bu kimselerin aradığımız iki niteliği kendilerinde birleştirebilecekleri ve sitenin yönetimini başkalarına değil, bunlara vermek gerektiği üzerinde de anlaşmaya varırız.»

«Nasıl?»

b «Önce filozof yaradılışın ne olduğunda anlaşalım: Bu yaradılıştaki insanlar her zaman bilimi severler, çünkü bu bilim onlara doğma ve çürüme hâlleri arasında sürüklenip durmayan, o ölümsüz özü gösterir. Bunda anlaşıyor muyuz?»

«Evet, anlaşıyoruz.»

«Sonra, bu insanlar bu bilimi bütünüyle severler; büyük, küçük, değerli, değersiz hiç bir parçasından isteyerek vazgeçmezler, hani demin sözünü ettiğimiz sevdalılar ve şeref düşkünleri gibi.»

«Doğru.»

«Şimdi de şunu düşün bakalım: Söylediğimiz gibi olmala- c
rını istediğimiz insanlarda bir niteliğin daha bulunması zorunlu değil mi?»

«Hangi nitelik?»

«Doğru sözlülük, bile bile yalana razı olmamak, yalandan tiksinmek, doğruyu sevmek.»

«Öyle olsa gerek.»

«Yalnız olsa gerek değil, dostum. Bir şeye yaradılıştan sevgi duyan insan, sevdiği şeyle yakınlığı, bağı olan her şeyi de zorunlu olarak sevmez mi?»

«Haklısın,» dedi.

«Peki, bilime doğrudan daha yakın bir şey bulabilir misin?»

«Bulamam elbet.»

«O hâlde aynı yaradılış hem bilgeliği, hem yalanı sevebilir d
mi?»

«Sevemez.»

«Öyleyse, bilgeliği gerçekten seven, daha çocukluğundan var gücüyle her türlü doğruyu aramalıdır.»

«Elbette.»

«Ama bir insanın istekleri, olanca gücüyle bir tek şeye yöneldi mi, tek bir kanala akıtılan sular gibi, geri kalan şeylere karşı azalır.»

«Şüphesiz.»

«Böylece, istekleri bilimlere ve onlarla ilgili her şeye yönelmiş adam, bence, yalnız ruhunda duyduğu zevkleri arar, beden zevklerinden uzaklaşır, ama filozofluk taslayan biri değil de, gerçekten filozof bir adamsa.»

«Zorunlu olarak.»

e «Böyle bir insan ölçülü olur, para, mal düşkünü olmaz; çünkü başkalarını çok para kazanıp çok harcamaya götüren şeylere değer vermez o.»

«Elbet.»

486 «Filozof yaradılışlı olanla olmayanı birbirinden ayırt etmek bakımından bir de su noktayı göz önünde tutman gerek.»

«Hangi noktayı?»

«O insanın içinde hiç bir aşağılık çıkar düşüncesi olmamalı. Çünkü Tanrısal ve insanca şeyleri tamlığı, bütünlüğü ile kavramaya yönelmekten bir an geri kalmaması gereken bir ruh küçük hesaplarla hiç bağdaşamaz.»

«Çok doğru.»

«Düşünce yüceliğine ulaşmış, bütün zamanları ve bütün varlıkları seyredebilen kişi, insan hayatına büyük bir şey diye bakabilir mi dersin?»

«Bakamaz,» dedi.

b «Böyle bir insan, ölümü korkulacak bir şey sayar mı?»

«Hiç mi hiç saymaz.»

«Öyleyse, korkak ve aşağılık bir yaradılışın gerçek felsefeden her hâlde hiç bir nasibi olamaz.»

«Bence olamaz.»

«Peki, içinde para hırsı, küçüklük, kibir, korkaklık bulunmayan düzenli bir insan huysuz, eğri bir insan olabilir mi?»

«Olamaz.»

«Öyleyse, filozof ruhlu olanla olmayanı ayırt etmek istediğin zaman, onun genç yaştan doğru ve yumuşak huylu mu, yoksa geçimsiz ve hırçın mı olduğuna bakacaksın.»

«Doğru.»

«Şunu da gözden kaçırmaman gerekir.»

«Neyi?» c

«O insanın kolay mı, yoksa zor mu öğrendiğini. Yaptığı işte çok zahmete karşılık az başarı elde eden birinin işine bağlanmasını bekleyebilir misin?»

«Bekleyemem elbet.»

«Peki, öğrendiğini aklında tutamayan, unutkan bir insanın kafasında bilgi barınabilir mi?»

«Barınamaz.»

«Böylece, kendini zorladığı hâlde emekleri boşa giden insan, sonunda kendinden de, uğraştığı işten de tiksinmez mi?»

«Tiksinmez olur mu?» d

«Öyleyse, unutkan bir ruhu hiç bir zaman felsefeye yatkın ruhlar arasına kabul etmeyeceğiz; çünkü bunların belleme güçlerinin yerinde olması gerek. »

«Elbette.»

«Peki, uyumsuz, zevksiz, incelikten yoksun bir yaradılış, insanı ister istemez ölçüsüzlüğe götürmez mi?»

«Şüphesiz.»

«Sence hakikat ölçüyle mi akrabadır, ölçüsüzlükle mi?»

«Ölçüyle.»

«Demek filozofta, öteki niteliklerden başka, ölçü ve incelikle dolu bir düşünce de bulunacak; yaradılışı gereği bu düşünce her varlığın ideal gerçeğine kolayca yönelecek.»

«Evet.» e

«Peki, sence, bu saydığımız nitelikler birbirleriyle ilişkili değil mi? Hepsi de, tam ve eksiksiz biçimde varlığın bilgisine katılması gereken bir ruh için gerekli değil mi?»

«Hem de son derece gerekli,» dedi.

487 «Gereğince yapılabilmesi için yaradılıştan belleme gücü, öğrenme kolaylığı, ruh yüceliği ve incelik isteyen, hakikatin, doğruluğun, yürekliliğin ve ölçülülüğün dostu, akrabası olmayı gerektiren bir işte sen herhangi "bir kusur bulabilir misin?»

«Hayır,» dedi, «Momos[99] bile bunda bir kusur bulamaz.»

«Öyleyse, sitenin yönetimini eğitim ve yaşın olgunlaştırdığı bu gibi adamlara vermen gerekmez mi?»

Bu sırada Adeimantos söze karıştı: «Sokrates,» dedi, «bu
düşüncelerine kimse yanlış diyemez. Ama, senin bu konuşma-
larını dinleyenler şöyle bir duyguya kapılıyorlar: Soru-cevap
b sanatında acemi oldukları için, her soruda kendilerini doğru
çizgiden bir parça daha sapmış buluyorlar; böylece bu küçük
sapmalar birike birike, konuşmanın sonunda, başlangıçta ka-
bul edilen şeye tam ters düşen koca bir yanlış hâline geliyor.
Tavla oyununda usta oyuncular nasıl acemileri sıkıştırır da hiç
bir pulu oynayamaz duruma getirirlerse, senin karşındaki de
öyle kımıldanmaz hâle geliyor; pullarla değil, sözlerle oyna-
c nan bu tavla oyununda, o da ne söyleyeceğini bilemez oluyor.
Ama gene de senin söylediklerinin doğru olduğuna inanmıyor.
Bunu şimdiki konuşmamızla ilgili olarak söylüyorum. Çünkü
sana şöyle diyebilirler: Senin sorularına sözle karşılık veremi-
yoruz; ama gerçekte pekâlâ görüyoruz ki felsefe ile uğraşanlar,
d gençliğinde felsefe öğrenimi gördükten sonra bunu bırakmayıp
devam ettirenlerin çoğu, tam sapık diyemesek bile, bir tuhaf
adam oluyorlar; en iyi görünenleri bile, senin övdüğün felsefe
yüzünden siteye yararsız hâle geliyorlar.»

Bunları dinledikten sonra Adeimantos'a şöyle dedim: «Böyle diyenler sence yanlış mı düşünüyor?»

«Bilmem,» dedi. «Ama senin ne diyeceğini merak ediyorum.»

e «Bence doğru düşünüyorlar.»

---

99 Hesiodos, **İşler ve Günler**, 122, 123.

«Öyleyse,» dedi, «filozoflar, üstelik site için yararsız saydığımız bu adamlar başa geçmedikçe, sitelerin dertlerden kurtulamayacaklarını neye dayanarak öne sürebiliriz?»

«Bu soruna ancak bir benzetmeyle cevap verebilirim.»

«Benzetmelerle konuşmak âdetin değildi senin!» dedi.

«Ne iyi,» dedim, «hem çıkmaza sok beni, hem de alaya al! Ama gene de dinle benzetmemi. Dinle de, bu işte kendimi ne
kadar zorladığımı gör: Devletler en akıllı kişilere karşı o ka- 488
dar insafsız davranırlar ki bunun dünyada bir benzerini daha bulamazsın. Böyle bir şeyi bir örnekle anlatarak bu adamları savunabilmek için, hani o yarı teke, yarı geyik birtakım hayvanlar ve benzeri yaratıklar çizen ressamlar gibi, insanın çeşitli nesneleri bir araya getirip birleştirmesi gerekir. Şimdi, bir ya da birçok gemide şöyle bir şey geçtiğini düşün: Gemi sahibi, bütün gemicilerden daha güçlü kuvvetli; ama kulağı ağır işitiyor, gözü
iyi görmüyor, denizcilikten de pek anladığı yok. Gemicilere b
gelince, hepsi de gemiyi ben kullanacağım diye ortaya çıkmış, dümeni ele geçirmek için çekişip duruyorlar; oysa hiç biri kaptanlıktan anlamıyor, bu sanatı kimden, ne zaman öğrendiğini sorsan söyleyemez. Üstelik bunlar, kaptanlık sanatının öğrenmekle elde edilen bir sanat olmadığını ileri sürüyorlar, tersini
söyleyecek birini parça parça edebilirler. İşte bu gemiciler, gemi c
sahibinin etrafını almışlar, yalvarıp yakarıyorlar, dümeni bana ver diye başını ağrıtıyorlar. Adam geminin yönetimini başka kime verecek olsa, bunlar onu öldürüyor, ya da gemiden atıyorlar. Sonunda, adamotu ile, içkiyle, başka şeylerle adamcağızı uyuşturup gemiyi ellerine geçiriyorlar; gemide ne varsa hepsine el koyuyorlar; yiyip içip keyfediyorlar; gemiyi de, böylesi adamlar nasıl yönetirse öyle yönetiyorlar. Üstelik, gemi sahibini kandırıp ya da zorlayıp kumandayı kendilerine vermesine yar-
dım edeni övgülere boğuyor, usta gemici, üstün kaptan, deniz- d
cilik sanatının şahı sayıyorlar; yardım etmeyeni de, işe yaramaz diye kötülüyorlar. Şurası akıllarından bile geçmiyor ki gerçek

kaptan, bir gemiyi hakkıyla yönetebilecek duruma gelmek için, havayı, mevsimleri, göğü, yıldızları, rüzgârları, daha birçok şeyleri bilmek zorundadır. Ötekilerin rızasıyla olsun, olmasın,
e kaptanlığın ve dümenciliğin öğrenmeyle elde edilen, uygulamayla geliştirilen bir sanat olabileceğine hiç biri inanmıyor. Şimdi, hâli, gidişi böyle olan gemilerde gemiciler, gerçek kaptanı, bulutlarda dolaşan şaşkın, boş geveze, işe yaramaz adam olarak görmezler mi?»

«Elbet öyle görürler,» dedi Adeimantos.

489 «Sanırım, ne demek istediğimi anlıyorsun,» dedim. «Gerçek filozoflara karşı devletlerin tutumunun da böyle olduğunu ayrıca belirtmeme, açıklamama her hâlde gerek yok.»

«Elbette.»

«Şimdi sen, sitelerde filozoflara değer verilmeyişine şaşan adama önce bu benzetmeyi anlat ve asıl şaşılacak şeyin onlara
b değer verilmesi olacağına aklını erdirmeye çalış.»

«Çalışırım.»

«Sonra, ona, filozoflardan en akıllılarının kalabalık için yararsız olduğunu söylemekte haklısın de; ama bunun sebebinin o akıllı kişiler değil, onlardan yararlanmayanlar olduğunu da göster. Çünkü kaptanın yönetmek için tayfalardan izin istemesi, ya da, bilge kişilerin zenginlerin kapısını çalması tabii bir durum değildir. Bu sözü söyleyen yalan söylemiştir. Asıl tabii durum şudur: Zengin olsun, yoksul olsun, hasta olan hekimin kapısını, öndere ihtiyacı olan da kumanda edebilecek kimsenin
c kapısını çalmalıdır. Gerçekten yararlı olabilecek bir önder yönetilenlere gidip de buyruğuma girin diye yalvarmaz. Bugün yönetici durumunda olanları demin anlattığımız tayfalara, bu tayfaların işe yaramaz, hayal içinde yüzen gevezeler saydıkları insanları da gerçek kaptanlara benzetirsen, aldanmazsın.»

«Çok doğru.»

«Durum böyle olunca, uğraşların en yücesine, bunun tam tersini yapanların değer vermesini bekleyemeyiz. Ama felsefe-
ye yöneltilen en ağır, en ciddi suçlama, filozof geçinen adamlar d
yüzündendir; hani senin söylediğin, benim de kabul ettiğim gibi, felsefe düşmanlarının felsefecilerin çoğuna sapık, en akıllılarına da yararsız demelerine sebep olan o filozof taslakları yüzündendir. Öyle değil mi?»

«Evet.»

«Böylece, filozoflardan en iyilerinin neden yararsız olduklarını ortaya koymuş olduk, değil mi?»

«Evet.»

«İster misin, şimdi de çoğunun neden ister istemez sapık olduğunu araştıralım; bunun sebebinin de, elimizden gelirse,
felsefe olmadığını göstermeye çalışalım?» e

«Elbette isterim.»

«Peki öyleyse! Şimdi seçkin ve iyi bir adam olmak için ya-
radılıştan ne gibi nitelikler taşımak gerektiğini anlattığımız ko- 490
nuşmayı hatırlayalım. Bu yaradılışta olan birinin kılavuzu, hatırlayacaksın, önce hakikatti; onun her şeyde ve her yerde bunu araması gerekliydi, yoksa gerçek felsefeden hiç nasibi olmayan sahtekârın biri olurdu.»

«Evet, böyle demiştik.»

«Oysa bu konuda bugün geçerli olan düşünce bunun tam tersi değil mi?»

«Evet, tam tersi.»

«Peki, bu konuda kendimizi savunmak için şöyle söylesek haklı olmaz mıyız: Bilimi gerçekten seven kimse yaradılışı gereği gerçek varlığa ulaşmak ister, var olduğu sanılan tek tek şeylerin çokluğunda duraklayıp kalmaz; tersine, hiç aksamadan
yoluna devam eder, her şeyin özünü ruhunun bu özü kavramak b
için yapılmış, üstelik bu özle akraba olan yanıyla kavrayınca-

ya kadar coşkunluğunu yitirmez; sonra da, sevgilisine kavuşur gibi asıl gerçeğe kavuşup onunla birleşince; akıl ve hakikati doğurur, bilgiye ve gerçek hayata ulaşır, onunla beslenir, ancak bundan sonra doğum sancılarından kurtulur.»

«Bundan güzel savunma olamaz.»

«Peki, böyle bir adam yalanı sever mi, yoksa tiksinir mi ondan?»

c «Tiksinir,» dedi.

«Hakikat kılavuz olunca, kötülükler korosu onun ardından yürür diyebilir miyiz?»

«Elbet, diyemeyiz.»

«Tersine, ölçünün yoldaşlık ettiği temiz ve dürüst bir ahlak gider onun ardından.»

«Haklısın.»

«Artık, filozof yaradılışı meydana getiren öteki erdemleri yeni baştan sıralayıp zorunlu olduklarını bir kere daha belirtmeye gerek var mı? Hatırlarsın, yürekliliğin, ruh yüceliğinin, öğrenme kolaylığının, belleme gücünün böyle bir yaradılışa özgü nitelikler olduğunu görmüştük. Bunun üzerine, sen bize karşı çıkıp demiştin ki herkes söylediklerinizi ister istemez ka-
d bul eder, ama sözleri bırakıp da söz konusu kişilerin kendilerine bakınca, bazılarının işe yaramaz, çoğunun da adamakıllı sapık kişiler olduğunu pekâlâ görüyoruz der. İşte bu suçlamanın nedenini ararken şimdiki sorumuza, yani filozoflardan çoğunun neden sapık kişiler olduğu sorusuna geldik; bu da bizi gerçek filozofun ne yaradılışta olması gerektiğini yeniden belirlemeye götürdü.»

«Öyle.»

e «Şimdi bu yaradılışı kötüye götüren nedenleri araştıralım: Nasıl olup çoğunda bozuluyor da, pek azında, hani sapık değil, yararsız denilenlerde bozulmaktan kurtuluyor? Bundan son-

ra, filozof yaradılışı taklit eden, onun rolüne bürünen kimse- 491
leri inceleyeceğiz: Lâyık olmadıkları, üstelik güçlerini de aşan bir uğraşa haksızca el atarak, davranışlarındaki bin bir sapma, uyuşmazlık yüzünden felsefeye o sözünü ettiğin kötü ünü kazandıran yaradılışlar hangileridir?»

«Peki ama, ne türlü bir bozulma bu dediğin?»

«Becerebilirsem, anlatmaya çalışayım,» dedim. «Şöyle bir söz edersek, sanırım herkes kabul eder: Kusursuz filozofta ara-
dığımız bütün nitelikleri kendinde toplayan bir yaradılış dün- b
yaya pek seyrek gelir, pek az insanda görülür, öyle değil mi?»

«Elbette.»

«Şimdi, sayısı pek az olan bu yaradılışları yıkan nedenlerin ne kadar çok, ne kadar güçlü olduğunu bir düşün!»

«Neler bunlar?»

«İşin en garibi şu: Değer verdiğimiz niteliklerden her biri, yani yüreklilik, ölçülülük ve öbür erdemler, onlara sahip olan ruhu bozar, felsefeden ayırır.»

«Çok garip doğrusu,» dedi.

«Bundan başka,» dedim, «nimet adı verilen her şey de ruhu c
saptırır ve felsefeden uzaklaştırır: Güzellik, zenginlik, beden gücü, site içinde sıkı aile bağları ve benzeri şeyler. Genel olarak ne demek istediğimi anlıyorsun sanırım.»

«Evet ama, biraz daha açıklasan iyi olacak.»

«Bunu genel bir ilke olarak kavra. O zaman konu aydınlanır kafanda; biraz önce söylediğimi de garip bulmazsın.»

«Peki ne yapayım, sen söyle!»

«Bitkilerde olsun, hayvanlarda olsun, her tohumun, her fi- d
danın, gücü ne kadar büyükse, kendine uygun besini, iklimi, yeri bulamayınca, göreceği zarar da o kadar büyük olur; çünkü kötü şey iyi olmayandan çok iyi olana ters düşer.»

«Elbette.»

«O hâlde, en iyi yaradılışın, kendine ters düşen beslenme ve yetişme koşulları içinde, aşağı yaradılıştan daha kötü hâle gelmesi doğaldır.»

«Evet.»

e «Öyleyse Adeimantos, en güzel niteliklerle dünyaya gelmiş ruhlar da, kötü bir eğitimle yetişirlerse, öbürlerinden daha kötü olmazlar mı? Yoksa sence, büyük suçlar, katkısız kötülükler, içinde bulunduğu yetişme tarzının bozduğu güçlü yaradılışlardan çıkmaz da, güçsüz yaradılışlardan mı çıkar? Cılız bir yaradılış iyi olsun, kötü olsun, büyük bir iş yapabilir mi?»

«Hayır, bence de dediğin gibidir.»

492 «O hâlde filozofta bulunan yaradılış, kendine uygun eğitime kavuşursa, gittikçe gelişerek bütün erdemlere ulaşır; ama uygunsuz bir toprağa ekilir de orada beslenip büyürse, sonuç tam tersine olur, meğer ki bir tanrı imdadına yetişsin. Sofistlerin bozduğu birtakım gençler bulunduğuna, özel hayatta gençleri sözü edilmeye değecek ölçüde bozan birtakım sofistler bulunduğuna halk kalabalığı gibi sen de inanıyor musun? Tersine asıl büyük sofistler bunu söyleyenler değil midir? Genç, ihtiyar, kadın, erkek, insanları diledikleri gibi yetiştirmesini, kalıba
b sokmasını pek güzel beceren de bunlar değil mi?»

«Ne zaman yapıyorlar bu işi?» dedi.

«Halk kurullarında, mahkemelerde, tiyatrolarda, kışlalarda ve buna benzer toplantı yerlerinde, bir sürü insan yan yana oturup da bir sözü ya da bir davranışı beğendiklerini ya da beğenmediklerini yaygarayla, aşırı biçimde gösterdikleri, haykırışları ve alkışları çevredeki kayalarda, bayırlarda yankılanıp övgülerin, yergilerin gürültüsünü iki katına çıkardığı zaman. Böyle bir
c havanın içinde bir gencin yüreği allak bullak olmaz mı? Buna hangi özel eğitim karşı koyabilir? Tersine, bunca yergi ve övgü selinin altında kalıp onların aktığı yönde sürüklenmez mi? O genç, güzelle çirkinin ne olduğu konusunda kalabalığın kanı-

sına katılmaz mı? Kalabalığın bağlandığı şeylere ballanmaz mı' Ona benzemez mi?»

«Zorunlu olarak Sokrates.» d

«Dahası var. Uğrayacağı en büyük zorbalığı söylemedik daha.»

«Nedir o?»

«Bu tür eğiticilerin, bu tür sofistlerin sözle yola getiremediklerine karşı giriştikleri zorbalık. Bilmez misin, kendi dediklerini kabul ettiremedikleri kişileri yurttaşlık haklarından yoksun ederek, para cezasına ya da ölüme mahkûm ederek cezalandırırlar.»

«Bilmez olur muyum?»

«Bu durumda hangi sofist, hangi özel eğitim bunlara karşı durabilir?»

«Bence hiç biri karşı duramaz.» e

«Elbette,» dedim, «üstelik böyle bir şeye kalkışmak delilik olur. Çünkü kalabalığın anlayışına aykırı düşen bir eğitimle oluşmuş ayrı bir karakter ve erdem tipi yoktur; olmamıştır, olmayacaktır. Tabii bunu insan için söylüyorum, sevgili dostum, atasözünün dediği gibi, tanrılar kurala sığmaz. Bu yüzden, bugünkü yönetimlerde kurtulan ve iyiye varan bir şey oluyorsa,
bunun Tanrının yardımıyla olduğunu söylersen, bil ki yanılmış 493
olmazsın.»

«Doğrusu, benim düşüncem de bu.»

«Öyleyse şu noktada da bana katılacaksın.»

«Hangi noktada?»

«Politikacıların sofist adını verdikleri, kendilerine de rakip saydıkları bu ücretli özel hocaların bütün öğrettikleri, zaten kalabalığın kendi kurullarında ortaya atıp durduğu sanılardan başka bir şey değildir; bilgelik dedikleri de budur. Bu şuna benzer: Diyelim ki kocaman, güçlü bir hayvana bakmakla görevli bir adam var. Bu adam, önce hayvanın içgüdülere bağlı hare-

ketlerini, isteklerini gözledikten sonra, ona nasıl yaklaşacağını;
b neresinden tutacağını, ne zaman, niçin kızıp yatıştığını; çeşitli durumlarda ne türlü bağırdığını, hangi ses tonunda huysuzlanıp hangisinde yumuşadığını iyice öğreniyor. Bütün bu öğrendiklerine de bilgelik adını veriyor. Bunları derleyip toplayıp bir sanat hâline getirerek başkalarına öğretmeye başlıyor. Koca hayvanın davranışlarından, isteklerinden hangilerinin güzel, iyi, haklı, hangilerinin çirkin, kötü, haksız olduğunu inceleyip
c bir bilgiye varmadan, bu deyimleri onun keyfine göre kullanarak, hayvanın hoşuna giden şeylere iyi, hayvanı tedirgin eden şeylere de kötü diyor. Neden böyle dediğini de başka türlü açıklayamadan, zorunlu olanla haklı ve güzeli bir tutuyor; çünkü zorunlu ile iyi arasındaki öz farkının ne kadar büyük olduğunu ne görmüştür, ne de başkalarına gösterebilir, Zeus hakkı için, böyle bir adam garip bir eğitici olmaz mı?»

«Elbette,» dedi.

d «Peki, böyle bir adamla, çeşit çeşit insanlardan meydana gelmiş bir kalabalığın resim, müzik, politika karşısındaki tutumlarını, zevklerini öğrenmeye bilgelik adını veren bir adam arasında fark görür müsün? Bu kalabalığın önüne bir adam yıkıp da onlara bir şiir, bir sanat eseri, ya da kamu hizmetiyle ilgili bir tasarı sunsa ve kalabalığın yargısını kayıtsız şartsız kabul edeceğini söylese, o adam artık bu kalabalığın beğenisine çaresiz boyun eğmek zorunda değil midir? Gerçekten güzel bir şey karşısında bu kalabalıktan birinin, bunu neden güzel bulduğunu söylerken, gülünç sebepler ileri sürmediğini hiç gördün mü?»

e «Görmedim, göreceğimi de sanmam.»

«Bunları iyice anladığımıza göre, şimdi de şunu hatırlayalım: Kalabalık, güzel şeylerin çokluğundan ayrı olarak kendi basına var olan bir güzelin, ya da tek tek bir sürü şeylerden ayrı olarak düşünülen bir özün bulunduğunu kabul edebilir, kavrayabilir mi?»

«Hiç bir şekilde kavrayamaz.»

«Demek ki halk filozof olamaz.»

«Evet, olamaz.» 494

«Bu yüzden de zorunlu olarak halk, filozofları beğenmez.»

«Evet.»

«Kalabalığın arasına karışan, kalabalığa yaranmak isteyen kişiler de hâliyle filozofları beğenmez.»

«Tabii.»

«Bu böyle olunca, filozof yaradılışlı insan için uğraşım sür-
dürmesine ve amacına ulaşmasına imkân verecek bir kurtuluş b
yolu düşünebilir misin? Daha önce söylediklerimizin ışığında
incele bunu: Hani öğrenme kolaylığının, belleme gücünün,
yürekliliğin ve ruh yüceliğinin filozof yaradılışa özgü nitelikler
olduğunda anlaşmıştık.»

«Evet.»

«O hâlde bu yaradılışta olan biri daha küçük yaştan her şeyde birinci olmaz mı, hele beden nitelikleri de ruh niteliklerine uygunsa?»

«Elbette.»

«Peki, büyüdüğü zaman, yakınları, hemşerileri böyle bir genci kendi çıkarlarına hizmet ettirmek istemezler mi?»

«İstemez olurlar mı?»

«Geleceğinin parlak olduğunu bildiklerinden, ayağına ge- c
lir, dalkavukluk ederler, övgülere boğarlar onu; böylece şimdi-
den avlamak isterler.»

«Gerçekten, çoğu zaman böyle olur.»

«Peki, bu şartlar içinde ne yapar o genç, hele büyük bir si-
tede doğmuşsa, zengin, soylu, yakışıklı, boylu poslu ise? Ölçü-
süz umutlarla dolmaz mı içi? Hem Yunanlıları, hem barbarları
yönetebilecek güçte görmez mi kendini? Havalarda uçan, kendi d

kendisiyle dolu, boş ve ahmakça bir gururla şişmiş bir adam olup çıkmaz mı?»

«Elbette.»

«Peki, böyle bir ruh hâli içindeyken, biri usulca yanına yaklaşsa da, doğruyu söyleyip ona 'Bak arkadaş, senin aklın başında değil, sana akıl gerek; ama bunu ancak hakikatin ardından koşmakla elde edebilirsin' dese, bunca kötü etkinin altında bulunan o genç böyle sözlere kulak asar mı dersin?»

«Dünyada asmaz,» dedi.

«Ama, ne de olsa doğuştan iyi nitelikleri ve bu çeşit öğüt-
e lere yatkınlığı bulunduğu için diyelim ki bu sözleri dinledi de, yola gelip felsefeden yana döndü. O zaman, onun dostluğunu, desteğini kaybedeceklerini düşünenler ne yaparlar dersin? O adama inanmasın diye dökmedikleri dil, baş vurmadıkları yol kalır mı? O adamı sindirmek için de ellerinden geleni artlarına korlar mı? Tuzaklara düşürmeye, mahkemelere vermeye, kalkmazlar mı onu?»

495 «Elbet öyle olur,» dedi.

«Bu durumda bu gencin filozof olmasına imkân kalır mı?»

«Kalmaz.»

«Görüyorsun ki,» dedim, «demin söylediğimizde haksız değilmişiz: Filozof yaradılışı meydana getiren nitelikler, kötü bir eğitimle bozuldu mu, onu yolundan, amacından saptırıyor. Nimet adı verilen para, mal ve benzeri şeyler de öyle.»

«Evet, yanılmamışız öyle söylemekle.»

«İşte sevgili dostum, uğraşların en iyisi için dünyaya gelmiş,
b üstelik çok da seyrek geldiğini söylediğimiz en iyi yaradılışların bozulması böyle olur, bu denli büyük olur. Sitelere ve kişilere en büyük kötülükleri edenler de, iyi yolda yürüdükleri zaman en büyük iyiliği edenler de böyleleri arasından çıkar. Ama düşük

yaradılışlı bir adam ne siteye, ne kişilere hiç bir zaman büyük bir iş edemez.»

«Çok doğru.»

«O hâlde, felsefe için doğmuş adamlar felsefeden uzakla-
şıp onu gerdeğe girememiş bir kız gibi yalnız ve kısır bırakarak c
kendi yaradılışlarına aykırı gerçekdışı bir yaşama yoluna saptılar mı, yakınlarının terk ettiği bu öksüzün üzerine lâyığı olmayan başka talipler saldırırlar; kirletirler onu. Böylece de düşmanlarının diline düşürürler; senin söylediğin gibi, felsefeyle düşüp kalkanların bazılarına ise yaramaz demelerine, çoğuna da türlü kötülükler yüklemelerine sebep olurlar.»

«Gerçekten, söyledikleri bu.»

«Haksız da değiller,» dedim. «Çünkü güzel deyimler, gösterişli sözlerle dolu o yeri sahipsiz gören birtakım değersiz
adamlar, tapınaklara sığınan hapishane kaçakları gibi, işlerini d
güçlerini bırakıp felsefeye koşarlar, oysa bunlar kendi küçük sanatlarında çok daha ustadırlar. Çünkü felsefenin, bugünkü düşkün durumunda bile, öbür sanatlara göre haysiyeti gene de yüksektir. O bayağı el sanatlarında çalışmaktan bedenleri bozulduğu gibi ruhları da yıpranıp sakatlanmış bir sürü düşük ya-
radılışlı insan bu yüzden felsefeyi arar. Kaçınılmaz bir durum e
değil mi bu?»

«Öyle.»

«Bunların hâli şuna benzemiyor mu? Diyelim ki bakırcılık eden ufak tefek, kel kafalı bir adam var, Para kazanmış, zincirlerinden kurtulur kurtulmaz hamama koşmuş, yıkanıp temizlenmiş, yeniler giymiş, bir güvey gibi süslenmiş, efendisinin yoksul düşen, kimsesiz kalan kızını almaya gidiyor.»

«Hem de tıpatıp benziyor.» 496

«Böyle bir karı kocadan ne biçim çocuklar doğması beklenir? Kötü ve cılız yaratıklar, değil mi?»

«Elbet öyle.»

«Eğitim bakımından değersiz insanlar felsefeye yaklaşıp lâyık olmadıkları hâlde onunla düşüp kalkınca, bunlardan ne gibi düşünceler, sanılar doğar dersin? Düpedüz, gerçek adıyla sofizm, değil mi? Gerçek bilgelikten hiç bir payı olmayan soysuz şeyler, değil mi?»

«Çok doğru.»

b «Demek ki Adeimantos, felsefeyle düşüp kalkmaya lâyık olanların sayısı pek azdır: Olsa olsa, iyi bir eğitimle yetişmiş, yurdundan sürülmekle de kurtulmuş, her türlü bozucu etkinin dışında kalarak kendi yaradılışına ve yoluna bağlı kalmış soylu bir karakter veya küçük bir kentte doğmuş, kamu görevlerini küçümseyen, hor gören büyük ruhlu bir adam, ya da haklı olarak aşağı gördüğü bir işi bırakarak felsefeye yönelen az bulunur
c ve mutlu yaradılışta bir insan. Dostumuz Theages'in[100] dizgini de bazılarını felsefeye yönelmek zorunda bırakabilir. Nitekim Theages, insanı felsefeden uzaklaştıran bütün niteliklere sahipti, ama sağlığının bozuk oluşu politikayla uğraşmasını engelleyen bir dizgin oldu. Bana gelince, içimdeki daimon'un sesinden[101] söz etmeye değmez; çünkü buna geçmişte bir örnek gösterilebilir mi, bilmem, iste bu küçük azınlık içinde bulunan kişiler, felsefenin verdiği tadı ve mutluluğu tatmış, kalabalığın çılgınlığını, devlet yönetiminde kimsenin akıllıca bir is yapmadığını
d görmüş; doğruluğu savunmakta yıkıma uğramadan elbirliği edebilecekleri kimse bulunmadığını öğrenmiş, tersine, yırtıcı hayvanlar arasına düşüp de onların cinayetlerine katılmaya yanaşmayan; bu vahşi yaratıkları durdurmaya da tek başına gücü yetmeyen adamlar gibi, yurtlarına ve dostlarına hizmet edemeden, kendilerine de, başkalarına da yararları dokunmadan ölüp gideceklerini anlamışlardır. Böyle bir kişi, bütün bunları düşünerek, kendi köşesinde başını dinler, kendi işleriyle uğra-

---

100 Sokrates'in öğrencisi, Platon'un diyaloglarından birine adını verdiği kişi.

101 Sokrates'in ünlü daimon'u (Bk. **Sokrates'in Savunması**, 31, c, d).

şır; bir fırtına çıkıp da tozu dumana kattığı zaman bir duvarın arkasına sığınan biri gibi, başkalarının kötülüklere bulandığını görür; kendisi, bu dünyadaki hayatını eğrilik ve günahtan uzak, tertemiz yasayabilirse, bu hayattan güzel bir umut içinde gü- e
lümseyerek, iç rahatlığıyla çıkıp gidebilirse, mutlu olur.»

«Geride böyle bir hayat bırakmak az şey değil doğrusu!»

«Evet ama, büyük bir şey de değil. Çünkü kendine uygun 497
bir devlete kavuşamamış olur. Uygun bir yönetimde ise filozof, hem kendi büyüklüğüne erişir, hem de kendisiyle birlikte toplumun kurtulmasını sağlar. Felsefeye yöneltilen suçlamaların sebebi ve haksızlığı üzerinde yeterince durduk sanırım. Senin söyleyeceğin başka bir şey var mı?»

«Hayır, bu noktada hiç bir sözüm yok. Ama bugünkü devlet biçimleri arasında sence filozofa en uygun olanı hangisidir?»

«Hiç biri,» dedim, «işte ben de asıl buna yanıyorum: Bence b
filozof yaradılışa uygun hiç bir yönetim biçimi yok. Bu yüzden de bu yaradılış bozuluyor, kötüye gidiyor. Uzak ülkelerden getirilmiş bir tohum yabancı bir toprağa ekilince nasıl cılızlaşırsa, o yabancı toprağın etkisiyle nasıl niteliğini değiştirir de biçimsiz bir bitkiye dönüşürse, filozof tabiatı da, kendine uymayan şartlar içinde erdemini yitirir, bambaşka bir tabiata dönüşür. c
Ama kendisi gibi erdemli bir devlet düzenine kavuşacak olursa, o zaman onun gerçekten Tanrısal bir tabiat olduğu, öteki yaradılışlarda ve işlerde ise insanüstü hiç bir yan bulunmadığı anlaşılır. Tabii şimdi sen bana bu devlet biçiminin hangisi olduğunu soracaksın.»

«Aldanıyorsun, soracağım bu değildi. Bu devlet, bizim tasarladığımız mı, yoksa değil mi diye soracaktım.»

«Evet, şu noktası da tamam olursa bizim tasarladığımız devlet: Hani daha önce demiştik ki böyle bir sitede, senin yasa koyucu olarak yasaları yaparken kafanda taşıdığın devlet anlayışına bağlı kalacak, bunu koruyup gözetecek bir görevli bu- d
lunmalı.»

«Evet, böyle bir şey söylemiştik.»

«Ama yeterince açıklamamıştık bunu. Çünkü eleştirileriniz beni ürkütmüş, bunu kanıtlamanın uzun ve çetin bir iş olacağını göstermişti. Konunun şimdi açıklayacağım yönü de az çetin değil.»

«Hangisi.»

«Şu: Devletin, yıkılmaktan kurtulmak için felsefeye karşı tutumu ne olmalı? Çünkü bütün büyük şeyler tehlike içindedir; atasözünün dediği gibi, güzel şeyler gerçekten zordur.»

e «Bunu da açıkla, tamam olsun.»

«Açıklayamazsam,» dedim, «istemediğime değil, beceremediğime ver. Ama nasıl canla başla uğraşacağımı göreceksin. Her tehlikeyi göze alarak, yılmadan şunu ileri süreceğim: Devlet, felsefeye karşı bugünkünün tam tersi bir tavır takınmalıdır.»

«Nasıl olmalı bu?»

498 «Bugün felsefeyle uğraşanlar çocukluktan yeni çıkmış delikanlılar. Bunlar bu yaştan iş hayatına atılacakları, para kazanacakları çağa kadar felsefenin en zor bölümünü okurlar; sonra bu işi bırakırlar, işte örnek gösterilen filozoflarımız bunlardır! Bu gençler, felsefe konuşmalarına çağrıldıklarında konuşmaları uzaktan şöyle bir dinlemekle büyük iş yaptıklarını sanırlar; böyle işleri hoşça vakit geçirme sayarlar. Yaşları biraz ilerledi mi, pek azı dışında, hepsinin alevi, Ferakleitos'un güneşin-
b den[102] daha beter söner gider; çünkü, bunlarınki bir daha hiç doğmaz.»

«Peki, ne yapmalılar?»

«Tam tersini! Çocukken, yeni yetme iken yaşlarına uygun bir eğitim ve öğretim görmeliler, Bedenleri gelişmeye başladı mı, beden bakımı üzerinde önemle durmalılar, böylece felsefe

102 Herakleitos'a göre, her şey sürekli bir oluş içinde bulunduğundan, her gün doğan da yeni bir güneş idi.

için elverişli bir destek hazırlamış olurlar. Yaşları ilerleyip de ruhları olgunlaşmaya başlayınca, ona uygun daha ciddi çalışmalar yapmalılar. Daha sonra, beden güçleri azalıp politika ve askerlikle uğraşacak çağı geçtiler mi, onları kurban hayvanları gibi kutsal otlaklara salıvermeli; o zaman tek uğraşları felsefe c
olmalı. Böylece bu dünyada mutlu yaşarlar, öldükten sonra da öbür dünyada bu yaşayışlarına denk bir kadere kavuşurlar.»

«Doğrusu pek ateşli konuşuyorsun, Sokrates. Ama dinleyicilerinin sana karşı çıkmakta daha da ateşli olacaklarını sanıyorum; çünkü sözlerine inanmayacaklar; en başta da Thrasymakhos!»

«Thrasymakhos'la aramı bozmaya kalkma! Daha yeni dost d
olduk. Gerçi hiç bir zaman düşman değildik ya, olsun. Onu ve öbürlerini inandırmak için biz de elimizden geleni yaparız. Hiç değilse, yeniden doğacakları ve yine böyle tartışmalar görecekleri o hayata ulaştıkları zaman onlara yararı dokunacak bir iş yapmış oluruz.»

«Desene, pek kısa zamanda olacak bu iş!»

«Hem de sonsuzluk yanında hiç denecek kadar kısa bir zamanda! Ama kalabalığın bu sözlere inanmamasına hiç de şaşmamalı. Çünkü söylediğimiz şeyin gerçekten olduğunu görmemişlerdir. Tersine, bizimkiler gibi kendiliğinden gelen sözler e
yerine, sadece yapmacıklı, tumturaklı birtakım zorlama cümleler duymuşlardır bu konuda. Ama sözü de, davranışı da insan gücünün elverdiği en üstün ölçüde erdeme uygun olan ve bu nitelikte bir siteyi yöneten bir adamı hiç görmemişlerdir, öyle değil mi?»

«Hiç şüphe yok.» 499

«Onlar, o güzel, serbest tartışmaları da izlememişlerdir: O tartışmalarda bütün gücü, bütün tutkusuyla, salt doğruyu bilmek için doğruyu arayanları; duruşmalarda ya da özel konuşmalarda olduğu gibi sonunda sanıdan, çekişme ve fikir çürütmeden başka bir şey doğurmayan birtakım parlak sözlere, kelime cambazlıklarına değer vermeyenleri dinlememişlerdir.»

b «Dinlememişlerdir tabii.»

«İşte bunları düşünerek konuşmaktan çekmiyordum. Ama hakikat beni zorlayınca dedim ki bir devletin, bir yönetimin, hatta tek insanın yetkinliğe varabilmesi için, şimdi yararsız sayılan o bir avuç bozulmamış filozofun, mutlu bir zorunlulukla, ister istemez devlet yönetimini ele alması, yurttaşlarının da onlara uyması, ya da simdi devletin başında bulunan yönetimlerle kralların veya onların oğullarının tanrısal bir ilhamla gerçek felsefeye yürekten bağlanmaları gerekir. Bu hâllerden birini ya
c da her ikisini de olmayacak şeyler saymak bence saçma olur. Yoksa boş kuruntulardan söz etmiş oluruz, herkes», de haklı olarak güler bize. Öyle değil mi?»

«Tabii.»

«Öyleyse, geçmiş zamanın sonsuzluğu içinde ya da bugün gözlerinizden uzaktaki barbar bir ülkede en üstün filozof yaradılışlılar bir zorunluluğa uyup devletin başına gelmişse veya gelecek olursa, bizim tasarladığımız devlet yapısının kurul-
d muş, kurulmakta ya da kurulacak olduğunu, orada artık felsefe Musa'sının egemen olacağını savunmaya hazırız. Böyle bir şeyin olması imkânsız değildir; olmayacak şeylerden söz etmiyoruz. Ama tasarladıklarımızın zorluğunu da kabul ediyoruz.»

«Bence de öyle.»

«Ama çoğunluk böyle düşünmez diyeceksin.»

«Olabilir.»

e «Sevgili dostum, çoğunluğu bu kadar suçlama. Ona hep yüklenecek yerde, tatlılıkla meramını anlatır da bilim sevgisine karşı söylenenleri çürütürsen; kimlere filozof dediğini, bunların ne yaradılışta olduklarını, ne işler gördüklerini anlatırsan,
500 böylece bunlarla onun filozof bellediklerinin hiç bir ilgisi olmadığına aklını erdirirsen, çoğunluk düşüncesini değiştirecektir.

Filozofları böyle gördüğü gün kalabalık başka türlü düşünecek, başka türlü cevap verecektir sana. İnsan kızmayan adama kızar mı; kendisi yumuşak huylu, kin gütmez bir adam olunca, kin gütmeyene kin güder mi? Buna senden önce ben cevap vereyim: Böyle ters huylu birkaç insana rastlanabilir, ama çoğunluk böyle değildir.»

«Evet, bunları kabul ediyorum.»

«Öyleyse şunu da kabul ediyor musun: Çoğunluk felsefeye b
dost değilse, bunda suç, felsefeye destursuz dalan yaban adamlarınındır; birbirlerine söven, kötü niyetli davranan, tartışmaları sen ben kavgasına döken, felsefeye hiç de yakışmayacak tutumlar içinde olan bu şamatacı kopuk takımınındır?»

«Buna şüphe yok.»

«Oysa Adeimantos, varlığın özünü seyre dalmış insan, gözlerini insanların küçük işlerine çevirmeye, onlarla dalaşmaya, c
onlara hınç ve düşmanlık beslemeye vakit bulamaz. Gözlerini diktiği sonsuz ve değişmez varlıkların birbirlerine zarar vermeden aklın ve düzenin yasalarına uyduklarını görür; onları taklit etmeye, elinden geldiği kadar onlara benzemeye çalışır. Bir insanın hayranlıkla bağlandığı şeylere özenmemesine imkân var mı?»

«Hayır.»

«Tanrısal bir düzenle birlikte yasayan filozof da bir insanın olabileceği kadar düzenli ve Tanrısal olur. Ama insanlar gene de her şeye dil uzatırlar, değil mi?» d

«Doğru.»

«Böyle bir insan, bir zorunluluğa uyarak, yalnız kendini onarmakla kalmayıp, yukarıda gördüğü düzenin damgasını gerek devlet işlerinde, gerekse özel hayatta insanlığın hamuruna da basmak isterse, sence ölçülülüğü, doğruluğu ve bütün öbür halk erdemlerini yoğurup işlemekte kötü bir usta mı olur?»

«Hiç de kötü usta olmaz,» dedi.

e «Peki, halk bizim bu konuda doğruyu söylediğimizi anlarsa, gene filozoflara kızar mı? Tanrısal bir örneğe göre çalışan bu sanatçılarca planı çizilmedikçe, sitenin mutlu olamayacağına inanmaz mı?»

501 «Anlayabilirse kızmaz tabii. Ama filozoflar bu planı nasıl çizecekler sence?»

«Şöyle: Siteyi ve insan karakterlerini bir resim levhası olarak alacaklar. Önce bu levhayı temizleyecekler. Bu da kolay bir iş değil. Ama bilirsin ki daha bunda bile öbürlerinden farklıdır onlar: ister tek insanı, ister devleti ele alsınlar, yasalarını yapmadan önce, onu temiz teslim almak isterler, ya da kendileri temizlerler.»

«Böyle davranmakta haklıdırlar.»

Bundan sonra kuracakları devlet düzeninin taslağını çizerler, değil mi?»

«Şüphesiz.»

b «Sonra, bu taslak üzerinde çalışmaya koyularak, sık sık bir doğruluğun, güzelliğin, ölçülülüğün ve buna benzer şeylerin özüne, bir bunlardan çıkardıkları insanca kopyaya bakarak, çalışırlar; böylece, çeşitli uğraşları birbirine- karıştırıp insan rengine bulayarak ve Homeros'un insanlarda rastladığı zaman Tanrısal, Tanrıya benzer dediği insan örneğinden ilham alarak gerçek insanlığın benzerine ulaşmaya uğraşırlar.»

«Çok doğru,» dedi.

c «Önlerindeki resmi gerekirse silip düzelterek, gerekirse yeniden yaparak, insan gücünün erişebileceği kadar Tanrılara hoş gelecek insan karakterleri elde edinceye dek uğraşırlar.»

«Böylesi göz kamaştırıcı bir resim olur doğrusu!»

«Peki böyle olunca» dedim, «üzerimize çullanırlar dediğin kimseleri etkileyemez miyiz dersin? Böyle bir devlet düzeni çizebilecek ressamın, o demin övdüğümüz, devleti eline vermek istediğimiz zaman kızdıkları filozofun ta kendisi olduğuna artık inandıramaz mıyız onları? Bu dediklerimizi dinleyince yumuşamazlar mı?»

«Akılları varsa, yumuşarlar.»

«Öyleyse, daha ne diyebilirler bize? Filozoflar gerçeğe ve d
hakikate tutkun değil mi diyebilirler?»

«Böyle demeleri saçma olur.»

«Anlattığımız nitelikteki yaradılışların en iyi şeyle akrabalığı yoktur mu diyebilirler?»

«Bunu da diyemezler.»

«Peki, böyle bir yaradılışın, kendine uygun çalışma ortamını bulunca, başkalarından çok daha iyi ve bilge olamayacağını mı söyleyebilirler? Bunlara değil de, bizim filozof saymadığımız adamlara mı böyle derler?»

«Elbette diyemezler.» e

«Filozoflar yönetimin basma geçmedikçe ne devletin, ne yurttaşların dertleri biter, ne de bizim hayalimizdeki site sözden gerçeğe dönüşebilir deyince, çok mu ürkerler gene?»

«Belki daha az ürkerler,» dedi.

«Bu 'daha az'ı da ortadan kaldırsak da, onları iyice yatışmış, 502
inanmış saysak, iyi olmaz mı dersin? Böylece, hiç değilse, utanıp kabul ederler bunu.»

«Elbette iyi olur.»

«Öyleyse, onları düşüncemize getirdiğimizi kabul edelim. Şimdi, kralların, yöneticilerin filozof yaradılışlı çocukları olabileceğini söylersek, olmaz diyen çıkar mı?»

«Çıkmaz.»

«Peki, bu yaradılışta doğsalar bile, çaresiz bozulurlar diyen
olur mu? Gerçi biz de bunların niteliklerini zor koruyacaklarını b
kabul ediyoruz. Ama, hiç bir zaman, hiç birinin bozulmaktan kurtulamayacağı ileri sürülebilir mi?»

«Nasıl sürülebilir?»

«Böyle bir tanesi bile çıksa, buyruğuna uyan bir devlet buldu mu, bugün inanılmaz görünen şeyi gerçekleştirmeye gücü yeter.»

«Evet, bir teki bile yeter.»

«Çünkü böyle bir yönetici bizim tasarladığımız yasaları ve kurumları gerçekleştirirse, yurttaşlarının bunlara uyması elbet imkânsız değildir.»

«Elbet.»

«Peki, bizim doğru gördüğümüz sevi başkalarının da doğru görmesi şaşılacak, olmayacak bir şey midir?»

c «Değildir bence.»

«Bizim tasarladığımızın da, gerçekleşebilirse, en iyi şey olduğunu yeterince kanıtlamıştık, değil mi?»

«Evet.»

«Öyleyse simdi şu sonuca varmış oluyoruz: Bizim düşündüğümüz yasa düzeni, gerçekleşebilirse, en iyi düzendir; gerçekleşmesi de, zor olmakla birlikte, imkânsız değildir.»

«Evet, çıkan sonuç bu.»

«Güçlükleri aşıp bu sonuca ulaştığımıza göre, bundan son-
d ra şu sorunu ele almalıyız: Devlet düzenini koruyacak bu kişiler nasıl, ne türlü bir öğrenimle ve hangi çalışmalar içinde yetişecekler? Bu işlerle hangi yaşlarda uğraşacaklar?»

«Evet, şimdi bunu incelemek gerek.»

«Çoluk çocuk sahibi olma, yöneticileri seçme işlerine geldiğimiz zaman; bu dikenli sorunları atlayıp geçmek istemiştim, ama becerememiştim. Çünkü bu konuda tutulacak en doğru yolun tepkiler doğuracağını, gerçekleşmesinin de güç olaca-
e ğını biliyordum. Ama şimdi bu konular üzerinde durmaktan kaçınmama imkân yok. Kadın ve çocuk sorunlarını inceleyip bitirdikse de, yöneticilerin yetişmesi konusunu ta basından ele

almamız gerekli. Hatırlarsın, demiştik ki bunlar zevkte, acıda
sınavdan geçirilip siteye bağlılıklarını ispat edecekler; ağır iş- 503
lerde, korkulu durumlarda, hayatın türlü sarsıntılar' karşısında
bu inançlarından şaşmayacaklar. Bu denemelerden çürük çı-
kanlar elenecek; ateşten geçirilmiş altın gibi tertemiz çıkansa,
yönetimin basına geçirilecek; sonra da, gerek sağlığında, gerek
ölümünden sonra şan ve şereflerle yüceltilecek, işte, simdi içine
girdiğimiz bu tartışmayı açmaktan çekindiğim için, o zaman
kaçamaklı, üstü kapalı olarak bunları söylemiştim.» b

«Haklısın, bu dediklerin hatırımda.»

«Şimdi söylediklerimi o zaman söylemeyi göze alamıyordum dostum. Ama artık ok yaydan çıktı, sitenin en iyi koruyucularının filozoflar olacağım açıkça söylüyorum.»

«Evet.»

«Bu filozofların ne kadar az bulunduğunu görebilirsin. Çünkü bizce onların yaradılışlarında bulunması gereken nitelikler aynı kişide pek seyrek olarak bir araya gelir. Çoğu zaman da bu yaradılış ikiye bölünmüş gibidir.»

«Nasıl oluyor bu?» c

«Öğrenme kolaylığı, belleme gücü, zekâ, kavrayış inceliği ve bu türden niteliklerle dünyaya gelenler, bilirsin, içlerindeki coşkunluk ve düşünce yüksekliğini, düzenli, sakin ve kararlı bir hayat sürme eğilimiyle bağdaştıramazlar. Bu tip adamlar, içlerindeki canlılık kendilerini nereye sürüklerse, oraya giderler, kararsız olurlar.»

«Doğru.»

«Ama buna karşı, sağlam, kararlı, güvenilir dediğimiz,
savaşta tehlike karşısında kılı bile kıpırdamayan yaradılışların
bilimler karşısında da kılları kıpırdamaz; uyuşuk bir hâlleri d
vardır; kanlan ağır, anlayışları küttür; kafaların çalıştırmak zo-
runda kaldılar mı uyuklamaya, esnemeye başlarlar.»

«Öyledir.»

«Şimdi, demiştik ki koruyucular bu iki yaradılışı da bir arada taşımalı, yoksa ne yüksek bir eğitime, ne şana, şerefe, ne de yöneticiliğe erişebilirler.»

«Doğrusu da buydu.»

«Peki, bu iki yaradılışın bir arada bulunması az rastlanan bir şey değil mi?»

e «Elbette.»

«Öyleyse, onları demin sözünü ettiğimiz ağır iş, tehlike, zevk sınavlarından geçirmeli, ayrıca o zaman söylemeyi unuttuğumuz birçok bilim çalışmalarına da alıştırmalıyız; böylece, yaradılışlarının en yüksek, en zor araştırmalara dayanıklı mı;
504 yoksa, başkalarının güreşte sıkıya gelemediği gibi, bunlarda bu işte zora gelemiyorlar mı, anlamış oluruz.»

«Gerçekten, onları böyle denemek yerinde olur. Ama bu sözünü ettiğin en yüksek araştırmalar hangileri?»

«Her hâlde hatırlarsın,» dedim, «ruhta üç kesim ayırdıktan sonra bu ayrımdan yararlanarak doğruluğun, ölçülülüğün, yürekliliğin ve bilgeliğin ne olduğunu açıklamıştık.»

«Hatırlamasaydım,» dedi, «seni dinleyip durmaya hakkım olur muydu?»

«Daha önce söylediğimizi de hatırlıyor musun?»

b «Hangisini?»

«Demiştik ki bu erdemler üzerinde en üstün bilgiye ulaşabilmek için daha uzun bir yol daha vardır, bu yolu yürüyenlere bu erdemler apaçık görünür; ama bu yola gitmeden de önceki söylediklerimize denk sonuçlara ulaşmak mümkündür. Siz de bu sonuncusuyla yetinelim demiştiniz. Bu yüzden de varılan sonuç bence eksik kalmıştı. Ama sizce yeterli olduysa, söyleyin.»

«Bence tam ölçüsündeydi; her hâlde ötekiler de bu kanıda.»

«Ama dostum,» dedim, «bu gibi konularda gerçekten kıl c
kadar bile ayrılan bir ölçü, tam bir ölçü değildir; çünkü, eksik olan hiç bir şey herhangi bir; şeyin tam ölçüsü olamaz. Ama bazıları bu kadarını yeterli sanırlar, araştırmayı daha ileri götürmeyi gerekli görmezler.»

«Evet,» dedi, «birçokları tembellik yüzünden bu hâle düşerler.»

«Siteyi ve yasalarını koruyacak olan işte bundan sakınmalı,» dedim.

«Öyle olmalı.»

«Öyleyse koruyucu en uzun yolu izlemeli, bedenini eğittiği
kadar kafasını da eğitmeye çalışmalı. Yoksa, demin dediğimiz d
gibi, tam kendisine özgü olan o yüce bilimin hiç bir zaman sonuna ulaşamaz.»

«Peki, bizim sözünü ettiklerimizden daha yüce bir şey mi var? Doğruluktan ve saydığımız erdemlerden daha büyük bir şey bulunabilir mi?»

«Evet, daha büyük bir şey var. Üstelik şimdiki gibi, bu erdemlerin basit bir taslağını seyretmek de yeterli değil; bunların en kusursuz resmini aramaktan vazgeçemeyiz, önemsiz şeyler-
de en yüksek açıklık ve kesinliğe varmak için bütün çabamızı e
harcarken, en üstün şeyleri bu çabaya değer görmemek gülünç olmaz mı?»

«Elbet gülünç olur,» dedi «Ama en yüksek dediğin bu bilimin hangi bilim olduğunu, konusunun ne olduğunu sormadan bırakır mıyız seni?»

«Bilirim bırakmazsınız,» dedim. «Sorun bakalım. Aslında ben bu bilimden birkaç kez söz ettim; sen de dinledin. Ama ya unuttun, ya da basıma yeniden dert açmak istiyorsun. Sanırım bu ikincisi daha doğru; çünkü sık sık şunu dediğimi duydun."
İyi kavramı ya da idea'sı bilginin en yüksek konusudur; doğru- 505
luk ve öbür erdemler yararlılık ve üstünlüklerini ondan alırlar,

iste neden söz edeceğimi öğrendin şimdi. Şunu da diyelim ki bu idea'yı yeteri kadar bilmiyoruz. Bunu bilmeyince de, bütün geri
b kalan şeyleri istediğimiz kadar iyi bilelim, onsuz bu bilgiler hiç isimize varamaz; nasıl ki iyiye sahip olmadan bir şeye sahip olmak da bir işe yaramaz. Sence iyi olmadıkça bir sürü şeye sahip olmakta, iyiden başka her şeyi bilmekte, güzel ve iyi hiç bir şey bilmemekte bir kazanç var mıdır?

«Zeus hakkı için yoktur.»

«Şunu da elbet bilirsin ki halk kalabalığı iyiyi yalnız zevkte, daha seçkin kişilerse anlayışta görürler. »

«Bilirim.»

«Bu ikinciler, anlayış dediklerinin ne olduğunu açıklayamaz, çok sıkışınca iyiyi anlamaktır deyip çıkarlar. »

«Çok gülünç bir şey!» dedi.

c «Nasıl gülünç olmasın? Hem bize iyiyi bilmiyorsunuz diye yüklenirler, hem de dönüp, iyiyi biliyormuşuz gibi iyiden söz ederler. Sanki iyi sözü ağızlarından çıkar çıkmaz ne demek istediklerini anlayacakmışız gibi, iyiyi anlamak der geçerler.»

«Çok doğru.»

«Ya iyiyi zevkle tanımlayanlara ne dersin? Öbürlerinden daha az mı yanılıyor bunlar? Kötü zevkler de bulunduğunu kabul etmek zorunda değiller mi?»

«Şüphesiz.»

d «Öyleyse, aynı şeylerin hem iyi, hem kötü olduğunu kabul etmiş oluyorlar, öyle değil mi?»

«Elbette.»

«Bu yüzden de bir sürü güçlükler, çatışmalar çıkıyor ortaya.»

«Tabii.»

«Peki, şunu da açıkça görmüyor muyuz: insanların çoğu gerçekten doğru ve güzel olanı değil, doğru ve güzel görüneni seçer, onu yapmak, onu elde etmek, onunla ün kazanmak ister; oysa kimse iyi görünenle yetinmek istemez, herkes gerçekten iyi olanı arar, bu alanda görünüşe değer veren kimse yoktur?»

«Gerçekten öyledir,» dedi.

«Peki şimdi, her ruhun ardında koştuğu, uğrunda her şeyi e
yaptığı, ama sadece varlığını sezip gerçekte ne olduğunu şaşkınlığı içinde yeterince kavrayamadığı, sağlam bir inançla değil
de, öbür şeylerden de beklenen yararı sağlayamamasına sebep 506
olan çürük bir inançla bağlandığı bu iyi şey; bu en büyük ve en değerli nimet, her şeyi ellerine emanet edeceğimiz en seçkin yurttaşlar için karanlıkta mı kalsın?»

«Olur mu hiç?» dedi.

«Bence, doğru ve güzel şeyleri koruyacak olan, bunların ne bakımdan, ne yönüyle iyi olduklarını bilmezse, değersiz bir koruyucu olur; hatta diyebilirim ki hiç kimse, önce iyiyi bilmedikçe, doğru ve güzel şeyleri bilemez.»

«Doğru.»

«Peki, bu şeyleri bilen bir koruyucu yönetimin başına ge- b
lirse, devletimizin düzeni kusursuz olmaz mı?»

«Elbette olur,» dedi. «Ama sen iyiyi nerede görüyorsun Sokrates? Bilimde mi, zevkte mi, yoksa başka bir şeyde mi?»

«Ah, sen yok musun?» dedim. «Başkalarının düşünceleriyle yetinmeyeceğin çoktan belliydi senin!»

«Yetinmem, çünkü bence başkalarının düşüncelerini ele alıp da kendi düşüncelerini ortaya koymamak, doğru bir iş değil; hele senin gibi bu sorunlarla yıllar boyu uğraşan bir insan için.»

«Peki ama» dedim, «sence bir insanın bilmediği bir şeyden c
bilir gibi söz etmesi doğru mu?»

«Bilir gibi değil tabii. Ama düşündüğünü bir sanı olarak ortaya koyması gerekir.»

«İyi ama, bilime dayanmayan sanıların ne derece düşük ve çirkin olduğunu görmüyor musun? Bunların en iyileri bile kördür. Bir yolu dosdoğru yürüyebilen körlerle bir doğruyu sanıyla, ama anlamadan bulanlar arasında bir fark var mı sence?»

«Hiç fark yok,» dedi.

d «Öyleyse, aydınlık ve güzel şeyleri dinlemek varken bunları bırakıp da çirkin, kör ve biçimsiz şeyleri mi seyretmek istersin?»

O sırada Glaukon söze karıştı: «Zeus aşkına Sokrates,» dedi, «işin sonuna gelmiş gibi çakılıp kalma öyle! Doğruluğun, ölçülülüğün ve öbür erdemlerin tabiatını açıkladığın gibi, iyinin tabiatını da açıklarsan, memnun olacağız.»

«Ah, ben de memnun olurdum, dostum! Ama beceremeyeceğimden korkarım. Haydi gözümü karartıp bu işe giriştim diyelim, o zaman da beceriksizliğime gülersiniz. Ama gelin, dostlar, şimdilik kendi başına güzelin ne olduğu konusunu bir
e yana bırakalım; çünkü şu anda ona ulaşmak, anladığıma göre şimdiki çabamızın çok üstünde bir iş. Ama isterseniz, size iyinin ürünü olarak gördüğüm, ona en çok benzeyen şeyden söz edebilirim; istemezseniz, bu konuyu burada keseriz.»

«Peki, sen şimdi, çocuğundan söz et de, anasını, babasını bir başka sefer anlatırsın.»

«Bu borcun anasını size ödeyebilmeyi çok isterdim; böyle-
507 ce yalnız doğurduğu faizleri değil, tamamını almış olurdunuz. Ama gene de kendi basına iyinin doğurduğu bu ürünü alın derim. Yalnız dikkat edin, istemeden faizin hesabını yanlış verip de sizi aldatmış olmayayım.»

«Elimizden geldiği kadar dikkat ederiz,» dedi, «sen konuş hele.»

«Konuşacağım, ama önce anlaşalım: Daha önce ve çeşitli fırsatlarda söylediklerimi size hatırlatmam gerek.»

b «Neleri?» dedi.

«Birçok güzel şeyler, birçok iyi şeyler bulunduğunu kabul ediyoruz ve bunları sözlerimizde birbirlerinden ayırt ediyoruz.»

«Evet.»

«Önce çok olarak gördüğümüz şeyleri sonra tek bir idea'ya bağlayıp bu idea'nın birliğini kabul ediyoruz; böylece her bir şeyin gerçek varlığına kendi başına güzel, kendi basına iyi vb. diyoruz.»

«Öyle.»

«Bazı şeyler görülebilir, ama düşünülemez, idealarsa düşü- c
nülebilir, ama görülemez diyoruz.»

«Elbette.»

«Görülebilen şeyleri hangi yanımızla görürüz?»

«Görme duyumuzla.»

«Bunun gibi, sesleri de işitme duyumuzla ve bütün öbür duyulur şeyleri öbür duyularımızla yakalıyoruz, değil mi?»

«Şüphesiz.»

«Duyularımızı yapan usta, görme ve görülme gücüne ne kadar emek harcamış, hiç fark ettin mi?»

«Hayır.» d

«Öyleyse bunu şöyle düşün: işitme duyusu işitmek ve ses de işitilmek için başka bir şeyin varlığını gerektirir mi; öyleki bu üçüncü şey bulunmazsa biri işitmez, öteki işitilmez olsun?»

«Hayır, hiç de gerekli değil.»

«Öbür güçlerimizin de; hepsi değilse bile çoğu, böyle bir şeyi gerektirmez bence. Sence gerektireni var mıdır?»

«Yoktur.» e

«Ama görme ve görülebilmenin böyle bir şeyi gerektirdiğini bilmez misin?»

«Nasıl?»

«Bir insanın gözlerinde istediği kadar görme gücü bulunsun, o insan bu gücü istediği kadar kullanmaya çalışsın, nesneler de istediği kadar renkli olsun, gene de, özellikle bu amaca yarayan bir üçüncü şey işe karışmazsa; bilirsin, göz hiç bir şey görmez, renkler de görünmez olur.»

508 «Nedir bu şey?» dedi.

«Işık dediğin şey,» dedim.

«Doğru.»

«Demek ki görme duygusu ile görülme imkânı arasındaki bağ, öbür çiftler arasındaki bağdan çok daha değerli niteliktedir; ışık değersiz bir şey değilse tabii.»

«Işığın değersiz olmasına imkân var mı?»

«Öyleyse, gökteki tanrılardan hangisine bunun hâkimi diyebilirsin? Sence gözümüzün görmesini, görülebilen şeylerin de görülmesini en iyi hangisinin ışığı sağlar?»

«Bu soruya sen de aynı cevabı verirsin, herkes de. Çünkü besbelli, güneşi söyletmek istiyorsun bana.»

«Şimdi, görme, tabiatı gereği bu tanrıyla şöyle bir ilişki içinde değil midir?»

«Nasıl bir ilişki?»

«Görme de, göz dediğimiz görme aracı da güneş değildir.»

b «Değildir elbet.»

«Ama göz bence bütün duyu organları arasında güneşe en çok benzeyenidir.»

«Evet.»

«Peki, gözdeki güç, güneşten süzülüp dağılan bir şey gibi ona güneşten gelmez mi?»

«Elbette.»

«O hâlde güneş görme değildir, ama görmenin ilkesi, sebebi olarak gözün gördüğü bir şeydir.»

«Evet,» dedi.

«İşte iyinin çocuğu dediğim, iyinin kendine benzer olarak doğurduğunu söylediğim şey budur. Düşünceyle kavranan
dünyadaki akıl ve akim konulan için iyi ne ise, gözle görülen c
dünyada da görme ve görmenin konuları için güneş odur.»

«Nasıl? Biraz daha açıklar mısın bunu.»

«Bilirsin,» dedim, «renkleri, gün ışığıyla değil de gece yıldız parıltısıyla aydınlanan nesnelere baktığımız zaman, gözlerimiz bulanık görür; keskinliğini kaybetmiş, sanki körleşmiş gibi olur.»

«Bilirim, öyle olur.»

«Ama güneşin aydınlattığı nesnelere baktığımız zaman, d
gözlerimiz onları açık olarak görür, görüş keskinlikleri yeniden ortaya çıkar.»

«Şüphesiz.»

«Öyleyse ruh için de aynı şeyi düşün: Ruh da bakışlarını hakikatin ve varlığın aydınlattığı şeye çevirdiği zaman, o şeyi anlar, tanır ve akıl sahibi olduğunu gösterir. Ama karanlığa bulanmış, doğan ve ölen şeye baktığı zaman, görüşü körleşir; artık sadece sanılara sahiptir, durmadan bir sanıdan ötekine geçer durur, sanki aklı yok olmuştur.»

«Evet, öyledir gerçekten.»

«İşte bilginin konusu olan nesneleri hakikate kavuşturan e
ve bilen kişiye bilme gücünü veren bu gerçeğe iyinin idea'sı diyeceksin; bunu da, bilginin ve hakikatin ilkesi olduğuna göre, bilgi konusu bir nesne olarak kavrayacaksın. Ama bu iki şey, yani bilimle hakikat ne kadar güzel olursa olsun, iyi ideası'nı bunlardan ayrı, güzellikçe bunların üstünde sayarsan, yanılmazsın. Nasıl görülen dünyada ışık ve görmeyi güneşe benzer 509
saymak doğru, ama güneşle aynı saymak yanlışsa: kavranan dünyada da bilimle hakikati iyiye benzer saymak doğru; ama

iyi ile aynı saymak yanlıştır, iyinin tabiatını çok daha değerli görmek gerekir.»

«Bilimi ve hakikati doğurduğuna, onlardan da güzel olduğuna göre, sence anlatılmaz bir güzelliği olmalı bunun. Belli ki iyiyi zevkte görmüyorsun.»

«Sus, günaha girme,» dedim, «iyinin neye benzediğini bir de şöyle incele bakalım.»

«Nasıl?»

b «Güneşin görülen şeylere sadece görülme imkânı vermekle kalmayıp aynı zamanda, kendisi doğma olmadığı hâlde, onları doğurduğunu, büyüttüğünü, beslediğini kabul edersin sanırım.»

«Elbette.»

«Öyleyse şunu da kabul et: Düşünceyle kavranan şeyler iyiden sadece kavranabilirliklerini değil, varlıklarını ve özlerini de alırlar; ama iyinin kendisi öz değildir, haysiyet ve güç bakımından özün çok üstündedir.»

c O zaman Glaukon keyiflenip gülünç bir sesle «Apollon hakkı için,» dedi, «ulaşılmaz yüksekliklere çıktık doğrusu!»

«Suç yine senin!» dedim. «Ne diye bu konudaki düşüncemi söylemeye zorladın beni?»

«Sen gene sözünü kesme,» dedi. «Güneş benzetmesini tamamla hiç değilse. Bu konuda daha söyleyeceğin şeyler kaldıysa, söyle.»

«Elbet kaldı, daha çok şeyler var söyleyeceğim.»

«Peki öyleyse, en küçük şeyleri bile atlamadan söyle hepsini.»

«Sanırım çok şeyleri atlamak zorunda kalacağım. Ama şu anda söyleyebileceğim ne varsa, söyleyeceğim; bilerek hiç birini atlamayacağım.»

«Peki, öyle yap.»

«Öyleyse, dediğimiz gibi, iyi ile güneşi, biri kavranan şeyler d
dünyasında, öbürü görülen şeyler dünyasında hüküm süren iki kral olarak düşün. Bu iki çeşit şeyi, görülenle kavrananı tasarlayabiliyorsun, değil mi?»

«Tasarlıyorum.»

«Şimdi eşit olmayan iki parçaya ayrılmış bir çizgi al, bunlardan biri görülen dünyayı, öbürü de kavranan dünyayı göstersin. Sonra bu parçaları yine aynı oranda ikiye böl. Böylece, elde edilen parçalan birbirleri karşısındaki aydınlık ve karanlık derecelerine göre sınıflandırınca, görülen dünyanın birinci e
bölümü olarak görüntüleri elde edersin. Görüntüler diye önce gölgelere, sonra sularda ya da mat, cilalı, parlak yüzeylerde görülen yansılara ve bütün buna benzer şeylere diyorum. Anlıyor
musun?»[103] 510

«Anlıyorum.»

«Şimdi de ikinci bölümü, bu görüntülerin yansıttığı nesnelere, yani çevremizdeki hayvanlar, bitkiler ve insan elinden çıkma bütün eserlere karşılık olarak kabul et.»

«Ettim.»

«Peki şunu da kabul eder misin? Hakikat ve onun karşıtı bakımından bölümleme şu orantıya göre yapılmıştır: Görüntü aslı olan nesneye göre ne ise, sanı da bilime göre odur.»

---

103 Platon'un bu çizgisi ve bu konudaki düşünceleri şöyle bir tabloda gösterilebilir:

	GÖRÜLEN DÜNYA		KAVRANAN DÜNYA	
Nesneler	Görüntüler	Hayvan, bitki ve eşyalar	Aşağı kavrama nesneleri (Matematik kavramlar)	Yüksek kavrama nesneleri (İdea'lar)
Ruhtaki güçler (Yetiler)	Bulanık görüntü alma	İnanma (Algı)	Anlama (Dianoia)	Akıl (Nous)
	SANI ALANI		**BİLGİ ALANI**	

b «Elbet kabul ederim.»

«Şimdi de kavranan dünyayı nasıl bölmek gerektiğine bak.»

«Nasıl?»

«Şöyle: Bu dünyanın bölümlerinden birine ulaşmak için ruh, görülen dünyanın asıl nesnelerini birer görüntü olarak kullanmak zorundadır; varsayımlardan kalkarak bir ilkeye değil, bir sonuca varır. Oysa sonu varsaymışız bir ilkeye varan öbür bölüme ulaşmak için ruh yine bir varsayımdan kalkarak, ama ilk hâlde kullandığı görüntülerin yardımına baş vurmaksızın, sadece kendi basma ele alınan idea'ların yardımıyla araştırmasını yürütmek zorundadır.»

«Demek istediğini tam anlayamadım.»

c «Peki, baştan ele alalım. Şöyle anlatırsam her hâlde daha iyi anlarsın: Bilirsin ki geometri, aritmetik ve benzeri bilimlerle uğraşanlar, her bilim dalında, tek sayı, çift sayı, şekil, üç çeşit üçgen ve buna benzer birtakım şeyleri varsayarlar; bunları bilinen şeyler olarak kabul ederler, ne kendilerine, ne başkalarına açıklamak gereğini duyarlar; çünkü bunları herkes için açıkça
d anlaşılır şeyler sayarlar. Sonra bunlardan birtakım sonuçlar çıkarırlar; böylece tutarlı bir şekilde yürüyerek araştırmalarının amacı olan şeye ulaşırlar.»

«Bunu çok iyi bilirim,» dedi.

«Öyleyse şunu da bilirsin: Bu kimseler görülür şekiller kullanırlar, ama bu şekillerin kendilerini değil, asıllarını düşünerek bunlar üzerinde akıl yürütürler; çizdikleri şekilleri değil,
e salt kareyi, salt köşegeni göz önünde tutarlar. Kalıbını çıkardıkları ya da resmini çizdikleri şeyleri (ki bunların da kendi gölgeleri ve suda yansıları vardır.) birer görüntü olarak kullanıp ancak düşünceyle görülebilen o salt, gerçek varlıkları görmeye
511 çalışırlar.»

«Doğru.»

«Buna göre, demek istediğim suydu: Bu türden nesneler kavranan dünyanın malıdır, ama onları bilmek için ruh varsayımlara baş vurmak zorundadır; o zaman ruh, varsayımlarının üstüne çıkamayacağından, bir ilkeye doğru yönelmez; kopyaları aşağı bölümünde bulunan ve bu kopyalardan daha açık, daha değerli sayılan asıl nesneleri birer görüntü olarak kullanır.»

«Evet, geometri ve benzeri sanatlarda durum böyledir; an- b
lıyorum bunu.»

«Şimdi de şunu anlamalısın: Kavranan dünyanın ikinci bölümü diye de, aklın diyalektik gücüyle ulaştığı bölüme diyorum. Buna ulaşmak için akıl, birer ilke olarak değil de, gerçek birer varsayım olarak, yani birer kalkış ve atlama noktası olarak gördüğü birtakım varsayımlar ortaya koyar; bunlardan yararlanarak, artık şart gerektirmeyen evrensel ilkeye kadar yükselir. Bu ilkeyi elde edince, bundan çıkan bütün sonuçlara dayanarak
yukarıdan aşağıya iner, temel sonuca varır; bunu yaparken de c
hiç bir duyulur veriye baş vurmaz, sadece idealara baş vurur, ideadan ideaya geçerek gene ideada durur.»

«Biraz anladım, ama yeteri kadar değil. Çünkü bana öyle geliyor ki çok zor bir konu üzerindesin. Her hâlde, daha aydınlık olması bakımından Diyalektik bilgi gücüyle kazanılan varlık ve kavranan şey bilgisini; sanatlar, bilimler adı verilen ve varsayımları ilkeler gibi kullanan bilgiden ayırt etmek istiyorsun. Gerçi bu sanat ve bilimlerle uğraşanlar da duyulara değil, akıl
yürütme yoluna baş vururlar; ama bunların, araştırmalarında d
bir ilkeye doğru yönelmeyip varsayımlardan yola çıkmakla kaldıkları için, inceledikleri nesneleri bir ilkeyle kavrayabilecekleri hâlde kavramadıkları kanısındasın. Böyle olunca, geometri ve benzeri bilimlerle uğraşanların bilgisine akla dayanan bilgi değil, anlamaya dayanan bilgi diyorsun, çünkü bu bilgiyi sanı ile aklın kavradığı bilgi arasında bir yere koyuyorsun.»

«Tam yeterince anlamışsın,» dedim. «Şimdi de bu dört bölümü ruhun dört hâline karşılık say: Akılla kavramayı en e yüksek bölüme, anlamayı ikinci bölüme, inanmayı üçüncü bölüme, bulanık görüntüler almayı da son bölüme koy; sonra konularının hakikate yakınlık ya da uzaklıklarına bakarak hepsini aydınlık derecelerine göre sıraya diz.»

«Anladım,» dedi. «Dediklerini ve söylediğin sırayı kabul ediyorum.»

VII. KİTAP

«Şimdi,» dedim, «bilgi ve bilgisizlik bakımından insan tabi- 514
atını şöyle tasarlar: Bir çeşit yeraltı mağarasında yaşayan
insanlar düşün. Bu mağaranın kapısı boydan boya ışığa açık
olsun. Bu insanlar çocukluklarından beri orada ayaklarından
ve boyunlarından zincire vurulmuş olarak oturuyorlar, öyleki
ne bir yere kımıldayabiliyorlar, ne de (zincir, başlarını döndür-
melerine engel olduğu için) önlerinden başka bir yeri görebili- b
yorlar. Arkalarında ve uzakta bir tepenin üzerinde yanan ateşin
ışığı sırtlarına vuruyor. Bu ateşle mahpuslar arasından yüksek
bir yol geçiyor. Bu yol boyunca alçak bir duvar örülmüş, kukla
oynatanların önlerine yerleştirip üstünden hünerlerini göster-
dikleri bölmeye benzer bir duvar.»

«Tasarlayabiliyorum bunları,» dedi.

«Şimdi de bu alçak duvarın arkasından geçen insanlar dü-
şün: Bunlar türlü türlü eşya, taştan, tahtadan, her çeşit madde-
den yapılmış küçük insan ve hayvan heykelleri taşıyorlar. Du- 515
varın üstünde yalnız bu eşyalar görülüyor. Geçen insanlardan
da kimi konuşuyor, 'kimi konuşmuyor.»

«Doğrusu garip bir manzara, mahpuslar da garip!»

«Bize benziyorlar,» dedim, «önce şunu sorayım: Böyle bir durumda bu adamlar kendilerini ve yanındakileri şimdiye kadar sadece dışardaki ateşin karşılarındaki mağara duvarına yansıttığı gölgelerle tanımışlardır; başka bir şey görmemişlerdir, değil mi?»

b «Nasıl görsünler?» dedi. «Bütün hayatları boyunca başlarını bir yana kımıldatamıyorlar ki!»

«Duvarın üstünden gelip gecen eşyayı da öyle tanırlar, değil mi?»

«Elbette.»

«Peki, aralarında konuşabilselerdi, gördükleri gölgeleri gerçek eşya sanıp ona göre konuşmazlar mıydı?»

«Zorunlu olarak.»

«Mağaranın dip duvarı da yankı yapsaydı, geçenlerden biri konuştukça, konuşanın önlerinden geçen gölge olduğunu sanmazlar mıydı?»

«Zeus hakkı için öyle sanırlardı,» dedi.

c «Bu adamlar her hâlde gelip geçen eşyaların gölgelerini de gerçek şeyler sayarlardı.»

«Elbette.»

«Peki, şimdi bunları zincirlerinden ve bilgisizliklerinden kurtarırsak, ne olacağını düşünelim. Bu mahpuslardan birini çözelim, zorlayıp hemen ayağa kaldıralım, başını çevirtelim, yürütelim, aydınlığa doğru baktıralım: Bütün bu hareketler
d ona acı verecek, gözleri kamaşacak; bu yüzden de biraz önce gölgelerini gördüğü o nesneleri seçemeyecek. Ona şimdiye kadar gördüklerinin boş görüntüler olduğunu, şimdiyse gerçeğe daha yakın, gerçek nesnelere daha dönük bulunduğunu, daha doğru gördüğünü söylersek; üstelik, gelip geçen şeyleri birer birer gösterip bunların ne olduğunu söylemesi için kendisini sıkıştırırsak, ne cevap verir dersin? Apışıp kalmaz mı? Demin gördüğü şeyler ona şimdi gösterilenlerden daha gerçek gelmez mi?»

«Çok daha gerçek gelir,» dedi.

«Peki, onu ışığın kendisine bakmaya zorlasak, gözlerine e
ağrı girmez mi? Bu ışıktan kaçıp bakabileceği şeylere dönmek istemez mi? Bunların kendisine gösterilen şeylerden daha açık, seçik olduğuna inanmaz mı?»

«Şüphesiz.»

«Ya peki, zorla mağarasından çıkarsak da çetin ve sarp yokuştan yürütüp güneş ışığının bulunduğu yere kadar sürüklesek onu; canı çok yanmaz mı, bu ettiklerimizden yakınmaz
mı? Işığı gördüğü zaman da, gözleri büsbütün kamaşıp bizim 516
şimdi gerçek dediğimiz şeylerden bir tekini bile seçemeyecek hâle gelmez mi?»

«Öyle olur,» dedi, «hemen seçemez.»

«Bence yukarı taraftaki nesneleri görmek için gözlerinin alışması gerek. En kolay ve ilk sektiği şeyler gölgeler olur; sonra insanların ve öbür nesnelerin suya yansıyan görüntülerini, daha sonra da nesnelerin kendilerini seçer. Bundan sonra gözlerini yıldızların ve ayın ışığına kaldırarak, gündüz güneşe ve
güneş ışığına bakmadan önce, geceleyin gökteki cisimleri ve b
göğün kendisini daha rahatlıkla seyredebilir.»

«Şüphesiz.»

«Sonunda da, her hâlde güneşe bakar, ama sulara ya da başka bir yere yansıyan boş görüntülerine değil, güneşin kendisine bakar, onu gerçek yerinde ve olduğu gibi seyredebilir.»

«Elbet öyle olur,» dedi.

«Bundan sonra, mevsimleri ve yılları yapanın, görülen dünyada her şeyi yönetenin ve arkadaşlarıyla birlikte mağara-
da gördüğü bütün şeylerin nedeninin bir bakıma güneş olduğu c
sonucuna varır.»

«Şüphesiz bu sonuca varır.»

«O zaman da, ilk yaşadığı mağarayı, orada bilgelik yerine

geçen şeyleri, zindan yoldaşlarını hatırlayınca, değişiklikten sevinç duymaz mı, orada kalanlara acımaz mı dersin?»

«Elbette acır.»

«Peki, mağarada yaşarken birbirlerine şerefler verdikleri,
d övgüler düzdükleri olmuşsa, gelip geçen gölgeleri gözü en iyi seçebilenleri: hep en önce, en sonra ya da birlikte geçen gölgelerin hangileri olduğunu en iyi aklında tutup şimdi hangilerinin geçeceğini, zindandakiler arasından bunları kazananları bizimkinin artık bu şanlara, üstünlüklere imreneceğini, zindandakiler arasından bunları kazananları kıskanacağını sanır mısın? Yoksa o sanılara, boş hayallere dönmektense, oradaki gibi yasamaktansa, Homeros'un kahramanı gibi 'varlıksız, yoksul bir çiftçinin yanında ırgat olmayı', dünyada her mihnete katlanmayı üstün mü tutar?»

e «Bence, öyle yaşamaktansa dünyada her şeye katlanmayı göze alır.»

«Bir de bu adamın mağaraya yeniden indiğini ve eski yerine oturduğunu düşün: Birdenbire güneş ışığının göbeğinden karanlığa giren gözleri körleşmez mi?»

«Elbette körleşir,» dedi.

«Peki, gözleri böyle daha bulanık görürken, karanlığa daha alışamamışken (ki kısa zamanda da alışamaz), yerlerinden hiç
517 ayrılmamış olan eski arkadaşlarıyla gölgeleri seçmekte yeniden yarışa girmek zorunda kalsa, herkesi kendine güldürmez mi? Yukarıya boşuna çıkmış, üstelik gözlerini de bozup dönmüş demezler mi? Hatta biri bu adamları çözüp yukarı götürmeye kalkışsa, ellerinden gelse yakalayıp öldürmezler mi onu?»

«Hiç şüphe yok,» dedi.

b «Şimdi, sevgili Glaukon,» dedim, «bu benzetmeyi noktası noktasına demin söylediklerimize uygulayalım; gözle gördüğümüz dünya mağara zindanı, mağarayı aydınlatan ateş de güneş olsun. Yukarı çıkan yokuşa ve yukarı taraftaki nesnelerin

seyredilmesine gelince, bunları ruhun kavranan dünyaya yükselişi olarak alırsan, aldanmazsın; merak ettiğin düşüncemi de öğrenmiş olursun. Bu düşüncem doğru mu, değil mi, orasını Tanrı bilir. Ama benim sanıma göre, kavranan dünyada insan,
iyi ideası'nı en son ve zor seçer; seçmesiyle birlikte de şu sonuca c
varmak zorundadır: iyi ideası, bütün şeylerde doğru ve güzel olarak ne varsa hepsinin nedenidir; görülen dünyada ışığı ve ışığın hâkimini o doğurmuştur; kavranan dünyada da hâkim olan, hakikatin ve aklın kaynağı olan odur ve insanın gerek özel hayatında, gerek kamu işlerinde bilgece davranabilmesi için onu görmüş olması gereklidir.»

«Gücümün yettiği kadar katılıyorum düşüncene.»

«Peki öyleyse şu düşünceme de katıl: Bu yüksekliğe ulaşmış olanların artık insanların işleriyle uğraşmak istememelerine, ruhlarının hep o yükseklikte kalmak için çırpınmasına şaşma.
Benzetmemiz yerindeyse, tabii bir şey bu.» d

«Gerçekten öyle.»

«Peki şunda da şaşılacak bir şey var mı: Tanrısal varlıkları seyredip de insanların zavallı işlerine dönen bir adam, daha görüşü bulanık, gözleri çevresindeki karanlığa alışmamışken, mahkemelerde ya da başka yerlerde, doğruluğun gölgeleri ya da bu gölgeleri yaratan görüntüler üzerinde çekişmeye girmek ve doğruluğun kendisini hiç bir zaman görmemiş olanların bu konulardaki yorumlarını çürütmek zorunda kalınca, insanlara
sevimsiz ve gülünç görünür, değil mi?» e

«Evet, şaşılacak bir şey yok bunda.»

«Gerçekten de,» dedim, «aklı başında bir insan bilir ki göz- 518
ler iki biçimde, iki karşıt sebepten bulanabilir: Ya aydınlıktan karanlığa geçerken, ya da karanlıktan aydınlığa geçerken. Ruh için de böyle olduğunu düşünerek, o insan, bazı şeyleri seçemeyen bulanmış bir ruhla karşılaşınca, ahmakça güleceğine, acaba o ruh daha aydınlık bir hayattan geliyorda, görüşü karanlığa

b alışık olmadığı için mi bulanık görüyor; yoksa bilgisizlikten aydınlığa geçip de keskin bir ışıkla karşılaştığı için mi bu hâle düşüyor diye bir araştırır. Birincisi doğruysa, bu hâlinden ve yaşadığı hayattan ötürü onu mutlu sayar, ikincisi doğruysa, acır ona. Bu ikincisinin hâline gülmek isterse, o kadar gülünç duruma düşmez, ama ışık dünyasından inen ruha gülmeye kalkarsa, asıl kendisi gülünç olur.»

«Çok güzel söyledin,» dedi.

«Bütün bunlar doğruysa, şu sonuca varmak gerekir: Eğitim hiç de bazılarının ileri sürdüğü şey değildir. Çünkü onlar
c bilgisiz bir ruha bilgi sokmak isterler, tıpkı kör gözlere görüş vermeye kalkışmak gibi.»

«Gerçekten öyle.»

«Oysa bu konuşmamız gösteriyor ki,» dedim, «herkeste öğrenme gücü ve bu işe yarayan araç vardır. Nasıl karanlıktan ışığa dönmek isteyince göz ancak bütün vücutla birlikte dönebilirse, onun gibi, bu araç da oluş dünyasından varlık dünyasına bütün ruhla birlikte dönmeli, öyleki sonunda öze ve varlığın en ışıklı yanına bakmaya dayanabilir hâle gelmeli. Bu öze de iyi diyoruz, değil mi?»

d «Evet.»

«Eğitim de işte bu amaca, ruhun iyiye dönmesi amacına yönelen ve buna varmak için en kolay, en etkili yolları araştıran sanattır; yoksa ruhtaki öğrenme aracına görüş kazandırma sanatı değildir. Çünkü o görüş onda zaten vardır; ama iyi yöne çevrik olmadığı ve gereken yana bakmadığı için, eğitim bu görüşü iyi yöne çevirmeye çalışır.»

«Öyle anlaşılıyor,» dedi.

«Demek ki ruh erdemleri adı verilen öbür erdemler beden erdemlerine yakın görünüyor; çünkü bunlar, önce insanda bulunmasa da, sonradan alışkanlık ve çalışma ile kazanılabilir.
e Ama düşünme, bilme erdemi, anlaşılan daha Tanrısal nitelik-

te bir şey; gücünü hiç bir zaman yitirmeyen, kendisine verilen yöne göre ya yararlı ve kazançlı ya da yararsız ve zararlı olan bir şey. Kötü, ama becerikli denen adamlara dikkat etmişsindir. O
küçük, sefil ruhlarının gözü ne kadar keskindir, yöneldiği nes- 519
neleri ne kadar iyi görür! Demek ki bunların ruhundaki görüş, hiç de zayıf değildir, ama kötülüğe hizmet etmeye zorlandığı için, ne kadar keskin olursa, o kadar kötülük eder.»

«Tam da dediğin gibidir,» dedi.

«Peki, bu çeşit insanların ruhundaki bu yan, daha çocukluktan budansa da, doğuş ve oluşun ürünü olan, oburluğun,
zevklerin ve buna benzer arzuların etkisiyle gelişen şişkinlikler, b
kurşun kütlelerine benzeyen ağırlıklar atılsa; böylece bu insanın ruhu o ağırlıklardan kurtulup gerçeğe ve hakikate dönse; o zaman, yüksek şeyleri de şimdi gördüğü şeyler gibi alabildiğine açıklıkla görürdü, değil mi?»

«Öyle olsa gerek,» dedi.

«Peki, şu da olsa gerek ve söylediklerimize göre zorunlu değil mi: Ne eğitimsiz ve doğrudan habersiz kimseler, ne de ömürlerini araştırmayla geçirmelerine izin verilen insanlar
devletin başına geçmeye elverişlidir. Çünkü birincilerin özel c
hayatlarında ya da kamu işlerinde yöneldikleri belli hiç bir amaçları yoktur; ikincilerinse devlet yönetimiyle uğraşmaya istekleri yoktur, bunlar kendilerini daha sağlıklarında Mutlu Adalara ulaşmış sayarlar.»

«Doğru,» dedi.

«O hâlde biz kuruculara düşen iş, en seçkin yaradılışları en yüce saydığımız bilime dönmeye, iyiyi görüp ona yükselmeye zorlamaktır. Ama, onları böyle yetiştirdikten ve iyiyi yeterince
seyretmelerini sağladıktan sonra, şimdiki gibi davranmalarına d
izin vermemeliyiz. »

«Hangi davranışlarına?»

«Yukarıda oturup kalmalarına,» dedim, «Yeniden mahpusların arasına dönmeliler, onlarla işleri ve şerefleri paylaşmalılar; bu işlere ve şereflere verilen değer ne olursa olsun, kaçınmamalılar bundan.»

«Nasıl olur?» dedi. «Daha mutlu yaşayabilecekleri hâlde onları acınacak bir hayata mahkûm etmek haksızlık olmaz mı?»

e Yasamızı gene unuttun dostum,» dedim. «Oysa yasamız,
tek bir yurttaş sınıfına olağanüstü bir mutluluk sağlamayı değil,
bütün sitenin mutluluğunu sağlamayı amaç bilir; bunun için de
yurttaşları, inandırarak ya da zorlayarak birleştirmeye çalışır;
her sınıfın sağlayacağı kazançlardan her birinin pay almasını
520 şart koşar. Bu yasa sitede böyle adamlar yetiştirirken, canları-
nın çektiği yöne gitsinler diye değil, devletin birliğini güçlen-
dirmeye yardım etsinler diye yetiştirir bunları.»

«Doğru,» dedi, «unutmuşum bunu.»

«Hem şurasını düşün ki, Glaukon, biz kendi sitemizde yeti-
şen filozoflara karşı haksızlık etmiş olmayacağız; onlara başka-
larını yönetmek ve korumak görevini yüklerken haklı sebepler
göstereceğiz. Şöyle diyeceğiz onlara: 'Başka sitelerde filozofluğa
b erişen kimselerin kamu işlerine katılmamaları olağandır, çün-
kü onlar o sitelerdeki yönetimler istemeden kendilerini yetiş-
tirmişlerdir. Böyle olunca, kendi kendini yetiştiren, ekmeğini
kimseye borçlu olmayan insan, kimseye bir bedel ödemek is-
temedi mi, haklı olur. Ama sizleri biz, kendi yararınız kadar
devletin yararını da düşünerek, kovanlardaki arı beyleri ve ön-
derler gibi olasınız diye yetiştirdik. Size, öteki filozoflarınkin-
c den daha iyi, daha eksiksiz bir eğitim verdik; sizi işle felsefeyi
bir arada yürütmekte daha yetenekli kıldık. Öyleyse, her biriniz
sırası gelince topluluğun oturduğu yere inmelisiniz, orda hü-
küm süren karanlığa alışmalısınız. Alışınca da, oradakilerden
bin kere daha iyi göreceksiniz; her görüntünün tabiatını, hangi
nesnenin görüntüsü olduğunu tanıyacaksınız; çünkü, yukarıda,

güzelin, doğrunun ve iyinin gerçeğini gördünüz. Böylece, hem sizin, hem bizim olan bu sitenin yönetim düzeni bir gerçek olacak; bugünkü sitelerin yönetim düzeni gibi boş bir rüya değil. Çünkü o sitelerde baştakiler gölgeler için dövüşürler, büyük bir nimet olarak gördükleri egemenlik için çekişirler. Oysa hakikat d
şudur: Devleti yönetecek olanların başa geçmeye en az hevesli olduğu site, en iyi yönetilen, kargaşalığa en az düşecek sitedir; yöneticileri tam tersine davranan site ise bunun tam tersi bir durum içindedir.»

«Çok doğru,» dedi.

«Peki şimdi, bizim öğrencilerimiz gösterdiğimiz sebepleri haklı bulmazlar mı dersin? Zamanlarının çoğunu o tertemiz, ışıklı dünyada hep bir arada geçirirken, devlet işlerine de nöbetleşe zaman ayırmaktan kaçınırlar mı?»

«Kaçınmalarına imkân yok,» dedi, «çünkü hem istekleri- e
miz haklı, hem seslendiğimiz kimseler hak bilir, doğru insanlar. Ama gene de onlardan hiç biri, bugün bütün devletlerdeki yöneticilerin yaptığını yapmaz; bir zorunluluk karşısında kalmadan iktidara gelmez.»

«Haklısın dostum,» dedim, «devleti yönetecekler için iktidara geçmekten daha elverişli bir hayat biçimi bulursan, iyi yönetilen bir devlete kavuşman mümkün olur. Çünkü bu devlette 521
yalnız gerçekten zengin olanlar, ama altın bakımından değil, mutlu olması için insana gerekli olan erdemli ve bilge bir hayat bakımından zengin olanlar kumandayı ele alacaktır. Buna karşılık, dilenciler ve çıkarlarına düşkün, aç gözlü adamlar ceplerini doldurmanın yolunu yönetimi ele geçirmekte görerek devlet işlerine gelirlerse, iyi yönetilen bir devlete kavuşman imkânsızdır. Çünkü o zaman başa geçmek için kavga, dövüş olur; bu kardeş kavgası da hem dövüşenlerin, hem sitenin başını yer.»

«Çok doğru,» dedi.

«Peki, gerçek filozofun hayatından başka hangi hayat kamu b
görevlerini küçümsetir insana?»

«Zeus hakkı için, hiç biri.»

«Bizce iktidara talip olanların ona tutkun olmamaları gerekir, yoksa rakip talipler arasında kavga çıkar.»

«Şüphesiz.»

«Böyle olunca, siteyi koruma görevini kime yüklersin? Bir devleti yönetmenin yollarını en iyi bilen ve başka seçkin yanlarıyla birlikte politika hayatına üstün tutulacak bir hayatı olan kimselere, değil mi?»

«Elbet bunlara.»

c «Öyleyse ister misin, şimdi bu nitelikteki insanların nasıl yetişeceğini, hani masallarda Hades'ten tanrılar katına çıkanlar gibi, ışığa doğru nasıl yükseltileceklerini inceleyelim?»

«İstemez olur muyum?»

«Ama çocukların yuvarlak taş oyunu[104] gibi kolay değil bu. Ruhu, gece kadar karanlık bir gündüzden gerçek gündüze döndürmek, yani onu varlığa kadar yükseltmek söz konusu. Gerçek felsefe diyeceğimiz şey işte bu.»

«Çok doğru,»

d «O hâlde bilimler arasında bu etkiyi doğurabilecek olanın hangisi olduğunu araştırmak gerek.»

«Şüphesiz.»

«Öyleyse ruhu oluş dünyasından varlık dünyasına çeken bilim hangisidir Glaukon? Ama konuşurken aklıma geldi: Filozoflarımızın gençliklerinde birer savaşçı atlet olmaları gerektiğini söylemedik miydi?»

«Söyledikti.»

«Öyleyse aradığımız bilimin bir başka üstünlüğü daha olmalı.»

---

104 Bir çeşit yazı-tura oyunu. Çocuklar iki kümeye ayrılır, bir yanı ak, bir yanı kara bir kaydırak taşını gece mi, gündüz mü diye bağırarak havaya atarlar, hangi yanı gelirse ona göre, bir küme öbürünü kovalarmış.

«Hangisi o?»

«Savaşçılara da yararlı olması.»

«Elbette, mümkünse öyle olmalı.»

«Biz daha önce savaşçıları beden eğitimi ve müzikle yetiş- e
tirmiştik, değil mi?»

«Evet.»

«Ama beden eğitimi, bedenin gelişmesi ve çökmesiyle ilgilendiğine göre, oluşan ve ölen şeyle uğraşır.»

«Tabii.»

«Demek ki aradığımız bilim o değil.»

«Değil.» 522

«Yoksa daha önce anlattığımız müzik mi aradığımız bilim?»

«Ama olur mu?» dedi. «Hatırlarsın, müzik beden eğitiminin bir karşılığı idi sadece. Koruyucuları alışkanlıkla eğitiyor, onlara ses uyumuyla bilim değil, bir ruh düzeni, ritimle de ölçü ve zariflik veriyordu. Sözde de müziğinkine benzer nitelikler vardı; ister masal sözleri, ister gerçeği anlatan sözler bahis konusu olsun, durum değişmiyordu. Ama müzikte, şimdi ortaya koyduğun amaca ulaştıracak hiç bir yan yoktu.»

«Çok doğru hatırlıyorsun. Gerçekten müziğin böyle bir b
yanı yoktur. Peki ama sevgili Glaukon, ne olabilir bu aradığımız bilim? Çünkü sanatlar da bayağı, mekanik görünmüştü bize.»

«Elbet öyle. Ama müziği, beden eğitimini ve öbür sanatları bir yana bırakacak olursak, geriye hangi bilgi dalı kalıyor?»

«Bunların dışında bir şey bulamıyorsak, hepsine giren bir bilgi dalını alalım.»

«Hangisini?»

«Örneğin, bütün sanatlarda, bütün zihin işlemlerinde, bü- c
tün incelemelerde kullanılan, herkesin ilk öğreneceği şeylerden biri olan o ortak bilgiyi.»

«Nedir o bilgi?» dedi.

«Şu bir, iki, üçü ayırt etmeyi öğreten beylik, önemsiz bilgi; kısacası sayı ve hesap bilimi. Hiç bir bilim, hiç bir sanat ondan vazgeçemez, değil mi?»

«Elbette.»

«Savaş sanatı da vazgeçemez, değil mi?»

«Zorunlu olarak.»

d «Doğrusu, Palamedes[105], tragedyalarda Agamemnon'u pek gülünç bir komutan olarak gösterir. Palamedes, sayıları kendisi bulduğu için, Troya önünde ordu birliklerini sıra sıra dizenin, gemileri, her şeyi sayanın da kendisi olduğunu ileri sürer; sanki ondan önce hiç bir şey sayılmamış, sanki Agamemnon saymasını bilmediği için kaç ayağı olduğunu da bilmezmiş gibi. Komutanın böylesine ne dersin?»

«Doğruysa, tuhaf bir komutan derim,» dedi.

e «Demek ki,» dedim, «bir savaşçı için hesap ve sayı bilgisini çok gerekli sayacağız.»

«Ordu düzeninden anlamak istiyorsa, hatta insan olmak istiyorsa, bunsuz olmaz.»

«Peki, bu bilimi sen de benim gördüğüm gibi mi görüyorsun?» dedim.

«Nasıl?»

523 «Bu bilim, bizim aradığımız ve tabiatı gereği saf düşünceye götürecek bilimlerden biri olabilir. Ama kimse onu doğru kullanmıyor. Oysa zihni öze ve varlığa yükseltebilecek bir bilim bu.»

«Ne demek istiyorsun?»

«Düşüncemi açıklayayım. Benim, amacımıza götürmeye yarar ya da yaramaz diye ayıracağım şeyleri sen de benimle

---

105 Birtakım icat ve buluşları olduğu söylenen, bu yüzden eski Yunan tragedyasında bir uygarlık kahramanı olarak sahneye çıkarılan, Troya savaşına katılmış Yunan krallarından biri.

birlikte incele; sonra hangisini uygun görüp hangisini uygun görmediğini söyle; böylece işin benim düşündüğüm gibi olup olmadığını daha açık olarak görelim.»

«Peki, göster bakalım neleri göstereceksen?»

«Göstereceğim. Dikkat edersen, duyumlarımıza giren nesneler arasından bazıları zihni incelemeye itmez, çünkü duyular b bunları kestirmeye yeter; bazılarıysa zihni böyle bir incelemeye iter, çünkü duyular onlar hakkında güvenilir hiç bir şey getirmez.»

«Her hâlde uzaktan görünen nesnelerden, derinliği olan resimlerden söz ediyorsun.»

«Demek istediğimi hiç anlamamışsın.»

«Peki, neden söz ediyorsun öyleyse?»

«İnceleme gerektirmeyen nesneler derken,» dedim, «aynı anda iki karşıt duyuma yer vermeyen nesneleri söylemek istiyo- c rum. Buna yer veren nesneleri de inceleme gerektiren nesneler sayıyorum; çünkü böyle bir nesne ister yakından, ister uzaktan algılansın, duyular bunu aynı derecede hem filan nesne, hem karşıtı olarak gösterir. Demek istediğimi şöyle daha iyi anlayacaksın: Şu üç parmağıma bak, başparmağıma, işaretparmağıma ve ortaparmağıma.»

«Peki.»

«Bunlara yakından baktığıma göre konuşuyorum. Şimdi şuna dikkat et.»

«Neye?»

«Her biri parmak olarak görünüyor; ister ortada görülsün, d ister uçta, ister ak görülsün, ister kara, ister kalın görünsün, ister ince, bu bakımdan önemi yok. Bütün bu hâllerde, insanların çoğunun ruhu, akla, parmağın ne olduğunu sormak zorunda değildir, çünkü görme gücü ona parmağın aynı zamanda parmaktan başka bir şey olduğunu hiç bir zaman göstermemiştir.»

«Elbette,» dedi.

e «Öyleyse böyle bir duyumun aklı uyarmaması, uyandırmaması tabiidir.»

«Evet.»

«Peki, parmakların büyüklüğü ve küçüklüğüne gelince, göz bunu iyi seçer mi, bu bakımdan bunlardan birinin ortada ya da uçta olmasının onun için önemi yok mu? Dokunma duyusunun da kalınlık, incelik, yumuşaklık ve sertlik karşısındaki durumu böyledir değil mi? Öbür duyuların verileri de aynı şekil-
524 de kusurludur. Her biri şöyle çalışır: Bir kere, sertlik duyumunu alacak duyu, aynı zamanda yumuşaklık duyumunu almakla da görevlidir, aynı nesneden hem sertlik, hem yumuşaklık duyumu aldığını ruha bildirir.»

«Öyle olur.»

«Peki, böyle hâllerde ruh bocalamaz mı? Aynı şeyi kendisine hem sert, hem yumuşak olarak gösteren duyumun ne demek olduğunu kendi kendine sormak zorunda kalmaz mı? Hafiflik ve ağırlık duyumlarında da öyle: Bunlardan biri ağın hafif, öteki hafifi ağır gösterirse, ruh hafiften, ağırdan ne anlayacaktır?»

b «Gerçekten,» dedi, «ruha giden, garip ve inceleme gerektiren bildiriler bunlar.»

«O hâlde,» dedim, «ruhun böyle bir durumda akıl yürütme gücünü yardıma çağırıp bu bildirilerden her birinin bir şeyi mi, yoksa iki şeyi mi gösterdiğini kavramaya çalışması tabiidir.»

«Şüphesiz.»

«Ruh bunların iki şey olduğuna hükmederse, her biri ona bir tek ve ötekinden ayrı olarak görünür.»

«Evet.»

«Böylece, her biri ona bir tek, ikisi iki şey olarak görünürse, onları ayrı şeyler olarak kavrayacaktır; çünkü ayrı olmasalardı,
c onları iki değil, bir şey olarak kavrardı.»

«Doğru.»

«Görmenin de büyüklüğü ve küçüklüğü ayrı değil, birbirine karışmış olarak gördüğünü söylüyoruz, değil mi?»

«Evet.»

«Bu karışıklığı aydınlatmak için zihin, büyüklüğü ve küçüklüğü, görmenin tersine, birbirine karışmış olarak değil, ayrı olarak görmek zorundadır.»

«Doğru.»

«Büyüklüğün, küçüklüğün ne olduğu sorusu da ilk önce buradan gelmez mi bize?»

«Elbette.»

«Kavranan şeyle görülen şeyi de buna dayanarak belirle- d
dik.»

«Tamam.»

«İşte demin, bazı nesnelerin ruhu düşünmeye ittiğini, bazılarının itmediğini söylerken, aynı anda iki karşıt duyum meydana getirenleri düşünceyi uyaran nesneler olarak, böyle olmayanları düşünceyi uyarmayan nesneler olarak nitelendirirken, anlatmak İstediğim buydu.»

«Şimdi anlıyorum,» dedi, «düşüncene de katılıyorum. »

«Peki, sayıyı ve bir'i hangi sınıfa koyarsın?»

«Bunu bilemeyeceğim,» dedi.

«Şimdi söylediklerimize göre düşün bunu. Bir, görme du-
yusuyla ya da başka bir duyu ile kendi başına yeterince görü-
lüyorsa, demin sözünü ettiğimiz parmak gibi, ruhumuzu öze e
doğru çekmez. Ama bir'in görülmesi hep bir çelişme taşıyor
ve bir olduğu kadar çok olarak da görünüyorsa, o zaman karar
vermek için bir yargıç gerekli olur; ruh zorunlu olarak bocalar
ve içindeki düşünme gücünü uyandırarak birin kendi başına ne
olduğunu araştırmak, kendi kendine sormak zorunda kalır, işte
böylece, bir'in kavranması, ruhu gerçek varlığın seyrine götü- 525
ren, ona döndüren incelemelerden biridir.»

«Bir'in görülmesinde gerçekten böyle üstün bir güç var,» dedi, «çünkü aynı şeyi hem bir olarak, hem de belirsiz bir çokluk olarak görüyoruz.»

«Bir için durum böyleyse,» dedim, «bütün sayılar için de aynı değil midir?»

«Şüphesiz.»

«Peki, hesap sanatıyla aritmetik bilimi baştanbaşa sayılarla uğraşmaz mı?»

«Elbette.»

«Demek ki bunlar hakikate ulaştırmaya elverişli bilimlerdir.»

b «Hem de çok elverişli.»

«Öyleyse bunlar aradığımız bilimler arasında yer alıyor demektir; çünkü savaşçı, bir orduyu dizebilmek için, filozof da oluş alanından çıkıp öze ulaşabilmek için bu bilimleri öğrenmek zorundadır, yoksa hiç bir zaman hesaplama yapamaz.»

«Doğru,» dedi.

«Peki, bizim koruyucumuz hem savaşçı, hem filozof değil mi?»

«Şüphesiz.»

«Öyleyse Glaukon, bu bilimin öğrenilmesini bir yasayla zorunlu hâle getirmek gerekir. Böylece, en yüksek kamu görevlerini yüklenecek olanları hesap bilimini öğrenmeye yöneltme-
c liyiz; ama bilgileri yüzeyde kalmamalı, saf düşünceyle sayıların tabiatını tanımaya kadar gitmeli. Üstelik bu bilgileri, tüccarlar ve satıcılar gibi alım satımda kullanmak için değil, savaşa uygulamak ve ruhun doğuş dünyasından hakikat ve öze doğru dönmesini kolaylaştırmak için öğrenmeliler.»

«Çok güzel söyledin.»

d «Şimdi, bu sayılar biliminden söz ederken, bu bilimin ne kadar güzel bir yanı bulunduğunu, birçok bakımlardan amacımıza ne kadar yararlı olduğunu görüyorum, yeter ki alışveriş için değil, bilgi için öğrenilsin.»

«Onda bu kadar güzel bulduğun ne?»

«Demin sözünü ettiğim özellik, ruhu güçlü bir atılımla yüksek bölgeye yönelten, düşüncelerine gözle görülür, elle tutulur sayılar sokulmasına razı olmadan, sayıların kendileri üzerinde akıl yürütmeye zorlayan özellik. Bu bilimde uzman e
olanların davranışını bilirsin: Bir tartışmada birisi bir'i bölmeye kalktı mı, alaya alırlar onu .dinlemezler. Sen böldükçe, onlar çarparak çoğaltırlar, çünkü bir'in bir olarak değil, bir parçalar toplamı olarak görünmesinden korkarlar.»

«Çok doğru,» dedi.

«Şimdi Glaukon, birinin çıkıp onlara şöyle dediğini düşü- 526
nelim: 'Ey mutlu adamlar, siz hangi sayılardan söz ediyorsunuz? Sizin tasarladığınız gibi, hepsi birbirine eşit, en ufak farkları bile bulunmayan ve parçalardan meydana gelmeyen bir'ler nerede var ki?' Buna ne karşılık verirler dersin?»

«Bence, 'Biz ancak düşünceyle yakalanabilen başka hiç bir biçimde ele alınamayan sayılardan söz ediyoruz,' diye cevap verirler.»

«Görüyorsun ki, dostum, bu bilim bizim için gerçekten son b
derece gerekli; çünkü ruhu hakikatin kendisine ulaştırmak için saf düşünceyi kullanmaya zorluyor.»

«Evet, bu bakımdan gerçekten büyük bir gücü var.»

«Peki, hiç şuna dikkat ettin mi: Kafaları hesaba doğuştan yatkın olanlar bütün bilimleri çabuk kavrarlar; kalın kafalılar da, uğraşa çalışa bu bilgiyi edindiler mi, başka bir yarar görmeseler bile, hiç değilse biraz daha kavrayışlı olurlar.»

«Öyle olur.» c

«Üstelik öğrenilmesi de, uygulanması da sayılar biliminden daha emek isteyen bilim bence az bulunur. »

«Elbette.»

«Bütün bu sebeplerden dolayı, bu bilimi ihmal etmemeliyiz, tersine, en iyi yaradılışları eğitmek için onu kullanmalıyız.»

«Aynı kanıdayım.»

«Böylece aradığımız ilk bilimi bulmuş olduk, Şimdi de buna bağlı olan şu ikinci bilim işimize yarayacak mı, onu araştıralım.»

«Hangisi bu ikinci dediğin? Geometri mi?»

«Ta kendisi,» dedim.

d «Savaşla ilgili olması bakımından işimize yarayacağı besbelli; çünkü bir orduyu çadırlara yerleştirmede, kaleleri ele geçirmede, birlikleri toplama ya da yaymada, çarpışmalarda olsun, yürüyüşlerde olsun, orduyu gereken her türlü düzene sokmada bir komutan, geometri bildiği ölçüde üstün olur.»

«Doğrusunu istersen,» dedim, «bu iş için fazla bir geometri ve hesap bilgisi gerekmez. Asıl şunu incelemeliyiz: Bu bilimin
e en yüksek ve en ileri bölümleri, amacımız olan iyi ideasının kavranmasını kolaylaştırıyor mu, kolaylaştırmıyor mu? Şimdi, biz diyoruz ki ruhu, mutlaka seyretmesi gereken o en mutlu varlığın bulunduğu yere doğru dönmeye zorlayan her inceleme bu amaca götürür.»

«Haklısın.»

«O hâlde geometri, ruhu özü seyretmeye zorlarsa, işimize yarar, oluşta duraklayıp kalırsa, yaramaz.»

«Evet, öyle.»

527 «Biraz geometri bilenlerden hiç biri şuna hayır diyemez: Bu bilim, onunla uğraşanların kullandığı dile doğrudan doğruya karşıttır.»

«Nasıl?»

«Bu dil gerçekten çok gülünç ve düşüktür; çünkü bu adamlar, bir şekli kare hâline getirmekten, bir çizgi üzerine bir şey kurmaktan, bir ekleme yapmaktan ve benzeri şeylerden söz ederken, işadamı, uygulama adamı gibi konuşurlar; oysa bu bilimin saf bilgiden başka konusu yoktur.» b

«Buna hiç şüphe yok.»

«Öyleyse şunu da kabul etmek gerekir, değil mi?»

«Neyi?»

«Geometrinin konusu, doğup ölenin değil, hep, var olanın bilgisidir.»

«Bu kolayca kabul edilecek bir şey,» dedi, «çünkü geometri hep var olanın bilgisidir.»

«O hâlde sevgili dostum, bu bilim ruhu hakikate çeker, yanlış olarak yere eğdiğimiz bakışlarımızı yüksekteki şeylere döndüren o felsefeye özgü düşünüş tarzının ruhta gelişmesini sağlar.»

«Belli ki öyle.»

«Öyleyse şu da belli ki senin Güzel Site'nin yurttaşlarından c
geometriyi hiç ihmal etmemelerini isteyeceğiz. Hem bu bilimin ikinci dereceden birtakım yararlı sonuçları da var ki küçümsenemez.»

«Nedir onlar?»

«Demin senin söylediğin savaşla ilgili yararlar,» dedim. «Üstelik, öteki bilimleri daha iyi kavramak bakımından da, geometri bilenle bilmeyen arasında dağlar kadar fark vardır.»

«Zeus hakkı için, çok büyük fark vardır.»

«İşte gençlerden öğrenmelerini isteyeceğimiz ikinci bilim de bu olmalı, değil mi?»

«Evet.»

«Peki, astronomiye ne dersin? O da üçüncü bilim olmalı d
mı?»

«Bence olmalı. Çünkü mevsimlerin, ayların, yılların düzenini hemen anlayıvermek yalnız çiftçilik ve denizcilik sanatında değil, savaş sanatında da yararlıdır.»

«Ömürsün doğrusu!» dedim. «Halkın sana işe yaramaz bilgilerle uğraşmayı öğütlüyor diye çatmasından korkuyorsun anlaşılan. Oysa şunu anlamak zor olsa da, çok önemli bir şeydir: Sözünü ettiğimiz bilgiler, her birimizin ruhunda bulunan
e ve gündelik işlerimiz yüzünden bozulmuş, körleşmiş olan bir organı parlatır, canlandırır; bu organı korumaksa bin gözü korumaya değer, çünkü gerçek ancak onunla görülür. Bu düşünceye katılanlar sözlerini son derece doğru bulacaklar; ama bu konuda hiç bir aydınlığa ulaşmamış olanlar anlamsız boş şeyler sayacaklar, çünkü onlar bu bilimlerde pratik yarar dışında sözü edilmeye değer hiç bir üstünlük görmezler. O hâlde şuna karar
528 ver: Bu iki küme insandan hangisine sesleneceksin? Yoksa hiç birine seslenmeyip de, düşüncelerinden başkalarının da yararlanmasını hoş görerek, başta kendin için mi düşünce yürüteceksin?»

«Son şıkkı seçiyorum,» dedi. «Başta kendim için konuşur, kendim için soru sorar, kendim için cevap veririm.»

«Öyleyse geri dön,» dedim, «çünkü demin geometrinin hemen arkasından gelen bilimi ele almadık.»

«Neyi unuttuk?» dedi.

«Yüzeylerden sonra, katıların kendileri üzerinde durmadan, dönen katıları ele aldık. Oysa sıraya göre, ikinci boyuttan
b sonra üçüncü boyuta, yani küplere ve derinliği olan nesnelere geçmek gerekir.»

«Doğru, ama Sokrates,» dedi, «bu alanda daha bir bilim yok ki ortada.»

«Bunun iki sebebi var, »dedim. «Birincisi, hiç bir sitenin bu araştırmalara değer vermemesi ve zor olduğundan dolayı da bu konular üzerinde fazla çalışılmaması, ikincisi, araştırıcıların, çabalarının verimsiz kalmamasını sağlayacak bir yöneticiden yoksun olmaları. Böyle bir yönetici zor bulunur; bulunsa
c bile, bugünkü durumda bu araştırmalarla uğraşanların burun-

ları öylesine havada ki onun dediklerine kulak asmazlar. Ama bütün devlet bu yöneticiyle işbirliği eder de, bu bilime değer verirse, o zaman bu araştırıcılar yöneticinin sözünü dinlerler; bu bilimin ortaya koyduğu sorunlar da sürekli ve sıkı bir incelemeyle aydınlığa kavuşturulur. Çünkü şimdi bile bu bilim, çoğunlukça küçümsendiği, gerçek yararını anlamayan araştırıcılarca aksatıldığı hâlde, bütün bu engelleri aşıp sırf kendi çekiciliği ile gene de ilerliyor. Bu bakımdan şimdi bulunduğu yere
gelmiş olmasına şaşmamak gerekir.» d

«Elbette,» dedi, «olağanüstü bir çekiciliği var. Ama demin söylediğini, biraz daha açıklar mısın? Önce yüzeyler bilimini, geometriyi ele almıştın, değil mi?»

«Evet.»

«Bunun hemen arkasından astronomiyi ele almıştın. Sonra geri döndün.»

«Acele ettim de ondan oldu,» dedim. «Bütün bunları çabucak anlatayım derken, ilerleyeceğim yerde, geriledim. Gerçekte, geometriden sonra derinlik boyutunu inceleyen bilim gelir. Ama bu alandaki araştırmalar henüz gülünç; düzeyde olduğu için, onu bırakıp astronomiye, yani katıların hareketini incele-
yen bilime geçtim.» e

«Doğru.»

«Öyleyse astronomiyi dördüncü sıraya koyalım. Şimdi bir yana bıraktığımız bilimi ise, devletçe ele alındığı zaman kurulacak sayalım.»

«Öyle sayabiliriz,» dedi. «Ama demin astronomiyi kabaca övdüğüm için bana çatmıştın Sokrates, bu yüzden simdi onu
senin düşüncelerin açısından öveceğim. Astronomi ruhu yu- 529
karıya bakmaya, yeryüzündeki şeylerden gökyüzündeki şeylere geçmeye zorlar. Sanırım herkes açıkça anlar bunu.»

«Belki herkes için öyle ama, benim için değil.» dedim, «çünkü ben böyle düşünmüyorum.»

«Nasıl düşünüyorsun peki?»

«Astronomiyi felsefe derecesine yükseltmek isteyenlerin tutumuyla astronomi bence insanı yukarıya değil, aşağıya baktırıyor.»

«Ne demek istiyorsun?»

«Senin yukarıdaki nesneler bilgisi üzerindeki anlayışın doğrusu çok serbest, çok atak! Başını kaldırıp tavanın süslerine ba-
b kınca orada bir şeyler gören bir adamın bunu gözleriyle değil, aklıyla gördüğünü sanıyorsun gibime geliyor! Bilmem, belki sen doğru düşünüyorsun da ben budalalık ediyorum. Ama ben konusu varlık ve görülmez şey olan bilimden başka, insanı yukarı baktıracak bilim göremiyorum. Biri çıkar da, duyulur bir şeyi ağzı açık yukarıya bakarak ya da ağzı kapalı aşağıya bakarak incelemeye kalkarsa, hiç bir zaman gerçek bir şey öğrenemez, çünkü bilimin duyulur hiç bir yanı yoktur. Böyle davranan bir ada-
c mın ruhu da yukarıya değil, aşağıya doğru bakar; nesneleri ister karada sırt üstü yatıp incelesin, ister denizde sallana sallana!»

«Ne kadar çatsan yeridir bana, hakkettim bunu. Ama sen astronominin amacımıza yararlı hâle gelmesi için, bugünkünden farklı olarak nasıl ele alınmasını istiyorsun?»

«Şöyle: Gökteki süsleri maddi şeylerin en güzelleri, en yetkinleri saymamız gerekir; ama görülür dünyanın malı olduklarına göre, gerçek süslerden, hareketlerden aşağıdır bunlar.
d Gerçek hareketlerse, saf çabukluk ve saf yavaşlığın gerçek sayıdaki ve bütün gerçek şekillerdeki, gerek birbirleriyle ilişkili, gerek kendi içlerindekilerle birlikte olan hareketleridir. Bunlar yalnız akıl ve düşünceyle kavranır, görmeyle değil. Yoksa sence öyle değil mi?»

«Bence de öyle.»

«Öyleyse,» dedim, «gökteki süsleri o görülmez şeyleri in-
e celerken birer model olarak kullanmalıyız, hani Daidalos'un[106]

106 Efsaneye göre, Girit'teki ünlü Labirent'i yapan, sonra Kral Minos'un kendisini hapsettiği bu labirentten oğlu İkaros'la birlikte vücuduna kanatlar yapıştırıp kaçmayı başaran mimar.

ya da başka bir sanatçı veya ressamın eşsiz bir ustalıkla çizdiği
şekillerle karşılaşmışız gibi. Bir geometri bilgini, bunları görse,
işçiliğine hayran olur, ama eşitlik, iki katlık gibi oranlarla ilgi-
li hakikati ortaya çıkarmak umuduyla bu şekilleri ciddi olarak 530
incelemeyi gülünç bulur.»

«Elbet gülünç olur böyle bir inceleme.»

«Gerçek astronomi bilgini de yıldızların hareketlerini in-
celerken aynı duyguya kapılmaz mı dersin? Göğün ve gökteki
şeylerin, yapıcısı tarafından bu çeşit şeyler için mümkün olan
en güzel biçimde düzenlenmiş olduğunu düşünmez mi? Ama
gündüzün geceyle, gündüz ve gecenin aylarla, ayların yılla, b
öteki yıldızların güneşle, ayla ve kendi kendileriyle ilişkilerine
gelince, bu ilişkilerin hep aynı kaldıklarına, maddi ve görülür
şeyler oldukları hâlde hiç değişmediklerine inanmayı ve gerçe-
ği bütün gücüyle bunlarda aramayı saçma bulmaz mı?»

«Seni dinledikten sonra ben de böyle düşünüyorum.»

«O hâlde,» dedim, «astronomiyi de geometri gibi problem-
ler yardımıyla inceleyeceğiz; bu bilimi, gerçekten kavramak ve
ruhumuzun kavrayan yönünü yararsızken yararlı hâle getirmek c
istiyorsak, gökte olup biten şeyleri bir yana bırakacağız.»

«Astronomi bilginlerine bugünkünden kat kat zor bir gö-
rev yüklüyorsun.»

«Yasa koyucular olarak işe yaramak istiyorsak, bence öteki bilimleri de aynı yola sokmamız gerekir. Şimdi bana, amacımıza uyacak başka bir bilim daha söyleyebilir misin?»

«Hayır, hemen şu anda söyleyemem.»

«Hareket, tek bir şekil göstermez, bence birçok şekiller d
gösterir. Belki bir bilgin bunların hepsini sayabilir, ama biz iki
türlüsünü biliyoruz.»

«Nedir onlar?»

«Birincisi şimdi sözünü ettiğimiz astronomideki hareket, ikincisi de ona karşılık olan hareket.»

«Hangi hareket?»

«Öyle görünüyor ki,» dedim, «gözler nasıl astronomi için yapılmışsa, kulaklar da uyumlu, armonik hareket için yapılmıştır. Pythagoras'çıların söylediği gibi bu bilimler kardeştir. Biz de bunu kabul ediyoruz, değil mi Glaukon?»

«Evet.»

e «Konu önemli olduğu için, bu konuda ve başka konularda
gerekirse onlarla danışırız. Ama ne olursa olsun, kendi ilkemizden ayrılmayız.»

«Hangi ilkemizden?»

«Bu konuda öğrencilerimizin; amacımıza götürmeyecek,
demin astronomi için söylediğimiz gibi, bütün bilgilerimizin
ulaşacağı noktaya varmayacak hiç bir incelemeye girişmeme-
lerine dikkat etmeliyiz. Bilmez misin, müzikçiler armoniyi de
531 böyle ele alırlar. Kulağın seçtiği düzenler ve sesleri ölçmeye ça-
lışıp astronomlar gibi boş işlerle uğraşırlar.»

«Tanrılar hakkı için öyle,» dedi. «Üstelik hâlleri de pek
gülünçtür: Kısa nota diye bir şeyden söz ederler, sanki komşu
kapısı dinlermiş gibi kulaklarını kabartırlar: Bazıları iki ses ara-
b sında bir başka ses duyduğunu, bunun en küçük aralık olduğu-
nu, ölçü birimi olarak alınması gerektiğini ileri sürer; bazıları
da tersine, bunun öteki seslerden ayrı olmadığını savunur. Ama
hepsi için kulak kafadan önce gelir.»

«Sen şu telleri inleten, kulaklarını burup onlara işkence
eden müzikçilerden söz ediyorsun. Ben daha da ilerisini söy-
leyebilirim, tellere vurdukları yayları, yükledikleri suçtan, çok
ya da az ses veriyor diye yakınmalarını sayıp dökebilirim. Ama
bunları bir yana bırakıyorum. Benim sözünü etmek istediğim
onlar değil, demin armoni konusunda danışmak istediğim kim-
c seler. Çünkü bunlar da astronomlar gibi davranıyorlar: Kulağın
seçtiği düzenlerde, uyumlarda sayılar ararlar, ama problemlere

yükselip hangi sayılar armonik sayılardır; hangileri değildir, aralarındaki bu ayrılık nereden gelir diye araştırmazlar.»

«İnsanüstü bir iş bu,» dedi.

«Güzeli ve iyiyi bulmak için yararlı bir iş,» dedim, «ama başka bir amaç için yararsız.»

«Öyle anlaşılıyor.»

«Bence,» dedim, «saydığımız bütün bu bilimlerle ilgili in-
celemeler, sonunda bu bilimler arasındaki ilişki ve akrabalığı
ortaya çıkarır da onları birleştiren bağın ne olduğunu gösterir- d
se, amacımıza ulaşmamıza yardım eder; böylece boşuna çalış-
mış olmayız, yoksa emeğimiz boşa gider.»

«Ben de öyle düşünüyorum, ama senin söylediğin de pek uzun bir çalışma Sokrates.»

«Başlangıç çalışmasını mı söylemek istiyorsun, yoksa baş-
ka bir şeyi mi? Bütün bu incelemelerin öğrenilecek ezginin,
yasanın sadece bir başlangıcı olduğunu bilmen gerekir. Çünkü
sen bu bilimlerde uzman olanları diyalektikçi saymıyorsun, de- e
ğil mi?»

«Zeus hakkı için saymıyorum,» dedi, «benim rastladıkların arasında böylesi pek az.»

«Peki» dedim, «bir düşüncenin nedenini açıklamasını ya da nedenini sormasını beceremeyen kimseler bilinmesi gerekli gördüğümüz şeyleri hiç bilebilirler mi?»

«Bilemezler elbet,» dedi. 532

«O hâlde Glaukon,» dedim, «diyalektik'in anlattığı yasa, çaldığı hava bu değil mi? Bu hava gerçi akılla kavranan türdendir, ama görme gücünün ilerleyişinde bunun bir taklidini görebiliriz: Nitekim demiştik ki bu güç önce canlı varlıklara, sonra yıldızlara, en sonunda da güneşin kendisine bakmaya çalışır, işte bunun gibi, diyalektik yoluyla, hiç bir duyunun yardımı olmaksızın, yalnız aklın aracılığıyla her şeyin özüne ulaşmaya b çalışıp da ancak iyinin özünü düşünceyle kavradıktan sonra duran bir insan da kavrananın sonuna varır, tıpkı görülenin sonuna varan yukarıdaki insan gibi.»

«Şüphesiz.»

«Peki öyleyse düşüncenin bu ilerleyişine diyalektik demez misin şimdi?»

«Elbette.»

«Şimdi mağaradaki adamı hatırla,» dedim. «Zincirlerinden kurtuluşunu, gölgelerden yapma şekillere ve onları yansıtan ışığa dönüşünü, yeraltından güneşe doğru çıkışını, orada henüz hayvanlara, bitkilere ve güneş ışığına bakamayışını,
c sadece bunların sulardaki Tanrı eseri görüntülerine ve gerçek nesnelerin gölgelerine bakabilişini, böylece, güneşle karşılaştırılınca bir görüntüden öte bir şey olmayan bir ışığın düşürdüğü gölgeleri seyretmekle kalmayışını düşün, işte gözden geçirdiğimiz bilimleri öğrenmenin sonucu da bu: Bu bilimler, ruhun en yüce kesimini bütün varlıkların en üstününü seyretmeye götürür, tıpkı demin sözünü ettiğimiz bedenin en keskin görüşlü organının madde ve görülen şey dünyasındaki en ışıklı şeyi
d seyretmeye yükselişi gibi.»

«Bunu böyle kabul ediyorum. Ama doğrusu, kabul etmek de güç, reddetmek de. Bununla birlikte, bu konuları sadece bugün ele almakla kalmayacağımıza, ilerde de birçok kez incelememiz gerektiğine göre, şimdi senin söylediğin gibi kabul edelim ve havanın kendisine gelelim. Bunu da başlangıç havasında olduğu gibi ele alalım. Peki şimdi söyle bize, diyalektik
e gücünün tabiatı nedir; kaç çeşide ayrılır, izlediği yollar nelerdir? Çünkü anlaşılan, mola vere vere bizi varacağımız yere bu yollar götürecek.»

533 «Ama sevgili Glaukon, ben ne kadar istesem de, sen artık peşimden gelemeyeceksin. Elimden gelseydi, sana artık, sözünü ettiğimiz şeyin bir görüntüsünü değil, gerçeğin kendisini bana göründüğü gibi göstermek isterdim. Doğru mu görüyo-

rum, yanlış mı, orasını şimdi kesin olarak söyleyemem. Ama buna yakın bir şey olduğu söz götürmez. Öyle değil mi?»

«Elbette.»

«Bunu da yalnız diyalektik gücü, gözden geçirdiğimiz bilimlerde tecrübe kazanmış bir insana gösterebilir, başka hiç bir yol bunu sağlayamaz.»

«Bu da doğru.»

«Hiç değilse,» dedim, «bir nokta var ki kimse, karşı çıka- b
maz: Her şeyin özünü bilimsel olarak kavramaya çalışan bir başka yöntem vardır. Sanatların çoğu yalnız insanların arzuları ve zevkleriyle uğraşır, baştan başa doğal ve yapma nesnelerin üretimi, yapımı ya da bakımına dönüktür. Bunların dışında kalan ve özden bir şey yakalayan bilimlere, yani geometri ve onun arkasından gelen bilimlere gelince, gördüğümüz gibi bunlar
varlığı ancak rüya hâlinde görürler; kullandıkları varsayımları c
dokunulmaz sayıp açıklayamadıkları sürece de varlığı gerçekte olduğu gibi göremezler. Çünkü başta kabul edilen ilke bilinmeyen bir şey olunca ve gerek sonuç, gerek aradaki önermeler bilinmeyen şeylerden kurulunca, böyle bir kabul hiç bilim hâline gelebilir mi?»

«Gelemez,» dedi.

«O hâlde diyalektik yöntem, varsayımları bir yana atarak, ilkenin kendisine yükselen, sonuçlarını orada temellendiren tek yöntemdir. Bu yöntem, böylece, ruhun gözünü içine gömül-
müş olduğu çamurdan yavaş yavaş çekip kurtarır, saydığımız d
sanatları yardımcı olarak kullanıp yüceltir onu. Biz bu sanatlara, gündelik kullanışa uyarak çok defa bilim adını verdik. Ama bunlara sanıdan daha aydınlık, bilimden daha karanlık bir nitelik gösteren başka bir ad bulmak gerekirdi. Daha önce anlamaya dayanan bilgi deyimini kullanmıştık. Ama önümüzde incelenecek böyle önemli konular dururken, şimdi adlar üzerinde
tartışmamız gereksiz.» e

«Elbet gereksiz,» dedi.

«Öyleyse, önceki gibi, bilginin birinci bölümüne bilim, ikinci bölümüne anlamaya dayanan bilgi, üçüncü bölümüne
534 inanma, dördüncü .bölümüne de bulanık görüntü alma dersek, ilk ikisini kavrama, son ikisini de sanı adı altında toplarsak, yeter. Çünkü sanının konusu doğuş, kavramanın konusu özdür: öz doğuşa göre ne ise, kavrama da sanıya göre odur; kavrama sanıya göre ne ise, bilim de inanmaya göre; anlama da bulanık görüntü almaya göre odur. Bu bölümlerin nesneler alanındaki karşılıklarının birbirine orantısına ve bunların her birinin de sanılan ve kavranan diye iki kesime bölünmesine gelince, bunları geçelim Glaukon, yoksa bundan öncekinden kat kat uzun bir tartışmaya dalmış oluruz.»

b «Ben kendi payıma, peşinden gelebildiğim kadarıyla, dediklerine katılıyorum.»

«Her şeyin özünü açıklayabilen kimseye de diyalektikçi demez misin? Bunu yapamayana ise, o şeyi, ne kendine, ne başkasına açıklayamadığı ölçüde kavramamış demez misin?»

«Nasıl demem?»

«İyi için de böyledir, iyi ideasını başka her şeyden ayırarak ortaya koyamayan, kanıtlarını görünüşe değil, öze dayandırmaya önem vererek, savaşta olduğu gibi karşısına dikilen bütün güçlüklerden sıyrılıp çıkmasını beceremeyen, bütün bu engel-
c leri yanılmaz bir mantık gücüyle aşarak ilerlemesini bilemeyen bir adama ne dersin? Bu adam, ne iyinin kendisini, ne başka bir iyiyi bilir; iyinin bir gölgesini bile yakalasa, bunu bilimle
d değil, sanı ile yakalar; bu dünyadaki hayatını rüya ve uyuklama içinde geçirir: uyanmadan ölüp Hades'e gider, orada da sonsuz bir uykuya dalar, öyle değil mi?»

«Zeus hakkı için, tam da dediğin gibidir bu adam.»

«Peki, şimdi hayalinde yetiştirdiğin, eğittiğin çocukları günün birinde gerçekten yetiştirme durumunda kalsan, bunlar matematikteki asal sayılar gibi akıldışı çıkarlarsa, her hâlde siteyi yönetmelerine ve en önemli konularda karar vermelerine izin vermezsin, değil mi?»

«Vermem tabii,» dedi.

«Öyleyse onları, en bilimsel şekilde soru sorup cevap verebilecek duruma getirecek bir öğrenimden geçmeye zorlayacaksın.»

«Evet, seninle birlikte zorlarım onları buna.» e

«Demek ki,» dedim, «diyalektik'in incelemelerimizin doruğu olduğunu, başka hiç bir incelemeyi onun üzerine koymaya hakkımız olmadığını, böylece öğrenilecek bilimler konusunu bitirdiğimizi kabul ediyorsun.»

«Evet,» dedi.

«Şimdi de bu bilimleri kimlere öğreteceğiz, nasıl öğretece- 535
ğiz, bunu görelim.»

«Evet.»

«Yöneticiler için yaptığımız ilk seçimi, kimleri seçtiğimizi hatırlıyor musun?»

«Hatırlamaz olur muyum?» dedi.

«Öyleyse, bil ki yine aynı yaradılışta olanları, yani en sebatlılarını, en yüreklilerini ve mümkün olduğu ölçüde en ya-
kışıklılarını seçeceğiz. Ayrıca, yalnız soylu ve güçlü yaradılışta b
olmalarına değil, vereceğimiz eğitime doğuştan yatkın olmalarına da bakacağız. »

«Bu bakımdan ne gibi nitelikler gerekli?»

«Bilimleri kavrama gücü ve Öğrenme kolaylığı gerekli, sevgili dostum. Çünkü ruh ciddi kafa çalışmalarında beden çalışmalarındakinden daha çok yılgınlığa uğrar: Burada zahmet yalnız ruha düştüğü ve beden bunu paylaşmadığı için, ruh bu zahmeti daha fazla duyar.»

«Doğru,» dedi.

c «O hâlde aradığımız insanda belleme gücü, sarsılmaz bir azim ve her türlü çalışma sevgisi bulunmalı. Yoksa beden çalışmalarının üstüne bir de bunca kafa çalışmasına girmeye yanaşır mı dersin?»

«Bütün bunlara doğuştan yatkın değilse, yanaşmaz.»

«Bugün felsefenin küçümsenmesine sebep olan yanlış davranış, daha önce de söylediğimiz gibi, lâyık olmayanların felsefeye girmeleridir. Felsefeye el atacaklar zayıf ve çirkin yaradılışlı değil, temiz yaradılışlı kimseler olmalı.»

«Ne anlıyorsun bundan?» dedi.

d «Bir kere,» dedim, «felsefeyle uğraşmak isteyenler çalışma sevgisi bakımından topal olmamalı, yani işin yarısına karşı çalışkan, yarısına karşı tembel olmamalı, idmanı, avı seven, bütün beden çalışmalarına canla başla girişen, ama öğrenmekten, dinlemekten, araştırmaktan zevk almayan, bu çeşit hiç bir çalışmadan hoşlanmayan insanların hâli böyledir. Çalışma sevgisi yalnız bunun tersi şeylere yönelen de yine topaldır.»

«Çok doğru.»

e «Hakikat bakımından da durum aynı değil mi? Bilerek söylenen yalandan iğrenen, ne kendinde gördüğü yalana katlanabilen, ne de başkalarında gördüğü yalanı hoş karşılayabilen bir ruh, bilmeden söylenen yalanı rahatça kabul ederse, bu bilgisizliği kendisine gösterilince de yerinmez, tersine, çamurda yatan bir domuz gibi bilgisizliği içinde keyifle yatıp kalırsa, bu ruhu sakat saymaz mıyız?»

«Elbette sayarız,» dedi.

536 «Ölçülülük, yüreklilik, ruh büyüklüğü ve erdemin öbür çeşitleri bakımından da, çarpık doğmuş olanla dürüst doğmuş olanı ayırt etmekte çok dikkatli olmalıyız. Yoksa körü körüne adam seçen kişiler ya da devletler, topalları ve zayıfları dost tutmuş veya yöneticiliğe getirmiş olurlar.»

«Öyle olur.»

«Demek ki bu hâllere düşmemek için gereken bütün ted- b
birleri almalıyız. Bu kadar önem taşıyan öğrenim ve çalışmalardan bedence ve ruhça düzgün yaradılmış insanları geçirirsek, doğruluğun kendisi bizde bir kusur bulamaz, devleti ve temel düzenimizi korumuş oluruz. Ama çarpık yaradılışlı kimseleri öğrenimden geçirirsek, bunun tersi olur; felsefeyi de şimdikinden daha gülünç duruma düşürmüş oluruz.»

«Gerçekten utanç verici bir şey olur bu,» dedi.

«Elbette, ama ben de galiba şu anda kendimi gülünç ediyorum.»

«O neden?» dedi.

«Bir oyun oynadığımızı unutup bayağı ciddileştim. Ko- c
nuşurken felsefenin hâline baktım da, böyle rezil edilmesine gönlüm razı olmadı, bayağı öfkelendim, bunun sorumlularına karşı fazla sert konuştum. »

«Hiç de değil,» dedi, «dinleyicin olarak ben o kanıda değilim.»

«Ama konuşan olarak ben o kanıdayım,» dedim. «Ne olursa olsun, şurasını unutmamalıyız ki ilk seçimimizde yaşlıları seçmiştik, ama burada böyle davranamayız. Çünkü yaşlanan
bir adamın da çok şey öğrenebileceğini söyleyen Solon'a inan- d
mamalı. Koşmayı bile becerir de, öğrenmeyi beceremez yaşlı adam. Çetin ve sık yapılan bütün çalışmalar gençlerin işidir.»

«İster istemez öyle.»

«O hâlde, aritmetik, geometri ve diyalektik'e hazırlayıcı nitelikte olan bütün bilimler öğrencilerimize daha çocukluktan öğretilmeli. Ama bu öğretim zoraki bir iş olmamalı.»

«Neden?»

«Çünkü özgür insan hiç bir şeyi köle gibi öğrenmemeli. Be- e
dene zorla yaptırılan işlerin bedene bir zararı olmasa da, zorla öğrenilen hiç bir şey kafada kalmaz.»

«Doğru.»

«Öyleyse dostum, çocukları eğitirken zor kullanma, oyunla eğit onları. Böylece her birinin doğuştan gelen yeteneklerini
537 daha iyi anlayabilirsin.»

«Haklısın.»

«Daha önceki şu sözümüzü hatırlıyor musun: Çocukları savaşa seyirci olarak götürürken at üstünde götürmeli, tehlike olmadıkça çarpışmaların içine kadar sokmalı, yavru köpekleri alıştırır gibi kan tadına alıştırmalı onları.»

«Hatırlıyorum,» dedi.

«Bütün bu çalışmalarda, derslerde ve tehlikelerde her zaman en uyanık davrananları seçip ayıracaksın. »

b «Hangi yaşta?»

«Zorunlu nitelikteki beden eğitimi derslerini bitirdikleri yaşta. Çünkü iki üç yıl süren bu eğitim sırasında başka şey yapmaya hâlleri kalmaz; yorgunluk ve uyku kafa çalışmalarının düşmanıdır. Hem beden eğitimi dersleri, onların bu alandaki davranışlarını ölçmek bakımından hayli önemli bir deneme yerine geçer.»

«Şüphesiz,» dedi.

«Bu dönemden sonra, yirmi yaşına varmış gençler arasından seçilenler öbürlerinden üstün tutulacak ve çocukken parça
c parça okudukları dersleri bu defa toplu hâlde görecekler; böylece bu bilimlerin gerek birbirleriyle, gerekse varlığın tabiatıyla olan ilişkilerini toplu bir bakışla kavrayabilecekler.»

«Gerçekten de,» dedi, «yalnız böyle bir bilgi kafada kökleşir.»

«Böyle bir bilgi, aynı zamanda diyalektik'e elverişli kafa ile elverişsiz kafayı ayırt etmek için de en iyi araçtır: Şeyleri toplu bir bakışla kavrayabilen kafa diyalektikçidir, böyle olmayan kafa ise diyalektikçi değildir.»

«Ben de bu kanıdayım.» d

«Öyleyse bunları göz önünde tutup seçim yapacaksın,» dedim. «Bu yönde en üstün nitelikleri olup bilimlerde, savaşta ve yasanın buyurduğu öbür çalışmalarda sağlam çıkanları, otuz yaşını bitirdiler mi, ikinci bir seçimle yeniden ayıracaksın; bunlara daha da büyük şeref dereceleri vereceksin. Hepsini diyalektikte sınavdan geçirip, hangilerinin gözlerini ve öteki duyularını kullanmadan, salt hakikat gücüyle varlığın kendisine yükselebildiğini araştıracaksın. Bunu yaparken de çok dikkatli olmak gerekir dostum.»

«Neden?» dedi.

«Görmüyor musun,» dedim,» diyalektik günümüzde ne e
kadar bozuluyor!»

«Ne gibi?»

«Diyalektikle uğraşanlar başı boş, yasa tanımayan bir tutum içindeler,» dedim.

«Çok doğru.»

«Bunda şaşılacak bir şey var mı sence? Hoş görmez misin onları?»

«Ne bakımdan hoş göreyim?»

«Onların hâli evlat edinilmiş bir çocuğun hâline benziyor: Kalabalık ve soylu bir ailede, zenginlik, bolluk içinde, dalkavuklar arasında yetişmiş bir çocuk düşün. Bu çocuk büyüyün- 538
ce o ailenin öz evladı olmadığını anlıyor, kendi ana babasını da bulamıyor. Böyle bir çocuğun gerek dalkavuklarına, gerek anası babası sandığı kişilere karşı gerçeği öğrenmeden önce ve öğrendikten sonra ne duygular besleyeceğini kestirebilir misin? Yoksa ben kendi düşündüğümü mü söyleyeyim?»

«Sen söyle.»

«Bence, gerçeği öğrenmeden önce dalkavuklarından çok b
ana, baba ve akraba bildiklerine karşı saygı gösterir; sıkıntıya

düşerlerse onlara daha çok el uzatır; sözleri ve davranışlarıyla onları daha az incitmeye çalışır; önemli konularda dalkavuklarından çok onların sözünü tutar.»

«Her hâlde.»

«Ama gerçeği öğrendikten sonra, bence ana baba bildik-
lerine karşı saygısı, sevgisi azalır; dalkavuklarına daha fazla
c bağlanır, bunların eskisinden fazla sözünü tutar, davranışını
bunların öğütlerine göre ayarlar, bunların yanından ayrılmaz;
kendisine ana baba, akraba olanlarınsa yüzüne bile bakmaz,
meğer ki çok iyi yaradılışlı bir insan olsun.»

«Evet, dediğin gibi olur. Ama bu benzetmenin diyalektik'e el atanlarla ilgisi ne?»

«Şu: Çocukluğumuzdan beri doğruluk, dürüstlük üzerine sözler duyarız. Bu sözler bizi birer ana baba gibi yetiştirmiştir; onlara uyar, onları sayarız.»

«Öyledir.»

d «Öte yandan, bunlara aykırı davranışlar da vardır ki insana
çekici gelir, ruhumuzu okşar, ayartır. Ama az çok kendini bilen
kişilerin aklını çelemez. Bu kişiler yine babalarının öğütlerini
dinler, onlara uyarlar.»

«Doğru.»

«Şimdi diyelim ki böyle bir kişiye gelip dürüstlük nedir,
diye soruyorlar. O da yasa koyucunun öğrettiğine göre cevap
verince, bu cevabını defalarca, çeşitli biçimlerde çürütüyorlar;
e sonunda dürüst saydığı şeyin aynı derecede tersi de olabilece-
ğine inandırıyorlar onu. Doğru ve iyi gördüğü, en çok değer
verdiği şeylerden de şüpheye düşürüyorlar. Bundan sonra o
adamın eski inancına saygısı, bağlılığı kalır mı?»

«Kalmasına imkân yok,» dedi.

«Peki, artık eskisi gibi bu ilkeleri saygıya değer, ruhuna ak-
539 raba görmezse, gerçek ilkeleri de bulamazsa, gönlünü okşayan
yaşama yolundan başka bir yol tutabilir mi?»

«Tutamaz,» dedi.

«O zaman da bence, yasalara uyan bir adamken, karşı gelen bir adam olur.»

«Başka türlü olamaz.»

«Öyleyse, diyalektik'e bu türlü el atanların da aynı hâllere düşmesi çok olağan. Dediğim gibi, bağışlamak gerekir onları.»

«Acımak da gerekir.»

«Senin de otuz yaşındaki öğrencilerini, böyle acınacak duruma düşürmemek için, diyalektik'e başlatmadan önce gereken bütün tedbirleri alman gerekmez mi?»

«Elbette gerekir,» dedi.

«Peki, onların daha gençken diyalektik'i tatmalarına engel b
olmak önemli bir tedbir değil midir? Her hâlde dikkat etmişsindir, yeni yetme gençler, bir kere diyalektik'in tadını aldılar mı, aşırı giderler, bir oyun hâline getirirler onu, boyuna karşılarındakilere itiraz için kullanırlar. Kendi düşüncelerini çürütenleri taklit ederek onlar da başkalarının düşüncelerini çürütürler. Yanlarına yanaşanların orasını burasını çekiştirip sözle dişlemekten köpek yavruları gibi zevk alırlar.»

«Evet, hem de büyük bir zevk duyarlar.»

«Böyle defalarca başkalarının düşüncelerini çürütüp kendi düşünceleri de çürütüldükten sonra, çok geçmeden, önce inandıklarına hiç inanmaz olurlar. Böylece kendileri de, bütün c
felsefe de halkın gözünden düşer.»

«Çok doğru.»

«Ama daha yaşlı bir adam böyle bir deliliğe düşmek istemez. Zevk için, oyun olsun diye söylenenin tersini söyleyeni değil, gerçekten tartışarak hakikate ulaşmak isteyeni taklit eder d
o. Böylece hem kendisi daha ölçülü davranmış olur, hem de felsefeciliğin değerini düşürecek yerde, yüceltmiş olur.»

«Doğru,» dedi.

«İşte bu tedbiri göz önünde tutarak, demin, diyalektik ça-
lışmalarına yalnız düzenli ve azimli yaradılışta olanları almak,
e buna elverişli olmayan, rastgele kimseleri almamak gerektiğini
söylemiştim.»

«Evet.»

«Peki, beden eğitimi derslerinde olduğu gibi başka her türlü işten kurtularak sürekli ve sıkı bir çalışmayla götürülürse, diyalektik dersleri için beden eğitimine ayırdığımız yılların iki katı yetmez mi?»

«Altı yıl mı, yoksa dört yıl mı demek istiyorsun?»

«Pek önemi yok,» dedim, «beş yıl diyelim. Bu öğrenim bittikten sonra onları yeniden mağaraya indireceksin, tecrübe bakımından başkalarından geri kalmasınlar diye savaşta ve gençlere özgü bütün işlerde görev almaya zorlayacaksın. Onları bu görevlerde de denemeden geçirip, kendilerini çeken çeşitli şeylere kapılıyorlar mı, yoksa direniyorlar mı, anlayacaksın. »

540 «Bu dönem için kaç yıl ayırıyorsun?»

«On beş yıl,» dedim: «Elli yaşına geldikleri zaman da, bu
denemelerden sağ salim çıkan ve her işte, her bakımdan, dav-
ranışta olsun, bilgide olsun, en üstün olanlarını son aşamaya
ulaştıracağız. Bunları, ruhlarının gözünü her şeye ışık dağıtan
varlığa çevirmeye zorlayacağız. Böylece iyinin kendisini seyret-
tikten sonra, bunu örnek tutup, ölünceye kadar nöbetleşe ola-
b rak siteyi, yurttaşları ve kendilerini düzene sokacaklar. Zaman-
larının çoğunu felsefe araştırmalarına ayıracaklar, ama sıraları
gelince, sitenin iyiliği için devlet ve yönetim işlerinde görev
yüklenecekler; bunu da güzel bir uğraş olarak değil, zorunlu bir
ödev olarak yapacaklar. Böylece durmadan, devletin koruyu-
culuğunu bırakacakları, kendilerine benzeyen insanlar yetiştir-
c dikten sonra, Mutluluk Adalarına göç edecekler. Delphoi'deki
kâhin kadın uygun görürse, tanrısal varlıklar olarak, uygun
görmezse Tanrı benzeri kutlu insanlar olarak, devlet onlar için
anıtlar dikecek, kurbanlar kesecek.»

«Bir heykelci gibi yonttuğun bu yöneticiler doğrusu çok güzel oldu Sokrates!» dedi.

«Kadın yöneticileri de unutma Glaukon,» dedim. «Söylediklerimi yalnız erkekler için sanma. Gerekli nitelikleri taşıyan kadınlar da onlar arasında yer alacak.»

«Haklısın,» dedi. «Kadınlarla erkekler arasında her şeyin eşit ve ortak olacağını kabul ettiğimize göre, öyle olması gerekir.»

«Peki,» dedim, «şimdi şunu kabul ediyor musunuz? Bizim d
devlet ve yönetim düzeniyle ilgili tasarılarımız hayalden öteye geçmeyen şeyler değildir. Bunların gerçekleşmesi zor da olsa, imkânsız değil. Ama bu gerçekleşme bizim dediğimiz yolda olmalı, yani devletin başına geçenler, bir kişi olsun, birçok kişi olsun, gerçekten filozof olmalı. Bunlar, bugün aranan şerefleri, özgür adama yakışmaz ve değersiz görerek küçümseyecekler, dürüstlüğü ve onun getirdiği şerefi her şeyin üstünde tutacak- e
lar, doğruluğu en önemli, en gerekli şey sayarak ona hizmet edecekler, onu yüceltmeye çalışacaklar, sitelerini de ona göre düzenleyip yönetecekler.».

«Nasıl olacak bu?» dedi.

«Sitede on yaşını geçmiş olanların hepsini kırlara sürecekler; çocukları ayırıp ana babalarının göreneklerinden kurtara- 541
caklar, onları bizim anlattığımız nitelikteki kendi törelerine ve ilkelerine göre yetiştirecekler. Sözünü ettiğimiz yönetim düzenine sahip devleti kurmanın, mutluluğa kavuşturmanın ve içinde yetişecek halka en büyük yararları sağlamanın en kestirme, en kolay yolu budur.»

«Elbette,» dedi. «Bu devlet bir gün gerçekleşecekse, nasıl b
gerçekleşeceğini bence çok güzel gösterdin. »

«Bu devlet ve ona benzeyen insan üzerinde yeteri kadar konuşmadık mı dersin? Çünkü ilkelerimize göre bu adamın nasıl olması gerektiği besbelli artık.»

«Gerçekten öyle,» dedi. «Bence de bu konuyu bitirdik.»

VIII. KİTAP

«Böylece şunda anlaşmış oluyoruz Glaukon: En iyi düzene kavuşmak isteyen site, bir yandan kadın, çocuk ve eğitim ortaklığıyla savaş ve barışta iş ortaklığını kabul etmeli, öte yandan filozof ve savaşçı olarak en iyi oldukları ortaya çıkanları kral tanımalıdır.» 543

«Evet, bunda anlaştık» dedi.

«Şunda da anlaşmıştık: Yöneticiler, iş başına geldikten b
sonra, askerleri anlattığımız evlere götürüp yerleştirecekler; bu evler herkesin ortak malı olacak, içlerindeki eşya da kimsenin ayrı malı olmayacak. Ev sorunundan başka, hatırlarsan, bunların nelere sahip olabilecekleri sorununu da çözmüştük.»

«Evet hatırlıyorum. Bugünkü savaşçıların sahip olduğu şeylerden hiç birine sahip olmamalarını, savaşçı atletler ve koruyucular olarak, her yıl yaşamaları için gerekli olan şeyle- c
ri görevlerinin karşılığı olarak öbür yurttaşlardan almalarını, böylece hem kendi güvenliklerini, hem geri kalan yurttaşların güvenliğini sağlamalarını gerekli görmüştük.»

«Doğru,» dedim. «Peki, bu konuyu bitirdiğimize göre, bu konuya sapmadan önce hangi noktadaydık hatırlayalım da, o noktaya dönelim.»

«Bunu hatırlamak zor değil,» dedi. «Devletle ilgili sözlerini
d bitirdikten sonra, aşağı yukarı şimdiki gibi konuşup, anlattığın devleti ve ona benzeyen insanı iyi saydığını söylüyordun; ama gene de sözünü edebileceğin daha da güzel bir devlet ve insan
544 tipi var gibiydi. Sonra, belirttiğin yönetim biçimi iyi ise, öbürlerinin bozuk olduğunu söyledin. Bunların da, aklımda kaldığına göre, üzerinde durulmaya değer dört çeşidi bulunduğunu, her birinin bozuk yanlarını ve karşılığı olan insan tiplerini incelemek gerektiğini belirttin; böylece hepsini inceledikten ve en iyisi ile en kötüsünü ayırt ettikten sonra, en iyi insanın en mutlu, en kötü insanın en mutsuz olup olmadığını anlamış olacaktık.
b Sana bu dört yönetim biçiminin neler olduğunu sorduğumda, Polemarkhos'la Adeimantos sözümüzü kestiler. Böylece bizi bu noktaya getiren tartışmaya girmiş oldun.»

Çok doğru hatırlıyorsun,» dedim.

«Öyleyse, yere düşüp kalkan güreşçiler gibi yeniden aynı duruşa geçelim. Ben sana aynı soruyu sorayım, sen de o zaman vereceğin cevabı şimdi ver.»

«Elimden gelirse vereyim.»

«Sözünü ettiğin o dört yönetim biçimi hangileri? Bunu soracağım.»

c «Buna cevap vermek zor değil,» dedim, «çünkü söylemek istediklerim bilinen yönetim biçimleri. Birincisi ve en beğenileni Girit ve Sparta'daki yönetim biçimidir, ikincisi ve değerce ikinci sırada sayılanı, oligarşi adını alır ve sayısız aksaklıkları olan bir yönetim biçimidir. Sonra bunun tersi olan demokrasi gelir. En sonda da hepsini bastıran, bir devletin dördüncü ve son hastalığı olan o canım tiran'lık gelir. Bunlardan ayrı nite-
d likte bir başka yönetim biçimi biliyor musun? Babadan oğula geçen beylikler, satılık krallıklar ve benzerleri, birtakım ara yönetim biçimleridir ve barbarlarda olduğu kadar Yunanlılarda da bulunur.»

«Gerçekten, böyle birçok ve garip yönetim biçimlerinden söz ediliyor.» dedi.

«Peki, ne kadar yönetim biçimi varsa, o kadar da insan yaradılışı olduğunu biliyor musun? Yoksa bu biçimlerin, yurttaşların öbür şeylere ağır basan âdetlerinden değil de, masallardaki gibi meşeden ya da kayadan mı doğduğunu sanıyorsun?» e

«Elbet yurttaşların âdetlerinden,» dedi.

«Öyleyse, beş çeşit devlet yapısı olduğuna göre, insanlarda da beş çeşit ruh yapısı var.»

«Şüphesiz.»

«Aristokrasi ya da en iyinin yönetimi dediğimiz devlet biçimine karşılık olan insan üzerinde durmuştuk. Ona haklı olarak iyi ve doğru insan demiştik.»

«Evet, öyle demiştik.»

«Bundan sonra aşağı yaradılıştakileri gözden geçirmek 545
gerekmez mi? Önce şan ve şeref kazanmayı seven, yani Sparta yönetim biçimine karşılık olan insanı ele alalım, sonra da oligarşi, demokrasi ve tiranlık insanlarını. Bunlar arasında en eğri insanı bulunca, onu en doğru insanla karşılaştırırız. O zaman katkısız doğruluğun mu, yoksa katkısız eğriliğin mi insanı mutlu ya da mutsuz ettiğini görürüz; böylece de Thrasymakhos'un öğüdünü tutup eğrilik yolunu izleriz, ya da şimdiden beliren b
kanıtlara uyup doğruluk yolunu tutarız.»

«Elbette, öyle yapmalıyız.»

«İnsanlardan önce devletlerin huylarını, âdetlerini incelemeyi daha aydınlatıcı bir yöntem sayarak bu yolu tuttuğumuza göre, şimdi de şeref sevgisine dayanan devleti önce ele almalıyız. Bu devlet biçimine verilen belli bir ad olmadığı için, ona timokrasi ya da timarşi diyeceğim. Arkasından, bu biçime karşılık olan insanı incelemeye geçmeliyiz. Ondan sonra oligarşi'yi c
ve oligarşi insanını ele almalıyız, daha sonra demokrasiyi ve demokrasi insanını. Dördüncü olarak da tiranlık yönetimini

ve tiran ruhlu insanı incelemeliyiz. Böylece ele aldığımız konu üzerinde sağlam bir yargıya varabiliriz.»

«İncelemek için de, yargıya varmak için de en tutarlı yol bu.»

d «Öyleyse,» dedim, «önce timokrasinin aristokrasiden nasıl çıktığını anlatmaya çalışalım. Besbelli ki bir devletin düzenindeki her çeşit değişiklik yönetici sınıftan gelir, bu sınıfın içine ikilik girmesinden doğar. Bu sınıf ne kadar küçük olursa olsun, içinde birlik varsa, onu sarsmak, düzenine yenilik sokmak imkânsızdır.»

«Evet, öyledir.»

«Öyleyse Glaukon,» dedim, «bizim sitemiz nasıl sarsılır?
Yardımcılarla önderler arasına anlaşmazlık nereden girip de
onları birbirlerine ve kendilerine karşı ayaklandırır? İster mi-
sin, biz de Homoros gibi Musa'lara seslenelim de 'ilk anlaş-
e mazlığın nasıl çıktığını' anlatsınlar bize? Bizimle çocuklar gibi
oynayıp, sanki ciddi şeylerden söz eder gibi, tragedya diliyle
konuşsunlar?»

«Neler söylerler ki?»

546 «Aşağı yukarı şunları: 'Sizinki gibi sağlam kurulmuş bir
devletin bozulması zordur. Ama doğan her şey bozulmaya
mahkûm olduğu için, bu yönetim biçimi de hep sürüp gitmez,
çözülür. Bu da şöyle olur: Yalnız toprağın içine kök salmış bit-
kiler için değil, toprağın yüzünde yaşayan hayvanlar için de
gelip giden doğurganlık ve kısırlık dönemleri vardır ki bunlar
ruhu ve bedeni etkilerler. Bu dönemlerin geri gelmesi, her tü-
rün çemberini kapayan belli aralıklı dönüş hareketleriyle olur.
Ömrü kısa olan türlerin çemberleri de kısa, uzun olanlarınki
uzundur. Yetiştirdiğiniz devlet yöneticileri ne kadar becerikli
olursa olsun, tecrübeleriyle hesap bilgilerini bir araya getirip ne
b kadar uğraşırlarsa uğraşsınlar, gene de yeni doğanların iyi ol-
masını ya da hiç doğmamasını sağlayamazlar; gereksiz olduğu

zaman da çocuk yapmakta devam ederler. Tanrı doğumları için mükemmel bir sayının kapsadığı bir dönem vardır. Buna karşılık insan doğumları için, her biri üçer çarpan ve dört terimle birbiri ardı sıra giden bazı temel ve ek sayıların çarpımları sonucunda ve her çeşit **benzeştirme** veya **ayrılaştırma**, artırma ve azaltma yollarıyla bütünün parçaları arasında rasyonel ola- c
rak gösterilebilen bir karşılaştırma kuracak en küçük bir sayı bahis konusudur. Bu çarpımlara ait dik üçgenin dikey kenarları beş sayısıyla birlikte alınıp, elde olunacak çarpım üç kere daha kendisiyle çarpılırsa iki armoni bulunur. Bunlardan biri, eşit iki sayı çarpımıyla yüz kere yüzün çarpımından ibarettir. Diğeriyse, birer çarpanları eşit, diğer çarpanları ayrı çarpımların çarpımından, yani beşin rasyonel diyagonal sayısı karesinin bir noksanının yüz katının (veya beşin irrasyonel diyagonal sayısı karesinin iki noksanının yüz katının) üçün küpünün yüz katıyla çarpımından ibarettir[107]. İşte iyi ve kötü doğumları yöneten d
bu geometrik sayı'dır. Koruyucularınız bunu bilmediklerinden, genç kızlarla delikanlıları ters zamanda birleştirince, bu evlenmelerden doğan çocuklar yaradılış yönünden de, talih yönünden de nasipsiz olurlar. Bir önceki kuşak bunlar arasından en iyilerini devletin başına getirir. Ama onlar, buna lâyık olmadık-

---

107 1) Mükemmel sayı: Kendinden başka bölenlerinin toplamına eşit olan sayı: 6 = 1 + 2 + 3; 28 = 1 + 2 + 4 + 14. Bugüne kadar bütün mükemmel sayıları veren genel bir formül bulunamamıştır. 2) İki armoni: Az kenarlarla 3, 4 ve hipotenüsü 5 olan bir dik üçgen (Pythagoras üçgeni) için Platon şu çarpımı göz önünde tutuyor:

A) (3x4x5) (3x4x5) (3x4x5) (3x4x5) ve burada çarpanların yerlerini değiştirerek aşağıdaki şekli veriyor:

(3x4x3) (3x4x3) (5x4x5) (5x4x5).

Bu da hesaplanırsa, 36x36x100x100 bulunur.

B) Bu sefer A ifadesi:

(3x3x3) (5x4x5) (4x3x4) (5x4x5) diye yazılırsa, (27x100) x (48x100) şekli elde edilir. Platon bu ifadede 4x100 ifadesini bir de: $(7^2-1) \times 100$ ve $[(\sqrt{50})^2-2] \times 100$ seklinde yazarak beşin rasyonel ve irrasyonel diyagonal sayılarını hesaba katmış oluyor.

larından, babalarının yerine geçer geçmez koruyucu olarak bizi
ihmal etmeye başlarlar; önce müziğe, sonra da idmana gereken
değeri vermezler. Böylece daha az kafa eğitimi almış bir yeni
e kuşak çıkar ortaya. Bunlardan da devletin bekçiliğine elveriş-
547 siz, ne Hesiodos'un ırklarını, ne de sizin altın, gümüş, tunç ve
demir soylu insanlarınızı sınayıp seçmesini bilmeyen yöneticiler çıkar. Bu yüzden demir gümüşle, tunç altınla karışır; bu karışımlardan da bir uygunsuzluk, düzensizlik ve uyumsuzluk doğar. Bunlarsa, her bulundukları yerde her zaman savaş ve kin doğuran şeylerdir, işte, nerede kendini gösterirse göstersin, anlaşmazlığın kaynağı budur.»

«Musa'lar sorumuza iyi cevap verdiler doğrusu!» dedi.

«Öyle olacak tabii,» dedim, «Musa değiller mi?»

b «Peki, daha ne derler?»

«İkilik bir kere baş gösterdi mi, demir ve tunç soylular zen-
ginleşme, toprak, ev, altın, gümüş edinme sevdasına kapılırlar;
altın ve gümüş soylular ise, yoksul değil, yaradılıştan zengin
oldukları için, erdeme yönelir, eski devlet düzenini korumaya
çalışırlar. Bir sürü zorbalık ve çatışmadan sonra uzlaşmaya va-
c rılıp toprak ve evler ele geçirilir, bölüşülür. Eskiden yurttaşları- e
nı birer özgür insan, dost ve besleyici olarak koruyan kimseler şimdi onları boyunduruk altına alır, uşak ve köle hâline getirirler; kendileri de yine savaşla uğraşır, uyruklarının başında bekçilik ederler.»

«Evet,» dedi, «değişme her hâlde bundan doğar.»

«Peki,» dedim, «böyle bir yönetim biçimi aristokrasi ile oligarşi arası bir şey olmaz mı?»

«Elbet.»

d «İşte değişme böyle olur. Ama yeni yönetimin biçimi ne
olur? Şüphesiz bir yandan önceki devlet düzenini, bir yandan da oligarşiyi taklit eder, ama kendine özgü bir yanı da bulunur, değil mi?»

«Evet.»

«Yöneticilere saygısıyla, savaşçılarının çiftçiliği, el sanatlarını ve öteki kazanç getirici meslekleri küçümsemesiyle, yemeklerini ortaklaşa yemeleriyle, beden eğitimi ve savaş talimleriyle eski devlet düzenini andırmaz mı?»

«Andırır.»

«Ama, bu devletteki aklı başında kimseler artık sade ve e
sarsılmaz yaradılışlı değil, karışık yaradılışlı olacaklarından
bunları yöneticiliğe getirmekten çekinmesi, barıştan çok savaşa
elverişli taşkın öfkeli ve basit kafalı adamları beğenmesi, savaş
hileleri ve oyunlarına değer vermesi, hemen her zaman savaş
hâlinde olması ve buna benzer birçok yönleri yalnız ona özgü- 548
dür, değil mi?»

«Evet.»

«Bu çeşit insanlar, oligarşik devletlerin yurttaşları gibi para,
mal düşkünü olurlar. Altın ve gümüşe karşı içlerinde kıskanç
bir tutku vardır, çünkü servetlerini gizli yerlere ve özel hazine- b
lerine saklarlar; gerçek birer aşk yuvası olan, duvarlarla çevrili
evlerinde kadınlarına ve gönüllerinin dilediğine bol bol para
harcarlar.»

«Çok doğru,» dedi.

«Parayı çok sevdikleri ve gizledikleri için cimri olurlar,
hırslarını doyurmak için başkasının malını har vurup harman
savururlar. Zevklerine koşarken de gizli kapaklı davranırlar, ba-
balarına görünmemek isteyen çocuklar gibi yasanın gözünden
kaçmak isterler. Bu ise, inandırmaya değil, zorlamaya dayanan,
gerçek Musa'yı, yani diyalektik ve felsefe Musa'sını ihmal eden, c
müzikten çok idmana önem veren bir eğitimin sonucudur.»

«Tam da iyi ile kötünün karıştığı bir devlet bu anlattığın,» dedi.

«Gerçekten karışıktır,» dedim. «Onda tam belirgin tek bir

yön vardır, o da öfkeli yanının ağır basmasından ileri gelir: Üstünlük ve şeref kazanma hırsı.»

«Hem de büyük bir hırs!» dedi.

«İşte bu yönetim düzeninin kaynağı ve özelliği bu. Ben şimdi bunun ayrıntılı bir resmini değil, sadece bir taslağını
d çizdim; çünkü en doğru adamla en eğri adamı tanımak bakımından bu taslak bize yeter. Üstelik bütün devlet biçimlerini ve bütün insan karakterini hiç bir noktasını atlamadan anlatmak çok uzun bir iş olur.»

«Haklısın,» dedi.

«Peki, bu yönetim biçimine karşılık olan insan hangisidir, nasıl yetişir, karakteri nedir?»

«Sanırım bu insan bizim Glaukon'a benzer,» dedi Adei-
e mantos, «hiç değilse şan kazanma tutkusu bakımından.»

«Belki bu bakımdan benzer,» dedim. «Ama bence şu özellikleri bakımından onun tabiatı Glaukon'unkinden farklı.»

«Hangi özellikleri bakımından?»

«Bu insan daha kendini beğenmiş olur; Musa'ları sevse de onlara daha yabancı kalır; konuşma dinlemekten hoşlanır, ama
549 kendisi güzel konuşmasını hiç beceremez. İyi eğitim gören bir kimse gibi köleleri küçümsemekle yetineceğine onlara sert davranır, özgür insanlara karşı yumuşak, yöneticilere karşı çok uysal olur. Kumanda ve şeref mevkilerine gelme hırsı taşıdığından bu mevkileri güzel konuşması ya da buna benzer bir niteliği ile değil, savaş ve askerlikteki başarılarıyla elde etmeye çalışır; idman ve ava da çok meraklıdır.»

b «Evet, bu yönetim biçimine uyan insan tipi de bu.»

«Böyle bir adam,» dedim, «gençliğinde parayı, malı küçümseyebilir, ama yaşı ilerledikçe mala mülke, düşkünlüğü artar; çünkü tabiatı onu cimriliğe iter, erdemi de, en iyi koruyucudan yoksun olduğu için, içten değildir.»

«Hangi koruyucu?» dedi Adeimantos.

«Müzikle birleşen akıl,» dedim. «Yalnız o, insanın ruhunda yer edip erdemini ömür boyu koruyabilir.»

«Güzel söyledin.»

«İşte timokratik siteye benzeyen şeref, mevki düşkünü gencin karakteri bu.»

«Doğru.»

«Bu gencin yetişmesi aşağı yukarı şöyledir: Babası, kötü c
yönetilen bir sitede yaşayan, şandan şereften, devlet görevlerinden, davalardan, bütün bu türlü başağrısı işlerden kaçan, başını derde sokmamak için alçak gönüllü bir hayata razı olan iyi bir adam olabilir.»

«Peki, nasıl yetişir bu çocuk?»

«Önce,» dedim, «anasının babasından yakındığını duyar: d
Kadın kocasının devlet büyükleri arasında yer almadığından, kendisinin bu yüzden öbür kadınlar yanında küçük düştüğünden dert yanar; kocasının zenginleşmeye çalışmadığından, ne özel davaları için mahkemelerde, ne de Halk Kurulu'nda yırtıcı olmayı bilemediğinden, böyle şeylere aldırış etmediğinden dem vurur; 'kocam hep kendi düşüncelerine dalmış, bana hor bakmıyor ama, değer de vermiyor' diye söylenir. Bütün bunlardan yerinip oğluna babasının erkek olmadığını, çok gevşek
yaradılışlı olduğunu söyler; kadınların bu gibi hâllerde sırala- e
dıkları daha bir sürü lafı döker ortaya».

«Evet, kadınların huyu böyledir, sonu gelmez bu lafların,» dedi Adeimantos.

«Bilirsin,» dedim, «bu ailelerde iyi niyetli görünen uşaklar bile çocuklara bazen gizlice böyle şeyler söylerler; efendilerinin kendine borcu olan ya da kötülük eden birinin ardına düşme-
diğini gördüler mi, oğlana, 'büyüyünce bu adamların cezasını 550
sen ver, babandan daha erkekçe davran' derler. Oğlan sokağa çıkınca da yine buna benzer sözler işitir, sitede sade kendi iş-

leriyle uğraşanların budala ve değersiz sayıldığını, başkasının işiyle uğraşanlarınsa övülüp yüceltildiğini görür. O zaman bir yandan bütün bunları duyan ve gören, bir yandan babasının öğütlerini dinleyen delikanlı, babasının yaptığı işleri de yakından görüp başkalarının yaptıklarıyla karşılaştırır; böylece iki etki arasında gider gelir; babası onun ruhundaki akıl kesimini
b besleyip geliştirir, başkalarıysa arzularını ve tutkularını. Yaradılışı kötü olmayıp sadece kötülerle düşüp kalktığı için, kendisini çeken iki taraf arasında ortalama bir yol tutar; ruhunun yönetimini ara ilke olan üstünlük ve öfke ilkesine verip kibirli, şeref düşkünü bir insan olur.»

«Bu çeşit insanın oluşmasını bence çok iyi anlattın.»

c «Böylece ikinci devlet biçimiyle ikinci insan tipini görmüş olduk,» dedim.

«Evet.»

«Bundan sonra, Aiskhylos'un dediği gibi, 'bir başka site kapısı önündeki bir başka adama' mı[108] geçelim, yoksa en iyisi, kabul ettiğimiz sıraya uyarak söze yine devletten mi başlayalım?»

«Tabii devletten başlayalım,» dedi.

«Bundan sonra bence oligarşi geliyor.»

«Oligarşi diye hangi yönetim biçimine diyorsun?» dedi.

«Varlık sahibi olmayı ölçü alan, zenginlerin yönettiği, yok-
d sulların yönetime hiç katılmadığı devlet biçimine,» dedim.

«Anladım,»

«Önce timokrasi'den oligarşi'ye nasıl geçildiğini anlatmak gerekmez mi?»

«Evet.»

«Hani, bu geçişin nasıl olduğunu kör bile görür.»

«Nasıl?»

---

108 Aiskhylos, *Yediler Thebai'ye Karşı*, 451.

«Her birinin altınını doldurduğu o hazine yok mu,» dedim,
«işte o yıkar timokrasiyi önce kendileri için para harcama yol-
ları icat ederler, bunun için yasaları bozarlar, kendileri de, karı-
ları da yasalara uymazlar.» e

«Öyle olur her hâlde.»

«Sonra da birbirlerinden göre göre, birbirlerine özene özene, çoğunluğu da kendilerine benzetirler».

«Öyle olsa gerek.»

«Artık bundan sonra, kazanç hırsları arttıkça artar, paraya düşkünlükleri arttıkça da, erdeme değer vermez olurlar. Çünkü zenginlikle erdem arasında şu ayrılık vardır ki bunları terazinin kefelerine koyduğumuz zaman hep biri aşağı iner, öbürü yukarı çıkar. Öyle değil mi?»

«Elbette.»

«O hâlde, bir sitede zenginlik ve zenginler el üstünde tutu- 551
lunca, erdem ve erdemli insanlara değer verilmez.»

«Şüphesiz.»

«Böyle olunca da, herkes el üstünde tutulana koşar, değersiz görüleni yüz üstü bırakır.»

«Tabii.»

«Böylece yurttaşlar, şan ve şerefe düşkünken cimri ve açgözlü olup çıkarlar; zengini överler, ona hayran olup, onu başa geçirirler, yoksulu ise adam yerine koymazlar».

«Doğru,»

«O zaman da, oligarşinin ayırıcı özelliği olan bir yasa çıka- b
rırlar: Oligarşinin koyu ya da hafif oluşuna göre çoğalıp azalan
belli bir gelir miktarı ortaya korlar; serveti bu miktarı bulama-
yanların yöneticiliklere gelmesine izin vermezler. Bu yasayı ya
silah zoruyla kabul ettirirler, ya da silaha baş vurmadan sindir-
me yoluyla bu yönetimi kurarlar, öyle olmaz mı?»

«Evet».

«İşte bu devlet düzeni böyle kurulur diyebiliriz.»

«Peki bu düzenin niteliği ne? Ne gibi kusurlar buluyoruz onda?»

c «İlk kusuru temel ilkesinde,» dedim. «Düşün, kaptanları da böyle gelir miktarına göre seçip, dümeni daha iyi tutabilecek birini yoksul diye kenara itseydik, ne olurdu?»

«O zaman geminin hâlini gör!» dedi.

«Her türlü kumanda işinde de böyle değil midir?»

«Bence öyle».

«Devlete kumanda etme işi bunun dışında mı, yoksa o da böyle mi?»

«O da böyledir, hem de hepsinden çok. Çünkü kumandaların en zoru, en önemlisi devlet yönetimidir. »

d «İşte oligarşide bulunacak ilk ve büyük kusur bu.»

«Öyle görünüyor.»

«Peki, şu kusur bundan aşağı mı kalır?»

«Hangisi?»

«Böyle bir devlet kendi içinde bir tek değil, ister istemez çifttir: Bir yanda yoksulların devleti, öte yanda zenginlerin devleti. Aynı toprakta yaşayan bu iki sınıf durmadan birbirinin kuyusunu kazar.»

«Zeus hakkı için, bu kusur da öbüründen aşağı kalmaz.»

«Şu da iyi bir şey mi: Bu azınlık yönetiminin başındakiler
e hemen hemen hiç savaş yapamazlar. Çünkü bunun için kalabalığı silahlandırsalar, düşmandan çok ondan korkarlar; silahlandırmasalar, savaş alanında da gerçekten azınlık kalırlar! Üstelik bunlar, servetlerinin üzerine titrediklerinden, savaş giderlerine de katılmak istemezler.»

«Evet, iyi bir şey değil bu.»

552 «Ya böyle bir sitede birçok işin bir kişide toplanmasına, aynı insanların hem çiftçilik, hem ticaret, hem de savaşla uğ-

raşmalarına ne dersin. Daha önce yerdiğimiz bu durum iyi bir şey midir sence?»

«Hiç de iyi bir şey değil.»

«Peki, bak bakalım şu hâl hepsinin en kötüsü değil mi? İlkin oligarşi düşmez mi bu hâle?»

«Nedir o?»

«Bir insanın bütün mallarını satmasına, bunları başkalarının satın almasına, her şeyini elinden çıkardıktan sonra o insanın sitede işsiz güçsüz oturmasına, ne tüccar, ne usta, ne atlı, ne de yaya asker olmadan, yalnız yoksul ve sefil olarak yaşamasına b
izin vermek.»

«Bu kötü hâl gerçekten ilk önce oligarşinin başına gelir.»

«Oligarşi yönetimlerinde bunu önlemek için hiç bir şey yapmazlar. Yoksa kimi aşırı ölçüde zengin, kimi de kuru ekmeğe muhtaç durumda olmazdı.»

«Doğru.»

«Peki, bir de şunu düşün: Malını mülkünü elinden çıkaran o adam, zenginken, malını harcarken, siteye şimdi söylediğim işler bakımından daha yararlı mıydı, yoksa devletin önderleri arasında görünse de, gerçekte yöneticilikle, devlete hizmetle c
hiç bir ilişiği olmayan, sırf tüketici bir kimse miydi?»

«Görünüşünün tersine, hazır yiyiciden başka bir şey değildi.»

«Peki, böyle bir adama, bir petek gözü içinde doğup da bütün kovanın bas belası olan erkek arı gibi, bir ev içinde doğup devletin başına bela kesilen erkek arı desek doğru olmaz mı?»

«Elbet doğru olur Sokrates.»

«Peki şu da doğru değil mi Adeimantos: Tanrı, kanatlı erkek arıların hepsini iğnesiz yaratmış; ama iki ayaklı erkek arıların kimini iğnesiz yaratmış, kimini de korkunç iğnelerle donatmış, iğnesizler ömürlerinin sonunda dilenciliğe düşer, iğ- d
nelilerse haydut olur.»

«Çok doğru».

«O hâlde,» dedim, «bir sitede sefil, dilenen kimseler gördün mü, bil ki orada göze görünmeyen hırsızlar, yankesiciler, tapınak soyan dinsizler ve benzeri suç ustaları da vardır.»

«Muhakkak.»

«Peki, oligarşiyle yönetilen sitelerde sefil kimseler görmez misin?»

«Yöneticiler dışında hemen hepsi sefildir.»

e «Öyleyse, bu sitelerde devletin zor kullanarak hizaya getirdiği iğneli bir sürü haydut da vardır, değil mi?»

«Vardır.»

«Bunları doğuran bilgisizlik, kötü eğitim ve kötü yönetim değil midir?»

«Evet.»

«İşte oligarşiyle yönetilen sitenin karakteri bu; kusurları da bunlar, belki bunlardan da fazla.»

«Belki.»

553 «Oligarşi adı verilen, kimin serveti varsa onun yönetici olduğu bu devlet biçimi üzerinde yeter derecede konuştuk. Şimdi, buna karşılık olan insanı, nasıl yetiştiğini, ne nitelik taşıdığını inceleyelim.»

«İnceleyelim.»

«Bu insanın timokrasi tipinden oligarşi tipine geçişi tam şöyle olmaz mı?»

«Nasıl?»

«Timokratik tipteki adamın oğlu önce babasına benzemeye
b çalışır, onun izinde yürür. Ama sonra, babasının kayaya çarpan bir gemi gibi birden devlete çarpıp parçalandığını, bir ordunun başında ya da yüksek bir görevde servetini ve kendini harcadıktan sonra iftiraya uğrayıp mahkemeye düştüğünü, "ölüm ya da

sürgün cezasına çarptırıldığını veya şerefsizliğe mahkûm edilip bütün mallarının elinden alındığını görür...»

«Her hâlde öyle olur,» dedi.

«Bütün bu felaketleri gören ve paylaşan, malı mülkü de kalmayan delikanlı, korkuya kapılır, şeref sevgisini ve yürekli öfkeyi gönlündeki tahtından hemen alaşağı eder. Sonra, yok- c
sulluğu altında ezildiğinden işi ticarete döker; azar azar, uğraşa didine, cimrilikle biriktire biriktire para yığar. O zaman, böyle bir kimse gönlündeki o tahta açgözlülüğü ve kazanç hırsını geçirmez mi? Onu, başına taç giydirip boynuna gerdanlık, beline kılıç takarak Pers kralı gibi Büyük Kral hâline getirmez mi içinde?»

«Getirir bence.»

«Akıl ve yürekli öfke ilkelerine gelince, sanırım bunları d
o kralın ayaklarının dibine-birini bir yana, ötekini öbür yana - köle diye atar; bunlardan birincisinin yalnız kendi servetini artırmanın yollarını düşünüp araştırmasına imkân tanır, ikincisinin de yalnız zenginlikle zenginlere hayran olup onlara değer vermesine ve sadece mal edinmekle mal edinmeye yarayan şeyleri şerefli saymasına izin verir.»

«Bir genci şeref düşkünlüğünden para hırsına götürecek bundan kestirme, bundan emin yol olamaz,» dedi.

«Öyleyse,» dedim, «oligarşi insanı dediğimiz insan bu e
mu?»

«Şurası belli ki bu insan, oligarşiyi doğuran devlet düzeninin benzeri bir insandan türemiştir.»

«O hâlde, oligarşiye benzeyip benzemediğini inceleyelim.»

«İnceleyelim.» 554

«Bir kere, zenginliğe çok önem vermesiyle benzemez mi ona?»

«Benzer tabii.»

«Tutumluluğu ve çalışkanlığıyla de benzer. Sırf zorunlu isteklerini karşılayan başka her türlü masraftan kaçınan, boş ve yararsız gördüğü öbür isteklerini dizginleyen insandır.»

«Tam da öyledir.» dedi.

b «İğrenç bir adamdır,» dedim. «Sinekten yağ çıkarır, para yığmaktan başka bir şey düşünmez; kalabalığın övdüğü insan tipidir. Böyle bir insan oligarşi yönetiminin benzeri değil midir?»

«Bence öyle,» dedi. «Her hâlde, bu yönetim gibi o da zenginliği her şeyin üstünde tutar.»

«Çünkü, bu adam bilgi edinmeyi hiç düşünmez.»

«Öyle olsa gerek. Yoksa bir körü[109] arzularına korobaşı yapmaz, en büyük saygıyı ona göstermezdi.»

«Güzel,» dedim. «Ama şuna bak şimdi: Eğitimsizlik bu adamda birtakım erkek arı arzuları doğurur; kimi dilenci, kimi haydut eğilimli olan bu arzuları bu adam kendi kendini dizginleyerek zorla önler, öyle değil mi?»

c «Tabii öyle.»

«Peki, böyle bir adamın haydutluğunu anlamak için onu ne zaman görmeli, biliyor musun?»

«Ne zaman?»

«Bir öksüzün vasiliğini ya da buna benzer, korkusuzca hak yiyebileceği bir isi üzerine aldığı zaman.»

«Haklısın.»

«Bu da şunu açıkça ortaya koymaz mı: Başka iş ilişkilerinde adı doğru adama çıkmışsa, bunun sebebi, kötü arzularını bir
d çeşit akıllıca zorlama ile dizginlemesidir; ama bunu, arzularına böylesinin daha iyi olduğunu kabul ettirerek ya da aklıyla onları yumuşatarak değil, servetini kaybetmekten korktuğu için arzularını zorla bastırarak yapar.»

---

109 Zenginlik tanrısı Plutos kastediliyor.

«Çok doğru.»

«Ama Zeus hakkı için, iş başkasının malını harcamaya geldi mi, dostum, bu adamların çoğunda erkek arı arzularının kabardığını görürsün.»

«Hem de nasıl!»

«Öyleyse böyle bir adam kendi içinde çatışmalara düşmekten kurtulamaz; bir insan değil, iki insan olur. Gene de çoğu zaman en iyi arzuları en kötü arzularım yener.» e

«Doğru.»

«Böylece bu adam dıştan birçoklarından daha saygıdeğer görünür, ama birlik ve uyum içindeki bir ruhun gerçek erdeminden uzaktır.»

«Her hâlde.»

«Sonra bu cimri adam, sitede yapılan yarışlara girip her- 555
hangi bir üstünlük veya şeref kazanmaya da pek heves etmez; bu çeşit karşılaşmalarda ün kazanmak için para harcamak istemez; içinde cömert istekler uyandırmaktan, yenmek için bu istekleri yardımına çağırmaktan korkar: Gerçek bir oligarşi adamı olarak, imkânlarının ancak küçük bir parçasıyla yarışmaya girer, çoğu zaman da yenilir, ama zengin kalır.»

«Doğru,» dedi.

«Bu cimrinin, bu para adamının, oligarşi devletine benzerliği yüzünden bu devlet yanında yer aldığından hâlâ şüphe eder miyiz?»

«Hiç de etmeyiz,» dedi. b

«Şimdi de demokrasi'yi incelemeliyiz. Nasıl doğduğunu, ne nitelikte olduğunu araştırmalı, bundan sonra da ona karşılık olan insan tipini ele alıp öbürleriyle birlikte yargılamalıyız.»

«Evet, böylece sıramızı izlemiş oluruz.»

«Peki, oligarşiden demokrasiye nasıl geçilir? Alabildiğine zenginleşmeye yönelen doymak bilmez bir mal edinme hırsı yüzünden, değil mi?»

«Nasıl oluyor bu?»

c «Bu düzende yöneticiler, üstünlüklerini mallarının mülklerinin çokluğuna borçlu oldukları için, gençlerin istedikleri gibi yaşayıp varlıklarını har vurup harman savurmalarını önleyecek bir yasa çıkarmaya yanaşmazlar, çünkü tefecilik yoluyla onları borçlandırıp mallarını ele geçirerek daha da zengin ve sözü geçer kişiler olmak isterler.»

«Hiç şüphe yok.»

«Peki, bir devlette yurttaşların hem zenginliğe değer ver-
d meleri, hem de ölçülü kalmaları, mümkün mü? Ya birini, ya ötekini bırakmak zorunda değiller mi?»

«Elbette.»

«Böylece oligarşilerde yöneticiler, bu ihmalleriyle, böyle dizginsiz, hovardaca yaşayışı kolaylaştırmalarıyla bazen iyi yaradılışlı kimseleri de sefilliğe düşürürler».

«Öyle olur.»

«İşte bu yüzden, sitelerde iğneli, silahlı birtakım adamlar türer. Kimi borca boğulmuş, kimi şerefini ve haklarını kaybetmiş, kimi de her ikisine birden uğramış bu adamlar mallarını ele geçirenlere kin beslerler, onlara ve öteki yurttaşlara karşı kötülük kurar, düzeni devirmeye can atarlar.»

e «Doğru.»

«Ama tefeciler gene de kurbanlarını görmezlikten gelerek basları yerde yürür giderler; kim elini verirse kolunu kapıp paralarının iğnesiyle sokarlar onu. Böylece ana paralarının faizi-
556 ni üst üste yığdıkça da, sitede erkek arı ve dilencilerin soyunu ürettikçe üretirler.»

«Haliyle öyle olur.»

«Kötülük ortalığı yangın gibi sarsa da, onu önlemek için ne dediğimiz yola baş vurup yurttaşların mallarını har vurup harman savurmalarına engel olurlar, ne de bu çeşit aşırılıkları ortadan kaldıracak başka bir yasa çıkarırlar.»

«Nasıl bir yasa?»

«İsrafçıları durduracak yasadan sonra gelen ve yurttaşları dürüst olmaya zorlayacak bir yasa. Çünkü yasa koyucu isteğe bağlı borç alıp verme işlerinin ödünç para verenin zararına olacağını hükme bağlasa, sitede insanlar bu kadar yüzsüzce zen- b
ginleşmeye kalkmaz, demin sözünü ettiğimiz kötülükler daha az görülür.»

«Çok daha az görülür,» dedi. «Şimdiyse davranışlarıyla yönetilenleri bu acıklı duruma düşüren yöneticilerdir. Kendileri ve çocuklarına gelince: Bu gençler de gevşer, bozulur; beden ve kafa çalışmalarında güçsüz, zevke de, acıya da dayanıksız olur- c
lar, değil mi?»

«Şüphesiz.»

«Kendileriyse, zenginleşmekten başka şey düşünmedikleri için, yoksullardan çok erdem kaygısı taşımazlar.»

«Doğru.»

«Şimdi, bu şartlar içinde, yöneticilerle yönetilenlerin bir yolculukta, ortaklaşa bir işte, bir yürüyüşte, bir savaşta, bir gemide ya da askerlikte bir araya geldiklerini ve tehlikeli durum- d
lar karşısında birbirlerinin davranışlarına tanık olduklarını düşünelim. O zaman yoksulları hor gören artık zenginler olmaz. Tersine, kupkuru, güneş kavruğu bir yoksul, gölgede beslenmiş, yağ bağlamış bir zenginle o kargaşalıkta yanyana gelip de onu soluğu tıkanmış, ne yapacağını şaşırmış görünce, bu adamlar yoksulların korkaklığı yüzünden zengin olmuşlar, diye düşünmez mi? Sonra bu yoksullar kendi aralarında oturup konuştukları zaman da 'Bu adamların bir sıkımlık canı var, ciğerleri beş para etmez!" demezler mi birbirlerine? » d

«Demez olurlar mı?»

«Nasıl çürük bir beden dıştan gelecek ufak bir etkiyle hemen hasta düşerse, hatta kimi zaman dış bir neden olmadan da sarsıntıya uğrarsa, bunun benzeri bir devlet de ufacık bir baha-

neyle sarsılıp ikiye bölünür; bir bölüğü oligarşik bir devletten, öbür bölüğü demokratik bir devletten yardım isteyince de iç savaş patlak verir, hatta yabancılar karışmadan da çatışmanın
557 baş gösterdiği olur. Öyle değil mi?»

«Elbette.»

«İşte bence demokrasi, bu çatışmada üstün gelen yoksulların zenginlerden kimini öldürüp kimini sürdükleri ve yurttaşlık haklarıyla yönetim görevlerini geri kalan yurttaşlar arasında çoğu zaman da ad çekme yoluyla eşit olarak paylaştırdıkları zaman doğar.»

«Gerçekten demokrasi böyle kurulur,» dedi, «ya silah zoruyla ya da zenginlerin korkuya kapılıp ortadan çekilmesiyle.»

«Şimdi,» dedim, «bu insanların nasıl bir yaşama düzeni kuracaklarını, böyle bir devlet yapısının ne nitelikte olacağını görelim. Şüphe yok ki bu düzene benzeyen insan da bize de-
b mokrasi insanının nasıl olacağını gösterir.»

«Şüphesiz.»

«Bir kere bu düzende insanlar özgürdür, değil mi. Site özgürlükle dolup taşar; herkes serbestçe konuşur, dilediğini yapar.»

«Öyle denir,» dedi.

«Bu serbestliğin hüküm sürdüğü yerlerde şüphesiz herkes hayatını istediği gibi düzenler.»

«Şüphesiz.»

c «Öyleyse başka devletlerden çok bu çeşit devlette türlü türlü insan bulunur.»

«Elbette.»

«Ola ki en güzel yönetim biçimi budur,» dedim. «Her çeşit rengi taşıyan, her türlü karakteri gösteren alaca bulaca bir giysi gibi göze pek de güzel görünebilir. Belki birçokları, göz alıcı renklere bayılan çocuklar ve kadınlar gibi, en çok bu yönetim biçimini beğenirler.»

«Doğru.»

«İşte sevgili dostum, aradığımız devlet düzenini demokrasi d
içinde kolayca bulabiliriz.»

«O neden?»

«Çünkü demokraside, serbestlik olduğundan her türlü düzen bulunur. Öyle görünüyor ki bizim gibi kim devlet kurmak isterse, demokratik bir siteye gidip, pazarda mal seçer gibi oradaki düzen pazarından beğendiğini almalı, sonra da bu örneğe göre kendi tasarladığı yönetimi kurmalı.»

«Örnek de bol bulunur demokraside doğrusu.» e

«Bu devlette bir insan,» dedim, «yöneticiliği başaracak güçte de olsa, yönetici olmaya zorlanamaz; canı istemezse buyruğa da uymak zorunda değildir; başkaları savaşırken o oturabilir, başkaları barışı sağlamaya çalışırken o tersine davranabilir; hatta yasaya göre yöneticilik, yargıçlık etmesi yasak bile olsa, gönlü çekerse yöneticilik, yargıçlık da edebilir. Peki, ilk bakışta
tanrılara yaraşır, tatlı bir yasama tarzı değil mi bu?» 558

«Evet, ilk bakışta belki öyle.» dedi.

«Peki, demokrasilerin bazı mahkûmları kolayca affedivermesi de hoş bir şey değil mi? Bu tür bir yönetimde ölüm ya da sürgün cezasına çarptırılmış kimselerin hiç de rahatlarını bozmadıklarını, halkın arasına serbestçe girip çıktıklarını görmedin mi? Bunlar hortlaklar gibi ortalıkta dolaşırlar da, sanki kimse onları görmez, umursamaz.»

«Çok gördüm böylelerini,» dedi.

«Demokrasi anlayışı her şeyi hoş görür, bizim gibi kılı kırk b
yarmaz; tersine, sitemizin temellerini atarken bizim büyük bir saygıyla ortaya koyduğumuz kurallara önem bile vermez. Biz, olağanüstü bir yaradılışla dünyaya gelenler dışında, herhangi bir insanın, küçük yaştan güzel oyunlar içinde yetişmemiş, güzel şeylerle uğraşmamışsa, iyi insan olamayacağını söylemiştik. Demokrasi anlayışı ise bütün bu ilkeleri bir güzel çiğner; bir

politika adamının ne türlü bir çalışma ve yasama tarzı içinde yetiştiğine hiç aldırmaz, yalnız halkın dostuyum diyorsa değer verir ona.»

c «Ne de soylu bir anlayış!» dedi.

«İşte demokrasinin üstünlükleri bunlar ve buna benzer şeyler,» dedim. «Görüyorsun ya, sevimli, anarşik, alaca bulaca bir yönetim bu; eşit olsun, olmasın, herkese aynı eşitliği dağıtır.»

«Evet, öyledir, herkes bilir bunu.»

«Şimdi ona benzeyen insanı ele al. Devletinin olduğu gibi kendisinin de ilk önce nasıl meydana geldiğini incelemek gerekmez mi?»

«Tabii.»

«Bence, şöyle olur bu: Cimri bir oligarşi adamının oğludur;
d onun elinde, onun görüşlerine göre yetişir. Öyle değil mi?»

«Elbette.»

«O da babası gibi, para harcamasına yolaçan, kazancın düşmanı olan, boş, gereksiz sayılan isteklerini zorla bastırır.»

«Şüphesiz,» dedi.

«Ama istersen,» dedim, «tartışmamızda hiç bir karanlık nokta kalmasın diye, önce gerekli arzularla gereksiz arzuları ayırt edelim.»

e «Edelim,» dedi.

«Önleyemeyeceğimiz arzularla bize yararlı olan arzulara gerekli arzular dersek, doğru olmaz mı? Çünkü bu iki çeşit arzu tabiattan gelen zorunluluklardır.»

«Elbet.»

559 «Demek ki bunlara gerekli arzular adını vermemiz yerinde olur.»

«Evet.»

«Küçük yaştan kendimizi zorlayarak kurtulabileceğimiz, üstelik hiç bir yararı olmayan arzularla insana kötülük getiren bütün arzulara ise, gereksiz arzular dersek, doğru bir deyim kullanmış olmaz mıyız?»

«Elbet.»

«Her birini genel bir tip altında kavramak için ikisinden de birer örnek alalım mı?»

«Alalım.»

«Sağlığımızı ve gücümüzü korumak için gereken yeme arzusu, sade ekmek ve katık arzusu, gerekli bir arzu değil midir?»

«Bence öyle.» b

«Ekmek arzusu iki sebepten gereklidir: Birincisi yararlı olduğu için, ikincisi onsuz yaşanamadığı için.»

«Evet.»

«Katık arzusu da gücümüzü korumaya yaradığı ölçüde gereklidir.»

«Çok doğru.»

«Ama bundan öteye geçen ve daha seçme yemeklere yönelen arzu, daha çocuklukta eğitim yoluyla bastırılırsa, insanların çoğunda ortadan kaldırılabilir. Bedene olduğu kadar kavrayış c gücü ve ölçülülük bakımından ruha da zarar veren bu arzuya haklı olarak gereksiz demez miyiz?»

«Hem de çok haklı olarak.»

«Öyleyse, bunlara israfçı arzular, ötekilere de, bize iş üretme gücü verdikleri için kazanç getirici arzular dememiz gerekir.»

«Şüphesiz.»

«Cinsel arzularla öteki arzular için de aynı şeyleri söyleyemez miyiz?»

«Söyleyebiliriz.»

«Demek ki demin erkek arı adını verdiğimiz adam, bu tür tutkular ve zevklerle dolu, gereksiz arzuların buyruğuna girmiş adamdır; gerekli arzulara boyun eğen adamsa cimri oligarşi adamıdır.»

d «Elbette.»

«Şimdi de,» dedim, «bir oligarşi adamını demokrasi adamı hâline getiren değişmeye gelelim. Bence bu değişme çoğu zaman şöyle olur.»

«Nasıl?»

«Demin söylediğimiz gibi bilgisizlik ve cimrilik içinde yetişmiş bir genç, erkek arıların yediği baldan tadıp da kendisine binbir çeşit zevki sağlayabilen bu korkunç ve azgın böceklerle düşüp kalkmaya başladı mı, bil ki içindeki yönetim oligarşiden
e demokrasiye geçmeye başlamıştır.»

«Zorunlu olarak öyle olur Sokrates,» dedi.

«Nasıl sitenin içindeki taraflardan biri kendine benzeyen bir yabancı güçten yardım gördüğü zaman yönetim biçiminde değişiklik oluyorsa, bu gencin de, içindeki bazı arzular dışarıdan gelme, aynı soydan, aynı nitelikteki arzulardan destek gördüğü zaman ahlakı değişir. Öyle değil mi?»

«Şüphesiz.»

«Bu arada ruhundaki oligarşik taraf da babasının ya da ya-
560 kınlarının uyarmaları ve azarlarından bir karşı destek görürse,
o zaman içinde ikilik, çatışma ve iç savaş patlak verir.»

«Elbette.»

«Bu savaşta oligarşik tarafın demokratik tarafa ağır bastığı da olur. O zaman gencin ruhunda bir çeşit utanma duygusu belirir, bazı arzular yok edilir, bazıları kovulur; böylece düzen yeniden kurulur.»

«Gerçekten, bazen böyle olur.» dedi.

«Ama arkasından, kovulan arzular soyundan, gizlice beslenmiş birtakım arzular çoğalıp güçlenir; çünkü baba oğlunu b
yetiştirmesini bilememiştir.»

«Evet, genellikle böyle olur.»

«Bu arzular o zaman onu yeniden aynı ilişkilere götürür, böylece bu gizli alışverişten bir sürü arzu daha doğar.»

«Doğru.»

«Sonunda da bunlar, delikanlının ruhundaki iç kaleyi sarıp, tanrıların sevdiği insanlarda aklın en iyi koruyucuları olan bilimler, güzel huylar ve doğru ilkelerden yoksun gördükleri bu akropolü ele geçirirler. »

«Gerçekten, en iyi koruyucular bunlardır,» dedi. c

«O zaman, yanlış ve kendini beğenmiş sözler, sanılar üşüşür, yerleşirler buraya.»

«Çok doğru.»

«Bu genç artık, o lotusyiyenlerin[110] yanına dönmüş, açıkça onların arasına yerleşmiştir. Ruhunun tutumlu, cimri yanına yakınlarından bir yardım gelse bile, o kendini beğenmiş, kabadayı sözler, içindeki kral surunun kapılarını kapatırlar, ne bu yardımı içeri sokarlar, ne de büyüklerinin kendisine elçi olarak gönderdiği iyi öğütleri. Böylece savaşı kötü sözler kazanmış d
olur. Bunlar edep duygusunu budalalık sayıp kovar, kapı dışarı ederler; ölçülü olmayı korkaklık sayıp, alaya alır, dışarı atarlar; para harcamada ölçülü ve dikkatli olmaya görgüsüzlük, küçük adamlık derler ve bir sürü yararsız arzudan destek görerek hepsini sınır dışı ederler.»

«Çok doğru.» e

«Böylece delikanlının ruhunu ele geçirip onu, sanki büyük sırra girme törenlerine hazırlıyorlarmış gibi, bu erdemlerden

110 Platon, kendini unutup erdemden uzaklaşmış bu kötü arkadaşları, Odysseus'un lotos yemişini yiyip yurtlarını unutan yoldaşlarına benzetiyor (Bk. **Odysseia**, IX, 94 ve gerisi).

temizledikten sonra, onların yerine, üzerlerinde göz alıcı giysileri, arkalarında kalabalık bir koro ve başlarında taçlarıyla gelen küstahlığı, başıbozukluğu, israfçılığı, hayasızlığı içeri alırlar, bunları överler bunlara güzel adlar verirler: Küstahlık iyi eğitim
561 olur, başıbozukluk özgürlük, israf, büyüklük, hayasızlık, yüreklilik... Sadece gerekli arzularını karşılamaya alışık bir gencin gereksiz ve zararlı arzularını baskıdan kurtarıp başıboş salıvermeye başlaması böyle olmaz mı?»

«Elbet, böyle olur.»

«O genç bundan sonra nasıl yaşar? Her hâlde gereksiz arzuları için de gereklileri kadar para, emek ve zaman harcar. Ta-
b lihi yardım eder de eğlence, cümbüş çılgınlığını çok ileri götürmezse, yası daha ilerleyip fırtınanın büyüğü geçince, içinden sürüp çıkardığı o duygulardan bir bölüğünü yine geri getirir, artık kendini bütünüyle öbürlerine vermez olur; böylece, zevkler arasında bir eşitlik kurar; ruhunun kumandasını, kur'a çeker gibi hangisi rastlarsa ona verir; ona doyduktan sonra bir başkasına teslim eder; hiç bir zevki küçümsemez, hepsini eşit tutar.»

«Doğru.»

«Ama, biri gelip de ona, bazı zevklerin güzel ve dürüst ar-
c zulardan, bazılarının sapık arzulardan doğduğunu, birincileri aramak ve yüceltmek, ikincileriyse bastırmak ve geri itmek gerektiğini söylese, bu doğru sözleri kabul etmez, kaleden içeri sokmaz. Söylenenlere olmaz diye kafa sallar; hiç bir zevkin farklı olmadığını, hepsinin eşit tutulması gerektiğini savunur.»

«Gerçekten, ruh hâli ve davranışı böyledir onun.»

«Böylece, günü gününe yaşar bu adam,» dedim, «kendini günün arzularına bırakır. Bugün içki içip flüt dinler, yarın sade su içip perhiz eder; bir gün idman yapar, bir gün aylak aylak
d oturup her şeyi yüz üstü bırakır; kimi zaman da felsefeye dalmış görünür. Çoğu zaman politikayla uğraşır, kürsüye fırlayıp aklına eseni söyler, aklına eseni yapar. Bir bakarsınız, savaşçı-

lara özenip savaşçı olmuştur; bir bakarsınız; is adamı olmaya heveslenip ticarete atılmıştır. Yaşayışında ne düzen, ne de zorunluluk vardır; ama o, gene de bu hayatı zevkli, özgür, mutlu sayar, sonuna kadar buna yapışır.»

«Eşitlik düşkünü adamın yaşayışını çok iyi anlattın doğ- e
rusu.»

«Bence bu adam, çeşitli nitelikleri kendinde toplayan, çok yönlü bir adamdır, tam demokratik siteye uygun, alaca bulaca, alımlı bir adam. Bu yüzden, birçok kadın ve erkek, onun yaşayış düzeni ve huy bakımından en bol örnekleri taşıyan hayatına imrenirler.»

«Öyledir.»

«Öyleyse, böyle bir insanı demokrasiyle bir araya koymak 562
ve ona demokrasi insanı demek yerinde olmaz mı?»

«Yerinde olur,» dedi.

«Artık sıra en güzel yönetim biçimiyle en güzel insanı incelemeye geldi: Tiran'lık ve tiran.»

«Öyle.»

«Şimdi, sevgili dostum, tiranlığın nasıl ortaya çıktığını görelim. Şüphe yok ki bu yönetim biçimi demokrasiden türer.»

«Evet, şüphe yok buna.»

«Peki, demokrasiden tiranlığa geçiş de oligarşiden demokrasiye geçiş gibi olmaz mı?»

«Nasıl?» b

«Oligarşiyi kuran iyi ülküsü, zenginlikti değil mi?»

«Evet.»

«Bu yönetimi yıkan da, doymak bilmez bir zenginlik tutkusu, bunun dışında hiç bir şeye önem verilmemesiydi.»

«Doğru.»

«Peki, demokrasiyi de yıkan, onun iyi ülküsü, iyi ölçüsü saydığı şeye karşı o doymak bilmez tutkusu değil mi?»

«Hangi şeye?»

c «Özgürlüğe,» dedim. «Çünkü demokratik bir sitede, duyarsın, el üstünde tutulan şey özgürlüktür derler, bu yüzden de özgür doğmuş bir insanın bu siteden başka bir yerde yaşayamayacağını söylerler.»

«Evet, her yerde duyulur bu sözler.»

«İşte, demin de söylemek istediğim gibi, bu yönetim biçimini değişime uğratıp tiranlığa baş vurmak zorunda bırakan da, yine bu aşırı özgürlük tutkusu, bunun dışında hiç bir şeye önem verilmeyişi değil mi?»

«Nasıl?»

d «Özgürlüğe susamış demokratik bir siteye kötü sakiler önderlik etti mi, bu katkısız şarabı içen sitenin sarhoşluğu her türlü ölçünün, edebin dışına taşar. O zaman da, yönetenler onun her dediğine boyun eğmez de, ona alabildiğine özgürlük vermezlerse, site onları alçak oligark'lar diye suçlandırıp cezalandırır.»

«Gerçekten de öyle olur.» dedi.

«Yöneticilerin buyruğuna uyanları ise alaya alır, köle ruhlu, karaktersiz adamlar sayar. Buna karşı, özel hayatta olsun, kamu işlerinde olsun, öyle adamları över, el üstünde tutar ki bunlardan yönetici olanları yönetilen, yönetilenleri de yönetici sanır-
e sınız. Böyle bir sitede özgürlük anlayışının her şeye yayılmasını önleyebilir misin?»

«İmkân var mı?»

«Ta ailelerin içine kadar girmez mi? Sonunda hayvanlar arasında bile anarşi, başıbozukluk baş göstermez mi?»

«Ne demek istiyorsun bununla?» dedi.

«Şunu: Baba oğlunu kendine denk saymaya ve çocuklarından çekinmeye başlar; oğul kendini babasına denk görür, özgür olmak istediği için, büyüklerine karşı ne saygı, ne korku duyar;

sığıntı kişiler yurttaşlara, yurttaşlar sığıntı kişilere eşit olur; ya- 563
bancılar da öyle.»

«Evet, böyledir,» dedi.

«Bunlardan başka,» dedim, «şunlar gibi ufak sapıklıkları da say: öğretmen öğrencilerinden korkar, onlara kavuk sallar; öğrenciler öğretmenlerini ve eğitmenlerini hiçe sayarlar. Genellikle küçükler büyüklerini taklide yeltenir, onlarla sözde ve davranışta yarışa kalkarlar. Yaşlılarsa, gençlerin seviyesine iner,
şen ve şakacı olmaya çalışırlar; sıkıcı, sert bir adam sayılmamak b
için çocuklaşır, gençlere benzemeye kalkarlar.»

«Çok doğru.»

«Ama, dostum, böyle bir devlette özgürlük bolluğu, köle olarak satın alınan kadın ve erkeklerin onları satın alanlar kadar özgür oldukları zaman son kertesine ulaşır. Ha, bak, erkeklerle kadınların karşılıklı ilişkilerinde eşitlik ve özgürlüğün ne dereceye vardığını söylemeyi neredeyse unutuyordum.»

«Öyle ya, Aiskhylos'un dediği gibi, 'dilimizin ucuna geleni' c
ne diye söylemeyelim?»

«Elbette,» dedim, «ben de öyle yapacağım zaten. Evcil hayvanlar hiç bir yerde bu sitedeki kadar özgür değildir, öyleki insan gözleriyle görmezse, bu derecesine inanmaz. Gerçekten de, atasözünün dediği gibi, orada 'hanımı nasılsa köpeği de öyle
olur'. Bunun gibi, atlarla eşekler de, serbest, mağrur yürümeye d
alıştıklarından, yolda önlerinden çekilmezseniz, size vurur geçerler. Her şeyde de böyledir; her yer özgürlükle dolup taşar.»

«Benim rüyama giren bir şeyi söylüyorsun. Çünkü ne zaman kıra gitsem, başıma gelir bu iş.»

«Bütün bunların birike birike ne sonuca varacağını görebiliyor musun? Bunlar yüzünden yurttaşlar o kadar havadan nem kapar hâle gelirler ki bir yerde baskıya benzer ufacık bir şey gördüler mi, öfkelenir, ayağa kalkarlar; sonunda yazılı, sözlü

bütün yasaları da umursamaz olurlar, her şeyde başına buyruk
e olmak isterler, bilirsin bunu.»

«Çok iyi bilirim,» dedi.

«İşte dostum, tiranlığın fışkırdığı güzel, gürbüz kök bence budur.»

«Gerçekten de gürbüz, dinç bir kök,» dedi, «ama sonra ne oluyor?»

«Oligarşide gelişip onun başını yiyen hastalık burada bu başıboşluk yüzünden daha büyük bir hızla yayılır ve demokrasiyi köleliğe düşürür; çünkü her aşırılık hemen her zaman sert
564 bir tepkiye yol açar: Mevsimlerde, bitkilerde, canlı varlıklarda ve özellikle devletlerde durum böyledir.»

«Her hâlde.»

«Her hâlde, aşırı özgürlüğün sonu, tek kişide olsun, devlette olsun, aşırı bir köleliğe varır böylece.»

«Öyle görünüyor.»

«Öyleyse, tiranlığı doğuran yapının demokrasiden başka bir devlet yapısı olmadığı anlaşılıyor. Son kerte özgürlüğün sonucu bence aşırı ve amansız bir kölelik oluyor.»

«Mantığın gerektirdiği sonuç bu.»

«Ama senin sorduğun, sanırım bu değildi. Sen oligarşide de, demokraside de ortaya çıkan ve demokrasiyi köleliğe düşü-
b ren hastalığın ne olduğunu öğrenmek istiyordun, değil mi?»

«Evet.»

«Ben hastalık derken, aylak, har vurup harman savuran insanlar takımını söylemek istiyorum. Bunlar arasından daha yürekli olanlar başı çeker, korkak olanlarsa onların arkasından gider. Birincileri iğneli, ikincileri iğnesiz erkek arılara benzetmiştik.»

«Haklı olarak.»

«İşte bu iki çeşit insan, bir devlette ortaya çıkınca, insan vücudundaki balgam ve safra gibi, bozarlar onu. İyi hekim ve

yasa koyucu da, bu iki belaya karşı baştan tedbirli davranıp c
akıllı bir arıcı gibi önce onların üremesini önlemeye çalışmalı, önleyemezse, vakit geçirmeden peteğiyle birlikte kesip atmalı onları.»

«Evet, Zeus hakkı için,» dedi, «yapılacak şey bu»

«Şimdi,» dedim, «aradığımızı daha açık görmek için şöyle bir yol tutmalıyız.»

«Nasıl bir yol?»

«Demokratik bir siteyi üç sınıfa ayırarak düşünelim. Onda d
gerçekten de var olan bu sınıflardan birincisi, demokrasideki başıboşluk yüzünden yine oligarşideki kadar gelişmiş bir sınıftır.»

«Evet.»

«Yalnız bu sınıf burada çok daha ateşlidir.»

«Ne gibi?»

«Oligarşide bu sınıf hor görülür, yönetimden uzak tutulur, bu yüzden bir işte kullanılmaz, güçsüz kalır; demokrasideyse yönetim hemen hemen bütünüyle bu sınıfın elindedir; konuşanlar, işleri çevirenler bu sınıfın en ateşlileridir, ötekilerse, e
kürsünün yanına oturup vızıldar dururlar, aykırı bir şey söyleyecek olanı hemen sustururlar; öyleki böyle bir yönetimde hemen her iş bu sınıfça düzenlenir.»

«Öyle olur,» dedi.

«Bir sınıf daha vardır ki yine kalabalıktan çıkar, ama ayrı bir soy olarak kendini gösterir.»

«Hangisi?»

«Herkes para kazanmaya çalıştığı için, çoğu zaman en düzenli, en tutumlu yaşayanlar zengin olurlar.»

«Her hâlde.»

«Erkek arılar bence en bol balı onlarda bulurlar, en kolay onlardan bal sızdırırlar.»

«Öyle ya, azıcık balı olanların neyini sızdırsınlar?»

«İşte erkek arıların otlağı diye bu zengin sınıfa denir.»

«Evet, böyle bir söz vardır.»

565 «Üçüncü sınıfsa halktır. Elleriyle çalışan bütün bu kimseler yönetim işlerine karışmazlar, hemen hemen hiç bir malları da yoktur. Bir demokraside bu sınıf, en kalabalık ve bir kurulda bir araya geldiği zaman en güçlü sınıftır.»

«Evet, ama pek bir araya gelmez bu sınıf, baldan bir pay almazsa, o zaman başka.»

«Bu yüzden baştakiler, varlıklıların servetini ele geçirebildikleri ölçüde halka da bir pay verirler, ama aslan payını kendilerine ayırırlar.»

b «Evet, halkın pay alması böyle olur.»

«Ama soyulan zenginler de kendilerini savunmak zorunda kalırlar, halkın karşısına çıkıp konuşur, ellerinden gelen her çareye baş vururlar.»

«Şüphesiz.»

«Karşı taraf da onları, böyle bir niyetleri olmadığı hâlde, halk iktidarını devirmeye çalışmakla, oligarşi adamı olmakla suçlandırır.»

«Elbette.»

c «Sonunda da, halkın kötü niyetle değil, bilgisizlikle ve iftiracıların dediklerine aldandığından kendilerine kötülük etmeye kalkıştığını gören zenginler işte o zaman gerçekten oligark olurlar. Ama onlarda bu kötü hâli doğuran, kendi istekleri değil, yine o erkek arının onları sokmasıdır.»

«Çok doğru.»

«Bundan sonra artık iki taraf arasında birbirini suçlamalar, mahkemeleşmeler, boğuşmalar gırla gider.»

«Şüphesiz.»

«Peki, bir adamı baş tacı etmek, onu besleyip yüceltmek halkın değişmez âdeti değil midir?»

«Öyledir,» dedi.

«O hâlde tiran'ın yetiştiği kökü bu baş tacında aramalı; an- d
cak böyle bir koruyucudan çıkar o.»

«Buna şüphe yok.»

«Ama koruyucunun tiranlaşması ne zaman başlar? Arkadia'daki Lykaia Zeus'una ait tapınakla ilgili bir masal vardır ya, işte o masaldaki şeyi yaptığı zaman değil mi?»

«Hangi masalı söylüyorsun?» dedi.

«Hani biri kurban etleriyle birlikte doğranmış insan etini e
yemiş de kurt oluvermiş. Duymadın mı bu masalı?»

«Duydum.»

«İşte bunun gibi, bir halk önderi de, kendine boyun eğen bir kalabalığın dizginlerini eline geçirdi mi, kendi kabilesinden insanların kanına girmeden edemez. Onun gibilerin pek sevdiği karalama yolunu tutup yurttaşları haksız suçlamalarla mah-
kemelere sürükler, ellerini onların kanına bular; günaha batmış 566
ağzı ve diliyle soydaşlarının kanını içer, kimini sürer, kiminin canına kıyar; bir yandan da halka borçların bağışlanacağı, toprakların yeniden dağıtılacağı umudunu verir. Böyle bir adamın alın yazısı da, ya düşmanlarının eliyle ölmek, ya da bir tiran olup insanken kurt kesilmek değil midir?»

«Çaresiz,» dedi.

«İşte zenginlere karşı halkı kışkırtan adam böyledir. »

«Evet.»

«Şimdi, bu adam siteden sürülür de, sonra, düşmanlarına rağmen yeniden yurda dönerse, o zaman tam bir tiran kesilmez mi?»

«Elbette.»

b «Ama zenginler; onu kovamazlarsa, ya da halkla arasını açıp öldürtemezlerse, bu sefer gizlice tuzağa düşürüp ortadan kaldırmaya çalışırlar.»

«Evet, sonunda iş buna varır,» dedi.

«İşte bu durumda o hırslı adam, tiranlara özgü, şu ünlü yola baş vurur: Halkın savunucusu olarak halktan, canını koruyacak bekçiler istemek.»

«Gerçekten öyle yapar.»

«Halk da ona istediğini verir; çünkü savunucusunun başından korkar da, kendi başından korkmaz.»

c «Doğru.»

«Zengin olan, zengin olduğu için de halk düşmanı bellenen bir adamsa, bu durumu görünce, kâhinin Kroisos'a verdiği öğüdü tutup,

Hermos'un çakıllı kıyısı boyunca kaçar.
Yüreksiz diyeceklerinden utanmadan[111]**.»**

«Kaçmazsa, bir daha utanma fırsatını da bulamaz çünkü!»

«Kaçarken de yakalandı mı, ölümden kurtulamaz. »

«Evet, kurtuluşu yoktur o zaman.»

«Halkın koruyucusu olana gelince, yere kapaklanan, **boylu**
d **boyunca uzanmış**[112] yatan o olmaz elbet. Tersine, karşısındakileri yere devirdikten sonra devlet arabasına o kurulur. Böylece koruyucuyken tam bir tiran olur çıkar.»

«Başka ne beklenir ki?»

«Şimdi, bu adamın ve böyle bir yaratığı türeten sitenin mutluluğunu inceleyelim.»

«İnceleyelim.»

---

111 **Herodotos**, I, 55. Burada, zenginliğiyle tanınmış Lidya kralından (Kresus=Karun) söz ediliyor.

112 **İlyada**, XVI, 776.

«İlk günlerde önüne çıkan herkese güler yüz gösterir, iyi e
davranır, tiran olmadığını söyler; gerek yakınlarına, gerekse halka birçok vaatlerde bulunur, borçları erteler, halka ve gözdelerine topraklar dağıtır, herkese karşı yumuşak ve sevimli görünür, değil mi?»

«Öyledir,» dedi.

«Ama sürgündeki düşmanlarından kimiyle uzlaşarak, kimini tepeleyerek, kurtulup da bu yönden korkusu kalmadı mı, ilk işi, halk hep bir öndere ihtiyaç duysun diye, savaş çıkarmak olur.»

«Tabii öyle olur.»

«Bunu bir de, vergiler yüzünden yoksullaşan yurttaşlar 567
günlük nafakalarından başka bir şey düşünemesinler, kendisini devirmek için uğraşmaya fırsat bulamasınlar diye yapar.»

«Elbette.»

«Ayrıca, boyunduruğuna katlanmak istemeyen bazı özgür kafalı kimseler de çıkarsa, onları yok etmek için savaşı iyi bir fırsat sayar, düşmanın eline düşürmeye çalışır onları. Bütün bu sebeplerden ötürü, bir tiran için hep savaş çıkarmaya çalışmak kaçınılmaz bir durumdur.»

«Evet, böyle davranmak zorunda kalır.»

«Ama böyle davranmakla da yurttaşların gittikçe daha çok b
nefretini kazanır.»

«Elbette.»

«Giderek, onun başa geçmesine yardım eden ve yönetimde görev alan kimselerden birçoğu da, gerek onun karşısında, gerek kendi aralarında açıkça konuşarak olan bitenleri eleştirmeye başlamazlar mı? Hiç değilse en yüreklileri böyle davranmaz mı?»

«Böyleleri çıkar tabii.»

«Bu durumda tiran, egemenliğini sürdürmek için, bu çeşit adamlardan kurtulmak ve gerek dostları, gerekse düşmanları arasında azıcık değeri olan herkesi temizlemeye kadar işi vardırmak zorundadır.»

«Şüphesiz.»

c «Öyleyse, kimlerde yürek, ruh büyüklüğü, akıllılık, zenginlik bulunduğunu hemen görüp anlamak zorundadır. Mutluluğu da, ister istemez, bu çeşit insanlardan siteyi temizleyinceye kadar onların hepsine karşı savaş açmak ve tuzak kurmaktan ibaret olacaktır. »

«Ne güzel bir temizleme yolu ya!»

«Evet,» dedim, «bu yol, hekimlerin bedeni temizlemek için baş vurdukları yolun tam tersi bir yol. Hekimler kötü olanı yok eder, iyi olanı bırakır. O ise bunun tersini yapar.»

«İktidarı elinde tutmak için başka çaresi yoktur.»

d «Bundan sonra da mutlu bir zorunluluk çıkar karşısına: Ya birtakım bayağı insanlar arasında yaşayacak, ya da yaşamaktan vazgeçecek!»

«Evet, durumu budur,» dedi.

«Peki, davranışıyla yurttaşların nefretini ne kadar çekerse, bekçilerinin sayısını ve kendisine bağlılığını da o kadar artırmak zorunda kalmaz mı?»

«Şüphesiz.»

«Ama güveneceği bekçiler kimler olur? Nereden getirtir onları?»

«Paralarını verdi mi, kendiliğinden gelir bunlar, hem de koşa koşa.»

e «Köpek hakkı için! Senin söylediklerin yabancı erkek arılar; çeşit çeşit, renk renk.»

«Ben de onları söylemek istedim.»

«Ya kendi ülkesinden kimleri seçer? Onları kullanmak istemez mi?»

«Nasıl?»

«Yurttaşların elinden kölelerini alıp azat ettikten sonra onları bekçileri arasına katmaz mı?»

«Elbette! Hem de en güvendiği bekçiler bunlar olur.»

«Desene, bu tiranın hâli pek hoş: Önceki dostlarını yok ettikten sonra, dost diye, güvenilir adam diye çevresine böyle- 568
lerini topluyor!»

«Başkalarını toplayamaz ki!»

«O hâlde, onu beğenenler bu dostlar; düşüp kalktığı yoldaşları da bu yeni yurttaşlar olacak; ama dürüst insanlar nefret edip kaçacaklar ondan. Öyle değil mi?»

«Başka ne olsun?»

«Öyleyse, tragedyanın genellikle bir bilgelik sanatı sayılması, Euripides'in de bu sanatta hepsinden üstün tutulması boşuna değilmiş!»

«Niçin?»

«Çünkü şu derin sözü o söylemiş: **Tiranlar akıllı kişilerle konuşa konuşa akıllı olurlar.** Her hâlde akıllı kişiler diye tira- b
nın çevresindeki bu yoldaşlara diyordu.»

«Üstelik,» dedi, «o da, öteki ozanlar da tiranlığı tanrısal bir güç sayar, öve öve bitiremezler.»

«O hâlde,» dedim, «tiranlığa övgüler düzen bu tragedya ozanlarını devletimize sokmazsak, akıllı kişiler olduklarına göre, bu ozanlar bizi ve devlet düzeni bizimkine benzeyenleri anlarlar, bağışlarlar her hâlde.»

«Sanırım, anlayışı ince olanlar bağışlarlar.» c

«Ama isterlerse, başka sitelere gidebilirler: Oralarda kalabalığı baslarına toplayıp, güzel, gür, içe işleyici sesler kiralayıp o sitelerin yönetim düzenlerini tiranlığa ve demokrasiye doğru çekebilirler.»

«Gerçekten yaptıkları da budur.»

«Üstelik bu yüzden para ve şeref de kazanıyorlar, en başta
d tiranlardan, sonra da demokrasilerden. Ama daha yüksek yönetim düzenlerine doğru çıktıkça, değerleri azalıyor, yokuşta soluğu kesilenler gibi tırmanamaz oluyorlar.»

«Doğru.»

«Ama konumuzun dışına çıkmış olduk,» dedim. «Şimdi tiranın askerlerine dönelim. Bu güzel, bu kalabalık, bu çeşitli ve durmadan yenilenen bekçi alayı nasıl beslenir; onu görelim.»

«Tabii, sitenin kutsal hazineleri varsa, bitene kadar bunları ve ortadan kaldırdığı kimselerin malını harcar; böylece halka ağır vergiler yüklemek zorunda kalmaz.»

e «Ama, ya bunlar tükenince ne yapar?»

«O zaman da yoldaşları, gözdeleri ve odalıklarıyla birlikte babasının malını yer.»

«Anlıyorum, babasının demekle halkın demek istiyorsun. Öyle ya, tiranı meydana getiren halk oğlunu ve yoldaşlarını besleyecek.»

«Beslemek zorunda.»

«Peki ama, ya halk kızar da, koskoca adam olmuş bir evladın babasının sırtından geçinmesini doğru bulmazsa? Tersine,
569 asıl oğlunun kendisine bakması gerektiğini; oğlunu, büyüdüğü zaman kendisini kölelerine köle etsin diye, o bir sürü kölesi ve devşirme adamıyla birlikte üzerine yük olsun diye yetiştirmediğini, sadece kendisini zenginlerin ve seçkinler denen kişilerin yönetiminden kurtarsın diye basa getirdiğini söylerse? Sonra da, bir babanın oğlunu baş belası ahbaplarıyla birlikte evden kovduğu gibi, onu yoldaşlarıyla birlikte siteden sürüp çıkarmak isterse?»

b «İşte o zaman görür gününü! El bebek gül bebek büyüttüğü bu evladı yetiştirmekle başına ne bela açmış olduğunu, kovmaya kalkıştıklarıyla hiç de başa çıkamayacağını anlar.»

«Ne diyorsun?» dedim. «Tiran babasına karşı mı gelir, yola getiremezse, dövmeye mi kalkar onu?»

«Evet,» dedi, «silahını elinden aldıktan sonra.»

«Desene, babasının kanına elini bulayacak bir adam bu tiran, yaşlılara bakacağına, işkence eden bir zalim! İşte bununla herkesin açıkça tiranlık dediği şeye gelmiş oluyoruz: Atasözünün dediği gibi, halk, yağmurdan kaçarken doluya tutulmuş, özgür adamlara bas eğmekten kurtulayım derken kölelerin zorbalığına uğramış, aşırı ve zamansız bir özgürlüğün bedeli olarak en amansız, en acı köleliğin gömleğini giymiştir.» c

«Evet, işin sonu tam buna varır.»

«Pekâlâ,» dedim. «Artık demokrasiden tiranlığa nasıl geçildiğini ve tiranlığın ne olduğunu yeterince anlattık diyebiliriz sanırım. Ne dersin?»

«Tam yeterince anlattık derim,» dedi.

IX. KİTAP

«Öyleyse, şimdi de, tiran ruhlu insanın, demokratik insan- 571
dan nasıl doğduğunu, ne karakter taşıdığını ve hayatının mutlu mu, mutsuz mu olduğunu araştırmak kalıyor.»

«Evet,» dedi, «incelenecek bu insan kaldı.»

«Ama biliyor musun,» dedim, «bence bir şeyi eksik bıraktık.»

«Nedir o?»

«Arzularla ilgili bir nokta. Arzuların tabiatını ve türlerini yeterince açıklamadık. Bu nokta eksik kaldıkça araştırmamız
aydınlıktan yoksun olacak.» b

«Bu açıklamayı şimdi yapsak olmaz mı?»

«Olur elbet. Benim bu konuda üzerinde durmak istediğim şu: Gerekli olmayan arzular ve zevkler arasında bir de uygunsuz diyeceğim arzular var. Bunlar her hâlde doğuştan herkeste bulunur, Ama yasalar ve iyi arzuların aklın yardımıyla bastırdığı bu çeşit arzuları, bazı kimseler içlerinden söküp atabilir, ya da sayılarını ve güçlerini pek aza indirebilirler, bazı kimselerse bunları daha güçlü ve çok sayıda sürdürürler içlerinde.»

c
«Peki, bu uygunsuz dediğin arzular neler?»

«Uykuda uyanan arzular,» dedim. «Ruhun düşünen, yumuşak ve kumanda eden yanı uyurken, tıka basa yiyip şarap içmiş vahşi, hayvan yani silkinip kalkar uykusundan; her yana saldırıp içgüdülerini doyurmaya koşar. Bilirsin, hiç bir şeyden çekinmez, o zaman; her çeşit utanma duygusundan ve makul düşünüşten sıyrılmış gibidir; Anasıyla yatmayı bile kurmaktan; insan, tanrı, hayvan ne olursa olsun, hiç biriyle çiftleşmeye yel-
d tenmekten sakınmaz. Dökmeyeceği kan, yemeyeceği yiyecek yoktur. Kısacası çılgınlığın, hayasızlığın son kertesine varır.»

«Çok doğru.»

«Ama sağlığı yerinde, ölçülü bir insan, düşün ki, uyumadan önce ruhunun akıl taşıyan yanını uyandırıp onu güzel sözler ve düşüncelerle besliyor, kendi üzerinde açık bir bilince varıyor; ruhunun arzulayan yanını ne aç bırakıyor, ne de tıka
e basa doyuruyor, çünkü onun ne doygunluktan keyfe gelip, ne
572 de açlıktan acıya düşüp ruhunun en üstün yanını tedirgin etmesini istemiyor; böylece o üstün akıl yanının serbest ve yalnız kalıp geçmişten, hâlden, gelecekten bilmediği ne varsa onları incelemeye ve kavramaya çalışmasını sağlıyor; ruhunun öfkelenen yanını da yumuşatıp kimseye karşı yüreği öfkeyle kabarık girmiyor yatağa; ruhunun bu iki yanını yatıştırıp bilgeliği
b barındıran üçüncü yanını uyardıktan sonradır ki dinlenmeye çekiliyor, işte o zaman, bilirsin, bu adam hakikati en iyi görecek duruma gelir, rüyalarında da uygunsuz şeyler görmez.»

«Baştan sona katılıyorum bu düşüncelerine» dedi.

«Ama konuyu çok dağıttık sanırım. Burada söylemek istediğim şuydu: Her birimizde, hatta en ağır başlı görünenlerde bile, korkunç, vahşi, yasa dışı birtakım arzular vardır; bunlar rüyalarımızda açığa çıkar. Bu söylediklerimi doğru buluyor musun, bulmuyor musun?»

«Doğru buluyorum elbet.»

c «Şimdi demokrasi adamını nasıl anlattığımızı hatırla: Yalnız çıkar güden arzulara değer veren, keyfe ve süse yönelen gereksiz arzuları hor gören bir babanın elinde yetişmişti, değil mi?»

«Evet.»

«Ama daha ince zevkli, şimdi anlattığımız arzularla dolu kimselerle düşüp kalkınca, kendini her türlü taşkınlığa kaptırır ve babasının cimriliğine bir tepki olarak o kimselerin davranışını benimser. Ama gene de, kendisini ayartanlardan daha iyi yaradılışta olduğu için, bir o yana, bir bu yana gider gelir;
sonunda ikisi ortası bir yaşama yolunda karar kılar, her ikisin- d
den de ölçülü gördüğü oranda yararlanmak ister, pintilikten de, taşkınlıktan da uzak bir hayat sürer; böylece oligarşi adamıyken demokrasi adamı olur.»

«Bu adam üzerindeki düşüncemiz buydu,» dedi, «yine de bu.»

«Şimdi diyelim ki bu adam da yaslandı ve oğlunu kendi
alışkanlıklarına göre yetiştirdi.» e

«Evet.»

«Yine diyelim ki adamın başına gelen oğlunun da başına geldi; delikanlı bastan çıktı ve kendini baştan çıkaranların tam özgürlük adını verdiği tam bir taşkınlığa sürüklendi. Babasıyla yakın akrabaları ortalama arzuları destekliyorlar, öbürleri de aşırı arzuları. Bu usta büyücüler, tiran türeticiler, bu genci tutmak için başka çare kalmadığını görünce, ne yapıp yapıp, aylak ve savurucu arzuların başını çeken aşk tutkusunu, o kocaman,
kanatlı erkek arıyı yaratmaya çalışırlar onda. Yoksa sence bu 573
türlü insanlarda aşk bundan başka bir şey mi olur?»

«Hayır,» dedi, «o dediğin erkek arı olur.»

«Öteki arzular, bu arının çevresinde vızıl vızıl dönerek, bol tütsüler, kokular, çelenkler, şaraplar ve bu çeşit cümbüşlerde kendini gösteren zevklerle onu boğazına kadar doyurup alabildiğine büyüttüler de, bir de ondaki haset, doyurulmamış özlem iğnesini uyardılar mı, o zaman ruhun bu sultanı, çılgınb lığın desteğinde azgınlaşıp oraya buraya saldırır; insanın içinde hâlâ dürüstlük ve biraz haya taşıyan düşünceler ya da arzular bulabilirse, onları öldürür veya dışarı atar, böylece ruhu sonuna kadar boşaltıp yabandan gelme bir çılgınlıkla dolduruncaya kadar sürdürür bu işi.»

«Tiran ruhlu adamın doğuşu tam da anlattığın gibidir.»

«Zaten bu yüzden aşk'a öteden beri tiran demezler mi?»

«Anlaşılan, öyle.»

«Peki, sarhoş insanda da tiranca hâller yok mudur, dostum?»

c «Vardır.»

«Azgın, çığırından çıkmış, bir adam da, yalnız insanlara değil, tanrılara da kumanda etmeye kalkmaz, kendinde böyle bir güç görmez mi?»

«Elbette.»

«O hâlde, sevgili dostum, bir insan, ya yaradılışı, ya edindiği alışkanlıklar, ya da her ikisi yüzünden sarhoş, âşık ve deli oldu mu, tiran ruhlu bir insan olmak için hiç bir eksiği kalmamış demektir.»

«Gerçekten öyle.»

«İşte tiran ruhlu insan böyle oluşur. Peki yaşayışı nasıl olur dersin?»

d «Bu soruna şakacılar gibi cevap vereyim: Bunu ben değil, sen söyleyeceksin bana.»

«Peki, söyleyeyim. Bundan sonra, tiran Eros'un ruhuna yerleşmesine ve bütün davranışlarına hâkim olmasına izin veren kimsenin hayatında eğlence, cümbüş, kadın ve her çeşit zevk gırla gider.»

«Haliyle.»

«Peki, bu ana tutkunun yanında, her gün, her gece çeşitli ihtiyaçlar yaratan bir sürü korkunç arzu daha türemez mi?»

«Türemez olur mu?»

«Öyleyse elindeki gelirler çabucak tükenir.»

«Elbette.»

«Ondan sonra da borçlanmaya ve anamalı yemeye başlar.»

«Şüphesiz.» e

«Hiç bir şeyi kalmayınca da, bu adamın ruhunda yuva yapmış o bir alay azgın arzu ister istemez bağırmaya başlamaz mı? Kendisi de, bu arzuların, hele bu bekçilerin ortasında bir önder gibi yürüyen aşkın iğnesini yiyince, azgınlaşıp oraya buraya saldırmaz, birini dolandırmaya ya da zorla soymaya kalkmaz
mı?» 574

«Elbette,» dedi.

«Demek ki ya dört bir yandan para vurmak ya da büyük sıkıntı ve acılara katlanmak zorunda kalacak.»

«Evet, ister istemez öyle.»

«Nasıl ruhunda belirmiş yeni arzular eskilerini dize getirip sıfıra indirmişse, o da, daha genç olduğu hâlde, anasını babasını dize getirip soymaya, kendi payını yedikten sonra babasının malını üzerine geçirmeye kalkışmaz mı?»

«Hiç şüphe yok.»

«Anası babası buna karşı durursa, önce mallarını çalmaya, b
onları aldatmaya çalışır, değil mi?»

«Elbette.»

«Ama bunu da başaramazsa, bu sefer mallarını zorla almak ister.»

«Her hâlde.»

«Peki, ihtiyar anası babası diretir de onunla çatışmayı göze alırsa, bu adam onlara karşı zorbaca davranmaktan çekinir mi dersin?»

«Ana babanın başına geleceklerden korkarım doğrusu.»

«Ama Zeus hakkı için söyle Adeimantos! Bu adam daha
c dün tanıdığı, gelip geçici bir heves olarak sevdiği bir yosma
uğruna bunca yıllık vazgeçilmez sevgilisi olan anasına, ya da
daha yeni dost edindiği, kendisi için yine gelip geçici bir heves
olan bir genç oğlan uğruna en gerekli, en eski dostu olan ihtiyar
babasına el kaldırır mı dersin? Bu gözdeleri evine getirdiği za-
man, anasını babasını dövecek, onları bu gözdelere uşak edecek
kadar gözü döner mi?»

«Zeus hakkı için, döner.»

«Öyleyse,» dedim, «tiran karakterli bir oğul dünyaya geti-
renlerin mutluluğuna diyecek yok!»

«Evet, diyecek yok!»

d «Ya peki, anasının babasının malını tüketip de .tutkular ru-
hunda arı oğulu gibi toplanınca, bir evin duvarını ya da gece
geç vakit sokakta yürüyen birinin kaftanını yoklamak, sonra
tapınaklardan eşya aşırmak yoluna sapmaz mı? Bütün bu du-
rumlarda, çocukluktan beri dürüstlükle alçaklık üzerine taşıdı-
ğı, herkesçe doğruluğa uygun sayılan eski inançlar aşk'a ve çev-
resinde ona bekçilik eden, kölelikten yeni kurtulmuş inançlara
yenilmez mi? Bu yeni inançlar eskiden ancak rüyalarında ser-
bestçe ortaya çıkabiliyordu, çünkü o zaman yasaları ve babası-
e nı sayıyor, ruhunda demokrasi hüküm sürüyordu. Ama şimdi,
aşk'ın tiranca baskısı altında, eskiden uyurken, ara sıra bürün-
düğü kişiliği artık uyanıkken de, temelli olarak benimsemiştir.
Bundan böyle hiç bir cinayeti işlemekten, hiç bir yasak yiyeceği
yemekten, hiç bir kötülüğü etmekten kaçınmaz, içinde son ker-
te başıbozuk ve taşkın bir tiran hayatı yaşayan Eros, bir sitede
575 yönetimi ele geçiren tiran gibi ruhunun tek efendisi kesilerek
onu ne yapıp yapıp hem kendisini, hem çevresindeki bir sürü
arzuyu beslemeye zorlar. Bu arzulardan bazıları dışarıdan, kötü
ilişkilerden gelmelidir; bazıları da içinde, kendisininkine ben-
zer alışkanlıklardan doğmuş, bağlarından kurtulup azat olmuş
arzulardır, işte bu adam böyle bir hayat sürer, öyle değil mi?»

«Evet.»

«Bir devlette bu çeşit adamlar az olur ve halkın geri kalanı aklı başında insanlar olursa, bu azınlık kalkar, başka ülkelere b gider; orada ya bir tiranın hizmetine girip onun bekçisi olur, ya da savaşan ülkelerin ordusuna kiralık asker olarak girer. Ama her yerde barış ve huzur hüküm sürüyorsa, o zaman bunlar kendi sitelerinde kalıp ufak tefek bir sürü suç işlerler.»

«Ne gibi suçlar işlerler?»

«Hırsızlık, duvar delme, yankesicilik, yol kesicilik, tapınak soygunculuğu, insan kaçakçılığı ederler. Çenesi kuvvetli olanlar, iftiracı, yalancı tanık, rüşvet yiyici olurlar.»

«Evet, gerçekten ufak kötülükler bunlar, ama bu çeşit adamlar azsa!» c

«Çünkü ufak şeyler büyük şeylere göre ufaktır. Bütün bu kötülükler de, bir devleti düşkünlüğe, mutsuzluğa götürmesi bakımından, tiranlığın ettiğinin yanında devede kulak kalır. Çünkü bu çeşit adamlar ve onların kuyrukları, bir devlette çoğalıp da çokluklarının farkına vardılar mı, halkın ahmaklığından da yararlanarak, kendi aralarından tiranı türetirler. Bu da d ruhunda en büyük ve en güçlü tiranı taşıyan adam olur.»

«Elbette,» dedi, «çünkü en tiran tabiatlısı odur.»

«O zaman halk tirana ya isteyerek boyun eğer, ya da karşı koyar. Karşı koyması hâlinde, tiran, anasına babasına el kaldırdığı gibi, öz yurduna da gücü yeterse işkence eder; dışarıdan yeni yardakçılar getirir, bir zamanlar el üstünde tuttuğu ve Giritlilerin 'anayurt', bizim 'atayurt' dediğimiz vatanını bu adamlara kul edip kölelik içinde yaşatır, işte tiranın tutkusu buna kadar varır sonunda.»

«Öyle olur,» dedi. e

«Peki, bu adamların özel hayatlarındaki ve başa geçmeden önceki davranışları şöyle değil midir:

Bir kere düşüp kalktıkları kimseler her dediklerini yapmaya hazır dalkavuklardır; ya da birinden çıkarları oldu mu,
576 kendileri ona yaltaklanırlar, her kılığa girip ona bağlılık gösterisinde bulunurlar, ama amaçlarına ulaşınca yüzüne bakmaz olurlar.»

«Çok doğru.»

«Öyleyse, bu adamlar ömürleri boyunca kimsenin dostu olamazlar: Ya efendidirler, ya köle. Tiran yaradılışlı bir adam gerçek özgürlüğü, gerçek dostluğu hiç bir zaman tadamaz.»

«Öyleyse bunlara inançsız insanlar demek yerinde olur.»

«Tabii.»

b «Daha önce doğruluğun tabiatı üzerinde anlaşmaya vardığımız zaman yanılmamışsak, bunlara son kerte eğri adamlar demek de yerinde olur.»

«Elbette, yanılmadık.»

«Şimdi söylediklerimizi özetleyelim: En kötü insan, uyanıkken, daha önce sözünü ettiğimiz rüya gören insanın durumunda bulunan bir kimsedir, değil mi?»

«Elbette.»

«İşte en tiran yaradılışlı olup tek başına devletin başına geçen adam da böyle olur. Tiranlık yönetimini yürüttükçe de büsbütün bozulur.»

Bu sırada Glaukon söze karışarak, «Kaçınılmaz bir durum bu,» dedi.

c «Peki,» dedim, «insanların en kötüsü olduğu ortaya çıkan bu adam aynı zamanda en mutsuzu değil midir? Tiranlığı en uzun sürdüren, son kertesine vardıran adamın mutsuzluğu da en uzun sürmez, son kerteye varmaz mı? Gerçi bu konuda çokları çeşit çeşit kanılar taşırlar ama, işin doğrusu bu değil midir»?

«Başka türlü olamaz,»

«Tiran ruhlu adam tiranlık yönetiminin, demokratik adam demokrasi yönetiminin benzeridir, ötekilerde de durum aynıdır değil mi?»

«Şüphesiz.»

«Erdem ve mutluluk açısından, sitenin siteye göre durumu ne ise, insanın insana göre durumu da odur, değil mi?»

«Elbette.» d

«Peki öyleyse, erdem bakımından tiranlıkla yönetilen sitenin ilk anlattığımız, krallıkla yönetilen siteye göre durumu nedir?»

«Bu ikisi birbirinin tam tersidir,» dedi. «Biri en iyisi, öbürü en kötüsüdür.»

«Hangisi en iyisi, hangisi en kötüsüdür, diye sormayacağım, çünkü burası apaçık belli. Ama mutluluk, mutsuzluk bakımından da aynı düşüncede misin, yoksa başka türlü mü düşünüyorsun? Yalnız tirana ve çevresindeki bir avuç gözdeye bakarak gözlerimiz kamaşmasın. Sitenin içine girip onu bütünüyle
incelemeli, her yere sokulup her şeyi görmeli, ondan sonra bir e
yargıya varmalıyız.»

«Bu titizliğinde çok haklısın, ama herkes bilir ki tiranlıkla yönetilen siteden daha mutsuz, krallıkla yönetilen siteden daha mutlu site yoktur.»

«İnsanları incelerken de aynı titizliği göstermek gerekir 577
dersem, haksız mı olurum? Bu iki insan üstünde bir yargıya varmak isteyen de, bir insanın karakterine düşünceyle girebilmeli, onu açıkça anlayabilmeli; çocuklar gibi uzaktan hoş görünen şeylere aldanıp tiranın gözler önüne sermek istediği cafcaflara kanmamalı; olan bitenin içyüzünü görebilmeli. Ben derim ki bu konuda şu nitelikte bir adamın düşüncesine baş vurmalıyız: Bu adam bir kere yargılama yeteneğine sahip olmalı; üstelik bir tiranla aynı çatı altında yaşamış, onun ev hayatını ve yakınlarıyla ilişkililerini, yani yapmacıktan, gösterişten en

fazla sıyrıldığı zamanki hâlini, ayrıca sitenin, tehlikeye düştüğü
b anlardaki davranışını yakından görmüş olmalı, işte bütün bunlara tanık olmuş böyle bir adama tiranın başkalarından mutlu mu, mutsuz mu olduğunu sorsam, ne dersiniz?»

«Çok doğru edersin,» dedi.

«Peki, kendimizi böyle yargılamasını bilen, üstelik tiranları yakından tanımış kimseler arasında saysak da, karşımızda sorularımıza cevap verecek birini bulsak, nasıl olur?»

«Çok iyi olur.»

c «Öyleyse, haydi birlikte araştıralım bunu. Devletle insanın benzerliğini hatırla da, her birini ayrı ayrı ele alıp hâlleri nice olur, gör.»

«Nice olur?»

«Devletten başlayalım. Bir tiranın yönettiği devlet özgür mü olur, köle mi?»

«Son derece köle olur,» dedi.

«Ama gene de bir devlette efendiler ve özgür insanlar bulunur.»

«Bulunur ama, çok az. Hemen hemen bütün yurttaşlar, hem de en iyileri haysiyetsiz acınacak bir kölelik içindedir.»

d «İnsan devlete benzediğine göre, onda da aynı durum görülmez mi? Onun ruhunu da kölelik ve bayağılık sarmış, ruhunun en seçkin yanları köleliğe düşmüş olmaz mı? Azınlık olan en kötü ve en azgın yanı ise efendi kesilmez mi?»

«Çaresiz öyle olur.»

«Peki, bu hâle düşen bir ruha özgür mü, yoksa köle mi dersin?»

«Köle derim elbet.»

«Bir tiranın yönettiği köle bir devlet, en ufak ölçüde bile olsa, istediğini yapamaz, değil mi?»

«Tabii yapamaz.»

«Öyleyse, tiranca bir baskı altında bulunan ruh da (ruhun e
bütününü söylemek istiyorum) hiç bir zaman istediğini yapamaz; azgın bir arzunun durmadan kendisini sürüklemesiyle tedirginlik ve pişmanlık içinde bocalar.»

«Elbette.»

«Peki, bir takımın yönettiği site zengin mi olur, yoksul mu?»

«Yoksul olur.»

«Öyleyse, tiranca bir ruh da ister istemez yoksul olur, hep 578
doyurulmamış arzular içinde kıvranır.»

«Evet,»

«Peki, böyle bir site ve böyle bir insan zorunlu olarak korku içinde yaşamaz mı?»

«Elbet.»

«Başka bir devlette buradaki kadar ağlama sızlama, inleme, yakınma ve acı bulabilir misin?»

«Hayır.»

«Yine, aşk tutkusu ve öbür arzularla çılgına dönmüş tiran tabiatlı adamda bulunmaz mı en çok bu hâller?»

«Tabii en çok onda bulunur.»

«Demin sen, bu sitenin en mutsuz site olduğu yargısına b
bütün bu kötü hâllere ve benzeri durumlara bakarak vardın, değil mi?»

«Doğru değil miydi bu yargım?»

«Doğruydu. Ama aynı kötü hâlleri tiran ruhlu adamda da görürsen, ona dersin?»

«Bütün insanların en mutsuzudur derim.»

«Bak, bu noktada yanılıyorsun.»

«Neden?»

«Çünkü bu adam daha mutsuzluğun son kertesine varmış değildir bence.»

«Peki, kim varmıştır öyleyse?»

«Belki simdi söyleyeceğim adamı daha da mutsuz bulacaksın.»

«Hangi adam bu?»

c «Tiran ruhlu doğup da, hayatını devlet işine karışmadan geçirecek yerde, uğursuz bir rastlantıyla bir siteye tiran olmak talihsizliğine uğramış adam.»

«Önceki söylediklerimize göre, bu dediğin doğru her hâlde.»

«Evet ama, bu gibi konularda 'her hâlde' ile yetinmemeli; tersine, üzerinde durduğumuz iki insanı aklın ışığında iyice incelemeli, Çünkü araştırmamız mutluluk, mutsuzluk gibi hayatımızın en önemli konusuyla ilgili.»

«Çok doğru,» dedi.

d «Öyleyse, sence söylediklerim doğru mu, yanlış mı, bak bakalım. Bence tiranın durumu üzerinde bir yargıya varırken şu örneğe bakmalı.»

«Hangi örneğe?»

«Bazı sitelerde bir sürü kölesi olan zenginler vardır ya, işte bunların durumuna bakmalı. Bir sürü insanın efendisi olmak bakımından bunların durumu tiranlarınkine benzer, aradaki fark sadece köle sayısındadır.»

«Doğru.»

«Bilirsin, bu zenginler güven içinde yaşarlar, kölelerinden korkmazlar.»

«Niye korksunlar ki?»

«Evet ama, korkmamalarının sebebi nedir, bilir misin?»

«Her yurttaşı bütün devlet korur da, ondan.»

«Güzel. Peki, elli ya da elliden fazla kölesi olan bu adamlar- e
dan birini, tanrının biri siteden kaldırıp karısı, çocukları, malı
mülkü ve köleleriyle birlikte ıssız bir yere kondurdu diyelim.
Hiç bir özgür insandan yardım göremeyeceği böyle bir yerde o
adam, kölelerinin çoluk çocuğuyla birlikte kendisini öldüreceği
korkusuyla hep korkunç bir azap içinde yaşamaz mı?»

«Hem de en korkunç azap içinde yaşar.»

«Bu yüzden kölelerinden bazılarına yaranmak, vaatler- 579
le onların dostluğunu kazanmak, gereği olmadan onları azat
etmek, kısacası kölelerinin dalkavuğu olmak zorunda kalmaz
mı?»

«Çaresiz, ya bunlara katlanacak, ya da canından olacak.»

«Şimdi, bu tanrının bir de adamın oturduğu yerin çevresi-
ne bir sürü komşu getirip yerleştirdiğini düşün. Bu komşular,
insanın insanı köle etmesini kabul etmeyen, bu durumda olan-
lardan yakaladıklarını amansızca cezalandıracaklarını söyleyen
adamlar olsun. O zaman ne olur?»

«Dört yanı böyle düşmanla, düşman gözlerle çevrili olun- b
ca, hâli daha da berbatlaşır.»

«Peki, tiran da, o anlattığımız, her çeşit korku ve arzuyla
dolu tabiatı bakımından buna benzer bir mahpusluk içinde
değil midir? Ruhu ne kadar aç, her şeye hevesli olsa da, yerin-
den kıpırdayamaz; özgür yurttaşlar arasında gezip tozamayan,
herkesin merakını uyandıran şeyleri gidip göremeyen bir odur.
Zamanının çoğunu bir kadın gibi eve kapanıp geçirir; dışarı c
çıkabilen, yolculuğa gidebilen, güzel şeyler seyredebilen yurt-
taşları kıskanır.»

«Gerçekten öyle.»

«İşte, demin senin en mutsuz saydığın, sadece kendi içini
yönetememekle kalan adamla böyle bir adam arasındaki fark
budur: öbürü gibi kendi hayatını yaşamakla yetinmeyip kade-
rin kötü bir oyunuyla gerçekten tiranlığa sürüklenen ve ken-

dine bile hâkim olamazken başkalarına hâkim olmaya kalkan bu adamın başına bir de bu saydığımız kötü hâller gelir. Tıpkı hasta bedenine hâkim olamayan, ama gene de, kendi köşesinde
d yasayacak yerde, ömrü boyunca başkalarıyla boy ölçüşmek ya da yarışlara girmek zorunda kalan bir adama benzer o.»

«Benzetmen son derece yerinde, Sokrates,» dedi.

«Öyleyse, sevgili Glaukon, bu durum mutsuzluğun son kertesi değil midir? Gerçek tiranın hayatı senin en mutsuz dediğin adamın hayatından daha da berbat geçmez mi?»

«Elbette.»

«Demek ki, kim ne derse desin, gerçek tiran, son kerte bayağı ve uşak ruhlu olmaya mahkûm gerçek bir köledir, en
e soysuz insanların dalkavuğudur. Ruhunun içini görebilen kimse, onun arzularını hiç bir zaman doyuramadığını, tersine bir yığın şeyden yoksun ve gerçekte yoksul bir adam olduğunu görür, ömrünü sürekli bir korku içinde, çarpıntı ve acılar içinde kıvranarak geçirir. Onun hâli, gerçekten, yönettiği sitenin hâline benziyor, değil mi?»

580 «Gerçekten öyle.»

«Bu kötü hâllere bir de daha önce sözünü ettiğimiz kötülükleri katmak gerekmez mi? Hani tabiatı gereği tiranın içinde bulunan, ama tiranlık ettikçe daha da güçlenen kıskançlığı, kalleşliği, eğriliği, dosttan yoksunluğu, dinsizliği, içinde barındırıp beslediği daha nice kötülükleri. Bütün bunlar yüzünden bu adam insanların en mutsuzu olmaz, çevresindekileri de mutsuz etmez mi?»

«Sağduyusu olan hiç kimse hayır diyemez buna.»

b «Şimdi de,» dedim, «son kararı veren yargıcı gibi, bu konuda yargını ver bakalım: Mutluluk açısından birinciliği kime, ikinciliği kime verdiğini, o beş çeşit insanı, yani krallık, timokrasi, oligarşi, demokrasi ve tiranlık insanlarını nasıl bir sıraya dizdiğini söyle.»

«Yargı kolay,» dedi. «Erdemle kötülük, mutlulukla mutsuzluk açısından onları korolar gibi sahneye giriş sırasına göre dizerim.»

«Peki şimdi, kararını herkese duyurmak için bir tellal mı tutalım, yoksa ben mi bağırıp söyle diyeyim: Aristo'nun oğlunun verdiği yargıya göre, en iyi ve en doğru adam aynı zamanda c
en mutlu adamdır, bu da, en kral tabiatlı ve kendini kralca yöneten adamdır; en kötü ve en eğri adamsa, en mutsuz adamdır, bu da, en tiran tabiatlı olup gerek kendisi, gerek site üzerinde en koyu tiran kesilen adamdır.»

«Kendin açıkla bunu,» dedi.

«Şunu da ekleyeyim mi: insanlar ve tanrılar onları böyle bilseler de, bilmeseler de, durum değişmez. »

«Ekle.»

«Peki. Böylece ilk kanıtlamamızı yapmış olduk. Şimdi de bak bakalım ikincisini doğru bulacak mısın?»

«Hangisini?»

«Sitedeki üç kesime karşılık olarak insan ruhunda da üç d
kesim bulunduğuna göre, bu durum başka bir kanıtlama da yapmamıza imkân verir.»

«Nedir o?»

«Şu: Bence bu üç kesimde her birine özgü üç çeşit zevk, üç çeşit arzu ve kumanda vardır.»

«İnsan birinci kesimle bilgiye ulaşır, ikinci kesimle öfkelenir. Üçüncü kesime gelince, bunun birçok biçimleri olduğu için buna tek ve tam uygun bir ad bulamamıştık; kendisindeki e
en önemli ve hâkim yöne göre adlandırmıştık onu. Yeme, içme, sevişme ve benzeri zevklerle ilgili arzuların güçlü oluşundan ötürü ona arzulayan kesim demiştik. Ayrıca, bu çeşit arzular en çok parayla giderildiği için de, ona para dostu, parasever adını vermiştik.»

«Ne söylemek istiyorsun bununla?»

581 «Haklı olarak.»

«Şimdi, onun zevkinin ve aşkının kazançta yoğunlaştığını da söylersek, bu kesimi konuşmalarımızda tek bir deyim altında toplamış ve ruhun bu kesiminden söz ederken neyi söylemek istediğimizi açıkça belirtmiş olmaz mıyız? Böylece, ona kazanç ve parasever demekle uygun bir ad vermiş oluyoruz, değil mi?»

«Bence öyle.»

«Peki, öfkelenen kesim de bütünüyle üstünlük, zafer ve ün
b kazanmayı özler, değil mi?»

«Evet.»

«Ona da zafer ve şerefsever adını versek, yerinde olur mu?»

«Çok yerinde olur.»

«Bizi bilgiye eriştiren kesime gelince, herkes açıkça bilir ki bu kesim, hep var gücüyle hakikati bilmek isteyen, paraya ve üne en az değer veren kesimdir, değil mi?»

«Elbette.»

«O hâlde ona, bilgi ve bilgeliksever dersek, uygun bir ad vermiş oluruz.»

«Şüphesiz.»

c «Şöyle demek de doğru olmaz mı: Ruhlarda yöneten kesim, duruma göre ya bu kesim olur, ya da öbür kesimlerden biri.»

«Evet.»

«İşte bunun için belli başlı üç çeşit insan bulunduğunu söylüyorduk: Filozof, yani bilgeliksever; şansever ve kazançsever insan.»

«Doğru.»

«Bu üç çeşit insana karşılık olarak da üç çeşit zevk vardır.»

«Evet.»

«Şimdi bu üç çeşit insandan her birine sırasıyla en zevkli hayatın hangisi olduğunu sorsan, bilirsin, hepsi de kendisinin-kini över. Para canlısı adam der ki kazancın yanında şan ve bi- d
lim zevki hiç kalır; para kazandırırsa o başka.»

«Doğru.»

«Ya şan şeref düşkünü ne der? Para yığma zevkini bayağı; bilgi zevkini de, şan şeref getirmedikçe, hava cıva, bos gevezelik saymaz mı?»

«Öyledir,» dedi.

«Filozofa gelince, hakikati ve gerçeği olduğu gibi bilme, hep e
bunu öğrenmeye çalışma zevki yanında öteki zevklere ne değer verir? O zevkleri gerçek zevkten uzak saymaz mı? O zevklere zorunlu adını vermesinin nedeni onlardan istese de kaçamaması değil midir?»

«Şüphesiz,» dedi.

«Şimdi,» dedim, «bu üç insanın zevklerinden hangisinin daha dürüst, daha çarpık, ya da hangisinin daha iyi, daha kötü olduğunu değil de, hangisinin daha hoş, daha tatlı olduğunu 582
tartıştığımıza göre, bu üç insanın söylediklerinden hangisinin doğru olduğunu nasıl bileceğiz?»

«Buna cevap veremeyeceğim doğrusu.»

«Peki, konuya şu açıdan bak: insanın doğru bir yargıya varabilmesi için neler gerekir? Deneme, bilgelik ye akıl yürütme değil mi? Bunlardan iyi ölçü var mıdır»

«Yoktur elbet.»

«Öyleyse, düşün bakalım. Bu üç insandan hangisi sözünü ettiğimiz bütün zevkleri daha fazla denemiştir? Kazançsever adam salt hakikatin ne olduğunu bilmeye çalışsa, onun bilim zevkini denemişliği filozofun kazanç zevkini denemişliğinden fazla mı olur?» b

«Tersine, çok geride kalır,» dedi, «çünkü filozof daha küçük yaştan öbür iki zevk çeşidini tatmak zorundadır; kazançseverse, nesnelerin özünü öğrenme zevkini tatmak, denemek zorunda olmadığı gibi, bunu yürekten istese bile kolay kolay yapamaz.»

«Demek filozof bu iki çeşit zevki de denemiş, görmüş, geçirmiş olmak bakımından kazançsever insanı çok aşar.»

c «Evet, kat kat aşar.»

«Peki, şerefsever insan için ne diyelim? Filozof, şanın şerefin verdiği zevki, onun bilgi zevkini tanıdığından daha az mı tanımıştır? »

«Hayır,» dedi. «Amaçlarına ulaşırlarsa, şana şerefe, ikisi de erer, çünkü zengin, yürekli ve bilge, kalabalığın övdüğü kişilerdir. Bu yüzden bunlar şerefin verdiği zevkin ne demek olduğunu bilirler. Ama gerçek varlığı seyretmenin verdiği zevki filozoftan başka kimse tadamaz.»

d «Öyleyse,» dedim, «deneme bakımından üçü arasında en iyi yargıç filozoftur.»

«Hem de ne kadar!»

«Denemeyle bilgeliği bir arada götüren de yalnız filozoftur.»

«Elbette.»

«Ama yargılamak için gerekli araç, kazançseverin veya şerefseverin değil, filozofun malıdır.»

«Hangi araç?»

«Yargılama, akıl yürütme ile olur demiştik, değil mi?»

«Evet.»

«Akıl yürütme ise filozofun başta gelen aracıdır.»

«Şüphesiz.»

«Zenginlik ve kazanç, yargılama için en iyi ölçü olsaydı, paraseverin övdüğü ya da yerdiği şeyler hâliyle en doğru ve
e gerçek şeyler olurdu.»

«Zorunlu olarak.»

«Şeref, zafer, yüreklilik ölçü olsaydı, şeref ve zafer düşkününün yargılarına baş vurmak gerekirdi.»

«Elbette.»

«Peki, deneme, bilgelik ve akıl yürütme ölçü olduğuna göre, durum ne olur?»

«O zaman, bilgeliği ve akıl yürütmeyi sevenin övdükleri zorunlu olarak en doğru şeyler olur.»

«Demek ki söz konusu üç çeşit zevkin en hoşu, ruhun bi- 583
len yanının zevkidir ve bu yanı ağır basan insan en tatlı hayatı yasar.»

«Başka türlü olabilir mi? Bilge, kendi hayatını övdüğü zaman emin konuşur.»

«Peki, yargıcımız ikinciliği hangi zevke ve hayata veriyor?»

«Besbelli ki savaşçı ve şeref sever insanınkine. Çünkü onun zevki ve hayatı filozofunkine kazançseverinkinden daha yakındır.»

«Bu durumda, sonunculuk parasevere kalıyor.»

«Şüphesiz,» dedi.

«Böylece, arka arkaya iki kanıtlama yapmış olduk; doğru b
adam da eğri adama karşı iki zafer kazanmış oldu. Üçüncüye gelince, bunu Olimpiyat yarışlarındaki gibi Olympos'taki Kurtarıcı Zeus'a armağan edelim: Düşün ki bilgenin zevkinden başka hiç kimsenin zevki gerçek ve saf değildir; onların zevki (sanırım, bu sözü bir bilgeden duymuştum) sadece bir gölge oyunudur. Üstelik bu türlü zevkler en büyük yıkım, en kesin yenilgi olur.»

«Çok doğru. Ama nasıl açıklıyorsun bunu?»

«Açıklayacağım, yeter ki ben araştırırken sen de soruları- c
ma cevap ver.»

«Peki sor öyleyse.»

«Söyle bakalım,» dedim, «acıya zevkin karşıtı diyoruz, değil mi?»

«Evet,»

«Peki, insanın ne sevinç, ne üzüntü duymadığı bir hâl yok mudur?»

«Vardır.»

«İkisinin arasında bulunan bu hâl, orta yerde, ruhun her ikisi bakımından da sükûn içinde olduğu bir ara hâldir. Sen de öyle düşünmüyor musun?»

«Öyle düşünüyorum,» dedi.

«Peki, hastaların acı çekerken neler söylediklerini bilirsin, değil mi?»

«Neler söylerler?»

d «Sağlıktan daha tatlı bir şey yokmuş, hasta olmadan sağlığın değerini bilmiyormuşuz derler.»

«Bilirim, öyle derler.»

«Dayanılmaz bir ağrı çekenlerin de acıdan kurtulmayı dünyanın en büyük mutluluğu saydıklarını duymuşsundur.»

«Elbet.»

«Buna benzer daha birçok durumlarda da, acı çeken insanların zevk duymayı değil, acıdan kurtulup sükûna ermeyi en tatlı şey saydıklarını görmüşsündür.»

«O zaman sükûna erme bir zevk hâline geliyor da, ondan belki.»

e «Duyulan zevk sona erince de zevkten sükûna geçme insana acı gelir.»

«Öyle olabilir.»

«Demek ki iki duygu arasında bir ara hâl olduğunu söylediğimiz bu sükûn hâli bazen hem zevk, hem acı oluyor.»

«Öyle görünüyor.»

«Peki ama, ne biri, ne öbürü olmayan bir şeyin hem biri, hem öbürü olması mümkün mü?»

«Sanmam.»

«Ruhta meydana gelen zevk ve acı bir çeşit harekettir, değil mi?»

«Evet.»

«Peki, insanın ne zevk, ne acı duymadığı hâlin bu iki duygu 584
arasında yer alan bir sükûn hâli olduğunu kabul etmedik mi?»

«Kabul ettik.»

«Öyleyse, aklı başında bir insan nasıl acı yokluğunu bir zevk, zevk yokluğunu da bir acı olarak düşünebilir?»

«Düşünemez elbet.»

«O hâlde, bu sükûn hâli gerçekte acıya karşı bir zevk, zevke karşı bir acı değildir, ama öyle görünür. Bu görünüşlerde zevkin gerçekliği yönünden sağlam hiç bir şey yoktur. Bir çeşit gözbağıdır bu.»

«Evet,» dedi, «akıl yolu bunu gösterir.»

«Şimdi öyle zevkleri göz önünde tut ki acıdan sonra gelmiş b
olmasın; böylece, şimdiki durumda, zevkin tabiatının acının kesilmesi, acının tabiatının da zevkin kesilmesi olduğunu sanmayasın.»

«Hangi durumdan ve hangi zevklerden söz ediyorsun?» dedi.

«Böylesi zevkler çok,», dedim, «ama sen özellikle koku zevklerini göz önünde tut. Çünkü bunlar bir acıdan sonra gelmez, birden ve olağanüstü bir şiddetle ortaya çıkarlar, kesildikleri zaman da arkalarında hiç bir acı bırakmazlar.»

«Çok doğru,» dedi.

«O hâlde, saf zevki acının kesilmesi, acıyı da zevkin kesil- c
mesi sanmayalım.»

«Evet.»

«Ama, beden yoluyla ruha giren ve belki de en kalabalık, en keskin zevkleri meydana getiren sözde zevkler bu türdendir: Acının kesilmesinden ibaret zevklerdir bunlar.»

«Öyledir.»

«Beklemenin doğurduğu peşin zevkler ve acılar da böyle değil midir?»

«Böyledir.»

d «Peki, bu zevkler ne niteliktedir, en çok neye benzerler, bilir misin?»

«Neye benzerler?» dedi.

«Tabiatta yukarı aşağı ve orta yer diye bir şey var mıdır sence?»

«Olmaz olur mu?»

«Peki, aşağıdan orta yere getirilen bir adam yukarıya çıkıyormuş sanısına kapılmaz mı? Ortaya varıp da geldiği yere baktığı zaman, asıl yukarıyı görmemişse, kendini yukarıda sanmaz mı?

e «Zeus hakkı için, bence başka türlü düşünemez.»

«Peki, bundan sonra geri götürülse, bu sefer aşağı indirildiğini sanır, bu düşüncesi de doğru olur değil mi?»

«Şüphesiz.»

«Bütün bu duygulara kapılmasının nedeni de, asıl yukarıyı, ortayı ve aşağıyı tanımamış olmasıdır.»

«Elbette.»

«Öyleyse, hakikati ve gerçeği de böyle tanımamış olanların birçok nesneler üzerinde çürük bir sanıya varmalarına şaşar mısın? Gerçekten, bu adamların zevk, acı ve ikisinin ortası
585 karşısındaki hâlleri öyledir ki acıya uğradıkları zaman haklı olarak acı duyarlar, çünkü duydukları acı gerçektir; ama acı-

dan ara hâle geçtiler mi, zevke ulaştıklarına derinden inanırlar, oysa bunda aldanırlar; çünkü, akı bilmedikleri için kır, karanın tersi sanan kimseler gibi, zevki bilmedikleri için acı yokluğunu acının karşıtı sayarlar.

«Doğrusu buna şaşmam,» dedi, «başka türlü düşünseler, o zaman şaşardım.»

«Şimdi,» dedim, «işi şöyle düşün: Açlık, susuzluk ve benzeri ihtiyaçlar bedenimizin yapısında bir çeşit boşluk değil midir?»

«Şüphesiz.» b

«Bilgisizlik ve akılsızlık da ruhun yapısında bir boşluk değil midir?»

«Öyledir.»

«Bu boşlukları besin alarak, bilgelik kazanarak dolduramaz mıyız?»

«Elbet doldurabiliiriz.»

«Peki en gerçek doluş, gerçekliği daha çok olan şeylerle mi yoksa daha az olan şeylerle mi sağlanır?»

«Elbet gerçekliği daha çok olan şeylerle.»

«O hâlde, sence, şu iki tür şeyden hangisi saf varlıktan pay alır: Ekmek, içecek, katık ve genellikle besin türünden olan şeyler mi, yoksa doğru sanı, bilim, akıl, kısacası erdem türünden olan bütün şeyler mi? Bunu şöyle yargıla: Sence değişmeyene, c
ölümsüze ve hakikate bağlı olan, kendisi de bu tabiatta olup yine bu tabiattaki bir varlıkta doğan şey mi daha çok gerçeklik taşır, yoksa ölümlüye ve değişene bağlı olup kendisi de böyle olan ve yine böyle bir varlıkta doğan şey mi?»

«Değişmeyene bağlı olan şey gerçeklikte, öbürünü çok aşar,» dedi.

«Peki, durmadan değişen şeyin varlığı bilgiden çok özden mi pay alır?»

«Hayır.»

«Yoksa hakikatten mi?»

«Ondan da değil.»

«Peki, bir şeyde hakikat payı daha azsa, öz payı da daha az değil midir?

d «Zorunlu olarak,»

«O hâlde, genellikle, bedenin bakımına yarayan şeylerde, ruhun bakımına yarayan şeylerdekinden daha az hakikat ve öz payı vardır.»

«Çok daha az.»

«Bedenin kendisi de ruha göre bu durumdadır, değil mi?»

«Öyledir.»

«Öyleyse, daha gerçek şeylerle dolan ve kendisi de daha gerçek olan varlığın doluşu ve doyuşu, daha az gerçek şeylerle dolan ve kendisi de daha az gerçek olan varlığınkinden daha gerçektir.»

«Elbette.»

«Şu hâlde, kendi tabiatına uygun şeylerle dolmak bir zevk-
e se, daha gerçek şeylerle, daha gerçek olarak dolan varlık, daha
gerçek ve daha doğru bir zevk tadar; daha az gerçeklik taşıyan
şeylerden pay alan varlıksa, daha az gerçek, daha az sağlam ola-
rak dolar ve daha az güvenilir, daha az gerçek bir zevk tadar.»

«Öyle olması kaçınılmaz bir sonuç,» dedi.

586 «Böylece, bilgelik ve erdemi tanımamış olan, hep yeme içme ve benzeri zevklere koşan kimseler, bir aşağı inip bir orta bölgeye çıkarak ömürleri boyunca iki yer arasında gider gelirler, ama hiç bir zaman daha yukarı çıkamazlar. Bunlar, bir kerecik bile gözlerini gerçek yüksekliğe çevirmemişler, hiç bir zaman o bölgeye çıkmamışlar, hiç bir zaman gerçek varlıkla gerçekten dolmamışlar ve sağlam, katkısız bir zevki hiç mi hiç tatmamışlardır. Sadece, gözleri toprağa çevrik, başları sofraya eğik,

öküzler gibi otlamasını, yiyip içmesini ve çiftleşmesini bilirler. Bu zevklerden en büyük payı almak hırsıyla de tepişir, boynuzları ve tırnaklarıyla dövüşürler, doymak bilmez bir açgözlülük b içinde azgınlaşarak birbirlerini öldürürler; çünkü ruhlarının gerçeklikten ve dizginden yoksun yanını, gerçeklikten yoksun şeylerle boş yere doyurmaya uğraşırlar.»

«Çoğunluğun yaşayışını tam da bir kâhin diliyle anlatıyorsun Sokrates!» dedi.

«Bu durumda, onlar için, acılarla karışık zevkler içinde yaşamak kaçınılmaz bir zorunluluktur. Gerçek zevkin sadece birer gölgesi, taslağı olan bu zevkler, ancak karşıtlarıyla yan yana konulunca renk alırlar; ama o zaman da o kadar yoğun bir görünüşe bürünürler ki akılsızları kendilerine çılgınca tutkun eder, bu yüzden birbirine düşürürler; tıpkı, Stesikhoros'un söylediğine göre, hakikati bilmediklerinden Helena'nın gölgesi[113] uğruna Troya önünde cenkleşen insanlar gibi. Öyle olmaz c mı?»

«Çaresiz öyle olur,» dedi.

«Peki, şu da kaçınılmaz bir şey değil mi: Bir insan öfkelenen yanının istediğini sonuna kadar yapar da şeref hırsıyla kıskançlığa, yenme arzusuyla zorbalığa düşer, sertliği hırçınlığa vardırırsa, bu hırslarını düşüncesizce, akılsızca doyurmaya ça- d lışırsa o zaman aynı durum bu öfkelenen yanı için de söz konusudur. »

«Evet,» dedi, «o zaman aynı durum bu yanında da ister istemez meydana gelir.»

«O hâlde şöyle diyemez miyiz: Kazanç ve şeref hırsıyla ilgili arzular, bilim ve aklın peşinden gittikleri ve onlara bağlanıp bilgeliğin kendilerine gösterdiği zevkleri aradıkları zaman,

113 İ.Ö. altıncı yüzyılda yaşamış ozan Stesikhoros'a atfedilen bir efsaneye göre; Troya'ya giden, Helene'nin kendisi değil, görüntüsü imiş; gerçek Helene Mısır'da kalmış.

e hem (kendilerine hakikat yol gösterdiği için) tadabilecekleri en gerçek zevklere ulaşmış, hem de (her şey için en iyi olan aynı zamanda ona en özgü olansa) kendilerine özgü zevklere ermiş olurlar.»

«Elbet öyledir.»

«O hâlde, ruh bütünüyle filozof yanını izleyip de hiç bir çatışmaya düşmediği zaman, ruhun kesimlerinden her biri
587 kendi görevinin sınırları içinde kalır, doğruluğa uyar; üstelik kendisine özgü zevklere, tadabileceği en iyi ve en gerçek zevklere erer.»

«Elbette.»

«Ama, hâkim olan öbür iki kesimden biri olursa, bu durum, önce bu kesimin kendisine özgü zevki bulamaması sonucunu doğurur, sonra da onun, öbür iki kesimi yabancı ve yalancı bir zevke sürüklemesine yol açar.»

»Öyledir.»

«Ama bu türlü sonuçlan en çok doğuran, felsefe ve akıldan en çok uzaklaşan şey değil midir?»

«Şüphesiz.»

b «Akıldan en çok uzaklaşan şey de, yasadan ve düzenden en çok uzaklaşan şey değil midir?»

«Elbette.»

«Bunlardan en uzak olanınsa aşk ve tiranlık arzuları olduğu ortaya çıkmamış mıydı?»

«Çıkmıştı.»

«Bunlara en yakın olan da kralca ve ölçülü arzulardı,»

«Evet.»

«Şu hâlde, gerçek ve insana özgü zevkten en uzak olan bence tirandır, en yakın olan da kraldır.»

«Zorunlu olarak öyle.»

«Böylece, en zevksiz hayat tiranınki, en zevkli hayat da kralınki olur.»

«Çok doğru.»

«Peki, tiranın hayatı kralın hayatından ne derece zevksizdir, bilir misin?»

«Söylersen, bilirim.»

«Bence üç çeşit zevk vardır; bunlardan biri temiz, ikisi, piçtir[114]. Tiransa akıldan ve yasadan uzaklaşıp piç zevklerden de öteye geçer ve bekçisi olan kölece zevklerin ortasında yaşar. Ne derece öbüründen aşağı olduğunu söylemek kolay değil; belki yalnız şöyle anlatabiliriz bunu.» c

«Nasıl?»

«Oligarşi adamından başlayıp sayarsak, tiran üçüncü sırada yer alır, çünkü arada demokrasi adamı var.»

«Evet.»

«O hâlde tiran, söylediklerimiz doğruysa, gerçeklik derecesi bakımından oligarşi adamından başlayarak üçüncü sırada yer alan bir zevk gölgesi içinde yaşamaz mı?» d

«Evet.»

«Kralla aristokrasi adamını bir sayarsak, oligarşi adamı da kraldan başlayarak üçüncü sırada gelir.»

«Evet, üçüncü sırada gelir.»

«Şu hâlde tiran, gerçek zevkten üç kere üç derece uzaktır.»

«Öyle görünüyor.»

«Demek ki tiranın tattığı zevk gölgesi, uzunluğuna göre ölçülürse, düzlem bir sayı ile gösterilebilir. »

«Evet.»

---

114 Bu üç zevk, kralın, timokrat'ın ve oligark'ın zevkleridir. Son ikisine piç denilmesinin nedeni, kralın zevkinin bozulmuş birer hâli olmalarıdır.

«Bu sayının da karesi, sonra küpü alınınca, tiranın kraldan uzaklığı ortaya çıkar.»[115]

«Evet, hesap bilen için kolay iş,»

e «İşte, zevkin gerçekliği bakımından kralı tirandan ayıran uzaklığı karşılıklı olarak belirtmek istersek, bu çarpmayı yaparak, kralın tirandan yedi yüz yirmi dokuz kere daha mutlu, tiranın da aynı ölçüde mutsuz olduğunu buluruz.»

588 «Doğru adamla eğri adam arasındaki zevk ve acı farkı için doğrusu olağanüstü bir hesap çıkardın!»

«Ama hesapta yanlışlık yok. Üstelik, gündüzler, geceler, aylar ve yıllar da hesaba girerse, bu sayı onların hayatına da uyar.»[116]

«Hesaba girer tabii.»

«O hâlde, iyi ve doğru adamın zevk bakımından kötü ve eğri adamdan bu kadar üstünlüğü olursa, edep, yaşayış güzelliği ve erdem bakımından her türlü ölçüyü asan bir üstünlüğü olmaz mı?»

«Zeus hakkı için, ölçüye sığmaz onun üstünlüğü,» dedi.

b «Güzel. Şimdi tartışmamızın bu noktasına geldiğimize göre, ta başta söylenen ve bizi buraya kadar getiren bir sözü yeniden ele alalım. Sanırım, eğriliğin, doğru görünmesini bilen en kötü adam için kazançlı olduğu söylenmişti, öyle değil mi?»

«Evet, öyle söylendiydi.»

---

115 Normal sıralamada tiranın yerinin beşinci derecede olması gerekirdi. Platon'un bunu 3x3 uzaklığa koymasının nedeni, her hâlde, ana bozulma dereceleri arasına birtakım ara dereceler de eklemesidir. Bundan sonra 9'un küpünü alması da, ruhtaki kralca düzenden derece derece uzaklaşılırken, zevkin gerçekliğinden eşit aralıklarla değil, artan aralıklarla uzaklaşıldığını göstermek için olsa gerek.

116 Bu sayının, 364,5 gün üzerinden hesaplanan yılın bütün gündüzleriyle gecelerinin toplamını, ayrıca Pythagoras'çıların 729 ay süren Büyük Yıl'ını göstermesi bakımından sembolik bir anlamı vardır.

«Öyleyse, eğri davranışla doğru davranışın sonuçları üzerinde anlaşmaya vardığımıza göre, o sözü söyleyen kimseyle tartışalım.»

«Nasıl»

«Ruhu bir yaratığa benzetelim, öyleki karşımızdaki ne demek istediğimizi iyice anlasın.»

«Nasıl bir yaratığa?» c

«Eski masalların anlattığı bir bedende türlü türlü biçimleri birleştirdiği söylenen Khimaira, Skylla, Kerberos ve daha birçokları gibi canavarlara benzer bir yaratığa.»[117]

«Evet, masallarda vardır bunlar.»

«İşte böyle çok şekilli ve çok başlı bir hayvan tasarla. Kimi uysal, kimi yırtıcı hayvan başı olan bu başlar gövdesinin etrafında çepeçevre dizilmiş olsun ve bunları istediği gibi değiştirip ileri uzatabilsin.»

«Böyle bir yaratığı ancak usta bir sanatçı yaratabilir,» dedi. «Ama sözle bir şey kurmak balmumunu ya da buna benzer d başka bir maddeyi işlemekten kolay olduğuna göre, dediğini yaptım bile.»

«Şimdi de biri aslan biçiminde, öbürü insan biçiminde iki yaratık daha tasarla. Her üçü içinde irilikçe hepsini kat kat aşanı, ilk söylediğimiz yaratık; ikincisi de aslan biçimli yaratık olsun.»

«Bu daha kolay,» dedi, «tasarladım gitti.»

«Şimdi bu üç yaratığı birleştir, öyleki hepsi bir tek varlık meydana getirsin.»

«Birleştirdim.»

«Sonra bunlara dıştan tek bir biçim ver, bu da insan biçimi olsun; öyleki içini göremeyen, sadece dışını görebilen bir kim- e seye bütünü tek bir varlıkmış, insanmış gibi görünsün.»

---

117 **İlyada**, VI, 179-182; **Odysseia**, XII, 85 ve gerisi; Hesiodos, **Theogonia**, 311, 312.

«Onu da yaptım.»

«Şimdi, bu insan için eğriliğin kazançlı olacağını, doğruluğunsa hiç bir yararı olmayacağını söyleyen adama şöyle diyelim: Senin söylediğin; bu insandaki çok şekilli yaratıkla aslanı ve aslana ilişkin şeyleri besleyip güçlendirirken insanı aç
589 bırakıp zayıflatmanın, böylece onu, öbürlerinin istedikleri yere çekip sürükleyebilecekleri hâle getirmenin; bu ikisini de, uyum içinde yaşamaya alıştırmak yerine, dövüşmelerine, birbirlerini ısırmalarına, birbirlerini yemelerine göz yummanın yararlı olacağını söylemeye varır.»

«Gerçekten, eğriliği öven bunu savunmuş olur.»

«Buna karşı, doğruluğun yararlı olduğunu söylemek, bü-
b tün davranış ve sözlerimizin şu amaca yönelmesi gerektiğini savunmak olmaz mı: içteki insan, bütün insan üzerinde en büyük egemenliğe sahip olmalı; evcil türleri geliştirip yabanilerini önleyen çiftçi gibi, çok başlı hayvana bakıp göz kulak olabilmeli; böylece aslanın yardımıyla bu hayvanı yetiştirebilmeli ve hepsine aynı ilgiyi göstererek onların gerek birbirleriyle, gerek kendisiyle dostça geçinmelerini sağlamalı.»

«Doğruluktan yana olan, işte bunu savunur.»

c «Demek ki, ne türlü olursa olsun, doğruluğu öven haklı, eğriliği öven haksızdır. Çünkü, ister zevki, ister iyi ünü, ister yararı göz önünde bulunduralım, doğruluğu öven hakikati söyler; doğruluğu yerense sağlam hiç bir şey söylemez, neyi yerdiğini bile bilmez.»

«Hem de hiç bilmez bence.»

«Öyleyse, onu tatlılıkla uyandırmaya çalışalım, çünkü bu
d yanlışa istemeden düşmüştür. Şöyle diyelim ona: 'Bak arkadaş, törelerin dürüst saydığı şeyle uygunsuz saydığı şey arasındaki ayrım şundan ileri gelmez mi: Dürüst olan; tabiatımızın hayvan yanını, insan yanımızın, belki daha doğrusu tanrısal yanımızın buyruğuna veren; uygunsuz olansa, uysal yanımızı vahşi

yanımıza köle eden şeydir'. Bunu kabul eder mi dersin? Yoksa ne cevap verir?»

«Beni dinlerse, kabul etsin derim.»

«Peki, bu böyle olunca, bir insanın, eğri yollarla birinden altın alması kendisine yarar sağlar mı? Bu davranışıyla en iyi
yanını en aşağılık yanına köle etmiş olmaz mı? O insan, oğlunu, e
kızını altın karşılığında, hem de zalim ve kötü kişilere köle diye verirse, aldığı altın ne kadar çok olursa olsun, bundan hiç bir yarar görmezken, en tanrısal yanını hiç acımadan en dinsiz, en kirli yanına köle ederse, mutsuz olmaz mı? Kocasının hayatını
bir gerdanlığa satan Eriphyle'nin[118] davranışından daha kor- 590
kunç bir davranışla kendisini altına feda etmiş olmaz mı»

«Seslendiğin adam yerine ben cevap vereyim: Elbette feda etmiş olur,» dedi Glaukon.

«Hovardalık öteden beri kötü görülmüşse, bunun sebebi, o korkunç, iri ve çok şekilli yaratığın dizginlerini gereğinden fazla salıvermesi değil midir?»

«Elbette,» dedi.

«Dik başlılığın ve hırçınlığın kötü görülmesinin sebebi de, b
aslan ve yılan biçimli yanımızı aşırı derecede geliştirip güçlendirmeleri değil midir?»

«Şüphesiz.»

«Lüksü ve nazlılığı da yereriz; çünkü bunlar aynı yanımızda korkaklık doğurur, onu gevşekliğe ve çözüntüye uğratırlar, değil mi?»

«Öyle.»

«Dalkavukluk ve küçük çıkarlara düşkünlüğü kötülememize sebep de, bu coşkun öfkeli yanımızı o yaygaracı, bozguncu hayvan yanımıza köle etmeleri, böylece bu hayvanın onu doy-

118 Argos krallarından kâhin Amphiaraos'un karısı. Kocasını bir altın kolye karşılığında ele vermiş.

mak bilmez kazanç hırsıyla alçaltması ve küçük yaştan, aslanken maymuna çevirmesidir.»

c «Doğru.»

«El işiyle uğraşan ustaları, işçileri neden hor görürüz sence? Şundan değil mi: Bu gibi kimselerde o en iyi taraf yaradılışı gereği o kadar zayıftır ki içindeki aşağı hayvanlara kumanda edemez; ancak onlara yaranmasını, isteklerini yerine getirmesini bilir.»

«Öyle görünüyor,» dedi.

d «O hâlde biz, böyle bir adamın, tanrısal yanı hâkim olan en iyi insanın kölesi olması gerektiğini söylüyorsak, bunu bu adam da o en iyi insan gibi yönetilsin diye söylüyoruz; yoksa Thrasymakhos'un yönetilenler için ileri sürdüğü gibi, bu köleliğin onun zararına olacağını düşünerek değil. Tersine, biz suna inanıyoruz ki Tanrısal ve bilge bir yöneticinin buyruğu altına girmek herkese yararlıdır; böyle bir yönetici, içimizde bulunursa, çok daha iyi olur, ama bulunmazsa, hiç değilse dışımızdan bizi yönetir, böylece hepimiz aynı kumanda altında elden geldiği kadar birbirimize benzer ve dost oluruz:»

«Çok doğru.»

«Sitedeki bütün yurttaşlara elini uzatan yasa da aynı ama-
e cı gütmez mi? Çocukların yönetiminde bizim amacımız da bu değil mi? Ruhlarında devlet düzenine benzer bir düzen kuruncaya kadar çocukları buyruğumuz altında tutarız, ancak ondan sonra, yani içlerindeki en iyi yanı kendi içimizdeki en iyi yanla besleyip geliştirdikten, kendimiz yerine koruyucu ve yönetici
591 olarak onu geçirdikten sonradır ki onları serbest bırakırız.»

«Şüphesiz.»

O hâlde, Glaukon; eğri, dizginsiz veya utanç verici bir davranışta bulunan bir insan, böylece daha paralı ya da daha güçlü bir adam hâline de gelse, daha kötü bir insan olacağına göre, bu davranışının nasıl, ne bakımdan yararı olur ona?»

«Hiç bir bakımdan.»

«Sonra, eğri adamın gözlerden ve cezadan kaçmakla kazançlı çıkacağı da nasıl ileri sürülebilir? Kötülüğü gizli kalan kötü adam daha da kötü olmaz mı? Yakalanan ve cezasını gö- b
ren kötü adamınsa, hayvanca yanı yatışır, yumuşar, sakin yanı da kölelikten kurtulur; en iyi durumda yeniden kendi tabiatına dönen bütün ruhu, bilgelikle birlikte ölçülülük ve doğruluk kazanarak üstün bir hâle ulaşır: Bu hâl, sağlıkla birlikte güç ve güzellik kazanan bedenin ulaşacağından daha değerli bir hâldir, çünkü ruh bedenden 'daha değerli, daha üstündür.»

«Elbette.»

«O hâlde, aklı başında insan ömrü boyunca bütün gücüyle c
bu amaca yönelir; en başta, ruhunu bu hâle yükseltebilecek bilimlere değer verir, öbürlerini küçümser.»

«Şüphesiz.»

«Sonra, bedenini iyi durumda tutmak ve beslemek bakımından kendini hayvanca ve akıl dışı zevklere vermez, hayatta tek düşüncesi bu olmaz; tersine, sağlık kaygısı bile taşımaz, ölçülü olmasına yararı dokunmadıkça, bedence güçlü, sağlam ve yakışıklı olmaya çalışmaz; bedenindeki düzeni, her zaman, ruhunda uyum sağlamayı göz önünde tutarak düzenler. » d

«Gerçekten müziği kavramış bir insan olmak istiyorsa, böyle davranır.»

«Servet edinmede de böyle düzenli, uyumlu davranmaz mı? Kendisini mutlu sayan kalabalığın övgüleriyle sarhoş olup durmadan mal üstüne mal yığmaya, bu yüzden başına da dert üstüne dert açmaya kalkışır mı?»

«Hiç sanmam.»

«Gözlerini içindeki yönetim düzenine çevirerek servetinin e
bu düzeni sarsacak derecede artmasına da, eksilmesine de meydan vermez, hep bu kurala uyarak imkânlarına göre artırır ya da harcar.»

«Çok doğru.»

592 «Şeref kazanmada da aynı amacı gözetir: Daha iyi bir insan olmasına yarayacağına inandığı şeref ve mevkileri kabul eder, sever; ama gerek özel hayatında, gerek devlet islerinde, içindeki kurulu düzeni yıkabilecek şeref ve mevkilerden kaçar.»

«Ama,» dedi «böyle düşünürse, devlet yönetimine katılmak istemez.»

«Köpek hakkı için hayır,» dedim, «kendi devletinde yönetime katılır. Ama belki kendi yurdunda katılmak istemez, Tanrı öyle buyurmuşsa, o başka!»

«Anlıyorum, bizim tasarladığımız ve yalnız konuşmalarımızda gerçekleşen sitede demek istiyorsun, çünkü ben dün-
b yanın hiç bir yerinde böyle bir site bulabileceğimizi sanmıyorum.»

«Evet ama,» dedim, «belki gökte bir örneği vardır bunun, isteyen bunu seyreder ve kendini buna uydurur. Ama böyle bir site bugün yeryüzünde varmış, yokmuş, ya da bir gün kurulacakmış, bunun hiç önemi yok. Bilge yalnız bu sitenin yönetim düzenini benimser, başka hiç bir sitenin değil!»

«Öyle olmalı,» dedi.

X. KİTAP

«Sitemizi mümkün olan en doğru yolda kurduğumuza beni 595
inandıran birçok sebepler var,» dedim. «Ama bunu en
başta şiirle ilgili kuralımızı düşünerek söylüyorum.»

«Hangi kuralı?» dedi.

«Taklitli şiiri sitemize sokmama kuralını. Bunun son derece
gerekli olduğu şimdi daha iyi ortaya çıkıyor, çünkü ruhun çeşit-
li kesimlerini artık açıkça birbirinden ayırmış bulunuyoruz.» b

«Nedir demek istediğin?»

«Söyleyeyim, ama aramızda kalsın. Her hâlde, beni gidip tragedya ozanlarına fitlemezsiniz. Bence, bütün bu çeşit eserleri dinleyenlerin, içlerinde bunlara karşı bir panzehir, bir ilaç bulunmayınca, yani bunların gerçekte ne oldukları üzerinde bir bilgileri olmayınca, kafaları bozuluyor.»

«Böyle söylemene sebep ne?»

«Çocukluğumdan beri Homeros'a beslediğim sevgi ve say-
gı beni engelliyor ama, gene de söylemek zorundayım,» dedim.
«Çünkü belli ki bütün o güzelim tragedyaları yaratanların ilk c
hocası, önderi o. Ama bir insanın hatırını hakikatten üstün tu-
tamayız. Dediğim gibi, düşüncemizi söylemek ödevimiz.»

«Elbette.»

«Dinle öyleyse, ya da daha iyisi soruma cevap ver.»

« Sor.»

«Genellikle taklit nedir, söyleyebilir misin bana? Çünkü taklidin ne amaç güttüğünü doğrusu ben de pek kavrayamıyorum.»

«Sen kavrayamazsan, ben nasıl kavrarım?»

596 «Olmayacak şey değil. Zayıf görüşlülerin nesneleri keskin görüşlülerden önce gördükleri çok olur.»

«Evet ama, senin karşında ben açıkça gördüğüm şeyi bile söylemekten çekinirim. Kendin bak gör, daha iyi.»

«Peki öyleyse! İster misin, burada da araştırmamıza başlarken her zamanki yöntemimizi uygulayalım? Çünkü aynı adı verdiğimiz çok ve çeşitli nesnelerin meydana getirdiği her küme için hep bir tek örnek-biçim veya idea kabul edegeldik. Anlamadın mı dediğimi?»

«Anladım.»

b «Şimdi bu nesne kümelerinden istediğin herhangi birini alalım, örneğin, bir sürü yatak ve masa vardır.»

«Şüphesiz.»

«Ama bu nesneler, biri yatak için, öteki masa için olmak üzere, yalnız iki örnek-biçim veya idea içerir.»

«Evet.»

«Yine hep şunu söylüyoruz: Bu iki nesneden her birini yapan usta örnek biçime bakar; buna göre kimi zaman yataklarımızı,
c kimi zaman masalarımızı yapar, öteki eşyalarımızı da öyle. Örnek-biçimin, idea'nın kendisini ise hiç bir usta yapamaz. Yapabilir mi?»

«Yapamaz tabii.»

«Ama su ustaya ne ad vereceksin bakalım?»

«Hangi ustaya?»

«Bütün ustaların ayrı ayrı yaptıkları her şeyi yapan ustaya.»

«Çok yaman, olağanüstü bir adam olmalı bu dediğin usta!»

«Hele dur, biraz sonra gerçekten yamanmış diyeceksin. Çünkü bu usta yalnız her türlü ev eşyasını yapmakla kalmaz, bütün bitkileri, canlıları ve kendisini de yapar; bunlardan başka yeri, göğü, tanrıları, gökte ve yeraltı ülkesi Hades'te ne varsa hepsini yapar.»

«Desene, görülmedik ustalıkta bir sofist bu!» dedi. d

«İnanmıyor musun? Böyle bir usta olamaz, mı sence? Yoksa bütün bunlar bir bakıma yaratılabilir, bir bakıma da yaratılamaz diye mi düşünürsün? Senin de bütün bunları bir bakıma yaratabileceğinin farkında değil misin?»

«Nasıl?» dedi.

«Zor bir iş değil,» dedim. «Her zaman, kolayca yapılabilen bir iş. Eline bir ayna alıp da her yana tutarsan, çarçabuk yaparsın bunu. Güneşi, gökteki yıldızları, yeryüzünü, kendini ve öteki canlıları, ev eşyalarını, bitkileri ve şimdi sözünü ettiğimiz bütün şeyleri hemencecik yaratıverirsin.» e

«Evet, ama, sadece birer görünüştür bunlar, gerçek değil ki!»

«Güzel, tam da istenenin üstüne bastın. Çünkü bu çeşit ustalar arasında ressamı da saymak gerekir, değil mi?»

«Elbette.»

«Diyeceksin ki ressamın yaptığı şeyin gerçekliği yoktur. Ama bir bakıma onun yaptığı da bir yataktır. Öyle değil mi?»

«Evet,» dedi, «o da görünüşte bir yataktır.»

«Ya marangozun yaptığı? Biraz önce onun, bizce gerçek 597
yatak olan idea'yı değil de, herhangi özel bir yatağı yaptığını söylemedin mi?»

«Evet, söyledim.»

«Gerçekten var olanı yapmadığına göre, gerçek nesneyi değil, gerçek nesneye benzeyen, ama ondaki gerçekliği taşımayan bir nesneyi yapıyor demektir. Marangozun ya da başka bir ustanın yaptığı şey tam anlamıyla gerçektir diyen olursa, her hâlde doğru bir şey söylemiş olmaz, değil mi?»

«Evet, böyle bir düşünüş yolu izleyenler için doğru bir şey söylemiş olmaz.»

«O hâlde, bu ustanın yaptığı, gerçeğin yanında sönük bir gölge olarak kalırsa, şaşmamalıyız.»

b «Evet, şaşılmaz buna.»

«Şimdi, bu örneklere dayanarak taklitçinin ne tabiatta olduğunu araştıralım mı?»

«Araştıralım, istersen.»

«Bu durumda üç çeşit yatağımız oluyor. Biri nesnelerin tabiatında var olan yatak ki bence onu yalnız Tanrı yapabilir. Başka kim yapabilir ki?»

«Bence de başka kimse yapamaz.»

«İkincisi marangozun yaptığı yatak.»

«Evet.»

«Üçüncüsü de ressamınki, değil mi?»

«Öyle olsun.»

«Demek, bu üç çeşit yatağın üç de hâkimi var: Ressam marangoz ve Tanrı.»

«Evet, üç.»

c «Tanrı, ya öyle istediği için, ya da bir zorunluluk onu tabiatta tek bir yatak yapmaya götürdüğü için, gerçekten var olan o bir tek yatağı yapmıştır. Hiç bir zaman böyle iki veya daha çok yatak yapmamış, yapmayacaktır da.»

«Neden ama?» dedi.

«Çünkü yalnız iki tane yapsa, ortaya bir üçüncüsü de çıkardı ve öbür ikisi bunun biçimini, ideasını alırdı. Böylece gerçekten ve kendi başına var olan yatak bu olurdu, öbür ikisi değil.»

«Haklısın.»

«Tanrı, bence bunu bildiğinden ve herhangi özel bir yata- d
ğın herhangi özel bir marangozu değil, gerçek bir yatağın gerçek yaratıcısı olmak istediğinden, onu tabiatta tek yaratmıştır.»

«Öyle anlaşılıyor.»

«Öyleyse, Tanrıya, bu nesnenin tabii yaratıcısı adını ya da buna benzer başka bir ad verelim mi?»

«Bu nesnenin ve bütün öteki nesnelerin tabiatını yarattığına göre, bu adı vermek doğru olur,» dedi.

«Ya marangoza ne ad verelim? Ona da yatağın yapıcısı diyemez miyiz?»

«Elbet.»

«Peki, ressama bu nesnenin yapıcısı ve yaratıcısı diyebilir miyiz?»

«Hayır, diyemeyiz.»

«Öyleyse, yatakla ilişkisi bakımından ne demeli ona?»

«Bence ona verilecek en uygun ad taklitçidir, öbür ikisinin e
yaptığı şeylerin taklitçisi.»

«Güzel. Demek, tabiattan üç derece uzak bir eseri yapana taklitçi diyorsun.»

«Elbette,» dedi.

«Öyleyse, tragedyalar düzen kişi de, bir taklitçi ise, kraldan ve hakikatten tabiat bakımından üç derece uzak olacaktır, bütün öbür taklitçiler de öyle.»

«Öyle olsa gerek.»

«Böylece taklitçi üzerinde anlaştık demektir. Ama bir de 598
şuna cevap ver: Ressam sence tabiattaki şeylerin kendilerini mi, yoksa ustaların yaptığı eserleri mi taklit eder?»

«Ustaların yaptığı eserleri,» dedi.

«Oldukları gibi mi, yoksa göründükleri gibi mi? Bunu da ayırt et.»

«Ne demek istiyorsun?»

«Şunu: Bir yatağa yandan, önden ya da başka bir yönden baksan, aynı yatak olmaktan çıkar mı, yoksa kendisi değişmediği" hâlde, değişik mi görünür? Başka nesnelerde de böyle midir?»

«Evet,» dedi, «nesne değişik görünür ama, aslında hiç de değişmez.»

b «Şimdi de şu noktayı incele: Resim sanatının her nesne karşısında yöneldiği amaç nedir? Olanı olduğu gibi göstermek mi, yoksa görüneni göründüğü gibi göstermek mi? Resim görünüşün mü taklididir, yoksa gerçeğin mi?»

«Görünüşün.»

«O hâlde, taklit hakikatten çok uzaktır; bütün nesneleri meydana getirebiliyorsa, bu, her nesnenin ancak küçük bir parçasına ulaşması yüzündendir, bu parça da zaten bir gölgedir, örneğin bir ressam, sanatlarından anlamasa da, bize bir kunduracı, doğramacı ya da başka bir usta resmi yapar; iyi bir ressamsa, çizdiği doğramacı resmini uzaktan göstererek çocukları
c ve akılsız kimseleri aldatır, çünkü resmine gerçek bir doğramacı görünüşünü vermiştir.»

«Elbette.»

«Bence bütün bu konularda şöyle düşünmeliyiz, dostum: Biri gelip de bize, bütün sanatları bilen bir adama rastladığı-
d nı, bu adamın her şeyi herkesten iyi becerdiğini söylerse, muhakkak bönün biridir, her hâlde bir hokkabaz ya da taklitçiye rastlamış, onu her şeyi bilir sanacak kadar gözü boyanmıştır; çünkü kendisi bilimin, bilgisizliğin, taklidin ne olduğunu ayırt edecek yetenekte değildir.»

«Çok doğru,» dedi.

«Şimdi tragedyayı ve onun babası Homeros'u ele almalıyız. Çünkü bazı kişiler, tragedya ozanlarının bütün sanatları, erdem ve kötülükle ilgili her şeyi, hatta tanrısal şeyleri bile bildikleri- e ni ileri sürüyorlar. Diyorlar ki iyi bir ozan, güzel bir eser meydana getirmek istiyorsa, işlediği konuları bilmek zorundadır, yoksa bir şey yaratamaz, öyleyse işi incelemek gerek: Bakalım, (bunları söyleyenler, bu çeşit taklitçilere rastlayıp onların eser- 599 leriyle gözleri boyanmış, bu eserlerin gerçekten üç derece uzak olduğunu ve hakikati bilmeden de kolayca meydana getirilebileceğini kavramamış kimseler değil mi? Çünkü bu ozanların yarattıkları, gerçek değil, birer gölgedir. Yoksa söylediklerinde doğru bir taraf var mı, iyi ozanlar, kalabalığın pek beğendiği sözlerindeki şeyleri gerçekten biliyorlar mı?»

«Evet, bunu araştırmak gerek.»

«Peki, bir adam, hem örneği, hem benzerini yapabilecek durumda olsaydı, benzerleri yapmakla uğraşır, sanki kendisi için en iyi şey buymuş gibi, bu işi hayatının amacı hâline getirir b miydi dersin?»

«Elbette getirmezdi.»

«Ama taklit ettiği şeylerin bilgisine gerçekten ulaşmış olsaydı, sanırım, taklit etmekten çok gerçek şeyler yaratmaya verirdi kendini; her biri birer anıt gibi arkasında bir yığın güzel eser bırakmaya çalışır ve başkalarını övmekten çok övülmeyi isterdi.»

«İnanırım buna,» dedi, «çünkü ikisi şeref ve yarar bakımından bir değil»

«Şimdi biz, Homeros'tan da, öteki ozanlardan da başka konularda hesap sormayalım: 'içinizde hekimlik eden var mıdır, hanginiz hekimlerin dilini taklit etmekten başka bir şey yap- c mıştır?' diye sormayalım onlara. 'Eski, yeni ozanlardan hangisinin hastaları iyi ettiği görülmüştür, ya da hangisi, arkasında

hekim olarak torunlarını bırakan Asklepios gibi, usta hekimler yetiştirerek gitmiştir? demeyelim. Başka sanatlar konusunda da sorguya çekip sıkıntıya sokmayalım onları. Ama Homeros'u, el attığı en önemli ve en güzel konularda, savaşlar, ordulara kumanda etme, sitelerin yönetimi, insanların eğitimi konularında
d sorguya çekip ona şöyle demekte haklı oluruz sanırım: 'Sevgili Homeros, bizim taklitçi dediğimiz bir gölge yaratıcısı olarak erdem bakımından gerçekten ve hakikatten üç derece uzakta değil de, ikinci derecede isen ve özel hayatta olsun, devlet işlerinde olsun, hangi uğraşların insanları daha iyi ya da daha kötü kıldığını bilebilmişsen, söyle bize, Lykurgos'un Sparta'ya, başkalarının irili ufaklı birçok siteye ettikleri hizmetler gibi, senin hangi sitenin daha iyi yönetilmesine yararın dokunmuştur?
e Hangi devlet seni yasa koyucusu olarak tanır, sayar ve senden bir iyilik görmüştür? İtalya ve Sicilya'nın böyle sayıp andığı Kharondas'ı var, bizim de Solonumuz. Ama hangi devlet yasa koyucu olarak anar seni?' Böyle bir tek devlet bile gösterebilir mi Homeros?»

«Sanmam,» dedi Glaukon, «Homeros'tan geldiklerini ileri süren ozanlar bile böyle bir şey söylemiyor.»

600 Peki, Homeros, zamanında hangi savaşı komutan ya da danışman olarak başarıyla yönetmiş?»

«Hiç birini.»

«Peki, pratik işlerde becerikliliğiyle tanınmış, Miletos'lu Thales ve İskitya'lı Anakharsis[119] gibi sanatlarda ya da başka uğraş dallarında ustaca buluşları olan bir adam olarak adı geçiyor mu?»

«Hayır, böyle bir şey söylendiği de yok.»

«Peki, devlet işlerinde bir hayrı dokunmamışsa da, hiç değilse ömrü boyunca üç beş kişiye öğretmenlik etmişliği

---

119 İ.Ö. altıncı yüzyılda yaşamış, gemi çapasını ve çömlekçi çarkını bulduğu söylenen İskit asıllı filozof.

var mı Homeros'un? Nasıl Pythagoras öğrencilerine derin bir b
sevgi aşılamışsa, bunlar bugün bile belli bir hayat biçimine Pythagoras'ça yaşama yolu adını vererek kendilerini başkalarından ayırıyorlarsa, Homeros'un da, kendisine candan bağlanıp sonraki kuşaklara Homeros'ça bir yaşama yolu bırakan öğrencileri olmuş mu?»

«Hayır, bu da olmamış; çünkü, söylenen doğruysa, Homeros'un yoldaşı Kreophylos[120] belki adından çok eğitimi
yüzünden gülünç olmuş. Gerçekten, bu adamın Homeros'u c
sağlığında yüzüstü bıraktığı anlatılır.»

«Evet, öyle anlatılır. Ama, Glaukon, Homeros taklit gücü yerine bilgi gücüne sahip olsaydı da, insanları gerçekten eği-
tebilse ve daha iyi kılabilseydi, sence kendini el üstünde tuta- d
cak birçok yoldaş, öğrenci edinmez miydi? Baksana, Abdera'lı, Protagoras Keos'lu Prodikos ve bunlar gibi daha birçokları, insanlara özel hocalık ederek onları, eğitimlerini kendilerine vermezlerse, ne evlerini; ne de sitelerini yönetemeyeceklerine inandırabiliyorlar; bu bilgelikleri yüzünden de kendilerini o kadar sevdiriyorlar ki öğrencileri, yoldaşları neredeyse başlarında taşıyacaklar onları. Bu bile böyle olunca, Homeros ya da Hesiodos insanların erdemli olmalarına yardım edecek yetenekte insanlar olsaydı, çağdaşları onları kent kent dolaşıp
şiir okumaya bırakırlar mıydı dersin? Dünyanın bütün altının- e
dan çok bağlanmazlar mıydı onlara? Onları kendi yanlarında, yurtlarında tutmaya çalışmazlar mıydı? Buna razı edemezlerse, kendileri onların peşine düşüp onlardan öğreneceklerini öğreninceye kadar her gittikleri yere gitmezler miydi?»

«Söylediğin bence çok doğru, Sokrates!»

«Öyleyse, şunu ilke olarak koymamız gerekmez mi: Başta Homeros olmak üzere bütün ozan takımı, sadece erdemin ve
kendi uydurdukları öbür şeylerin görünüşlerini taklit eden, ha- 601

120 Sakız'lı bir destan ozanı ve Homeros'un damadı olduğu rivayet edilen bu adamın adı «sığır eti soyundan, «sığır oğlu» anlamına gelir.

kikate ulaşamayan kişilerdir. Bu bakımdan demin sözünü ettiğimiz ressama benzer onlar, hani kunduracılıktan hiç anlamadığı hâlde bir kunduracı görünüşü çizip, bunu, kendisi kadar kunduracılıktan anlamayan, bu yüzden de işi sadece renk ve şekillere göre yargılayan kimselere gösteren ressama.»

«Çok doğru.»

«Bunun gibi ozan da, kendisi taklitten başka bir iş bilmediği hâlde, ele aldığı işleri, sanatları kelimeler ve cümlelerle
b renklere boyar, öyleki ölçü, ritim, armoni kurallarını gözeterek, kunduracılıktan, savaş sanatından ya da herhangi başka bir konudan söz ettiği zaman, dinleyenler konuşmasını çok güzel bulurlar, bu süslü sözlerdeki doğal büyü gücü sürükler onları. Ama ozanların sözleri, o parlak, uyumlu renklerinden soyulup da yalın hâlleriyle ele alındı mı, ne biçim bir şey olur, bilirsin. Gördün bunu.»

«Evet.»

«Gençlik tazeliğinden başka güzelliği olmayan, ama bu tazelik gidince hiç bir güzellikleri kalmayan insanlara benzemez mi bu sözler?

«Çok doğru.»

«Şimdi de şunu incele bakalım: Gölge yaratıcısı, taklitçi
c gerçek üzerinde hiç bir şey bilmez, yalnız görünüşü bilir diyoruz, değil mi?»

«Evet.»

«Öyleyse konuyu yarım bırakmayalım, gereğince inceleyelim.»

«Peki incele,» dedi.

«Ressam bir dizgin ve gem resmi çiziyor diyelim.»

«Evet.»

«Ama bunları yapan saraçla demircidir.»

«Elbette.»

«Peki, dizginle geminin nasıl yapılacağını ressam mı bilir? Hatta bunları yapan saraçla demirci mi bilir? Bu işi asıl bilen, bu araçları kullanan binici değil midir yalnız?»

«Çok doğru.»

«Her şey için de böyle değil mi?»

«Nasıl?» d

«Her nesneyle ilgili üç sanat vardır: Kullanma sanatı, yapma sanatı, taklit sanatı.»

«Evet.»

«Peki, bir ev eşyasının, bir hayvanın, bir davranışın nitelikli, güzel, düzgün oluşu hangi amaca yönelir? İster tabiatın, ister insanın elinden çıkma olsun, her biri hangi işe yarasın diye yapılmışsa, o amaca, değil mi?»

«Elbette, başka amaca yönelmez.»

«O hâlde, bundan zorunlu olarak şu çıkar ki bir şeyi kullanan onu denemeyle en iyi bilen kişidir ve bu kişi o şeyin kendi
kullanışına göre iyi ve kötü taraflarını yapana bildirir. Örneğin, e
flüt çalan adam flüt yapan ustaya gidip hangi flütlerin işine yarayacağını söyler, istediklerini ısmarlar; usta da onun dediğine uyar.»

«Şüphesiz.»

«Demek ki flütlerin iyisini, kötüsünü bilen adam söyler, öbürü de onun sözüne inanıp ona göre flütleri yapar.»

«Evet.»

«Böylece, aynı aracın iyiliği, kötülüğü üzerinde yapanın
doğru bir inancı olur, çünkü bilen adamla işbirliği hâlinde olup 602
onu dinlemek zorundadır; ama asıl bilgi aracı kullanandadır.»

«Elbette.»

«Ya taklitçi için durum nedir? Benzerini yaptığı şeylerin güzel ve doğru olup olmadığı üzerindeki bilgisi kullanıştan mı gelir onun? Yoksa bilenle işbirliği yapmak ve eserini onun dediklerine göre çıkarmak zorunluluğuna uyarak bu konuda doğru bir sanı mı edinir?»

«Ne biri, ne öteki»

«O hâlde taklitçinin, taklit ettiği şeylerin güzelliği ya da kusurları üzerinde ne bilgisi, ne de doğru sanısı vardır.»

«Anlaşılan öyle.»

«Öyleyse, yarattığı şeyleri kavrama bakımından şiirde taklitçinin durumu pek hoş olmalı!»

«Hiç de hoş değil!»

b «Gene de, bir şeyi, ne yönden iyi ya da kötü olduğunu bilmeden taklit etmekten geri kalmaz. Ama taklit ettikleri de, olsa olsa, bilgisiz kalabalığa güzel gelen şeyler olur.»

«Başka ne gelir elinden!»

«Böylece iki nokta üzerinde anlaştık demektir. Birincisi şu: Taklitçinin, taklit ettiği şey üzerinde geçerli hiç bir bilgisi yoktur ve taklit, ciddiliği olmayan bir çeşit çocuk oyunundan başka bir şey değildir, ikincisi de şu: Tragedya şiiriyle uğraşanlar, ister iambos ölçüsünü, ister destan ölçüsünü kullansınlar, taklitçilerin en başta gelenleridir.»

«Elbette.»

c «Peki ama, Zeus hakkı için,» dedim, «bu taklit hakikatten üç derece uzak değil mi?»

«Öyle tabii.»

«Peki, taklit insanın hangi yanı üzerinde etkisini gösterir?»

«Ne demek istiyorsun?»

«Şunu: Aynı büyüklük, uzaktan ya da yakından bakılınca eşit gözükmez.»

«Elbette.»

«Aynı nesneler suyun içinde veya dışında oluşlarına göre kırık veya düz görünür, ya da renklerin gözü aldatması yüzünden içe bükük veya dışa bükük görünür. Şüphe yok ki bütün bunlar ruhumuzda karışıklık yaratır, işte tabiatımızın bu güçsüz yanını sömüren gölgeli resim oyunu, büyücülükte hokkabazdan ve ona benzer gözbağcılardan hiç biri geri kalmaz.» d

«Doğru.»

«Bu aldanmalara karşı güzel birer önleyici çare olarak ölçme, sayma ve tartma bulunmuş. Bu sayede içimizde hâkim olan, büyüklüğün, küçüklüğün, çokluğun ya da ağırlığın görünüşü değil, sayan, ölçen, tartan yanımızın yargısı oluyor. Öyle değil mi?»

«Şüphesiz.»

«Bu işlemler de ruhumuzun akıllı kesiminin işidir.» e

«Evet, o kesimin.»

«Ama akıl nesneleri ölçüp de filan nesnelerin falan nesnelere oranla daha büyük, daha küçük ya da eşit olduğunu belirttiği zaman, aynı anda içimizde karşıt görünüşün de belirdiği çok olmaz mı?»

«Olur.»

«Peki, aynı varlığın aynı şeyler üzerinde ve aynı anda karşıt iki sanıya sahip olamayacağını söylememiş miydik?»

«Hem de haklı olarak.»

«Şu hâlde, ruhta, ölçüye karşı bir sanı taşıyan tarafla ölçüye 603
uygun bir sanı taşıyan taraf tek ve aynı şey değildir.»

«Evet, değildir.»

«Ölçüye ve hesaba güvenen tarafsa, şüphe yok ki ruhun en iyi tarafıdır.»

«Şüphesiz.»

«Buna karşıt olan da aşağı bir tarafı olacaktır.»

«Zorunlu olarak.»

«İşte resmin ve genellikle her türlü taklidin, eserini hakikatten uzak olarak meydana getirdiğini, bilgelikten uzak bir ta- b rafımızla alışverişte olduğunu, bu alışveriş ve dostlukta da sağlam ve doğru hiç bir amaca yönelmediğini söylediğim zaman, sizi bu düşünceye getirmek istiyordum.»

«Çok doğru,» dedi.

«Böylece taklit, aşağı bir eşle birleşen aşağı bir nesne olarak aşağı bir ürün doğurabilir ancak.»

«Öyle anlaşılıyor.»

«Ama,» dedim, «sadece göze yönelen taklit için mi söz konusudur bu, yoksa kulağa seslenen, şiir dediğimiz taklit de mi böyledir?»

«Şiir de böyle olsa gerek.»

«Ama gene de, şiirle resim arasındaki bu benzerliğe bak-
c makla kalmayalım. Şiirdeki taklidin içimizde seslendiği tarafa da eğilip bakalım, aşağı bir şey mi, değerli bir şey mi, görelim.»

«Evet, öyle yapmalı.»

«Sorunu şöyle ortaya koyalım. Bu taklit, isteyerek ya da zor altında davranan, bu davranışları sonunda iyi ya da kötü ettiklerini düşünen ve bütün bu durumlarda üzüntü ya da sevinç duyan insanların hâlini yansıtır. Şiirdeki taklit bunun dışında bir şey yapar mı?»

«Hayır, hiç bir şey.»

«O hâlde, bütün bu durumlarda insan kendisiyle uyuşma
d hâlinde midir? Yoksa, nasıl görüşü konusunda kendisiyle uyuşmazlık hâlinde olup aynı nesneler üzerinde aynı anda karşıt iki sanı taşıyorsa, davranışı konusunda da kendisiyle böyle çelişme ve kavga hâlinde midir? Ama şimdi hatırıma geldi: Bizim bu konuda anlaşmamıza gerek yok; çünkü önceki konuşmalarımızda zaten anlaşmaya varmış, ruhumuzun bu çeşit çelişmelerle dolu olduğunu, bunların onda aynı anda belirdiğini kabul etmiştik.»

«Haklıydık da bunda,» dedi.

«Evet, haklıydık. Ama bence o zaman atladığımız bir şeyi e
şimdi incelemek zorundayız.»

«Neyi?»

«O zaman demiştik ki bir felakete uğrayan, örneğin oğlunu ya da çok değerli bir şeyini kaybeden aklı başında bir adam bu felakete başkalarından daha kolaylıkla katlanır.»

«Elbette.»

«Şimdi şunu inceleyelim: Hiç acı duymaz mı bu adam, yoksa böyle bir şey imkânsız olduğuna göre, acısında ölçülü mü davranır?»

«İkincisi olur,» dedi.

«Peki, şuna da cevap ver: Dişini sıkıp acısını yenmeye ne 604
zaman çalışır? Eşinin dostunun gözü önünde mi, yoksa köşesine çekildiği, kendisiyle baş başa kaldığı zaman mı?»

«Başkalarının gözü önünde kendini daha çok tutar,» dedi.

«Ama yalnız kaldı mı, başkalarının duymasından, görmesinden utanacağı bir sürü sözü ve işi etmekten çekinmez.»

«Öyledir.»

«Peki, onu dişini sıkmaya zorlayan akıl ve yasa, sızlanmaya
götüren de acının kendisi değil midir? b

«Doğru.»

«Ama bir insanın içinde aynı nesneyle ilgili olarak aynı anda karşıt iki etki kendini gösteriyorsa, zorunlu olarak orada iki unsur var demektir.»

«Elbette.»

«Bu unsurlardan biri yasanın her buyurduğuna uymaya hazırdır.»

«Nasıl?»

«Yasa der ki bir felaket gelince, elden geldiği ölçüde soğukkanlılığını yitirmemek, ağlayıp sızlamamak kadar güzel bir şey

yoktur; çünkü sonunun iyiye mi, kötüye mi çıkacağı belli olmaz; üzülüp yerinmekle de ele bir şey geçmez, insan hayatında
c hiç bir şey fazla ciddiye alınmaya değmez ve böyle durumlarda hemen imdadımıza gelecek şeye üzüntü engel olur.»

«Neye engel olur?» dedi.

«Başımıza gelen üzerinde düşünmemize,» dedim. «Zar oyununda olduğu gibi, burada da, kaderimize ne çıkmışsa ona göre davranarak işlerimizi aklın bize gösterdiği en iyi çarelerle yeniden düzenlememiz gerekir; yere düşüp de yaralanan yerini tutarak bağırıp ağlamakla vakit kaybeden çocuklar gibi davranmamalı, tersine, ruhumuzu hep yaralı yerimizi en kısa zamanda iyileştirmenin çaresine bakmaya, yere düşeni kaldırıp merhemi
d sürerek sızıltıyı dindirmeye alıştırmalıyız.»

«Başımıza gelen belalarda böyle davranmak elbette en iyisi.»

«Demek ki içimizdeki en iyi taraf akla uyan unsur oluyor.»

«Şüphesiz.»

«Bizi hep felaketi hatırlayıp sızlanmaya götüren, bunlara doymayan tarafımız da, akılsız, aylak ve korkaklık dostu bir unsurdur, değil mi?»

«Evet, öyledir.»

e «Hırçın yanımız çok ve çeşitli taklitlere elverişlidir; hep aynı kalan bilge ve sakin yanımızsa kolay kolay taklide gelmez; taklit edilse de zor anlaşılır, hele bir tiyatroya dolmuş karmakarışık bir insan topluluğu büsbütün zor anlar bunu; çünkü böyle bir taklit, kalabalığa yabancısı olduğu bir şeyi anlatmaya kalkışmak olur.»

605 «Tabii.»

«Böyle olunca, elbette ki taklitçi ozan, tabiatı gereği, ruhun bu kesimine yönelmez ve sanatını bu kesime beğendirmeye çalışmaz, çünkü istediği kalabalığın övgüsünü kazanmaktır.

Tersine, hırçın ve çeşitli kesime yönelir, çünkü onun taklidi kolaydır.»

«Elbette.»

«O hâlde, onu denetim altında tutmaya ve ressamın eşi saymaya hakkımız var. O da, hakikat bakımından, değersiz eserlerden başka bir şey meydana getirmediğine göre, ressama benzer; aynı zamanda ruhun en seçkin yanıyla değil de, aşa- b
ğı yanıyla alışverişte olması yönünden de benzer ona. İşte bu bakımdan onu iyi bir yönetim düzenine kavuşmuş bir devlete sokmamakta haklıyız, çünkü ruhun kötü yanını uyandırmakta, beslemekte ve güçlendirmekte, böylece de akıllı yanını çöküntüye uğratmaktadır, tıpkı bir sitedeki kötü kimseleri güçlendirip en değerli kişileri öldürerek sitenin yönetimini o kötü kimselere verir gibi. İşte bunun gibi, taklitçi ozan da, gerçekten çok uzak birtakım gölgeler yaratarak ve ruhlardaki akılsız yanı,
yani büyükten küçüğü ayırt edemeyen, tersine, aynı şeyi kimi c
zaman büyük, kimi zaman küçük sayan yanı okşayarak her kişinin ruhunda kötü bir yönetim düzeni kurar.»

«Çok doğru.»

«Ama daha şiirin en büyük suçunu ortaya koymadık. Pek azı dışında en seçkin, en dürüst insanları bile bozabilecek güçte olması, şüphe yok ki en tehlikeli yanıdır onun.»

«Böyle bir gücü varsa, gerçekten korkulur ondan.»

«Dinle de, içimizden en iyilerinin hâline bak. Homeros'u ya da başka bir tragedya ozanını dinleyip de, onun acı çeken,
ağlayıp sızlamaları arasında uzun uzun konuşan, ya da bir yas d
havası tutturup göğsünü yumruklayan bir kahramanı taklit edişini duyduğumuz zaman bilirsin, zevk duyarız bundan; onun duygularına katılır, biz de coşarız ve bu duyguları içimizde en yüksek ölçüde kabartan ozanı çok iyi bir ozan diye överiz.»

«Öyledir, çok iyi bilirim bunu.»

«Ama kendi hayatımızda böyle bir felakete uğradığımız za-
man, tersine davranırız; o zaman soğukkanlılığı yitirmemeyi, e

dayanabilmeyi bir şeref meselesi yaparız, çünkü böyle bir davranışı erkekliğin gereği sayar, tiyatroda alkışladığımız davranışı ise kadınlara yakıştırırız, bunu da bilirsin.»

«Bilirim.»

«Peki, benzemek istemediğimiz, hatta benzemekten utanacağımız bir adamı görünce alkışlamak, tiksinti duyacağımız yerde böyle bir manzaradan zevk almak ve onu övmek güzel bir şey mi?»

«Hayır,» dedi, «Zeus hakkı için akla aykırı bir davranış bu bence.»

606 «Hele işi şu açıdan ele alırsan, büsbütün akla aykırı olur.»

«Hangi açıdan?»

«Düşün ki ruhumuzun kendi başımıza felaket gelince dizginlediğimiz tarafı, hani gözyaşına susamış, inleyip sızlamalara doymak isteyen, tabiatı gereği bu istekleri taşıyan tarafı, işte tam da ozanların doyurup sevindirmek istedikleri taraftır, öte yandan, en iyi tarafımız, akıl ve alışkanlıkla yeteri kadar eği-
b tilmediği için, ağlayıp sızlayan tarafa karşı bekçilik görevini gevşetir, çünkü kendisinin sadece başkalarının mutsuzluklarını seyrettiğini ileri sürer, seçkin adam geçinen biri yersiz gözyaşları döküyorsa, onu övmeyi, ona acımayı utanç verici saymaz ve duyduğu zevkin kendisi için bir kazanç olduğuna, ozanın, bütün eserini küçümsemekle bu zevkten yoksun kalacağına inanır. Çünkü bence şunu düşünebilecek insanlar çok azdır: Başkalarının mutsuzlukları için duyduğumuz şeyler kendi mutsuzluklarımıza da yansır; böylece acıya karşı duyarlığımızı onlarda besledikten sonra, bunu kendi acılarımızda dizginleyebilmemiz zordur.»

c «Çok doğru.»

«Peki, aynı şey gülme için de söz konusu değil midir? Bir komedya temsilinde ya da güzellik hayatta soytarılıklar görüp de bunları zevkle seyredersen, bunları kendin yapmaktan utanacağın hâlde, başkalarında tiksindirici bulamazsan, acıklı temsillerdekinden farklı mı davranmış olursun? Çünkü adını soytarıya çıkarmaktan korkarak akılla dizginlediğin o güldürme isteğini o zaman salıvermiş olursun; onu besleyip güçlendirdiğin zaman da, o kadar ileri gidersin ki farkına varmadan yakınlarının arasında kendin komiklik etmeye başlarsın.»

«Doğru,» dedi.

«Cinsel aşk, istek, öfke gibi bütün davranışlarımıza yoldaş- d
lık eden tutkuları uyandırmak bakımından da şiirdeki taklit, üzerimizde bu çeşit etkiler yaratmaz mı? Bu taklit, onları kurtarmak yerine sulayıp besler; bizim onlara hâkim olmamız gerekirken, daha kötü, daha mutsuz olmak yerine daha iyi, daha mutlu olmamız buna bağlıyken, tersine onları bize hâkim kılar.»

«Hiç şüphe yok buna.»

«O hâlde, Glaukon, Homeros övgücülerine rastlayıp da e
bunların Yunanistan! Homeros'un eğittiğini, insan hayatını yönetmek, güzelleştirmek için Homeros'u ele almak, onu incelemek, yaşayışımızı düzenlemek için onun kılavuzluğuna baş vurmak gerektiğini söylediklerini duyarsa, ellerinden geleni yapan iyi niyetli insanlar olarak onları selâmlayıp dostça kar-
şılayacaksın, Homeros'un şiirin sultanı ve tragedya ozanlarının 607
başta geleni olduğunu teslim edeceksin, ama şunu da bileceksin ki şiir konusunda biz yalnız tanrılara söylenen ilâhîlerle iyi insanları öven şiirleri sitemize sokmak zorundayız. Yoksa lirik şiirde olsun, destan şiirinde olsun, zevk Musa'sını siteye kabul edersen, yasa yerine, insanların zaman zaman en iyi ilke olarak gördüğü ortak akıl yerine sitede zevk ve acı kral olur.»

«Çok doğru.»

«Şimdi şiir konusundaki bu ikinci konuşmamızı bağlayıp b
bu nitelikteki bir sanatı devletimizden kovmakta haklı olduğumuzu, çünkü aklın böyle emrettiğini belirtelim. Bizi sertlik ve

kabalıkla suçlamaması için şiire şunu da diyelim ki felsefeyle şiir arasında çatışma eskiden beri vardır. Şu sözler ve bunlara benzer daha binlercesi bu eski düşmanlığa birer kanıttır: **'Efendisine havlayan boysuz köpek', 'Akılsızların gevezeliklerinde**
c **adı büyük', 'Sivri akıllılar takımı', 'Züğürtlüklerinden kılı kırk yaran kimseler'.**[121] Gene de şurasını belirtelim ki taklitçi şiir iyi yönetilen bir sitede yeri olduğunu bize sağlam nedenlerle ispat edebilirse, onu seve seve sitemize alırız, çünkü üzerimizdeki büyülü etkisini çok iyi biliriz; ama doğru saydığımız
d şeye ihanet etmek de bizim için dinsizlik olur. Öyle değil mi, dostum? Şiir seni de sürüklemiyor mu, hele Homeros'un şiirini dinlediğin zaman?»

«Hem de ne kadar!»

«Demek ki şiir, ister lirik türde, ister başka türde olsun kendini temize çıkarabildi mi, haklı olarak sürgünden geri dönebilir.»

«Şüphesiz.»

«Hatta ozan olmayan, ama şiiri seven kimselerin düz sözle
e şiiri savunmalarına, onun hoş bir şey olmakla kalmayıp devletlerin yönetimi ve insanların hayatı için yararlı da olduğunu ispat etmelerine izin veririz. Bunları iyi niyetle dinleriz, çünkü şiirin hem hoş, hem yararlı olduğu ortaya çıkarsa, bizim için bir kazanç olur bu.»

«Elbette kazanç olur,» dedi.

«Ama, sevgili dostum, böyle olduğu ispat edilemezse, o zaman, birbirlerini sevip de sonradan bu sevgilerinin kendileri için hayırlı olmayacağını anlayan insanlar gibi yapar, ayrılırız;
608 ayrılmak ne kadar zor gelse de, çaresiz buna katlanırız. O güzelim yönetimlerimizin verdiği eğitimle içimizde böylesine bir şiir sevgisi yer etti bizim. Bu yüzden, elbet biz de şiirin olabildiği kadar iyi ve doğru olmasını dileriz. Ama, kendini temize

121 Bu sözlerin kimlerin olduğu kesin olarak bilinmiyor.

çıkaramadıkça, simdi de çoğunluğun tutkusu olan bu çocukluk aşkımıza yeniden düşmekten korkarak, onun büyüsüne karşı belirttiğimiz sebepleri içimizde koruyucu birer büyü sözü gibi tekrarlaya tekrarlaya dinleriz onu. Çünkü gördük ki böyle bir şiiri, sanki ciddi ve hakikate dokunan bir şeymiş gibi önemsemekten kaçınmak, tersine, ruhumuzun iyi yöneltilmesini istiyorsak, onu dinlerken uyanık bulunmak ve şiir üzerine bütün b
söylediklerimizi bir yasa olarak benimsemek zorundayız.»

«Söylediklerine tamamıyla katılıyorum.»

«Çünkü iyi ya da kötü olma savaşı büyük bir savaştır, dostum Glaukon, sanıldığından da büyük bir savaş. Bu bakımdan, ne şan, ne şeref, ne zenginlik, ne yüksek mevkiler, ne de şiir, doğruluğu ve öbür erdemleri yüzüstü bırakmamıza değmez.»

«Bu konuştuklarımıza göre, düşünceni çok doğru buluyorum, sanırım herkes de öyle bulur.»

«Ama,» dedim, «doğruluğun sağlayacağı en büyük kazanç c
ve ödüllerden daha söz etmedik.»

«Saydığımız kazançlardan daha büyükse, doğrusu olağanüstü şeyler olmalı bunlar!»

«Ama kısacık bir zaman içinde ne gibi büyük bir şey olabilir ki? Çocuklukla ihtiyarlık arasındaki bütün zaman sonsuzluk karşısında pek kısa değil mi?»

«Hatta hiç sayılır,» dedi.

«Peki, ölümsüz bir varlık ölümsüzlüğü değil de, bu kadar kısa bir zamanı mı önemser?»

«Elbette değil. Ama bu sözlerinle neye varmak istiyor- d
sun?»

«Ruhumuzun ölümsüz olduğunu, hiç bir zaman yok olmadığını fark etmedin mi?» dedim.

Bu sözlerim üzerine Glaukon şaşırarak yüzüme baktı ve, «Zeus hakkı için, hayır,» dedi. «Ama sen ispat edebilir misin bunu?»

«Sanırım. Hatta sen de ispat edebilirsin, hiç de zor değil.»

«Yoo, benim için zor. Ama sen bu kolay şeyi ispatlarsan, seve seve dinlerim seni.»

«Dinle öyleyse,» dedim.

«Peki konuş.»

«Bir iyi, bir de kötü şey olduğunu kabul ediyor musun?»

«Evet.»

e «Ama bunları benim gibi mi anlıyorsun acaba?»

«Nasıl?»

«Nesneleri yıkan ve bozan şey kötüdür, onları koruyan, onlara yarayan şey iyidir.»

«Evet.»

609 «Peki, her nesne için bir iyi, bir de kötü şey yok mudur? Örneğin, gözler için göz ağrısı, bütün beden için hastalık, buğday için küf hastalığı, ağaç için çürüme, tunç ve demir için paslanma olduğu gibi, hemen bütün şeyler için, her birinin tabiatından gelme bir kötülük ve hastalık yok mudur?»

«Elbet vardır.»

«Peki, bu kötülüklerden biri bir şeye yapıştığı zaman, onu bozmaz mı, sonunda onu çözüntüye uğratmaz ve bütün bütün yıkmaz mı?»

«Yıkmaz olur mu?»

«O hâlde, her şeyi yıkan, yok eden, o şeyin tabiatındaki
b kötülük ve kusurdur. Bu kötülük o şeyi yok edemiyorsa, başka hiç bir şey yok edemez; çünkü iyi olan şey, hiç bir şeyi hiç bir zaman yok etmez; ne iyi, ne kötü olan şey de böyledir.»

«Elbette.»

«Öyleyse, tabiatta, içindeki kötülüğün bozabildiği, ama çözüntüye uğratıp yok edemediği bir varlık bulursak, böyle kurulmuş bir varlık için yok olmanın mümkün olmadığını şimdiden biliyoruz demektir.»

«Öyle görünüyor.»

«Peki, ruhu kötü kılan hiç bir şey yok mudur?»

«Vardır. Saydığımız bütün kusurlar böyledir: Eğrilik, ölçüsüzlük, korkaklık, bilgisizlik.» c

«Peki, bu kusurlardan biri ruhu çözer, yok eder mi? Yalnız dikkat et, suçüstü yakalanan eğri ve akılsız bir adamın ruhun kötülüğü olan eğrilik yüzünden mahva sürüklenişini bu anlamda alıp yanılmayalım. Sorunu şöyle ele al: Nasıl bedenin kusuru olan hastalık onu yer, yok eder, beden olmaktan çıkarırsa, şimdi sözünü ettiğimiz bütün şeyler de, içlerinde yerleşik ve yıkıcı gücü olan kendilerine özgü bir kötülük yüzünden yok olurlar. Öyle değil mi?» d

«Evet.»

«Öyleyse ruhu da bu açıdan ele al. Eğrilik ya da herhangi başka bir kötülük, ruha yerleşerek onu ölüme götürünceye, bedenden ayırıncaya kadar bozar, çürütür mü?»

«Elbette olmaz böylesi.»

«Öte yandan, kendi kötülüğünün yok edemediği bir şeyi yabancı, dıştan gelen bir kötülüğün yok edebileceğini ileri sürmek de saçma olur.»

«Evet, saçma olur.»

«Dikkat et, Glaukon, bizce bedeni yok eden, yiyeceklerin e
kötülüğü, yani bayatlık, kokmuşluk ya da başka bir bozukluk gibi, kendilerine özgü kusurları değildir. Yiyeceklerin kötülüğü bedende bedene özgü kötülüğü doğuruyorsa, bedenin ölümüne bu yiyeceklerin bahane olduğunu, ama asıl nedenin kendi kötülüğü olduğunu söyleyeceğiz. Ama beden ayrı bir şey, yiye- 610
cekler ayrı bir şey olduğuna göre, yiyeceklerin kötülüğü yüzünden, yani bedenin tabiatına yapışık kötülüğü doğuramayacak olan yabancı bir kötülük yüzünden bedenin yok olduğuna hiç bir zaman inanmayacağız.»

«Çok doğru,» dedi.

«Yine aynı sebeple,» dedim, «bedenin hastalığı ruhta ruha özgü hastalığı doğurmadığına göre, sanki bir şey bir başkasının kötülüğüyle yok olabilirmiş gibi, ruhun kendi kötülüğü dışında yabancı bir kötülükle yok olacağına hiç inanmayalım.»

«Akla uygun bu söylediğin,» dedi.

b «Öyleyse, ya bu söylediklerimizi çürütelim, ya da, çürütemedikçe, ister hummanın, ister başka bir hastalığın, ister bedenin bıçakla parça parça doğranmasının ruhu yok edebileceğini söylemekten kaçınalım, bedenin uğradığı bu hâllerin ruhu daha eğri, daha imansız hâle getirdiği ispatlanırsa, o başka. Ama bir şeyde yabancı bir kötülük ortaya çıkar da, onun kendi kötülüğü
c meydana gelmezse, ister ruh, ister başka bir şey olsun, o şeyin bu yüzden yok olabileceğini kabul etmeyelim.»

«Elbette,» dedi, «ölüm hâlinde olanların ruhlarının ölüm yüzünden daha eğri hâle geldiğini kimse ispat edemez.»

«Biri çıkıp da düşüncemizi çürütmeye ve ruhun ölmezliğini kabul etmek zorunda kalmamak için, ölüm hâlindeki bir insanın daha kötü, daha eğri olduğunu ileri sürmeye kalkarsa, o zaman şunu kabul etmemiz gerekir ki, söylediği doğruysa,
d eğrilik de tıpkı bedendeki hastalık gibi insanı öldüren bir şeydir ve tabiatı gereği öldürücü olan bu eğriliğe düşenler bu yüzden er geç ölürler; tabii, daha çok eğri olanların ölümü daha çabuk daha az eğri olanların daha geç olur; böylece de kötüleri öldüren, gerçekte olduğu gibi, eğrilikleri yüzünden uğradıkları ceza olmaz.»

«Zeus hakkı için,» dedi, «eğrilik, içine girdiği kimseyi öldüren bir şey olsaydı, bu kadar korkunç bir şey olmazdı, çünkü
e böylesi her türlü kötülükten bir kurtuluş yolu olurdu. Tersine, bence eğrilik gücü yettiği kadar başkalarını öldürür; ama onu içinde taşıyan insanı dipdiri ve uyanık tutar, nerede kaldı ki öldürsün.»

«İyi söyledin. Öyle ya, ruhun kendi sapıklığı, kendi kötülüğü onu öldüremez, yok edemezse, başka bir şeyi yok etmeye yarayan bir kötülük ruhu ya da o şeyden başkasını nasıl yok etsin?»

«Her hâlde yok edemez.»

«Ama bir şeyi ne kendine özgü, ne de yabancı hiç bir kö- 611
tülük yok edemezse, hep var olacak demektir; hep var olunca da, ölümsüzdür.»

«Zorunlu olarak,» dedi.

«O hâlde, bunu böyle kabul edeceğiz. Ama durum böyleyse, hep aynı ruhların var olduğunu kavrayabilirsin; çünkü hiç biri yok olmadığına göre, ruhların sayısı eksilmez, öte yandan bu sayı artmaz da; çünkü ölümsüz varlıkların sayısı çoğalacak olsa, bunlar ölümü olandan ürerdi, sonunda da her şey ölümsüz olurdu.»

«Doğru söylüyorsun.»

«Demek ki böyle birşey düşünemeyiz, çünkü akıl kabul et- b
mez bunu. Öte yandan, ruhun öz tabiatının çeşitlilikle, kendine benzemezlikle, kendine karşıtlıkla dolu olduğunu da düşünemeyiz.»

«Ne demek istiyorsun?» dedi.

«Daha önce ruhta gördüğümüz gibi, birçok parçalardan kurulu bir varlığın ölümsüz olması zordur, meğer ki bu parçalar kusursuz bir bileşik meydana getirsin»

«Evet, zor görünüyor.»

«O hâlde, az önce ortaya koyduğum kanıt ve başka kanıtlar ruhun ölümsüz olduğunu kabule zorluyor bizi. Ama ruhun
gerçek tabiatını bilmek için, şimdi yaptığımız gibi, onu, bedenle c
birleşmiş olmasından ve öteki düşkünlüklerinden doğan gerilemiş hâlinde incelememeliyiz; saf hâlindeyken düşüncenin gözleriyle gereği gibi seyretmeliyiz onu. O zaman onu çok daha güzel göreceğiz; doğrulukla eğriliği ve şimdi sözünü ettiğimiz

bütün şeyleri de daha açık olarak seçeceğiz. Ruh üzerine söy-
d lediklerimiz onun şimdiki hâline göre doğrudur. Bu bakımdan ruhun şimdi gördüğümüz hâli deniz tanrısı Glaukos'un hâline benzer: Nitekim bu tanrının ilk tabiatını seçmek çok zordur; çünkü dalgalarla bedeninin eski parçalarından kimi kırılmış, kimi kopmuş, kimi aşınmış ve tanınmaz hâle gelmiştir; üstelik üzerinde deniz kabuklarından, yosunlardan ve çakıllardan yeni parçalar meydana gelmiştir, öyleki aslından çok vahşi bir yaratığa benzemektedir, işte bunun gibi, ruhu da binbir kötülük yüzünden değişmiş, tanınmaz olmuş hâlinde görüyoruz. Ama bizim onda başka şeye bakmamız gerekir, Glaukon.»

«Hangi şeye?» dedi.

e «Bilgelik sevgisine. Onun, tanrısal, ölümsüz ve sonsuz olanla akrabalığı gereğince hangi nesnelere ulaştığına, hangi ilişkileri aradığına bakmalıyız, işte o zaman görmeli ruhu: Bütün varlığıyla kendini bu amaca verdi mi, soylu bir atılımla şahlanıp da şimdi içinde bulunduğu denizden bir çıktı mı, çamurla beslendiği için üzerini kaplayan taşlar ve deniz kabuklarını, o mutlu sayılan şölenler, eğlentiler yüzünden dışının bağladığı
612 kalın ve sert kabuğu üstünden bir silkip attı mı, o zaman görülebilir gerçek tabiatı, çeşitli mi, yoksa tek ve yalın yaradılışlı mı olduğu, yapısının nasıl kurulmuş olduğu! Şimdiyse, onun su insan hayatı boyunca uğradığı hâlleri, aldığı biçimleri yeterince anlattık sanırım.»

«Elbette,» dedi.

«Böylece,» dedim, «tartışmayı her türlü yabancı düşünce-
b den sıyırmış olduk; çünkü doğruluk konusunda Hesiodos'la Homeros'da gördüğünüzü söylediğiniz davranışa düşmeyip doğruluğu sağladığı kazanç ve ünler için övmekten kaçındık. Doğruluğun, kendi basına ele alınan ruhun en yüksek iyiliği, nimeti olduğunu, ruhun, parmağında Gyges'in yüzüğü, başında Hades'in miğferi olsun olmasın, doğru olanı yapması gerektiğini açıkça ortaya koyduk.»

«Çok doğru,» dedi.

«Şimdi, Glaukon, doğruluğu ve öbür erdemleri, kendilerine özgü kazançlar dışında, yaşarken ve ölümden sonra, ruhun c
yararına olarak insanlardan ve tanrılardan gelecek armağanlarla da ödüllendirirsek, artık bize karşı çıkan olur mu?»

«Hiç de olmaz.»

«Öyleyse, tartışmada size ödünç verdiğim şeyi geri verin bakalım.»

«Anlamadım, neyi?»

«Hani doğrunun eğri, eğrinin de doğru görünebilmesine peki demiştim, çünkü siz, bu konuda tanrıları ve insanları
aldatmak mümkün olmasa bile, son kerte eğrilikle son kerte d
doğruluğu birbiriyle karşılaştırıp tam bir yargıya varabilmek için böyle bir görünüşün mümkün olduğunu kabul etmemi istemiştiniz. Hatırlamadın mı?»

«Hatırlamasam, ben de eğrilik etmiş olurdum.»

«Peki, artık doğrulukla eğrilik üzerinde bir yargıya vardığımıza göre, doğruluk adına sizden rica edeyim de, kendisine tanrıların ve insanların gözündeki itibarını geri verin, böylece görünüşten elde edeceği ve kendi sahiplerine sunacağı ödülleri de kazansın; çünkü onun, gerçekten gelen nimetleri bol bol sunduğu ve kendisini gerçekten benimseyenleri aldatmadığı ortaya çıktı.»

«Evet, bizden bunu istemekte haklısın.» e

«Öyleyse, ilk önce sunu kabul edip emanetimi geri vereceksiniz: Tanrılar doğru ile eğrinin ne olduğunda aldanmazlar.

«Kabul, veriyoruz.»

«Aldanmadıklarına göre de, daha basta anlaştığımız gibi, doğruyu sever, eğriden tiksinirler.»

«Kabul.»

613 «Şunu da kabul etmemiz gerekmez mi: Tanrılardan gelen her şeyde sevdikleri kişi için olabildiği kadar hayır vardır, meğer ki o kişi, daha önceki bir hayatında işlediği bir günah yüzünden kaçınılmaz bir kötülüğe bulanmış olsun.»

«Elbette.»

«O hâlde, doğru bir insan yoksulluğa, hastalığa ya da bu sözde kötü hâllerden birine düştü mü, bu hâllerin sağlığında olsun, ölümünden sonra olsun, eninde sonunda onun hayrına olacağına inanmalıyız; çünkü tanrılar, doğru olmaya çalışan ve erdem yolunda yürüyerek insan oğlunun ulaşabileceği en üstün ölçüde Tanrıya benzemeye uğraşan hiç bir kimseyi yüzüstü bırakmazlar.»

b «Tabii,» dedi, «böyle bir kimseyi benzeri yüzüstü bırakamaz ki!»

«Ama eğri insan için bunun tersini düşünmek gerekmez mi?»

«Elbet.»

«Demek ki doğru insana tanrıların verdiği ödüller bunlar.»

«Bence öyle.»

«Ya peki, insanların verdiği?» dedim, «işin doğrusunu söy-
c lemek gerekirse, durum burada şöyle olmaz mı? Usta kötüler, koşuya iyi başlayıp kötü bitiren yarışçılara benzerler, önce hızla atılırlar, ama sonunda, kulakları düşük, çelenk giyemeden alandan sıvışırlarken herkes güler onlara. Ama gerçek koşucular hedefe ulaşır, ödülü kazanır ve çelengi başlarına takarlar. Doğrular için de böyle değil midir genellikle? Giriştikleri her işin, her ilişkinin ve de hayatlarının sonunda iyi bir üne ulaşmazlar, insanların verdiği ödülleri kazanmazlar mı?»

«Elbette!»

«Öyleyse, şimdi sen de eğriler için söylediklerini benim
d doğrular için söylememe izin vereceksin. Ben diyorum ki doğ-

rular, olgun yaşa gelince, sitelerinde elde etmek istedikleri yöneticiliklere gelirler, istedikleri ailelerden evlenirler, çocuklarını da istedikleri kimselerle evlendirirler; kısacası, senin eğriler için söylediğin her şeyi şimdi ben de doğrular için söylüyorum. Şunu da ekleyeyim ki kötülerden çoğu, gençliklerinde ne mal olduklarını gizleyebilseler bile, sonunda yakayı ele verir, kepaze olurlar; ihtiyarlıklarında da rezillik içinde sürünür, yerli e
yabancı herkesin hakaretine uğrarlar, kırbaçlanır ve senin haklı olarak tüyler ürpertici diye nitelendirdiğin o cezalara uğrarlar. Kısacası, başlarına gelecek ne kadar bela varsa, bu sefer de benim bunları sıraladığımı düşün, Böyle konuşma hakkını veriyor musun bana?»

«Elbette,» dedi, «doğru söyleyene ne denir?»

«İşte, doğru insanın, doğruluğun kendisinden elde ettiği 614
nimetler, iyilikler dışında, hayatı boyunca tanrılar ve insanlardan gördüğü ödüller, karşılıklar, armağanlar bunlardır.»

«Gerçekten güzel ve sağlam ödüller bunlar.»

«Ama gene de doğru ve eğri insanı ölümden sonra bekleyen karşılıklar yanında bunlar sayıca da, önemce de hiç kalır. Şimdi oradaki hâllerini de anlatalım da, her birinin sözlerimizden alacağı pay tam olsun.»

«Anlat, bunun kadar dinlemeye can attığım şey olamaz.» b

«Sana bir Alkinoos hikâyesi[122] anlatacak değilim, Pamphylia'lı Armenios oğlu yiğit Er'in hikâyesini anlatacağım[123]. Bu yiğit bir savaşta ölüyor On gün sonra, çürümeye baş-

---

122 Alkinoos, Odysseus'u konuk eden Phaiak'lar kralının adıdır. Platon, bu kelime ile «alkimoos=yiğit» kelimesi arasında bir kelime oyunu yapmaktadır. «Alkinoos hikâyesi» deyimi de uzun süren hikâyeler için kullanılan bir çeşit atasözü olmuş.

123 Pamphilia'lı Er efsanesi sırf Platon'un uydurduğu bir hikâye değildir. Orpheus'a ve Pythagoras'a bağlanan geleneklerde efsanenin ana çizgileri vardır. Ama Platon, bunları çok serbest biçimde anlatmakta ve yorumlamaktadır. Bazı eski yazarlar, Er'in Zerdüşt olduğu nu ileri sürerler.

lamış cesetleri kaldırırlarken, onun cesedini bozulmamış hâlde
buluyorlar ve gömmek için evine götürüyorlar. Ama on ikin-
ci gün, yakılmak üzere odunların üstünde yatarken diriliyor.
c Kendine gelince, ötede gördüklerini anlatıyor: Ruhu bedenin-
den çıkar çıkmaz, daha birçoklarıyla birlikte yola düzülüp kut-
sal, esrarlı bir yere gelmişler. Orada kapı gibi açılmış yan yana
iki delik varmış yerde; gökte de, tam bunların karşısında iki
delik bulunuyormuş. Ara yerde yargıçlar oturuyormuş. Bun-
lar, yargılarını verdikten sonra, doğruların önüne haklarındaki
yargıyı taşıyan bir yafta asıp göğe çıkan sağdaki yola gitmelerini
d buyuruyorlar, eğrilerin de, arkalarına bütün yaptıklarını yazan
bir yafta asarak aşağı inen soldaki yola gitmelerini buyuruyor-
larmış. Er'in sırası gelince, yargıçlar ona, öbür dünya hakkında
insanlara haber götürmekle görevlendirildiğini, olup bitenleri
iyice görüp öğrenmesini söylemişler. O da şunları görmüş: Yar-
gılanmaları biten ruhlar gökte ve yerdeki karşılıklı iki deliğe gi-
rip gözden uzaklaşıyorlarmış; öteki iki delikten de başka ruhlar
geliyormuş. Yerin derinliklerinden gelenler pislik ve toz top-
rak içindeymişler, gökten gelenlerse pırıl pırıl, tertemizmişler.
e Durmadan arka arkaya gelen bu ruhlar uzun bir yolculuktan
dönmüşe benziyorlarmıs. Hepsi bir bayram havası içinde gidip
bir çayırlığa yerleşiyorlarmış. Birbirlerini tanıyanlar merhaba-
laşıyor, yerden gelenler gökte olup bitenlerden, gökten inenler
de yerde olup bitenlerden haber soruyorlarmış. Yerin altından
615 gelenler bin yıl süren yolculukları boyunca kendilerinin ve baş-
kalarının çektikleri sayısız, türlü türlü azapları ağlaya inleye
anlatıyor, gökten gelenlerse orada yaşadıkları tadına doyulmaz
zevkleri, gördükleri olağanüstü güzellikleri anlatıyorlarmış.
Daha birçok şeyler söylüyorlarmış, Glaukon, hepsini anlatmak
uzun sürer. Ama Er'in anlattığına göre işin özü şuymuş: Her
b ruh, bir kişiye ne kadar kötülük etmişse ve kaç kişiye kötülük
etmişse, her biri için ayrı ayrı on kat ceza görüyormuş; her ceza
da yüz yıl, yani bir insan ömrü kadar sürüyormuş, buna göre
ceza suçun on katı oluyormuş. Örneğin, ister ordulara veya si-

telere ihanet ederek, ister insanları köle ederek, ister başka bir alçaklığa yardımcı olarak çok kişinin ölümüne sebep olanlar bu suçlardan her birini on kat fazlasıyla acı çekerek ödüyorlarmış. Tersine, insanlara iyilik edenler, doğru ve dine uygun davrananlar aynı ölçüler içinde ödüllere kavuşuyorlarmış. Do- c
ğup da pek az yaşayan çocuklara gelince, Er bunlar için de bir şeyler anlatmış, ama üzerinde durulmaya değmez. Tanrılara ve ana babaya saygılı davranmanın ödülü daha büyük, buna karşı tanrılara ve ana babaya asi olmakla başkalarını ya da kendini öldürmenin cezası daha ağır oluyormuş.

«Nitekim bu arada Er iki ruhun konuşmasına tanık olmuş: Biri öbürüne Büyük Ardiaios'un nerede olduğunu sormuş. Bu adam, bin yıl önce Pamphylia'daki bir sitenin tiranı imiş; ihtiyar d
babasını, ağabeyini öldürmüş, daha birçok imansızca işler yapmış, işte bu Ardiaios'un nerede olduğunu merak edene öbürü şöyle cevap vermiş: 'O buraya gelmedi, hiç bir zaman da gelemeyecek. Çünkü gördüğümüz korkunç şeylerden biri de onunla ilgiliydi. Biz cezalarımızı çektikten sonra deliğin ağzına yaklaşmıştık, tam yukarı çıkmak üzereydik ki birden bu Ardiaios'u gördük. Yanında başkaları da vardı. Bunların çoğu kendisi gibi tirandı, kimi de ağır suçlar işlemiş kişilerdi. Hepsi de yukarı e
çıkabileceklerini umuyorlardı, ama delik yol vermedi onlara. Ne zaman silinmez bir günaha bulanmış ya da günahlarını yeteri kadar ödememiş adamlardan biri yukarı çıkmaya yeltense, deliğin ağzı böğürmeye başlıyordu. O zaman, deliğin yanında duran ateş bedenli vahşi yaratıklar, böğürmeyi duyunca, bunlardan bazılarını yakalayıp götürdüler; Ardiaios'la yanındakileri ise, ellerini, ayaklarını, başlarını bağlayıp yere yıktılar, derilerini yüzdüler, sonra yolun kenarına sürükleyip dikenli çalıların 616
üzerine attılar; oradan geçenlere de bu adamlara niçin böyle yaptıklarını anlattılar, sonra onları götürüp Tartaros'a[124] atacak-

124 Cehennemin en derinindeki korkunç uçurum, bir çeşit gayya kuyusu (Bk. **İlyada**, VIII, 13 ve gerisi).

larını söylediler'. Bunları anlatan adam, kendilerinin de orada nice korkular atlattıklarını, ama bu durumun hepsini bastırdığını eklemiş: Hepsi de topraktaki ağzın tam çıkacakları sırada böğürmeye başlamasından korkuyormuş, kazasız belasız yuka-
b rı çıkabilince en büyük mutluluğu duymuşlar. İşte yargılamalar, verilen ceza ve ödüller aşağı yukarı böyleymiş.

«Her küme çayırda yedi gün kalıyormuş; sekizinci gün toparlanıp yola düzülüyor, dört gün sonra başka bir yere varıyormuş. İlerde yukarıdan aşağı uzanan, göğü ve yeri boydan boya geçen, sütun gibi bir ışık seçiliyormuş, gökkuşağına benzer, ama daha parlak, daha duru bir ışık. Bir gün daha yürüyüp bu ışığa varmışlar. Orada, bu ışığın ortasında, göğün yukarıdan uzanan bağlarının uçlarını görmüşler. Çünkü bu ışık göğün bağlantı yeriymiş, tıpkı kadırgaların iskeleti gibi, dönen
c bütün gök kubbeyi ayakta tutuyormuş. Bu bağların uçlarına bütün küreleri döndüren Zorunluluğun kirmeni asılıymış. Bu kirmenin gövdesi ve çengeli çelikten, ağırşağı ise çelik ve başka
d maddeler karışımındanmış. Ağırşağın yapısı da şöyleymiş: Biçim bakımından bu dünyada kullandıklarımıza benziyormuş, ama Er'in dediğine göre, oyuk, içi boş kocaman bir ağırşak hâlindeymiş. Onun içinde, birbirleri içine giren kutular gibi, ona benzer, ama daha küçük bir başka ağırşak, bunun içinde de bir üçüncü ağırşak, sonra bir dördüncüsü ve ayrıca dört tane daha
e varmış. Hepsi iç içe giren bu sekiz ağırşağın yuvarlak kenarları yukarıdan görülüyor, tümü gövdenin çevresinde bir tek ağırşak yüzeyi meydana getiriyormuş. Gövde sekizinci ağırşağın ortasından geçiyormuş. Dıştaki birinci ağırşağın yuvarlak kenarı hepsininkinden genişmiş; sonra genişlikte ikinci sırada altıncı ağırsak, üçüncü sırada dördüncü, dördüncü sırada sekizinci, besinci sırada yedinci, altıncı sırada beşinci, yedinci sırada üçüncü ve sekizinci sırada da ikinci ağırşak geliyormuş. En geniş yuvarlak pul pul işlenmiş hâlde, yedinci yuvarlak en
617 parlağı, sekizinci yedinciden aldığı ışıkla renkleniyor, ikinciyle

beşincinin renkleri hemen hemen aynı olup ilk ikisinden daha
sarı, üçüncü hepsinden beyaz, dördüncünün rengi kırmızımsı,
altıncı da beyazlıkta ikinciymiş. Kirmenin gövdesi bir bütün
olarak aynı daire hareketiyle dönüyormuş, ama içteki yedi yu-
varlak, bütünün bu hareketi içinde, bütüne ters yönde ve yavaş
olarak dönüyormuş. Bunlardan en hızlı döneni sekizinci imiş,
bundan sonra her üçü eşit hızla dönen yedinci, altıncı ve besin- b
ci yuvarlak geliyormuş; yine bu ters dönüş hareketinde hız ba-
kımından üçüncü sırada geleni dördüncü yuvarlak, dördüncü
sırada geleni üçüncü yuvarlak, beşinci sırada geleni de ikinci
yuvarlak olarak görünüyormuş onlara. Kirmenin kendisi Zo-
runluluğun dizleri üzerinde dönüyormuş. Her yuvarlağın üze-
rinde onunla birlikte dönen ve her biri bir tek ses, bir tek ezgi
tutturmuş bir Denizkızı duruyormuş. Bu sekiz ses hep bir arada
bir tek armoni meydana getiriyormuş. Bunların çevresinde eşit
aralıklarla her biri bir taht üzerinde üç kız daha oturuyormuş,
Zorunluluğun kızları olan kader tanrıçaları Moira'larmış bun- c
lar: Lakhesis, Klotho ve Atropos. Beyazlar giymiş, başlarına şe-
ritler sarmış olarak, Denizkızlarının ezgisiyle tek bir ses uyumu
içinde şarkı söylüyorlarmış, Lakhesis geçmişin, Klotho bugü-
nün, Atropos da geleceğin şarkısını. Klotho sağ eliyle dokunup
zaman zaman kirmenin dış yuvarlağını döndürüyörmüş, Atro-
pos da sol eliyle iç yuvarlakları çeviriyormuş, Lakhesis ise her
iki eliyle bir dış yuvarlağı, bir iç yuvarlakları döndürüyormuş. d

«Ruhlar oraya gelir gelmez hemen Lakhesis'in önüne çı-
karılmışlar. Bir Tanrı sözcüsü önce onları sıraya dizmiş; sonra
Lakhesis'in dizleri üzerinden kurra numaraları ve hayat örnek-
leri alıp yüksek bir yere çıkarak söyle seslenmiş onlara: 'Zo-
runluluğun kızı bakire Lakhesis'in bildirisi şudur, dinleyin: Bir
günlük ömrü olan ruhlar, yeniden ölümlü bir döneme girecek,
yeniden doğumunda ölüm saklayan bir hayata döneceksiniz.
Hayat periniz sizi seçmeyecek, siz hayat perinizi seçeceksiniz. e
Sıra ilk kime çıkmışsa, seçmeye o başlayacak, seçtiği hayat zo-

runlulukla kendisine bağlanacaktır. Erdemin efendisi yoktur: Hanginiz onu yüceltir ya da küçümserse, ona göre erdem sahibi olur ya da olmazsınız. Herkes seçtiğinden kendisi sorumludur. Tanrı sorumlu tutulamaz.'

«Bunu dedikten sonra, Tanrı sözcüsü sıra numaralarını serpmiş ve herkes önüne düşeni almış; yalnız Er'in almasına izin verilmemiş. Böylece herkes seçmede kaçıncı olduğunu öğ-
618 renmiş. Bundan sonra Tanrı sözcüsü, bir sürü hayat örneği sermiş önlerine. Bu örneklerin sayısı oradaki ruhların sayısından çok fazla imiş. Her türlü örnek varmış. Ne kadar hayvan hayatı, ne kadar insan hayatı varsa önlerindeymiş: Kimi ömür sonuna kadar süren, kimi yarı yolda bitip yoksulluk, sürgün ve dilencilikle sona eren tiranlıklar varmış; kimi beden nitelikleriyle, yakışıklılıkları, güçlü kuvvetli oluşları ya da dövüşçülükleriyle ün kazanmış, kimi soylulukları ya da atalarının üstünlükleri yü-
b zünden tanınmış adamların hayatları da varmış; her bakımdan silik adam hayatları da. Kadınlar için de böyleymiş. Ama bu hayatlar hiç bir belli ruh niteliği taşımıyormuş, çünkü ruh kendi seçtiği hayata göre değişmek zorundaymış. Hayatın bütün öbür unsurları birbirleriyle ve zenginlikle, yoksullukla, hastalıkla, sağlıkla karışık durumdaymış; bu kutuplar arasında orta hâller de varmış, işte, sevgili Glaukon, anlaşılıyor ki insan için en büyük kumar buradadır; bu yüzden her insan başka şeyler
c öğrenmeyi bir yana bırakıp bunu araştırmalı, bunu öğrenmeli: öyle bir adam tanımaya, bulmaya çalışmalı ki o adam, iyi ve kötü hayatları ayırt etme, her zaman ve her yerde elden geldiği kadar en iyisini seçme gücünü ve bilgisini kazandırmalı ona. Böylece, şimdi sözünü ettiğimiz unsurların bir hayatın erdemi
d üzerinde önce tümüyle, sonra ayrı ayrı ne gibi etkileri olduğunu hesaplayarak, ne türlü yoksullukla ya da zenginlikle birleşmiş, hangi ruh niteliğiyle bir arada 'giden bir güzelliğin iyilik ya da kötülük getireceğini öğrenir, ünlü ya da silik bir aileden doğmanın, devlet yönetiminde görev alma ya da kendi hayatı-

nı yaşamanın, güçlü ya da güçsüz olmanın, öğrenme kolaylığı ya da zorluğunun ve doğuştan olsun, kazanılmış olsun, bütün buna benzer ruh niteliklerinin birbiriyle karıştığı, kaynaştığı
zaman ne gibi sonuçlar doğuracağını bilir, öyleki bütün bunları e
düşünüp karşılaştırarak, ruhunun tabiatını da gözden kaçırmadan kötü bir hayatla iyi bir hayat arasında seçme yapabilir; ruhu eğri kılacak hayatı kötü, doğru kılacak hayatı da iyi sayar,
gerisine kulak asmaz, çünkü gördük ki gerek bu hayatta, gerek 619
öbür dünyada yapılabilecek en iyi seçme budur, insan Hades ülkesine giderken bu yönde çelik gibi bükülmez bir iman taşımalı ki zenginlik ve benzeri gibi değersiz, aldatıcı şeylerle orada da gözleri kamaşmasın; tiranlık ya da benzeri hayat biçimleri gibi, başkalarına sayısız ve onulmaz kötülükler edecek, kendine de daha fenalarını edecek bir yolu seçme tehlikesine düşmesin; tersine, gerek elden geldiği kadar bu hayatta, gerekse gelecek
her hayatta, her zaman ortalama bir hayat tarzı seçmesini, her b
iki yöndeki aşırılıklardan kaçmasını bilsin; çünkü insan için en büyük mutluluk buna bağlıdır.

«Şimdi, öbür dünyadan gelen habercinin anlattıklarına dönelim. Tanrı sözcüsü, sıra numaralarını saçarken şunları da söylemiş: 'En sona kalan bile, akıllıca bir seçme yapar da, seçtiği yaşama yoluna yürekten bağlanırsa, hiç de kötü olmayan, yaşanmaya değer bir hayata kavuşur, ilk seçecek olan düşüncesiz davranmasın, son seçecek olan da umutsuzluğa düşmesin!' Tanrı sözcüsü bunları söyler söylemez, sıradaki ilk ruh, hemen dosdoğru en büyük tiranlığa doğru atılmış ve çılgınca bir açgözlülük içinde, önünü ardını düşünmeden kapmış onu. Oysa
onu seçenin kendi çocuklarını yiyeceği ve başka tüyler ürper- c
tici işler edeceği kaderinde yazılı imiş. iyice inceleyip de bunu fark edince, başlamış dövünmeye, Tanrı sözcüsünün dediklerini unutarak talihinden yakınmaya. Başına gelenden kendini sorumlu tutacak yerde, kadere, tanrılara, kendinden başka her şeye çatıyormuş. Gökten gelenlerden biriymiş bu ruh: Bundan

önceki hayatını iyi yönetilen bir sitede geçirmiş, erdeme felsefe
d ile değil de, alışkanlıkla ulaşmış bir adammış. Böyle gaflete dü-
şenler arasında gökten inenler hiç de az değilmiş, çünkü azap
çekmemişler bunlar. Buna karşı, yerin altından gelenlerin çoğu,
hem kendileri acı çektiklerinden, hem başkalarının acılarını
gördüklerinden, yeni hayatlarını seçerken acele etmiyorlarmış.
Ruhların çoğunun iyi kader yerine kötüsünü, kötü kader yeri-
ne iyisini seçmeleri, kurradaki rastlantılar kadar bu durumdan
da ileri geliyormuş. Bu bakımdan bir insan dünya hayatına her
e doğusunda felsefeye dürüstçe bağlanırsa, seçme sırası da en
sonlara düşmezse, öbür dünyadan gelenin anlattıklarına göre,
denebilir ki yalnız bu dünyada mutlu olmakla kalmaz, aynı za-
manda bu dünyadan öbür dünyaya, öbür dünyadan bu dün-
620 yaya olan yolculuğunu da o çetin yer altı yolunda değil, tatlı
gökyüzü yolunda geçirir.

«Er'in anlattığına göre, ruhların hayatlarını seçmedeki
davranışları görülecek şeymiş, çünkü gerçekten zavallı, gülünç
ve garipmiş hâlleri. Çoğu zaman, bir önceki hayatlarının ver-
diği alışkanlıklara göre seçme yapıyorlarmış. Orpheus'un ru-
hunun bir kuğunun hayatını seçtiğini görmüş Er. Çünkü Orp-
heus, kadınlar yüzünden öldüğü için, onlara kin besliyor, bir
kadından doğmak istemiyormuş. Şarkıcı Thamyras'ın ruhunun
b da bir bülbülün hayatını seçtiğini, bir kuğunun kendi hayatını
insan hayatıyla değiştirdiğini, başka ötücü hayvanların da yine
böyle yaptıklarını görmüş. Sırası yirminci olan ruh bir aslanın
hayatı yerine bir kartalın hayatını seçmiş. Çektiği acıları unut-
mayan Telamon oğlu Aias'ın ruhuymuş bu; bu yüzden insan
olarak doğmak istemiyormuş. Bundan sonraki Agamemnon'un
ruhuymuş; geçmiş acılarından dolayı o da insanlara kin duydu-
ğundan, insan hayatı yerine bir kartalın hayatını seçmiş. Sırası
ortalarda olan Atalanta'nın ruhu, atletlerin kazandığı şandan
şereften vazgeçemeyip yine bunları seçmiş. Ondan sonra Pa-
c nopeus oğlu Epeios, becerikli bir kadın hâline girmiş. Sonun-

cular arasında bulunan soytarı Thersites, maymun biçimine
girmiş. Sırası en sona düşen Odysseus'un ruhu ise, seçmeden
önce uzun zaman dolaşmış ortalıkta; geçmişte çektiği kahır ve
yorgunluklar yüzünden şanlı şerefli mevkilerde gözü kalmadı-
ğından, kendi hayatını yaşayan sıradan bir insan hayatı aramış,
sonunda, başkalarının beğenmeyip bıraktığı, bir köşede duran d
bir hayat bulmuş güçlükle; onu görünce, ilk seçen ben olsay-
dım, yine bunu seçerdim diyerek sevinçle almış. Hayvanların
da kimi insan kimi başka hayvan bedenlerine giriyorlarmış:
Kötüleri yırtıcı hayvan, iyileri evcil hayvan bedenlerine. Böyle-
ce her türlü karışma da oluyormuş.

«Bütün ruhlar belli sıraya göre hayatlarını seçtikten sonra,
Lakhesis'in önüne varmışlar. Lakhesis onlara perilerini vermiş. e
Her birinin kendi seçtiği bu peri, hayatı boyunca ona koruyu-
culuk etmek ve kaderinin gereklerini yerine getirmekle görev-
liymiş. Her ruhu perisi, önce Klotho'ya götürüyor, Klotho'nün
elinin ve dönen kirmenin altından geçiriyormuş; böylece her
ruhun seçtiği kader onaylanıp kesinlik kazanıyormuş. Peri, kir-
mene dokunduktan sonra, ruhu Atropos'un argacından geçiri-
yor, böylece Klotho'nun dokuduğu kaderi bozulmaz hâle getiri-
yormuş. Bundan sonra ruh, arkasına bakmadan Zorunluluğun 621
tahtı altından geçiyormuş. Hepsi de geçtikten sonra, yeniden
yola düzülüp korkunç, boğucu bir sıcak altında Unutma Ovası
Lethe'ye varmışlar. Ağaçsız, ot bitmez bir ovaymış burası. Ak-
şam olunca Unutkanlık ırmağı Ameles'in kıyısında konakla-
mışlar. Bu ırmağın suyu hiç bir kabın içinde durmazmış. Her
ruh bu sudan biraz içmek zorundaymış, ama düşüncesiz davra-
nanlar ölçüyü kaçırıp fazla içerlermiş. İçer içmez her şeyi unut- b
muşlar. Sonra uyumuşlar. Gece yarısı olunca bir gök gürültüsü
kopmuş, yer sarsılmış ve ruhlar birden bulundukları yerden
yukarı fırlatılarak, gökte kayan yıldızlar gibi, her biri doğacağı
yere doğru saçılmışlar. Er'e gelince, onun sudan içmesine izin
verilmemiş; ama gene de, ruhunun nereden gelip, nasıl olup

bedeniyle birleştiğini bilememiş. Şafak vakti gözlerini açınca, kendini odun yığınının üstünde yatar bulmuş.

«İşte böylece, efsane de unutulmaktan, kaybolmaktan kur-
c tulmuş, Glaukon inanırsak, bizi de kurtarır bu efsane. O zaman Lethe ırmağını sağ salim geçer, ruhumuzu tertemiz tutarız. Bana güvenir de, ruhun ölümsüz ve kötülüğün de, iyiliğin de her türlüsüne dayanacak güçte olduğuna inanırsanız, her zaman yukarı çıkan yolda yürürüz, her şeyde bilgelikle doğruluğa uyarız. Böylece, gerek bu dünyada yasarken, gerekse -yarışı ka-
d zanıp ödüllerini alan atletler gibi doğruluk ödülünü aldığımız zaman, kendimizle de, tanrılarla da dost oluruz. Ve hem bu dünyada, hem o anlattığımız bin yıllık yolculukta mutlu oluruz.»